www.ingramcontent.com/pod-product-compliance
Lightning Source LLC
Chambersburg PA
CBHW070125080526
44586CB00015B/1566

F. Wayne Mac Leod

مُترجم:۔ عمانوایل داؤد

LIGHT TO MY PATH BOOK DISTRIBUTION
Sydney Mines, Nova Scotia, CANADA

Genesis

Published by Light To My Path Book Distribution
153 Atlantic Street, Sydney Mines, Nova Scotia,
CANADA B1V 1Y5

A special thank you to the proof readers without whom this book would be much harder to read:

Diane MacLeod, Suzanne St. Amour

فہرست مضامین

باب 1

پہلے چھ دن

پیدائش 1:1-31 کا مطالعہ کریں

کُچھ بھی شروع ہونے سے پہلے خُدا تھا۔ کسی بھی انسان کے لئے اِس بات کو سمجھنا بہت مشکل بات ہے۔ خُدا کا کبھی بھی کوئی آغاز نہیں تھا۔ وہ ہمیشہ سے موجود ہے۔ ہم اِس بات کو سمجھ نہیں سکتے کیونکہ ہم میں سے ہر کوئی پیدا ہوتا اور مر جاتا ہے۔ خُدا ایک ابدی خُدا ہے۔ نہ تو پہلے کوئی وقت تھا اور نہ ہی آئندہ کوئی وقت ہو گا جب خُدا موجود نہیں ہو گا۔

خُدا کے تعلق سے کُچھ ایسی باتیں ہیں جنہیں ہم سمجھ نہیں سکتے۔ میں کئی ایسے لوگوں سے ملا جنہوں نے مُجھے بتایا کہ وہ خُدا کے بارے میں کئی ایک چیزوں کو قبول نہیں کر سکتے کیونکہ وہ اُن چیزوں کو سمجھ ہی نہیں سکتے۔ میرا اُن کو سادہ سا یہی جواب ہے "میں خوش ہوں کہ خُدا کے بارے میں کئی ایک چیزیں ہیں جن کو میں سمجھ نہیں سکتا کیونکہ اگر میں خُدا کے تعلق سے ہر بات سمجھ لوں، تو پھر وہ میرے ذہن سے زیادہ بڑا خُدا نہیں ہو گا۔ خُدا مُجھ سے اور میری عقل سے بڑا ہے۔ میں نہیں جانتا کہ خُدا کی ابتدا کیوں نہیں ہے، لیکن میں یہ سمجھتا ہوں کہ میرا ذہن خُدا کے ذہن کے مقابلے میں چھوٹا ہے۔ خُدا کی راہیں میری سمجھنے کی صلاحیت سے بالاتر ہیں۔ میں ابدی خُدا کی خِدمت کرتا ہوں جو کہ ہمیشہ سے موجود ہے۔ وہ ایک عجیب اور پُر قدرت خُدا ہے۔

پہلی آیت ہمیں یہ بتاتی ہے کہ خُدا نے آسمان اور زمین کو تخلیق کیا۔ ہر بات جسے آج ہم جانتے ہیں خُدا ہی اِس کا منبع ہے۔ یہ مجُھے اُس کے متعلق مزید کُچھ بھی بتاتی ہے۔ صرف یہ نہیں کہ خُدا ایک ابدی خُدا ہے بلکہ وہ ایک تخلیقی اور پُر قدرت خُدا ہے۔ ہماری دُور بینیں اور خُورد بینیں تخلیق شدہ کائنات کی کشیدگی اور پچیدگی دکھاتی ہیں۔ وہ خُدا جس نے یہ کائنات تخلیق کی ہے وہ ایک تخلیق کرنے والا اور پُر قدرت خُدا ہے۔ خدا کی عقل ہماری عقل سے کہیں اعلیٰ و بالا ہے۔ ایک لمحہ کے لئے اس حقیقت پر غور کریں کہ آپ بیٹھے اور یہ کتاب پڑھ رہے ہیں۔ یہ کیسے ممکن ہے؟ جس طرح سے آپ کی آنکھیں کام کر رہی ہیں، غور کریں کہ آپ کے تمام پٹھے اکٹھے اِس کتاب کو پکڑنے کے لئے کام کر رہے ہیں تا کہ آپ اِس کتاب کو پڑھ سکیں۔ غور کریں کہ آپ کا دماغ اِس صفحہ کو پڑھ کر سمجھ رہا اور عملی زندگی میں اِن باتوں کا اطلاق کر رہا ہے۔ یہ سب کُچھ ممکن ہے کیونکہ ہمارا خُدا ایک عجیب خالق خُدا ہے۔

غور کریں کہ زمین، جب ابتدائی طور پر تخلیق کی گئی تو یہ خالی اور بے صُورت تھی۔ جس کی وضاحت آیت نمبر 2 میں کی گئی ہے " اور زمین ویران اور سنسان تھی اور گہراؤ کے اُوپر اندھیرا تھا۔ اِس کے ہر طرف پانی تھا۔ گہراؤ کے اُوپر ہر طرف اندھیرا تھا۔ "گہراؤ" سے مُراد وہ سُمندر ہے جس نے ہر ایک چیز کو اپنی لپیٹ میں لیا ہوا تھا۔ اِس سے پہلے کہ ہر ایک چیز کو صورت اور شکل دی جاتی، جیسا کہ آج ہم دیکھتے ہیں۔ اِس کے لئے خدا نے بہت کام کیا۔

خدا نے 3 آیت میں کلام کیا۔ " روشنی ہو جائے "اور روشنی ہو گئی۔ اُس کی آواز پر، روشنی نمودار ہوئی۔ روشنی کو وجود میں لانے کے لئے اُس کا کلام ہی کافی تھا۔ غور کریں 4 آیت میں جب خدا نے روشنی کو دیکھا تو خوش ہوا۔

خدا نے دیکھا کہ یہ اچھا ہے۔ میرے ذہن میں ایک ایسے مصوّر کی تصویر آرہی ہے۔ جو اپنے فن کو دیکھ کر اظہارِ اطمینان کرتا ہے۔

4 آیت میں، خدا نے روشنی کو تاریکی سے جدا کیا۔ اُس نے روشنی کو "دن "اور تاریکی کو" رات "کہا۔ خیال رہے کہ ابھی تک سورج خلق نہیں کیا گیا تھا، اِس لئے یہ ایک ایسا دن نہیں تھا جیسا کہ دَورِ جدید میں ایک دن ہوتا ہے۔ 5 آیت پر غور کریں۔ تاہم روشنی اور تاریکی کو اِس طرح سے تقسیم کیا گیا تھا کہ صبح اور شام ہوتی تھی۔ اِس سے ہمیں یہ معلوم ہوتا ہے کہ اُس وقت زمین اِس طرح سے موجود تھی کہ یہ گھومتی تھی اِس لئے اِس کا ایک حصہ اندھیرے میں جبکہ دوسرا حصہ روشنی میں ہوتا تھا۔ تاریکی سے روشنی میں تبدیلی کا پیمانہ ایک مکمل دن ہوتا تھا۔ روشنی اور تاریکی کی تخلیق کے ساتھ، پہلا دن اختتام پذیر ہوا۔
تخلیق کے دوسرے دن خدا نے کلام کر کے پانیوں کو ایک دوسرے سے الگ کیا تاکہ فضا پیدا ہو(6 آیت) یہ فضا آسمان تھا۔ اَب ہمارے پاس زمین پر پانی موجود ہے جبکہ اُوپر آسمان پر درمیان میں ایک تہہ موجود ہے جہاں پر زندگی وجود میں آسکتی ہے۔ اِس طرح دوسرا دن اختتام کو پہنچا۔

تیسرے دن، خدا نے خشک زمین کو طلب کیا۔ یاد رہے کہ اِس وقت تک روئے زمین پر پانی تھا۔ جب خدا نے کلام کیا۔ خشک زمین نمودار ہوئی۔(10 آیت) زمین وہ صورت

پکڑ رہی تھی جس سے ہم آج آشنا ہیں۔ آج ہمارے پاس خشک زمین ہے جو زمین پر کے پانیوں اور سُمندروں کو جدا کرتی ہے۔ ہم صرف تصور کی آنکھ سے ہی دیکھ سکتے ہیں کہ جب مختلف چیزیں تخلیق ہو رہی اور ایک شکل و صُورت پکڑ رہی تھیں تو کیسا دکھائی دیتا ہو گا۔

خشک زمین، جب پہلے پہل نمودار ہوئی تو ویران اور خالی تھی۔ پھر خدا نے خشک زمین سے کہا کہ وہ سبزیاں اُگائے۔ خاص طور پر، اُس نے کہا کہ بیج دار پودے اور کئی اقسام کے درخت خشک زمین پر پیدا ہو جائیں۔ (آیت 11) اَب خشک زمین نے سبزیاں اُگانا شروع کر دیں۔ وہ سبزیاں جو زمین پر پیدا ہوئی اُن میں بیج تھے تاکہ وہ زمین پر گریں اور سبزیاں اُگنے کا یہ سلسلہ آج تک جاری و ساری رہے۔ (12 آیت) تیسرے روز کے اختتام پر زمین سبزیاں اُگا رہی تھی۔

چوتھے دن، خدا نے آسمان پر نُور طلب کئے۔ اَس سے پہلے، روشنی اور تاریکی سُورج کے سبب سے نہیں تھی جیسا کہ آج ہم جانتے ہیں کہ سُورج غروب ہوتا ہے تو تاریکی چھا جاتی ہے۔ اور سُورج طلوع ہوتا ہے تو روشنی ہو جاتی ہے۔ چوتھے دن خدا نے سُورج اور چاند کو اپنے کلام سے بنایا۔ یہ بات بھی قابلِ غور ہے کہ سُورج اور چاند تو موسموں اور رُتوں میں امتیاز کے لئے خلق کئے گئے تھے۔ یہ دِنوں اور برسوں کے حساب کتاب کے لئے تھے۔ (14 آیت) 16 آیت ہمیں بتاتی ہے کہ خدا نے دو بڑے نور خلق کئے۔ نیّر اکبر کو دن پر جب کہ نیّر اصغر کو رات پر حکمرانی کرنا تھی۔ (16 آیت) نیّر اَکبر سے مراد سورج اور نیّر اصغر سے مُراد چاند ہے۔ زمین کی گردش سے ہی اِن دونوں روشنیوں سے رات اور دن

آنے اور جانے تھے۔(18 آیت) اِس آیت پر غور کریں کہ جو کچھ خدا نے خلق کیا تھا اُس پر غور سے نظر کی وہ خدا خوش ہوا۔ سب کچھ ویسے ہی تھا جیسا اُس نے سوچا تھا۔ جو کام خدا کر رہا تھا، اُس کے کرنے سے اُسے بہت خوشی ہوئی۔ چوتھے روز کے اختتام پر سُورج، چاند اور ستارے آسمان پر آب و تاب کے ساتھ چمکتے ہوئے زمین کو روشن کر رہے اور دنوں، رُتوں اور موسموں کی خبر دے رہے تھے۔

پانچویں روز، خدا نے سمندر کی مخلوق اور ہوا کے پرندوں کو خلق کیا۔ پانیوں میں بڑی بڑی مخلوقات پیدا کی گئیں اور آسمان پر فضاؤں میں پرندے اُڑنے کے لئے خلق کئے گئے۔

(20، 21 آیت) 21 آیت پر غور کریں۔ کئی طرح کے پرندے اور مخلوقات تھیں۔ یہاں پر اتنی جگہ اور وقت نہیں کہ نظریہ ارتقاء پر تعلیم دی جاسکے۔ ایسا بالکل نہیں کہ زندگی سے زندگی نے جنم لیا یا پہلے زندگی کسی اور شکل میں موجود تھی۔ خدا نے مچھلیوں اور پرندوں کی کئی ایک خوبصورت اقسام خلق کیں۔ 22 آیت میں، خدا نے جاندار چیزوں کو حکم دیا کہ وہ پھلیں بڑھیں اور زمین پر بہت زیادہ ہو جائیں۔ اُنہیں پانیوں، آسمان اور زمین کو بھر دینا تھا۔ پانچویں دن کے اختتام پر ہوا کے پرندے اور سُمندر میں مچھلیاں کائنات میں اپنا حُسن اور رنگینی پھیلا رہیں تھیں۔

چھٹے دن، خدا نے زمین کو حکم دیا کہ وہ کئی اقسام کے جانداروں کو پیدا کرے۔

(24 آیت) یعنی کئی اقسام کے جنگلی جانور، مویشی اور کئی طرح کے کیڑے مکوڑے زمین پر نمودار ہو جائیں۔(25 آیت) ایک بار پھر خدا اپنی خلق شدہ ہر ایک چیز کو دیکھ کر بہت خوش ہوا۔ اُس کی ہر ایک تخلیق اور مخلوق بالکل کامل تھی۔

آخر میں چھٹے روز خدا نے انسان کو پیدا کیا۔ انسان کی تخلیق کے حوالے سے دو چیزوں پر غور کریں۔

پہلی بات ، خدا نے انسان کو اپنی صُورت اور شبیہ پر پیدا کیا۔ اِسی ایک خوبی کی بنا پر انسان دیگر مخلوقات سے منفرد ٹھہرا اور اشرف المخلوقات کہلایا۔ صرف انسان ہی خدا کی صُورت اور شبیہ پر پیدا کیا گیا تھا۔ خدا کی صُورت اور شبیہ پر پیدا ہونے سے یہ مُراد نہیں کہ انسان جسمانی صورت میں خدا کی شکل و صُورت کے مطابق تھا۔ ہم خدا کی صُورت اور شبیہ پر پیدا کئے گئے ہیں کا مطلب یہ ہے کہ ہم میں خدا کی فطرت موجود ہے۔ اِس کا مطلب یہ ہوا کہ انسان خدا کے ساتھ بات چیت کر سکتا ہے۔ ہمیں روحانی مخلوق کے طور پر پیدا کیا گیا تھا۔ ہمیں جانوروں سے مختلف اور منفرد پیدا کیا گیا تا کہ ہم خدا کے ساتھ جو ہمارا خالق ہے ایک رشتہ اور تعلق قائم کر سکیں۔

دوسری بات ۔ خدا نے انسان کو اپنی تخلیق پر اختیار بخشا۔ انسان کو یہ ذمہ داری دی گئی تھی کہ وہ خدا کی تخلیق کی گئی ہر ایک چیز کی نگہبانی کرے۔ اُسے مچھلیوں، ہوا کے پرندوں اور جانوروں پر اختیار رکھنا تھا۔ (25 آیت)

27 آیت ہمیں بتاتی ہے کہ خدا نے نر و ناری اُن کو پیدا کیا۔ اُس نے اُنہیں برکت دے کر حکم دیا کہ وہ بڑھیں، پھلیں اور زمین کو معمور و محکوم کر دیں۔

29 آیت سے ہمیں علم ہوتا ہے کہ خدا نے آدمؑ اور اُس کی بیوی کے کھانے کے لئے بیج دار پودے اور سبزیاں دیں۔ 30 آیت بیان کرتی ہے کہ خدا نے پودے اور زمین کے درخت جانوروں کی خوراک کے لئے دئے۔ ابھی تک خدا نے انسان یعنی آدمؑ اور حوّا کو

کھانے کے لئے گوشت عطا نہیں کیا تھا۔ یہ تو بعد میں اُنہیں اجازت دی گئی۔ یوں معلوم ہوتا ہے کہ انسان اور جانور سبزیوں پر گزارا کرنے والے تھے۔ اور صرف پودے، یعنی ہرے پتے اور سبزیاں وغیرہ کھا کر ہی گزارا کرتے تھے۔

اِس کا مطلب یہ تھا کہ اِس وقت تک خون نہیں بہایا گیا تھا۔ کسی بھی جانور کو خوراک یا کھانے کے پیشِ نظر ذبح نہیں کیا گیا تھا۔ اِس وجہ سے بھی جانوروں کی تعداد میں اضافہ ہو رہا تھا۔ اور زمین اُن سے بھرتی جا رہی تھی جیسا کہ خدا نے ارادہ کیا تھا۔

چھٹے دن کے اختتام تک، آدمؔ اور حوّاؔ کو خدا کی صُورت اور شبیہ پر پیدا کیا گیا اور اُنہیں زمین پر حکمرانی کرنے اور اپنی تعداد میں اضافہ کرنے کے لئے بلایا گیا۔ وہ زمین پر کے جانوروں کے ساتھ ہم آہنگی کے ساتھ رہتے اور زمین کے پودے اپنی خوراک کے طور پر کھاتے تھے۔ خدا نے اپنی تخلیق پر نگاہ کی اور دیکھا کہ "سب بہت اچھا ہے۔" یہ بالکل خدا کے ارادے کے عین مطابق تھا۔ وہ اِس سے خدا بہت خُوش ہوا۔

چند غور طلب باتیں

☆۔ یہ باب خدا اور اُس کے کردار کے بارے میں کیا تعلیم دیتا ہے؟

☆۔ آپ کو اِس حقیقت سے کیا تسلی اور حوصلہ افزائی ملتی ہے کہ خدا آپ سے بڑا اور عظیم ہے اور ممکنہ طور پر آپ اُس کی راہوں کو سمجھ نہیں سکتے۔

☆۔ اِس باب میں ہمارے پاس کون سا ثبوت ہے کہ خدا نے اپنی تخلیق کے کاموں میں بڑی خوشی محسوس کی؟ آپ کے خیال میں، خدا اُس وقت کیسا محسوس کرتا ہے جب ہم اُس کی تخلیق کی دیکھ بھال اُس طرح سے نہیں کرتے جس طرح خدا کی خوشنودی ہے؟

☆۔ آدمؔ اور حوّاؔ کس طرح جانوروں سے مختلف اور منفرد تخلیق کئے گئے تھے؟

☆۔ خدا کی صورت اور شبیہ پر پیدا ہونے کا کیا معنی ہے۔؟ خدا کی صورت اور شبیہ پر پیدا ہونے سے ہمیں کیا شرف و استحقاق ملتے اور ہم پر کیا ذمہ داریاں عائد ہوتی ہیں؟ کیا ہم خدا کے ساتھ روحانی تعلق اور رشتہ قائم کئے بغیر تسلی پاسکتے ہیں؟

☆۔ ہم اِس زمین پر حکمرانی کرنے میں کس قدر وفادار رہے جو خدا نے ہمارے سپُرد کی تھی؟

چند ایک دُعائیہ نکات

☆۔ خدا کی خوبصورت تخلیق کے لئے اُس کی شکر گزاری کریں۔ ایک لمحہ کے لئے کائنات کی فطرت میں کسی خاص چیز کے لئے اُس کی شکر گزاری کریں۔

☆۔ خدا کا شکر کریں کہ وہ آپ سے بڑا اور عظیم ہے۔ ایک لمحہ کے لئے اُس کی پرستش اور ستائش کریں کہ وہ عظیم اور قادرِ مطلق خدا ہے۔

☆۔ خدا کا شکر کریں کہ اُس نے آپ کو اپنی صورت اور شبیہ پر پیدا کیا تاکہ آپ اُس کے ساتھ گفتگو کرنے کی صلاحیت اور قابلیت کو اپنی زندگی میں رکھ سکیں۔ خدا سے مدد اور توفیق چاہیں کہ وہ آپ کو اپنے قریب لے آئے۔ خدا کے اِس عظیم شرف و استحقاق کے لئے اُس کی شکر گزاری کریں جو اُس نے آپ کو عطا کیا ہے۔

☆۔ خدا سے درخواست کریں کہ وہ اپنی صورت اور شبیہ کی حقیقت کو آپ کی زندگی میں ظاہر کرے۔

باب 2

حوّا اور باغِ عدن

پیدائش 2 باب 1 تا25 آیت مطالعہ کریں

چھ دن میں خدا نے دُنیا کو بنایا۔ اُسے اپنی تخلیق کو دیکھ کر بہت خوشی ہوئی۔ ساتویں دن خدا نے اپنے سارے کام کو مکمل کر لیا تھا۔

دوسری آیت پر غور کریں، ساتویں روز خدا نے اپنے سارے کام کر کے آرام کیا۔ چھ دن میں تخلیق کا کام مکمل ہوا۔ لیکن خدا کا ارادہ اور انتظام یہی تھا کہ سات دنوں کا ایک گردشی چکر ہو۔ ساتویں دن کو مقدس ٹھہرایا گیا۔ یہ دن آرام و سکون کا دن ٹھہرایا گیا۔ یہ وہ دن ہے جب خدا کے لوگوں کو اپنے سارے کام کاج روک کر اپنے خالق کو یاد کرنا چاہیئے۔ اِس سے یہ ظاہر ہوتا ہے کہ یہ بات خدا کے ارادہ میں شامل تھی کہ اُس کے لوگ اُس کے ساتھ ایک تعلق اور رشتے کا تجربہ کریں۔

2 آیت ہمیں گزرے وقت کی طرف لے جاتی ہے۔ یہاں پر ہمیں ہریاوّل کے تعلق سے تفصیلات دی گئی ہے۔ جیسا کہ ہم باب 1 میں دیکھ چکے ہیں۔ جب پہلے پہل زمین کو خلق کیا گیا تو کوئی سبزی یا ہریاوّل نہیں تھی۔ پانچویں آیت سے، ہمیں یہ تاثر ملتا ہے کہ زمین ہر طرح کی سبزی کو اُگانے کے لئے تیار تھی۔ لیکن ضرورت تھی کہ بیج کو اُگنے اور نشو نما پانے کے لئے پانی دیا جائے۔ پانچویں آیت یہ بھی بیان کرتی ہے کہ زمین پر کھیتی باڑی

کرنے کے لئے کوئی انسان بھی موجود نہیں تھا۔ پودے اور ہر طرح کی سبزی نے اُس وقت ہی اُگنا تھا جب کسی شخص نے کھیتی باڑی یا کاشت کاری کرنی اور زمین کو سیر اب کرنا تھا۔ پودوں اور سبزیوں کے بڑھنے کے لئے، خدا نے ندیاں، چشمے اور ہر طرف دریا پیدا کر دیئے تا کہ پانی سے زمین کو سیر اب کیا جاسکے۔ یہ بات خدا کے ارادہ میں شامل تھی کہ مرد اور عورت دونوں مل کر کاشت کاری کریں اور زمین سے سبزیاں اور پھل اُگائیں۔

7 آیت میں، ہم دیکھتے ہیں کہ خدا نے انسان کو " زمین کی مٹی سے بنایا۔ جب خدا نے "اُس کے نتھنوں میں زندگی کا دم پھونکا" تو وہ جیتی جان ہوا۔ خدا کے دم پھونکنے سے ہی زندگی وجود میں آئی۔ بائبل مقدس میں ایسا کوئی بیان نہیں ملتا کہ خدا نے کسی جانور کو جیتی جان بنانے کے لئے اُس کے نتھنوں میں زندگی کا دم پھونکا۔ انسان میں زندگی کا دم پھونکنے سے خدا نے ایک خاص کام سر انجام دیا۔ خدا نے اُسے دیگر جاندار مخلوقات کی طرح زندگی نہ دی بلکہ اُسے ایک روحانی زندگی بھی عطا کی۔ انسان کو جانوروں سے اس لحاظ سے مختلف ہونا تھا کہ وہ خدا کے ساتھ شخصی اور خاص تعلق اور رشتہ قائم رکھ سکے۔

خدا نے انسان کو باغِ عدن میں رکھا۔ (8 آیت) ہم 9 تا 14 آیت میں اِس باغ کے تعلق سے کچھ باتیں سیکھتے ہیں۔ باغ میں ہر طرح کے درخت تھے جن میں اچھی قسم کا پھل لگ رہا تھا۔ لیکن باغ کے وسط میں، دو خاص درخت تھے۔ ایک تو حیات کا جبکہ دوسرا نیک و بد کی پہچان کا درخت تھا۔

باغِ عدن سے بہنے والی ندی فیسون اِس باغ کو سیر اب کرتی تھی۔ یہ بہت بڑی ندی تھی جو چار حصوں میں منقسم تھی۔ ان ندیوں کے نام، جیجون، دجلہ اور فرات تھے۔ (آیات،

11، 13 تا 14 پڑھیں) ندیوں کے اِن ناموں کے ذکر سے ہم اِس بات پر ایمان اور یقین رکھتے ہیں کہ باغِ عدن موجودہ دَور کے ملکِ عراق کے کسی علاقہ میں موجود تھا۔

15 آیت بیان کرتی ہے کہ خدا نے انسان کو باغ کی دیکھ بھال اور نگہبانی کی ذمہ داری سونپی۔ میرے لئے یہ بات بڑی دلچسپی کی حامل ہے کہ ایک بے نقص دُنیا میں بھی کام کرنے کی ضرورت تھی۔ ضرورت تھی کہ ایک انسان باغ کی دیکھ بھال کرے اور اُس کا خیال رکھے۔ اِس سے ہمیں آسمان کے بارے میں بھی کچھ جانکاری حاصل ہوتی ہے۔ اور وہ یہ کہ آسمان پر بھی ہمارے کرنے کے لئے کوئی نہ کوئی کام اور نبھانے کے لئے کوئی نہ کوئی ذمہ داری ہو گی۔

کام اور ذمہ داریوں سے ہمیں زندگی میں ایک مقصد حاصل ہوتا ہے۔ یہ جاننا بہت ہی اچھی بات ہے کہ جب خدا نے ہمیں اِس زمین پر رکھا ہے تو اُس نے ایک مقصد کے تحت ہمیں اِس دُنیا میں رکھا ہے۔ وہ آپ کے لئے ایک کام اور خاص مقصد رکھتا ہے۔ آپ ایک مقصد اور سبب کے تحت پیدا کئے گئے تھے اور آپ کو اپنی زندگی میں خدا کے مقصد اور ارادے کو پایہ تکمیل تک پہنچا کر ایک تسلی اور اطمینان حاصل ہو گا۔

باغِ عدن میں خدا انسان سے صرف یہی نہیں چاہتا تھا کہ وہ باغ کی نگہبانی اور باغبانی کرے ۔ ہم پہلے ہی یہ دیکھ چکے ہیں کہ خدا نے باغِ عدن کے وسط میں دو خاص قسم کے درخت رکھے تھے۔ خدا نے آدم اور حوّا سے کہا تھا کہ بڑی آزادی سے باغ کے ہر درخت کا پھل بے روک کھا سکتے ہیں پر نیک و بد کی پہچان کے درخت کا پھل نہ کھائیں۔(16،17)

خدا نے یہ بالکل واضح کر دیا تھا کہ اگر آدم نے یہ پھل کھالیا تو وہ مر جائے گا۔

یہ بات ہمیں حیرت کی گہرائیوں میں لے جاتی ہے کہ خدا نے کیوں کر ایسا درخت باغ میں لگایا جو انسان کی ہلاکت کا باعث ہو سکتا تھا۔ کیا آپ کو اِس بات سے حیرت ہوتی ہے کہ ایک بے نقص اور کامل دُنیا میں ایسا زہریلا درخت تھا جس کو کھانے سے انسان موت کے منہ میں جا سکتا تھا؟ خدا کے ارادے اور مقصد میں یہ درخت بڑا خاص مقصد رکھتا تھا۔ خدا انسان کو پیدا کر کے اُسے گناہ سے باز بھی رکھ سکتا تھا۔ اِس کی بجائے، خدا نے انسان کو ایک آزاد مرضی کے ساتھ پیدا کیا کہ وہ نیکی اور بدی کے درمیان از خود چناؤ کرے۔ خدا انسان کو مجبور کر سکتا تھا کہ وہ اُسے محبت کرے لیکن مجبوری کی محبت اصل اور حقیقی نہیں ہوتی۔ حقیقی اور سچی محبت تو آزادی سے کسی دوسرے کے لئے محسوس کی جاتی ہے۔ کوئی بھی رشتہ ناطہ اُس وقت پروان نہیں چڑھتا جب اُسے مجبوری کے تحت یا زبردستی آگے بڑھایا جائے۔ خدا نے آدم کو موقع دیا کہ وہ آزادی سے خدا کی تابعداری اور فرمانبرداری کا چناؤ کرے۔ باغِ عدن میں نیک و بد کی پہچان کا درخت رکھنے سے خدا نے آدم کو آزادی سے چناؤ کا موقع دیا۔ انسان کی محبت اور خدا کے لئے اُس کی عقیدت زور و جبر سے نہیں ہوتی۔ یہ تو انسان کی طرف سے دانستہ اور باہوش و حواس ایک چناؤ ہونا چاہیئے۔

خداوند یسوع آج ہمیں یہ چناؤ پیش کرتا ہے۔ وہ ہمیں مجبور نہیں کرتا کہ ہم اُس کے لئے چناؤ کریں۔ ہر روز ہمیں اُس کی خدمت، عبادت اور اُس کے ساتھ چلنے کے چناؤ کا موقع ملتا ہے۔ یہ بھی ہمارا چناؤ ہو سکتا ہے کہ ہم اُس سے دُور چلے جائیں یا پھر اُس کے سامنے سجدہ ریز ہو کر کہیں کہ خداوند تو ہماری زندگی میں اپنی بادشاہی قائم کر۔ خدا چاہتا ہے کہ ہم پورے دل سے اُسے محبت کرنے کا فیصلہ بھی دل کی گہرائیوں سے کریں۔ پورے دل سے

اپنی زندگی اُس کے لئے وقف کر دیں۔ آدم کے پاس یہ چناؤ تھا کہ وہ نیک و بد کی پہچان کے درخت میں سے پھل کھالے یا پھر خدا کی تابعداری اور فرمانبرداری کرتے ہوئے بدی سے دُور رہے۔ ہم میں سے بہت سے ایسے لوگ ہیں جو اِس بات کے منتظر ہیں کہ خدا اُنہیں اپنی فرمانبرداری اور تابعداری کے لئے مجبور کر دے۔ خدا پہلے آدم کی طرح ہمیں آزادی سے فیصلہ کرنے کا موقع دیتا ہے۔ اَب یہ ہم پر منحصر ہے کہ ہم آزادانہ مرضی کا استعمال کرتے ہوئے اُس کی فرمانبرداری کا چناؤ کریں۔

اِس نکتہ تک، خدا کی خلق کردہ ہر ایک چیز اچھی تھی۔ 18 آیت ہمیں بتاتی ہے کہ کچھ ایسا بھی تھا جو اچھا نہیں تھا۔ اس آیت میں، خدا نے دیکھا کہ آدم کا اکیلا رہنا اچھا نہیں۔ جانوروں میں سے کوئی بھی آدم کا موزوں اور مناسب ساتھی ہونے کے قابل نہ تھا۔ اِس حوالہ میں یہ بات حیرت میں ڈال دینے والی ہے کہ اگرچہ انسان اپنے خالق کے ساتھ کامل رفاقت میں تھا، پھر بھی خدا نے کہا کہ آدم کا اکیلا رہنا اچھا نہیں۔

اِس سے ہمیں یہ نہیں سمجھ لینا کہ خدا آدم اور اُس کی ضروریات کے لئے کافی نہ تھا۔ آدم کی خدا کے ساتھ رفاقت بہت خوبصورت اور گناہ کی رکاوٹ کے بغیر چل رہی تھی۔ مجھے اِس بات کی قائلیت ہے کہ آدم کو اپنے خالق کے ساتھ بات چیت کرتے ہوئے بہت تسلی اور سکون محسوس ہوتا ہوگا لیکن پھر بھی خدا نے کہا کہ بس یہی کافی نہیں۔ خدا نے آدم کو اِس طور سے پیدا کیا تھا کہ ایک اور انسان اُس کے ساتھ رفاقت رکھے۔ اور اُسے اِس کی اشد ضرورت تھی۔ ہم خدا کے ساتھ بہت اچھی رفاقت اور بات چیت کر سکتے ہیں تو بھی ہمیں انسانوں کے ساتھ بھی رفاقت اور شراکت کی ضرورت ہوتی ہے۔

چونکہ انسان خدا کے لئے، خدا کے وسیلہ سے اِس دُنیا میں پیدا ہوا ہے، اِس لئے اُسے خدا کے علاوہ کسی بھی بات میں خوشی، اطمینان، زندگی کا مقصد اور معنی و مفہوم حاصل نہیں ہو سکتا۔ خدا نے اپنے خوبصورت تخلیقی مقصد میں، انسان کو ایک معاشرتی مخلوق کے طور پر پیدا کیا جسے ایک دوسرے کی ضرورت محسوس ہو۔ اُس نے ہمیں ایسی نعمتیں، صلاحیتیں عطا کی ہیں جن سے ہم دوسروں کے لئے اور دوسرے ہمارے لئے باعثِ برکت ہوتے ہیں۔ ہم ایک دوسرے کے بغیر وہ کبھی بھی نہیں بن پائیں گے جو خدا ہمیں بنانا چاہتا ہے۔ خدا ہمارے بہن بھائیوں کو ہماری خدمت اور برکت کے لئے استعمال کرتا ہے۔ تاکہ ہم خدا کے ساتھ ایک زندہ، فعال اور مستعد رشتے میں بندھے رہیں۔ اگرچہ آدم ایک کامل دُنیا میں خدا کے ساتھ کامل رشتہ اور تعلق میں بندھا ہوا تھا پھر بھی اُسے اپنے جیسے ایک ساتھی کی ضرورت تھی۔ خدا نے اِس بات کا قصد کیا کہ وہ اُس کے لئے ایک موزوں اور مناسب ساتھی خلق کرے گا۔ (18 آیت)

19 آیت بیان کرتی ہے کہ خدا جانوروں کو آدم کے پاس لایا کہ وہ اُن کے نام رکھے۔ آدم کو تمام جانوروں کا تعارف کرایا گیا لیکن غور کریں کہ آدم کے پاس اُس کی ضرورت کے موافق کوئی موزوں ساتھی موجود نہیں تھا۔ اِس سے آدم میں احساسِ تنہائی پیدا ہوا ہو گا۔ اِس سے دردناک حد تک آدم کو اپنی ضرورت کا احساس پیدا ہوا ہو گا۔

زندگی میں کئی ایسے وقت آئے جب خدا نے مجھے میری ضرورت دکھائی۔ اِس سے پہلے کہ خدا ہماری زندگیوں میں زور سے جنبش کرے وہ ہمیں کسی نہ کسی وادی میں سے گزارے گا تاکہ ہم معلوم کر سکیں کہ ہمیں کس چیز کی ضرورت ہے۔ خدا نے آدم پر ظاہر کیا کہ اُسے

کس حد تک ایک ساتھی کی ضرورت ہے۔ جب سبھی جانور باری باری آدم کی نظروں کے سامنے اپنے ساتھی کے ہمراہ گزرے، ہو سکتا ہے کہ آدم کو پہلی بار اِس بات کا احساس ہوا ہو کہ اُس کا کوئی ساتھی نہیں ہے۔ اُس کا دل اُس ساتھی کے لئے خدا کے حضور پکار اُٹھا ہو گا۔ اِس سے پہلے کہ خدا ہماری کسی ضرورت کو پورا کرے ، وہ اُس ضرورت کو ہم پر آشکارا کرتا ہے۔

اَب غور کریں کہ کس طرح خدا نے عورت کو خلق کیا۔ 21 آیت میں، خدا نے آدم پر گہری نیند بھیجی۔ آدم کی پسلیوں میں سے ایک پسلی نکال لی۔ خدا نے اُس کے لئے ایک موزوں اور مناسب ساتھی خلق کر لیا۔ اور خدا اُس ساتھی کو اُس کے پاس لے کر آیا۔ غور طلب بات یہ ہے کہ عورت مرد سے پیدا ہوئی۔ وہ اپنے وجود کے لئے خدا کی مرہونِ منت ہے، تاہم اُسے یاد رکھنا ہے کہ وہ اپنے وجود کے لئے آدم کی بھی مرہونِ منت ہے۔ کیونکہ خدا نے عورت کو مرد کی پسلی میں سے خلق کیا۔ آدم کو اِس حقیقت کا علم تھا کہ عورت اُس کی پسلی سے خلق کی گئی ہے۔ 23 آیت میں، اُس نے کہا۔ "یہ تو میری ہڈیوں میں سے ہڈی اور میرے گوشت میں سے گوشت ہے۔ اس لئے وہ ناری کہلائے گی کیونکہ وہ نر سے نکالی گئی۔

ہمارے لئے یہ تفصیل یاد رکھنا بہت اہم ہے کہ آدم کو فی الفور علم ہو گیا کہ یہ عورت اُس کے لئے ایک موزوں ساتھی ہے کیونکہ وہ اُس کی مانند تھی۔ " اُس کی ہڈیوں میں سے ہڈی، اور اُس کے گوشت میں سے گوشت۔ " آدمؔ اور حوّاؔ کے درمیان ایک تعلق تھا جو کسی اور جگہ پر دیکھنے کو نہیں ملتا۔ کسی بھی جانور یا جاندار میں اِس قدر گہرا تعلق، رشتہ یا ناتہ نہیں

تھا۔

قابلِ غور اور یاد رکھنے کی بات یہ ہے کہ آدم اور حوا کے درمیان یہ تعلق، گہری قُربت اور رشتہ شروع سے ہی خدا کے مقصد کا حصہ تھا۔ 24 آیت بیان کرتی ہے کہ آدم اپنے باپ اور ماں کو چھوڑ کر اپنی بیوی سے ملا رہے گا اور وہ ایک جسم ہوں گے۔

غور کریں کہ یہ " ایک جسم " مرد اور عورت کے درمیان ازدواجی بندھن کا اصول ہے۔ اگرچہ ہم دوسرے انسانوں کے ساتھ گہری قربت اور رفاقت رکھ سکتے ہیں، لیکن ایک جسم ہونے کا یہ اصول صرف ازدواجی رشتے اور تعلق میں ہی پایا جاتا ہے۔ خاص جنسی، جذباتی اور روحانی تعلق جو کہ ایک ازدواجی رشتہ قائم ہونے کے بعد وجود میں آتا ہے، خدا کے طے شدہ ارادے اور مقصد کے تحت ہے۔ خدا چاہتا تھا کہ اُن سے پیدا ہونے والی نسلیں بھی اسی قاعدے پر چلیں۔ 25 آیت بیان کرتی ہے کہ آدمؔ اور اُس کی بیوی دونوں ننگے تھے لیکن شرماتے نہیں تھے۔ وہ ایک دوسرے کے لئے خلق کئے گئے تھے۔ وہ دونوں کلامِ مقدس کے گہرے مفہوم میں ایک دوسرے کے ساتھی ہوں گے۔

چند غور طلب باتیں

☆۔ آپ کے خیال میں خدا نے آرام کا دن کیوں بنایا؟ کیا آپ آرام کے اِس دن کے اصول کے مطابق زندگی بسر کرتے ہیں؟ ہمارے لئے آرام کے لئے وقت نکالنا کیوں کر مشکل ہوتا ہے؟

☆۔ ایک کامل اور بے نقص دُنیا میں آدم کے پاس باغِ عدن کی باغبانی اور نگہبانی کی ذمہ داری تھی۔ آپ کو اِس حقیقت سے کیا تسلی ملتی ہے کہ خدا آپ کی زندگی کے لئے ایک مقصد اور منصوبہ رکھتا ہے؟ یہ کون سا منصوبہ ہے؟

☆۔ خدا نے انسان کو نافرمانی کا چناؤ کرنے کے لئے آزاد مرضی کیوں کر دی؟

☆۔ اس حوالہ میں ہم دوسرے انسانوں کے ساتھ رفاقت کی ضرورت کے تعلق سے کیا سیکھتے ہیں؟ کیا ہم دوسرے ایمانداروں کی رفاقت کے بغیر وہ سب کچھ بن سکتے ہیں جو خدا ہمیں بنانا چاہتا ہے؟

☆۔ خدا نے آدم کی ضرورت پوری کرنے سے پہلے آدم پر اُس کی ضرورت آشکارا کی۔ خدا کس ضرورت کو آپ پر آشکارہ کر رہا ہے؟

چند اہم دُعائیہ نکات

☆۔ خدا سے مدد اور توفیق چاہیں کہ آپ زیادہ سے زیادہ اُس کی ذاتِ اقدس، اُس کے کام اور اُس کے مقصد پر غور وخوص کر سکیں۔ خداوند سے درخواست کریں کہ وہ آپ کی مدد کرے تاکہ آپ آرام کرنا بھی سیکھ جائیں۔

☆۔ خداوند کی شکر گزاری کریں کہ اُس نے آپ کو آزاد مرضی عطا کی ہے۔ اِس بات پر

غور کرنے کے لئے چند لمحات نکالیں کہ آیا خدا کی مرضی، مقصد اور اُس کی تابعداری میں زندگی بسر کرنے کے لئے آپ کو ابھی تک کچھ فیصلے کرنے کی ضرورت ہے؟

☆۔خداوند کی شکر گزاری کریں کہ وہ آپ کی زندگی کے لئے ایک مقصد اور منصوبہ رکھتا ہے۔ خداوند سے اِس مقصد کے تحت ، اور اِس مقصد میں زندگی بسر کرنے کی توفیق چاہیں۔

☆۔کیا آپ دوسرے مسیحی بہن بھائیوں کے ساتھ رفاقت نہیں رکھ رہے؟ خداوند سے معافی مانگنے کے لئے دُعا میں جھکیں اور خدا سے توفیق چاہیں کہ آپ دوسرے مسیحی بہن بھائیوں سے رفاقت رکھ سکیں۔

☆۔ایسے لوگوں کے لئے خداوند کی شکر گزاری کریں ایسے لوگوں کے لئے جو دُعا اور کئی ایک طریقوں سے آپ کے ساتھ کھڑے ہوتے ہیں۔ اپنے ہم خدمت ساتھیوں کے لئے بھی خدا کی شکر گزاری کریں۔

☆۔خدا نے کون سی ضرورت آپ پر آشکارا کی ہے؟ آپ کی ضرورت کے حوالہ سے جو کلام خدا نے آپ کے ساتھ کیا ہے، اُس کو سمجھنے کے لئے خدا سے فہم مانگیں۔ خداوند کی شکر گزاری کریں کہ وہ آپ کی تمام ضروریات پوری کرنے پر قوّی اور قادر ہے۔

باب 3

انسان کا گناہ میں گر جانا

پیدائش 3:1-21 کا مطالعہ کریں

پہلا مَرد اور عورت ایسی دُنیا میں آباد تھے جو گناہ اور ناراستی سے بالکل پاک تھی۔ تاہم خدا نے اُنہیں آزاد مرضی سے نوازا، اگر وہ چاہیں تو تابعداری میں زندگی بسر کریں یا پھر نافرمانی کی راہ اختیار کر کے اُس کی برکات سے دُور چلے جائیں۔

اس تیسرے باب میں ہمیں سانپ کے بارے میں بتایا گیا ہے۔ اِس سانپ کے تعلق سے ہمیں دو چیزیں دیکھنے کی ضرورت ہے۔ قابلِ غور پہلی بات، وہ کسی بھی جنگلی جانور سے زیادہ چالاک اور مکار تھا۔ جب ہم یہ کہتے ہیں کہ کوئی شخص مکاّر یا بہت چالاک ہے، تو اِس سے مُراد یہ ہوتی ہے کہ وہ کسی بھی شخص کو دھوکہ دینے کے صلاحیت رکھتا ہے، اور بڑی چالبازی سے کچھ بھی کر سکتا ہے۔

دوسری قابلِ غور بات، سانپ نے عورت سے باتیں کیں۔ یہاں پر بھی کچھ عجیب و غریب صورتحال دیکھنے کو ملتی ہے۔ جانور بھی ایک دوسرے سے بات چیت کرتے ہیں لیکن انسانوں کی طرح نہیں۔ اُس دَور میں تو کسی بھی سانپ کے پاس بولنے کی قابلیت نہیں ہے۔ مکاشفہ 9:12 اور 2:20 میں ہم دیکھتے ہیں کہ سانپ کے بولنے کے پیچھے کیا راز تھا۔ دونوں حوالہ جات شیطان کی تصویر کشی سانپ کے طور پر کرتے ہیں۔ اِس سے ہم یہ

نتیجہ اخذ کرسکتے ہیں کہ اُس روز شیطان ہی سانپ کے اُس کلام کے پیچھے چھپا ہوا تھا۔ شیطان ہی سانپ کو استعمال کرتے ہوئے عورت کوورغلا رہا تھا کہ وہ خدا کی نافرمانی کرے۔

3 باب کی پہلی آیت میں آزمائش کے تعلق سے غور کریں۔

شیطان نے عورت سے کہا، " کیا واقعی خدا نے کہا ہے کہ باغ کے کسی درخت کا پھل نہ کھانا؟"

شیطان کی طرف سے پہلی آزمائش عورت کو اِس بات پر شک کرنے کے لئے مائل کرنا تھا جو خدا نے فرمائی تھی۔ اُس نے بڑے واضح طور پر شیطان کو بتایا کہ خدا نے اُنہیں اجازت دی ہے کہ وہ باغ کے کسی بھی درخت کا پھل بے روک ٹوک کھاسکتے ہیں ماسوائے نیک و بد کی پہچان کے درخت کا جو کہ باغ کے وسط میں تھا۔(پیدائش 7:2) اُس کے ذہن میں خدا کی طرف سے دیئے گئے حکم اور درخت کے بارے خدا کے مقصد کے تعلق سے کوئی شک وشبہ نہیں تھا۔ جب شیطان عورت کو خدا کی طرف سے ملے حکم کے بارے شک وشبہ میں ڈالنے پر ناکام ہو گیا تو پھر شیطان اِس آزمائش کو اگلے درجہ تک لے گیا۔ اِس بار شیطان نے بڑی دلیری سے بیان کیا۔ " تم یقیناً نہیں مروگے۔" (آیت 5) یہاں پر وہ خدا کے مخالفت میں سامنے آتا ہے۔ اُس نے عورت کو یہاں تک کہہ دیا کہ خدا کو علم ہے کہ جس وقت تم اُس درخت کا پھل کھالو گے، تو تم خدا کی مانند بن جاؤ گے۔(5 آیت) یہ تو سچ ہے کہ حواؔ کی آنکھیں کُھل جانی تھیں اور اُس نے خدا کی مانند نیک اور بد کی پہچان کر لینی تھی۔ (5 آیت) یہ حقیقت ہے کہ حواؔ کو نیک وبد کی پہچان ہو جانی تھی۔ تاہم جو کچھ ابلیس کہہ رہا تھا اُس میں مکر اور فریب شامل تھا۔ اُس نے نیک وبد کی پہچان کر لینے کے

اثرات و نتائج سے اُنہیں آگاہ نہ کیا۔ اِس حقیقت کو شیطان نے حوا پر ظاہر نہ کیا۔ تاہم شیطان کی یہ بڑی مکاری ہے کہ وہ سچائی میں فریب اور دھوکہ بھی شامل کر دیتا ہے۔ وہ آزمائش میں بھی سچائی کو اِس قدر شامل کر دیتا ہے کہ سننے والا اُس کی باتوں میں آجاتا ہے۔ بہت سے لوگ شیطان کی نصف سچائی سے آزمائش میں پڑ چکے ہیں۔ وہ مذہبی زبان میں بات کرتا اور سچائی کے ساتھ آزمائش بھی شامل کر دیتا ہے۔ آج کے دَور میں شیطان کی کارستانی نمایاں طور پر دیکھنے کو ملتی ہے۔ شیطان سچائی کو موڑ توڑ کر اپنا مقصد حاصل کر لیتا ہے۔

شیطان کی ایسی ہی کارستانی کارگر ہوئی، حوآ اُس کی باتوں میں آگئی اور اُس نے نیک و بد کی پہچان کے درخت میں سے لے کر خود بھی کھایا اور اپنے شوہر کو بھی دیا۔ نیک و بد کی درخت کا پھل کھانے کے بعد آدم اور حوآکی آنکھیں کھل گئیں۔ شیطان کے کہنے کے مطابق مرد اور عورت دونوں کی آنکھیں کھل گئیں۔ یاد رہے کہ ہمیں اپنی آنکھیں کھولنے کے لئے ایسا کچھ نہیں کرنا۔ آدم اور حوا ایسی دُنیا میں زندگی بسر کرتے تھے جہاں بدی اور ناراستی کا کوئی اَثر و تاثیر نہیں تھی۔ اُنہیں خدا کی نافرمانی اور اُس پر خدا کی لعنت آ ٹھہرنے کا کوئی علم نہیں تھا۔ ممنوعہ پھل کھانے سے عورت کی آنکھیں کھل گئیں اور اُس نے بدی، ناراستی اور خدا کی لعنت کو اپنی آنکھوں سے دیکھنا شروع کر دیا۔ خدا نہیں چاہتا کہ ہم بدی اور ناراستی پر نظر کریں۔ خدا کی مرضی تو یہی تھی کہ مرد و زّن اُس کی حضوری، برکت اور معموری میں سکونت کریں لیکن شیطان نے اِس کے برعکس ناراستی کو دیکھنے کے لئے اُس عورت کی آنکھیں کھول دیں۔ شیطان یہی چاہتا تھا کہ وہ یہ خیال کرنے لگے

کہ اُس کی زندگی میں کسی چیز کی کمی ہے اور وہ کمی یہی تھی کہ وہ بدی اور ناراستی کے بارے میں کچھ بھی نہیں جانتی تھی۔

اگر آپ والد یا والدہ ہیں تو آپ سمجھ پائیں گے کہ یہاں پر کیا ہو رہا تھا۔ اِس دُنیا میں بہت سی قباحتیں پائی جاتی ہیں۔ بطور والدین ہم اپنے بچوں کو دُنیا میں پائی جانے والی ناراستی اور بدی سے بچانا چاہتے ہیں۔ اِس کے لئے ہم کئی ایک جتن کرتے ہیں۔ ہر طرح کا علم و تجربہ اچھا نہیں ہوتا۔ شیطان عورت کو یہ بتانے کی کوشش کر رہا تھا کہ نیک و بد کی پہچان یا معرفت کے فقدان کے سبب سے اُس کی زندگی میں کسی چیز کی کمی ہے۔ اس میں حقیقت یہ تھی کہ نیک و بد کی پہچان حاصل کر لینے کے بعد، اُنہیں کئی ایک تکلیف دہ تجربات، بے اعتقادی اور خوف سے گزرنا تھا۔ یہ علم و معرفت اُن کے لئے بہت نقصان دہ ثابت ہونا تھا۔

اِس دَورِ جدید میں یہ تعلیم دی جاتی ہے کہ ہر طرح کا علم معرفت بہت اچھا اور مفید ہوتا ہے لیکن یہ ابلیس کا بہت بڑا جھوٹ ہے۔ اس طرح کا علم ہمارے لئے بہت نقصان دہ ثابت ہوتا ہے۔ بعض اوقات ہمیں اپنے ارد گرد ہونے والی باتوں پر کان لگانے سے گریز اور پرہیز کرنا چاہیئے۔ بعض اوقات ہمیں جھوٹی، من گھڑت باتوں، ایسی فحش کتب اور رسائل اور ڈائجسٹ سے دُور رہنا ہو گا جو ہمیں ناپاکی، ناراستی اور تاریکی کے کاموں کی طرف مائل اور قائل کر سکتے ہیں۔ کیونکہ ایسی چیزیں بدی اور ناپاکی کو فروغ دینے کے لئے استعمال کی جاتی ہیں۔ کُھلے ذہن کا مالک ہونے کا یہ مطلب نہیں کہ ہم ہر اُس چیز کو قبول کر لیں جو ہمارے لئے نقصان کا باعث ہو اور خدا اور اپنے عزیز و اقارب سے ہمارے تعلق اور رشتہ میں دراڑ پیدا کر دے۔ ہر طرح کا علم اچھا نہیں ہوتا۔ ہر طرح کی معرفت اور پہچان مفید،

کار آمد اور ترقی کا باعث نہیں ہوتی۔

عورت نے شیطان کی باتوں پر کان لگایا اور اُس کی باتوں کے سبب سے آزمائش کا شکار ہو گئی۔ اُس نے باغ کے وسط میں موجود درخت کے پھل پر ایک لمحہ کے لئے نظر ڈالی۔

غور کریں کہ جب اُس نے دیکھا تو کیا دریافت کیا۔ اُس نے دیکھا کہ وہ پھل مزے دار، خوشنما، اور عقل بخشنے کو خوب ہے۔ آئیں اِس بات کو مزید تفصیل سے دیکھیں۔

اوّل۔ یہ پھل مزے دار، دیکھنے میں خوشنما اور عقل بخشنے کو خوب تھا۔ کیا آپ یہ سمجھتے ہیں کہ گناہ جسم کے لئے راحت بخش اور پُر کشش ہو سکتا ہے؟ میں نے لوگوں کو اپنی بدی کو نیکی کی صورت میں پیش کرتے دیکھا اور سنا ہے۔ ہماری انسانی فطرت اِسی بات پر مائل اور قائل ہے کہ اگر کوئی چیز اچھی دکھائی دیتی اور اچھی بھی محسوس ہوتی ہو تو پھر وہ غلط نہیں ہو سکتی۔ لیکن یہ اَبلیس کا جھوٹ ہے۔ جو چیز گناہ آلودہ ہوتی ہے، وہ گناہ آلودہ ہی ہے، خواہ وہ بہت اچھی، خوشنما اور دلکش ہی کیوں نہ دکھائی دیتی ہو۔ بلکہ خدا کا کلام ہی کسی چیز کو پاک اور ناپاک، راست اور بُری قرار دیتا ہے۔ کوئی چیز اچھی بھی محسوس ہو رہی ہو لیکن خدا کا کلام کہے کہ یہ غلط ہے تو پھر وہ چیز ہر صُورت میں غلط اور ناراست ہی ہے۔ خدا ہی کسی چیز کو دُرست اور غلط قرار دیتا ہے نہ کہ ہمارے خیالات، احساسات یا پھر ہماری رائے اور نکتہ نظر کسی چیز کے اچھا یا بُرے ہونے کا تعین کرتا ہے۔

عورت نے اِس بات کا بھی مشاہدہ کیا کہ وہ پھل عقل بخشنے کو بھی خوب ہے۔ ہم پہلے بھی اِس پر بات کر چکے ہیں۔ حوّا کے ذہن پر یہ بات مسلط ہو چکی تھی کہ ہر طرح کا علم اور تجربہ اچھا ہی ہوتا ہے۔ لیکن ایسا تو بالکل بھی نہیں ہوتا۔ بعض تجربات اور علم و معرفت نقصان کا

باعث بھی ہوتے ہیں جو ہمارے ذہنوں کو گناہ آلودہ اور ناراست فلسفوں سے بھر دیتے ہیں۔ ایسے خیالات اور سوچیں ہمارے لئے بطور ایماندار مفید نہیں بلکہ زہر آلودہ ہی ثابت ہوتی ہیں۔ ایسی چیزیں صرف اور صرف نقصان کا باعث ہی ہوتیں ہیں۔

ہمیں اس سلسلہ میں بہت محتاط ہونے کی ضرورت ہے کہ ہم اپنے دلوں اور ذہنوں میں کیسی چیزوں کو جگہ دے رہے ہیں۔ اِس سے پہلے کہ بہت دیر ہو جائے، آئیں سنجیدگی سے اپنی زندگی، روّشوں اور مشاغل پر کڑی نظر رکھنا شروع کر دیں۔

حوا شیطان کی مکارانہ اور پُر فریب باتوں سے دھوکہ کھا گئی۔ اُس نے درخت سے پھل توڑ کر کھایا اور اپنے ہنی کو بھی دیا۔ اُس نے بھی اُس پھل کو کھالیا۔

6 آیت بیان کرتی ہے کہ حوّا نے وہ پھل اپنے شوہر کو بھی دیا جو اُس کے ساتھ تھا۔ تاہم یہ بات غیر واضح ہے کہ آیا وہ اُس وقت اُس کے پاس ہی کھڑا تھا جب وہ ابلیس سے باتیں کر رہی تھی یا اُس وقت غیر حاضر تھا۔ ہمیں اِس تعلق سے کوئی واضح اشارہ نہیں ملتا۔ کیونکہ ساری گفتگو شیطان اور حوّا کے درمیان ہی دیکھنے کو ملتی ہے۔ اس آیت کا سادہ سا مطلب یہ بھی ہو سکتا ہے کہ اُس نے وہ پھل اپنے شوہر کو بھی دیا جس کے ساتھ وہ رہ رہی تھی۔

اب غور کریں کہ ممنوعہ پھل کھانے کے بعد اُن کے ساتھ کیا واقع ہوا۔ 7 آیت بیان کرتی ہے کہ اُن کی آنکھیں کھل گئیں اور اُنہیں معلوم ہوا کہ وہ ننگے ہیں۔ پس اُنہوں نے اپنی برہنگی چھپانے کے لئے اَنجیر کے پتوں کو سی لیا۔ کیونکہ پہلی دفعہ اُنہوں نے شرمندگی محسوس کرنا شروع کر دی تھی۔ اگرچہ وہ ایک عرصہ سے اکٹھے تھے تاہم اُنہیں کوئی شرم محسوس نہ ہوئی۔ اُن کی محصومیت جاتی رہی۔ ایک گہرا احساسِ جُرم اُن پر وارد ہو گیا۔ ایسا

کہ وہ اپنے آپ کو ایک دوسرے سے چھپانے لگے۔ یہ احساسِ جُرم اُنہیں ایک دوسرے سے دُور لے گیا۔ اُن کے درمیان گویا ایک دیوار کھڑی ہو گئی۔

صرف یہی نہیں کہ یہ گناہ اُن پر ہی اثر انداز ہوا بلکہ یہ احساسِ جرم اُن کے اور اُن کے خدا کے درمیان گہری رفاقت اور رشتے میں بھی حائل ہو گیا۔ ایک گہری تاریکی اور گہراؤ خدا کے ساتھ اُن کے تعلق میں پیدا ہو چکا تھا۔ جو پہلے بہت خوبصورت اور خوشنما تھا اب بھیانک اور ڈراؤنا خواب بن گیا تھا۔ جب آدمؔ اور حوّاؔ نے خدا کو باغِ عدن میں چلتے ہوئے محسوس کیا۔ تو اُنہوں نے اپنے آپ کو درختوں میں چھپا لیا۔ جب خدا نے اُن کے چھپنے کی وجہ پوچھی تو اُنہوں نے جواب دیا کہ خوف اور شرمندگی کے باعث وہ چُھپ رہے ہیں۔

(10-8 آیات)

جب خدا نے پوچھا کہ کہیں اُنہوں نے ممنُوعہ پھل تو نہیں کھا لیا، تو آدم نے کہا کہ اُس کی بیوی نے اُسے وہ پھل دیا تو اُس نے کھایا، غور کریں کہ آدمؔ نے پورے طور پر اِس غلطی کو تسلیم نہ کیا، یہ تو سچ ہے کہ حوّا نے ہی وہ پھل اُسے کھانے کو دیا تھا، لیکن کھایا تو اُس نے خود ہی تھا۔ اپنے گناہ کو کوئی اور رنگ دینا کس قدر آسان معلوم ہوتا ہے۔ ہم یہی محسوس کرتے ہیں کہ اگر ہمارے پاس کسی گناہ کرنے کی اچھی وجہ ہو تو پھر ہم کم مُجرم ٹھہرتے ہیں۔ لیکن ایسا تو نہیں ہوتا۔ آدمؔ ممنوعہ پھل کھانے کے گناہ کا اُسی قدر مرتکب اور مُجرم تھا جس قدر حوآؔ، اُن دونوں نے ہی اِس نافرمانی کا خمیازہ بھگتنا تھا۔

آدم نے حوا کے سر الزام تھوپنے کی کوشش کی لیکن حوآؔ نے بھی صاف کہہ دیا کہ سانپ نے اُسے ایسا کرنے کے لئے ورغلایا تو وہ اُس کے جھانسے میں آگئی۔ اِس میں کوئی دورائے

نہیں کہ سانپ نے ہی اُسے ورغلایا اور بھڑکایا، لیکن اُسے خدا کے حکم کا بھی علم تھا تو بھی اُس نے خدا کی حکم عدولی کی۔ خواہ اُسے پھل کھانے کے لئے اُکسایا اور ورغلایا گیا تھا تو بھی وہ خدا کے حکم کو توڑنے کی سزاوار ہو چکی تھی۔

آدم اور حوا نے اپنے گناہ کے تعلق سے خدا کے حضور وضاحت کرنے کی کوشش تو کی لیکن بے سود۔ وہ گناہ کرنے کے مرتکب ہوئے تھے اور اُنہیں اَب اُس کے نتائج اور سزا کو بھگتنا تھا۔ خواہ آپ کے سامنے آزمائش آئے، آپ ورغلائے یا اُکسائیں جائیں۔ گناہ کا خمیازہ تو ہر صورت میں بھگتنا ہی پڑے گا۔ ہو سکتا ہے کہ آپ کسی کمزوری کے سبب سے کسی آزمائش میں گر جائیں تو بھی آپ اپنے گناہ کے لئے خدا کے حضور جوابدہ ہوتے ہیں۔ خواہ کتنے بھی بہانے تراشنے بیٹھ جائیں، گناہ تو گناہ ہے اور اِس کی سزا بھی طے ہوتی ہے۔

جب آدم اور حوا گناہ کر بیٹھے تو اِس رُوئے زمین پر انقلابی تبدیلی رونما ہوئی۔ سانپ، آدم اور حوا بلکہ اِس زمین پر بھی خدا کی طرف سے لعنت آ ٹھہری۔

14 آیت بیان کرتی ہے کہ خدا نے سانپ سے کلام کیا۔ اُس نے اُسے بتا دیا کہ چونکہ تو
نے یہ کیا ہے، اِس لئے تو روئے زمین کے تمام جانداروں میں سب سے زیادہ لعنتی ٹھہرا۔
سانپ نے صرف خاک ہی نہیں چاٹنی تھی بلکہ اِس زمین پر رینگتے ہوئے، مٹی پر ہی گزر بسر
کرنا تھی۔ کیونکہ وہ اِس دھوکے اور فریب کے لئے ابلیس کا آلہ کار بنا تھا۔

15 آیت، خدا شیطان سے بھی مخاطب ہوا جو سانپ کی آواز کے درپردہ اپنا کام دکھا رہا
تھا۔ اُس نے شیطان کو بتایا کہ عورت کی نسل اُس کی دُشمن ہو گی۔ وہ دن آئے گا جب
عورت کی نسل اُس کے سر کو کچل دے گی۔ اِس سلسلہ میں سانپ عورت کی نسل کی

ایڑھی پر کاٹے گا جبکہ عورت کی نسل اُس کے سر کو کچلے گی۔ عورت کی نسل شیطان کے کام کو برباد کر کے اُس کی قوت اور قدرت پر غالب آئے گی۔

خداوند یسوع ہی وہ عورت کی نسل تھا۔ اُس نے شیطان کے سر کو کچل ڈالا بلکہ مکمل طور پر اُسے شکست دی۔ شیطان کو یہ شکست فاش بلا قیمت نہیں ہو جانی تھی۔ شیطان یسوع کو صلیب پر بھیجنے سے اُس کی ایڑھی پر کاٹنے میں کامیاب ہوا ، جب یسوع کی ایڑھی پر کاٹا گیا تو اُس نے بھی شیطان کو کچلتے ہوئے اُسے بے اختیار کر دیا اور اُس کے پاس کوئی اختیار اور قوت باقی نہیں رہی۔ اُسے اُس کے پیروکاروں اور خدا کے فرزندوں پر کوئی اختیار اور قدرت حاصل نہیں رہی۔ مسیح یسوع کی موت نے انصاف کے تقاضوں کو پورا کرنے کے لئے اپنی موت کی صورت میں پوری قیمت چکا دی ہے۔

اَب خدا عورت کی طرف متوجہ ہوا۔ اُس نے بھی اپنے گناہ کا خمیازہ اور دُور رس نتائج کا سامنا کرنا تھا۔ 16 آیت بیان کرتی ہے کہ دو مخصوص لعنتیں اُس پر آ ٹھہریں۔ پہلی لعنت یہ تھی کہ عورت نے درد کے ساتھ بچوں کو جننا تھا۔ اب تک تو عورت نے کسی درد کا تجربہ نہیں کیا تھا۔ اَب گناہ کی لعنت کے سبب سے اُسے ایک دُکھ درد سے گزرنا تھا۔ اَب ایک نئے بچے کو جنم دیتے ہوئے اُسے بہت تکلیف اور درد سے گُزرنا تھا۔

گناہ میں گرنے کے نتیجہ کے طور پر، 16 آیت بیان کرتی ہے کہ عورت کی رغبت اپنے شوہر کی طرف ہونا تھی جس نے اُس پر حکمرانی کرنا تھی۔ اگرچہ عورت رحم دل ہوتی ہے اور ترس اور ہمدردی کے جذبات رکھتی ہے تو بھی اُس کی اس صفت اور خوبی کا اُسے کوئی اجر نہیں ملتا۔ اُسے اپنے شوہر کی طرف کشش اور رغبت رکھنا تھی لیکن مرد کا روّیہ اور

سلوک ہمیشہ ہی اُس کے لئے اچھا نہیں ہونا تھا۔ محبت اور شفقت سے ردِ عمل ظاہر کرنے کی بجائے، اُس نے ظلم و تشدد اور تکبر سے اُس کے ساتھ پیش آنا تھا۔ گناہ نے اُن کے بیچ گویا ایک دیوار کھڑی کر دی۔ گناہ کے سبب سے اُن کے رشتے میں ایک دراڑ پیدا ہو گئی۔ اَب آدم نے اپنے اختیار کا غلط استعمال کرتے ہوئے عورت کے ساتھ سخت روّیہ اپنانا تھا۔ گناہ کے باعث اُن کے درمیان ایک دیوار حائل ہو گئی۔ گناہ کے سبب اُن کا تعلق اور رشتہ پہلے جیسا نہ رہا۔ اَب مَرد نے اپنے اختیار اور مقام کا غلط استعمال کرتے ہوئے عورت کے ساتھ سختی سے پیش آنا تھا۔

ایک قائد ہونے کے لئے خدا نے آدم میں جو صلاحیت رکھی تھی وہ گناہ کے سبب سے متاثر ہو گئی۔ اب اپنی بیوی کا خیال رکھنے کی بجائے، آدم اور اُس کی نسل نے عورت پر اپنا اختیار اور مقام مسلط کرنے کی کوشش کرنا تھی۔ جب عورت نے گناہ کا خمیازہ درد کے ساتھ بچے پیدا کرتے ہوئے بھی بھگتنا تھا۔ دوسری طرف مرد نے خدا کے طے شدہ طریقہ کار کے تحت عورت سے پیش بھی نہیں آنا تھا۔ سب کچھ دھرم بھرم ہو کر رہ گیا۔

اَب خدا آدم کی طرف متوجہ ہوا کیونکہ وہ بھی اِس ممنوعہ پھل کو کھانے کا مرتکب ہوا تھا۔ اُسے بھی اب اپنے گناہ کا خمیازہ بھگتنا تھا۔ کیونکہ اُس نے خدا کے حکم کی بجائے اپنی بیوی کی بات پر کان لگایا تھا۔ (17 آیت) جس زمین پر اُس نے کام کرنا تھا، وہ اُس کے سبب سے لعنتی ہو گئی تھی۔ اُسے اپنے لئے اور اپنے گھرانے کی خوراک کے لئے اُس پر محنت مشقت کرنا تھا۔ اب اِس زمین نے اُس کے لئے کانٹے اور اُونٹ کٹارے اُگانے تھے۔ (18 آیت) جس زمین پر اُس نے اپنے اناج کے لئے محنت کرنا تھی، اُسی میں اُس نے ایک دن

واپس لوٹ جانا تھا۔ کیونکہ وہ خاک میں سے لیا گیا تھا، اور اُسے خاک میں ہی لوٹ جانا تھا۔ (19 آیت)

اس دُنیا میں گناہ کے آتے ہی بہت سی تبدیلیاں رونما ہونے لگیں۔ اب زمین کو بھی اپنا حاصل دینا تھا اور ایک مشکل وقت سے گزرنا تھا۔ پہلی دفعہ عورت نے بھی دُکھ درد سے گزرنا تھا۔ شرم اور ذلت، دُکھ اور درد نے اِس پہلے جوڑے کو اپنی لپیٹ میں لے لیا۔ تعلقات میں کشیدگی پیدا ہونا شروع ہوگئی۔ خدا کے ساتھ بھی اُن کا رشتہ ٹُوٹ گیا۔ اُس کی حضوری میں رہنے والے، اَب اُس سے خوفزدہ ہونے لگے۔ اب دُنیا پہلے جیسی نہ رہی۔

20-21 آیت خدا کے تعلق سے فہم و ادراک، اُس کے آدم اور حوّا کے ساتھ رشتے ناتے کو سمجھنے کے لئے بہت اہم ہیں۔ قابلِ غور بات، خدا نے آدم کو پہنانے کے لئے کپڑے تیار کئے تو ایک جانور کی کھال استعمال کی۔ آدم اور اُس کی برہنگی کو ڈھانپنے کے لئے ایک جانور ذبح کیا گیا۔

یہاں پر میرے لئے یہ بات خاص طور پر دلچسپی کی حامل ہے کہ خدا کے دل میں یہ بات آئی کہ اُن کی برہنگی کو ڈھانپا جائے، وہ اُن کی حالتِ شرم سے واقف اور آگاہ تھا۔ اُسے معلوم تھا کہ اُن کا برہنہ رہنا کس قدر معیوب ہو گا۔ اِس لئے اُس نے اُن کی برہنگی کو ڈھانپنے کے لئے قدم اُٹھایا۔ خدا نے یہ سب کچھ اپنی اُتم محبت سے ہی کیا۔ اُس پر کسی کی طرف سے بھی کوئی دباؤ نہیں تھا۔ نہ ہی اُس نے ایسا کسی مجبوری کے تحت کیا۔ اُس نے اُن پر ترس کھا کر اُنہیں ڈھانپا۔ جس طرح وہ اُس وقت اُن کی برہنگی ڈھانپنے میں دلچسپی رکھتا تھا۔ وہ آج بھی ایسا کرنے کے لئے ترس سے بھرا ہوا ہے۔ اُس نے اپنے اکلوتے بیٹے کو بنی نوع

انسان کے لئے مرنے کو اِس دُنیا میں بھیجا۔ تاکہ وہ بھٹکے اور برہنہ انسان کی شرم کی حالت کو ڈھانپ لے۔ وہ رحم اور ترس سے بھرا ہوا خدا ہے جو بھٹکے ہوئے انسان کے لئے بے حد محبت اور ترس رکھتا ہے۔

اِس حوالہ کا اختتام ہم اس بات کا جائزہ لینے سے کر سکتے ہیں۔ ایک اور گناہ کے اثرات کو ہم اس دُنیا میں آتے ہوئے دیکھتے ہیں، 22 آیت میں، اب خدا نے دیکھا کہ آدم اور حوّا نیک و بد کی پہچان رکھنے والے بن گئے ہیں، اِس لئے اُس نے حیات کے درخت کی طرف جانے والی راہ کو اُن کے لئے بند کر دیا۔

معلوم ہوتا ہے کہ حیات کا درخت آدمؔ اور حوّا کے لئے زندگی بخش تھا۔ غور کریں، اُس درخت میں ابدی زندگی دینے کی قوت تھی۔ اگرچہ ہم اِس بات کو سمجھتے ہیں کہ خدا کے بغیر اُس درخت میں زندگی بخش قدرت موجود نہیں تھی، تاہم یہ معلوم ہوتا ہے کہ یہی وہ ذریعہ تھا جسے خدا نے بنی نوع انسان کو زندگی دینے کے لئے استعمال کیا۔ یہ جاننا دلچسپی کا حامل ہے کہ مکاشفہ کی کتاب اِس تعلق سے بات کرتی ہے۔ وہ جو مسیح یسوع کے ہیں اُنہیں ایک دن حیات کے اُس درخت تک رسائی دی جائے گی اور وہ اُس حیات کے درخت کا پھل کھا کر ابدی زندگی پائیں گے اور اُس کے پتوں میں شفا ہو گی۔ (دیکھیں مکاشفہ 2: 7 آیت، 2:22، 14 اور 19 آیت)

اُن کے سزا کے حصہ کے طور پر، خدا نے آدم اور حوّا کو حیات کے درخت سے دُور بھیج دیا۔ تاکہ وہ اِس زمین پر ہمیشہ زندہ نہ رہیں۔ بلکہ وہ موت کا مزا چکھیں۔ اِس زمین پر اُن کی عمر محدُود کر دی گئی تھی۔ اَب اُنہیں موت کا مزا چکھنا تھا۔ خدا نے اپنے فضل سے حیات

کے درخت کی طرف جانے والا راستہ بند کر دیا۔ تاکہ گنہگار اُس تک رسائی حاصل نہ کرے اور یوں ہمیشہ گناہ کی حالت میں ہی زندہ نہ رہے۔ آدم اور حوا کو باغِ عدن سے باہر نکال دیا گیا اور حیات کا درخت وہاں بویا گیا تھا۔(23 آیت)

خدا نے شعلہ زَن تلوار کے ساتھ حیات کے درخت کی حفاظت کے لئے کرُوبی مقرر کر دئے تاکہ حیات کے درخت کی طرف جانے والی راہ کی حفاظت کریں۔ تاکہ انسان پھر حیات کے درخت میں سے کھا کر ہمیشہ گناہ کی حالت میں زندہ نہ رہے۔ کیونکہ خدا چاہتا تھا کہ وہ آسمان کی بادشاہی میں ہی دوبارہ اُس کا پھل کھائیں۔(14 آیت)

چند غور طلب باتیں

☆۔ شیطان کس طرح کی چیزوں کو اپنے مقاصد کی تکمیل کے لئے استعمال کر سکتا ہے؟ مذکورہ حوالہ میں ہم اس تعلق سے کیا سیکھتے ہیں؟

☆۔ آپ کے خیال میں شیطان نے کیوں خود کو آدم اور حوا پر ظاہر نہ کیا بلکہ ایک سانپ کا بہروپ اپنایا؟

☆۔ یہاں پر ہم خدا کے کلام کی اہمیت کے بارے میں کیا سیکھتے ہیں؟ جب ہم خدا کے کلام سے رُوگردانی کرتے یا اُس کو توڑ موڑ دیتے ہیں تو پھر کیا واقع ہوتا ہے؟

☆۔ کس طرح شیطان نے حوا کے سامنے خدا کے کلام کی غلط تفسیر و تشریح کی؟ آج وہ کس طرح سے ایسا کرنے کی کوشش میں رہتا ہے؟

☆۔ کیا ہر طرح کا علم اچھا ہوتا ہے؟ کس طرح کا علم نقصان دہ ہوتا ہے؟

☆۔ کیا ہم اپنے گناہ کے لئے بہانے تراش سکتے ہیں؟ کیا ہم کسی بہانے کے سبب سے اپنے گناہ کے کم مجرم ٹھہرتے ہیں؟ آج ہم کس طرح کے بہانے اپنے گناہ کے لئے تراشتے ہیں؟

☆۔ شیطان کی شکست کے تعلق سے اِس باب میں کون سا وعدہ موجود ہے؟

☆۔ ایک قائد ہونے کے لئے آدم کی صلاحیت کس طرح گناہ سے متاثر ہوئی؟ کس طرح بطور ایک راہنما گناہ کے سبب سے آپ کی صلاحیت اور قابلیت متاثر ہوئی ہے؟

☆۔ گنہگاروں کے تعلق سے خدا کے رحم و ترس کے بارے میں ہم کیا سیکھتے ہیں؟ گناہ میں گرے ہوئے لوگوں کے تعلق سے ہمیں کیسا روّیہ اپنانا ہے۔ یہ حوالہ ہمیں اِس تعلق سے کیا تعلیم دیتا ہے؟

☆۔ حیات کا درخت کیا ہے؟ خدا نے کیونکر حیات کے درخت کی طرف جانے والی راہ میں رکاوٹ حائل کر دی؟

چند اہم دُعائیہ نکات

☆۔خدا سے فضل اور توفیق چاہیں تا کہ آپ اُس کے کلام کی عزت کر سکیں۔ خدا کی شکر گزاری کریں کہ اُس کا کلام ہمارے پاس تحریری صورت میں موجود ہے۔

☆۔خداوند سے مدد چاہیں تا کہ آپ زیادہ سے زیادہ ابلیس کی کارستانیوں، حربوں اور حیلوں سے واقف اور آگاہ ہو سکیں۔ شیطان کے حیلوں اور حربوں سے بچے رہنے کے لئے خدا سے دُعا کریں۔

☆۔اپنے گناہ کے لئے کسی بھی تراشے ہوئے بہانے سے دُور رہنے کے لئے خدا سے فضل چاہیں۔ اِس بات کے لئے شکر گزاری کریں کہ وہ گنہگاروں سے محبت اور اُن پر ترس کھاتا ہے۔

☆۔ایک قائد بننے کے لئے خدا سے توفیق چاہیں۔ خدا نے آپ کو بلایا ہے تا کہ آپ ہمیشہ اُس کے کلام کو مدِ نظر رکھیں۔ ایسے وقت کے لئے خدا سے معافی چاہیں جب آپ اُس کی راہوں سے بھٹک گئے۔

☆۔گناہ میں گرے ہوئے لوگوں کے لئے خدا سے محبت اور ترس کو اپنے دلوں میں مانگ لیں۔

باب 4

پہلا قتل

پیدائش 4:1- 26 کا مطالعہ کریں

پیدائش کی کتاب کے 4 باب میں ہم آدم اور حوّا کے چار بیٹوں کا ریکارڈ دیکھتے ہیں۔ پہلے بچے کا نام قائن تھا۔ انگریزی زبان میں بائبل مقدس کے نیو اِنٹر نیشنل ورژن میں بیان کیا گیاہے کہ قائن نام کا معنی ہے پیدا کرنا، یا حاصل کرنا۔ ہم تصور ہی کر سکتے ہیں کہ آدم اور حوّا کا اِس معجزے کو دیکھنا کیسا ہو گا۔ اگرچہ یہ بہت درد کے ساتھ پیدا ہوا، تو بھی قائن آدم اور حوا کے لئے خدا کی طرف سے ایک زبردست اور خوبصُورت تحفہ اور بخشش تھی۔

1 آیت پر غور کریں کہ حوآنے اِس بات کو پہچانا کہ وہ خدا کی مدد سے اس بیٹے کو پیدا کرنے کے قابل ہوئی۔ ہو سکتا ہے کہ یہ اُس مشکل کی طرف اشارہ ہو جو اُسے بیٹے کو جنم دینے میں ہوئی۔ اُس نے اِس بات کو مانا اور تسلیم کیا کہ یہ خداوند ہی ہے جس نے اُسے اِس خوبصورت بچے کو جنم دینے کی قوت بخشی۔ شائد یہ چھوٹا سا جملہ ہم پر ظاہر کرتا ہے کہ حوآ جانتی تھی کہ یہ بچہ واقعی خدا کی طرف سے ایک معجزہ ہے۔ یہ خدا ہی تھا جس نے اُسے ماں کے رحم میں زندگی بخشی اور اُس کی افزائش اور نشو و نما کے عمل کو آگے بڑھایا۔ حوآنے خدا کے قوی اور پُر قدرت ہاتھ کو کام کرتے ہوئے دیکھا۔ اگرچہ گناہ دُنیا میں داخل ہو چکا تھا، پھر بھی حوآنے اپنے بچے کی پیدائش میں خدا کے ہاتھ کو دیکھا۔

یہاں پر ہمیں کس قدر خوبصورت تصویر دکھائی دیتی ہے۔ حوآ نے خدا کی نافرمانی کی تھی۔ اُس کی نافرمانی سے پوری دُنیا پر تباہ کن اثرات مرتب ہوئے۔ اَب پوری نوعِ انسانی نے حوآ کی نافرمانی کا خمیازہ بھگتنا تھا۔ اب تمام بنی نوع انسان کو ایک نجات دہندہ کی ضرورت تھی کیونکہ سبھی گناہ کی حالت میں پیدا ہو رہے تھے۔ اِس آیت میں ہم دیکھتے ہیں کہ خدا نے حوآ کو ترک نہیں کیا تھا۔ اُس نے اُسے ایک خوبصُورت بچے کا تحفہ دیا تھا۔ اُس کے بطن میں زندگی پیدا ہوئی تھی۔ حوآ کی نافرمانی کے باوجود حوآ پر خدا کی مہربانی کا یہ ایک نشان تھا۔ اُسے اپنی نافرمانی کا خمیازہ بھگتنا تھا تو بھی خدا اُس سے دستبردار نہیں ہوا تھا۔

قائن کی پیدائش کے کچھ وقت بعد آدم اور حوآ کے ہاں دوسرے بچے کی پیدائش ہوئی۔ اُنہوں نے اُس کا نام ہابل رکھا۔ (2 آیت) قائن اور ہابل نے اپنی اپنی زندگی کے لئے الگ الگ راہوں کا چناؤ کیا۔ ہابل بھیڑ بکریاں پالنے لگا جبکہ قائن زراعت کے شعبہ سے وابستہ ہو گیا۔

3اور 4 آیت ہمیں بتاتی ہے کہ کچھ وقت کے بعد قائن اور ہابل خدا کے حضور اپنا اپنا ہدیہ اور قربانی لے کر آئے۔ قائن اپنی زمین کا پھل جبکہ ہابل اپنے گلے کے پہلوٹھے بچے کی قربانی خدا کے حضور لے کر آیا۔

ہمیں یہ تو نہیں بتایا گیا کہ اُن لڑکوں کو قربانی اور ہدیہ کا تصوّر کس طرح سمجھ آیا تھا، تاہم دونوں ہی خدا کے حضور واجب اور مناسب ہدیہ اور قربانی لے کر آئے تھے۔ گنتی 15 باب 19،18 میں، خدا نے بنی اسرائیل کو زمین کی پیداوار کا ہدیہ لانے کا کہا تھا۔ احبار 3:3 میں ہم جانوروں کی چربی کے حصوں کے ہدیہ کے بارے میں پڑھتے ہیں۔

اس حوالہ میں جو حیرت انگیز بات ہے وہ یہ کہ خدا نے ہابل کے ہدیہ کو قبول جبکہ قائن کے ہدیہ کو قبول نہ کیا۔ (4،5 آیت) ہم حیرت میں پڑے سوچتے ہیں کہ قائن کے ہدیہ میں کیا خرابی تھی کہ خدا نے اُسے رد کر دیا۔ عبرانیوں 11 باب 4 آیت اس پر کچھ روشنی ڈالتی ہے۔

"ایمان ہی سے ہابل نے قائن سے افضل قربانی خدا کے لئے گزرانی اور اُسی کے سبب سے اُس کے راست باز ہونے کی گواہی دی گئی۔ کیونکہ خدا نے اُس کی نذروں کی بابت گواہی دی اور اگرچہ وہ مر گیا ہے تو بھی اُسی کے وسیلہ سے اب تک کلام کرتا ہے"

درج بالا حوالہ میں دو اہم تفصیلات پائی جاتی ہیں۔ اوّل۔ یہاں پر بیان ہے کہ " ایمان سے " ہابل نے قائن سے بہتر قربانی گزرانی۔ ہابل کی قربانی " ایمان سے " خدا کے حضور لائی گئی تھی۔ ہم کئی ایک طریقوں سے خدا کے حضور آسکتے ہیں۔ عہدِ جدید کے فریسیوں کی طرح بھی ہم خدا کے حضور آسکتے ہیں ایسا کہ سب لوگ ہمیں دیکھیں اور ہم بڑے نمایاں دکھائی دیں۔ ہر کوئی عبادت گزار ایسا نہیں کرتا۔ یعنی ہر ایک شخص " ایمان سے " خدا کے حضور نہیں آتا۔ " ایمان سے " خدا کی عبادت اور پرستش کرنے کا معنی اور مفہوم یہ ہے کہ عبادت گزار خدا پر ایمان رکھتے ہوئے اُس کی عبادت اور پرستش کر رہا ہے۔ ایمان سے عبادت اور پرستش کرنے والا شخص ایسا شخص ہوتا ہے جس کا دھیان گھیان (دل و ذہن) پورے طور پر خدا کی طرف مبذول ہو چکا ہوتا ہے۔ ایسا شخص مخلص دل اور نیک محرکات کے ساتھ خدا کے حضور آتا ہے۔ ایمان سے خدا کی پرستش اور عبادت کرنے والا شخص پورے دل سے ایمان رکھتا ہے کہ خدا موجود ہے۔ ایسا شخص شکر گزاری سے معمور دل

کے ساتھ خدا کی عبادت اور پرستش کے لئے آتا ہے۔ جب ہابل خدا کے حضور اپنا ہدیہ لے کر آیا، تو یہ ایسے مخلص دل کے ساتھ تھا جو ایمان سے معمور اور شکر گزاری سے بھرا ہوا تھا۔ لیکن قائن اِس طور سے اپنا ہدیہ خدا کے حضور نہیں لے کر آیا تھا۔

غور کریں کہ عبرانیوں 4:11 میں ہابل کو ایک "راستباز" شخص کے طور پر بیان کیا گیا ہے۔ ہابل خدا کے حضور ایسے طرزِ زندگی کے ساتھ آیا جیسا طرزِ زندگی خدا چاہتا تھا کہ وہ اپنائے۔ اُس کے دلی محرکات، ارادے، اعمال و افعال اور روّیے خدا کے حضور مقبول ٹھہرے کیونکہ وہ بالکل دُرست تھے۔

خدا نے ہابل کے ہدیہ کو اِس لئے قبول نہیں کر لیا تھا کیونکہ وہ قائن کے ہدیہ سے اچھا تھا۔ بلکہ یہ اِس لئے قبول ہوا کیونکہ ایک راستباز شخص نے ایمان کے ساتھ اپنا ہدیہ خدا کے حضور گزرانا تھا۔ اگر ہم مقبول اور قبول ٹھہرنے کے لئے خدا کی پرستش اور عبادت کریں تو پھر لازم ہے کہ یہ پرستش اور عبادت ایسے مخلص اور ایمان سے معمور دل سے ہو جو خدا اور اُس کی راہوں کے عین مطابق ہو۔

ہمیں قائن کے دل کے روّیہ پر غور کرنے کے لئے بہت دُور جانے کی ضرورت نہیں۔

5 آیت پر غور کریں کہ جب قائن نے دیکھا کہ اُس کا ہدیہ قبول نہیں ہوا، تو وہ بہت غصے میں آگیا۔

خدا قائن کے دل سے واقف تھا، پس اُس نے براہ راست اُس کے ساتھ بات کی۔ 6 آیت میں، خدا نے اُس سے پوچھا کہ وہ اِس قدر ناراض کیوں ہے۔ خدا نے اُسے کہا کہ اگر وہ بھلا کرے تو وہ مقبول ہو گا۔ (7 آیت) خدا نے یہاں پر قائن کی قربانی یا ہدیہ کا ذکر نہیں کیا۔

بلکہ خدا نے قائن کو بتایا کہ اگر وہ دُرست اور راست کام کرے گا تو مقبول ٹھہرے گا۔ بالفاظ دیگر، خدا کو قربانی کے ساتھ کوئی مسئلہ درپیش نہیں تھا۔ لیکن اصل مسئلہ تو قائن کے ساتھ تھا۔ خدا نے قائن کے دل کے روّیہ اور اُس غصے کو دیکھا جو اُس کے دل میں بھرا ہوا تھا۔ اور اِسی وجہ سے خدا نے قائن اور اُس کے ہدیہ کو رد کر دیا۔

خدا نے قائن کو یاد دلایا کہ گناہ دروازہ پر دبکا بیٹھا ہے (7 آیت) خدا نے قائن کو اُس کے حسد اور کڑواہٹ بھرے روّیہ کے تعلق سے بتایا۔ اُس نے اُسے بتایا کہ شیطان نے اُسے اپنا ہدف بنالیا ہے۔ اور اگر قائن نے جلدی سے اِس کے لئے کچھ نہ کیا تو وہ اُس پر غالب آجائے گا۔ قائن کو آگاہ کیا گیا تھا۔ اب اُسے ہی فیصلہ کرنا تھا۔ وہ خدا کی آواز پر کان لگا کر گناہ پر غالب آئے یا پھر گناہ کو موقع دے کہ وہ اُس پر حاوی ہو جائے۔

ہمیں یہ تو نہیں بتایا گیا کہ 7 آیت میں بیان کی گئی تنبیہ کے بعد 8 آیت میں ہونے والے واقعہ تک کتنا عرصہ بیت گیا تھا۔ اِس عرصہ کے دوران، ایک زبردست جنگ چھڑ گئی۔ قائن نے خدا کی آواز کو سن لیا تھا لیکن اُس کے ساتھ اُس نے اپنے بطن میں بدی اور ناراستی کا کام کرنے کے لئے بھی ایک آواز سُنی تھی۔

جب قائن اور ہابل کھیت میں تھے، قائن نے اپنے بھائی پر حملہ آور ہو کر اُسے مار ڈالا۔ (8 آیت) اُس وقت جو کچھ بھی ہوا تھا وہ اُس جنگ کا نتیجہ تھا جو قائن کے دل و دماغ میں چھڑی ہوئی تھی۔ گناہ اور بدی جنگ جیت گئے اور اِس کے نتیجہ میں تاریخ کا پہلا قتل ہو گیا۔

قائن اپنے دل میں چھڑی جنگ ہار گیا کیونکہ وہ گناہ پر اُکسانے والی آواز کے خلاف مزاحم

ہونے میں ناکام رہا۔ اُس نے شیطان کی آواز پر کان لگایا اور اُس کی آزمائش میں گر گیا۔ جس قدر اُس نے شیطان کی آواز کو زیادہ سنا اُسی قدر اُس کے لئے مشکل ہوتا گیا کہ وہ اُس کے خلاف مزاحم ہو سکے۔ خدا کی تنبیہ کی آواز اُس کے کانوں میں مدھم پڑنا شروع ہو گئی۔ اور پھر اُس کے کانوں میں بدی اور ناراستی کی آوازیں گونجنے لگیں۔ جو اُسے پکار پکار کر یہ کہہ رہی تھی کہ آگے بڑھ کر اپنے بھائی کا کام تمام کر دو۔ اُس نے اُن آوازوں پر کان لگایا، وہ بڑے غصے میں آگے بڑھا اور اپنے بھائی کو ہلاک کر ڈالا۔

یہ سب کچھ خدا کی نظروں سے اوجھل نہیں تھا۔ 9 آیت میں خدا نے قائن سے اُس کے اس ناراست کام کی جوابدہی کی۔ " تیرا بھائی کہاں ہے؟" جب خدا نے اُس سے یہ سوال کیا تو اِس کا یہ مطلب نہیں کہ اُسے علم نہیں تھا کہ ہابل کو قتل کر دیا گیا ہے۔ بلکہ خدا یہ چاہتا تھا کہ قائن اپنے گھنونے کام کا اقرار و اعتراف کر لے۔ غور کریں کہ قائن نے اپنے گناہ کا اقرار کرنے سے انکار کیا۔ اُس نے خدا کو بتایا کہ اُسے علم نہیں کہ اُس کا بھائی کہاں پر ہے۔ بلکہ اُس نے تو یہ عُذر بھی بیان کیا کہ وہ اپنے بھائی کا محافظ نہیں ہے۔

خدا نے قائن کو بتایا، اُس کے بھائی کا خون اُسے زمین سے پکار رہا ہے۔ یہ ایسے ہی تھا جیسے کوئی سائرن بج رہا ہو کہ سبھی سن لیں۔ یہ سب کچھ خدا سے چُھپ نہیں سکتا تھا۔

خدا نے قائن کو یاد دلایا کہ گناہ اُس کی نظروں سے چُھپ نہیں سکتا۔ اس نے 11 آیت میں اُسے بتایا کہ جو کچھ اُس نے کیا ہے، اُسے اُس کا خمیازہ بھی بھگتنا پڑے گا۔ اَب سے قائن ایک لعنت کے نیچے رہے گا۔ اُسے اپنے گھرانے سے دُور بھیج دیا جائے گا۔ 12 آیت کے مطابق، ایک بار پھر خدا نے زمین پر لعنت کر دی کہ وہ اب اُسے اپنا حاصل نہ دے گی۔ وہ

جگہ بہ جگہ اپنے گھرانے کو خوراک فراہم کرنے کے لئے بھٹکتا پھرے گا۔ کیونکہ زمین اپنا حاصل نہ دے گی۔

قائن نے اِس سرزنش اور سزا کی تکلیف کو محسوس کیا۔ 13 آیت میں، اُس نے خدا سے کہا کہ اُس کی سزا برداشت سے باہر ہے۔ اُسے نہ صرف اِس سرزمین سے نکال دیا جائے گا بلکہ اُسے یہ خوف بھی تھا کہ جو کوئی اُسے دیکھے گا، قتل کر ڈالے گا۔ لوگ انتقاماً اُسے قتل کر ڈالیں گے۔ یہاں پر ہمیں گناہ میں گرنے کے سبب سے ایک نئی دُنیا کے معرضِ وجود میں آنے کی جھلک بھی دکھائی دیتی ہے۔ خوف نے قآئن کے دل و دماغ کو اپنے قبضہ میں لے لیا، یہاں تک کہ اُسے اپنی جان کی فکر ہونے لگی۔ قآئن کی یہ دُنیا اُس عالم سے کہیں مختلف تھی جہاں پر قائن کے والدین کبھی رہا کرتے تھے۔

15 آیت میں، ہم خدا کے رحم و ترس کو دیکھتے ہے جو اُس نے گنہگار قائن پر کیا۔ خدا نے وعدہ کیا کہ اگر کوئی قآئن کو قتل کرے، تو اُسے سات گناہ بھگتنا پڑے گا۔ کہنے کا یہ مطلب ہے کہ خدا قآئن کو قتل کرنے والے کو سخت سزا دے گا۔ یہ خبر جلد ہی اِرد گرد جنگل کی آگ کی طرح پھیل گئی تا کہ قآئن کو جاننے والے خدا کے انتقام سے آگاہ ہو جائیں اور قائن کو نقصان پہنچانے سے گریز کریں۔

غور کریں، 15 آیت میں، خدا نے قآئن کو ایک نشان دیا تا کہ کوئی بھی اُسے دیکھ کر قتل نہ کر ڈالے۔ ہمیں یہ تو علم نہیں کہ یہ نشان کیا تھا۔ لیکن ہم یہ اندازہ کر سکتے ہیں کہ یہ ایک جسمانی نشان تھا جو قائن کے بدن پر دیکھا جا سکتا تھا۔ یہ خبر عام ہو گئی کہ جس شخص پر ایک نشان ہے، اُسے خدا نے محفوظ کر لیا ہے۔ وہ لوگ جو کبھی بھی قآئن سے نہیں ملے تھے وہ

بھی اِس نشان کو دیکھ کر اُسے پہچان سکتے اور یوں اُسے کوئی شخص بھی نقصان پہنچانے سے باز رہ سکتا تھا۔ اِس ساری صورتحال میں، ہم ایک گنہگار زندگی پر خدا کے رحم و ترس کو دیکھ سکتے ہیں۔ خدا اَب بھی اُس کی محافظت کر رہا تھا کیونکہ اب بھی اُس کے دل میں اُس کے لئے محبت جوش مار رہی تھی، اگرچہ وہ ایک گھنونا جُرم کر چکا تھا۔

قائن کو خدا کی حضوری سے نکال دیا گیا اور وہ باغِ عدن کے مشرق کی طرف نُود کی سرزمین میں جا بسا۔ قائن نے اپنی بقیہ زندگی خدا کی برکت کے بغیر ہی بسر کرنا تھی۔ اگرچہ خدا اُس کا محافظ اور نگہبان تھا، تو بھی وہ اُس کی حضُوری میں نہیں رہ سکتا تھا۔ اُسے اَب وہ برکات نہیں ملنا تھیں جو خدا نے اُس کے خاندان کے بقیہ لوگوں کو دینی تھیں۔ وہ خدا کو جانتا تھا، اُس کے ساتھ اُس نے بات چیت کی اور اُس کی پرورش ایسے خاندان میں ہوئی جو خدا سے محبت کرتا تھا لیکن اَب سے ہمیشہ کے لئے خدا سے جدا ہی رہنا تھا۔ یہ کس قدر افسوسناک صورتحال تھی اور یہی بات ہمارے دوَر میں بہت سے لوگوں کے لئے ایسی ہی ہے۔

قائن کے ہاں ایک بیٹا پیدا ہوا(17 آیت)اُس نے ایک شہر تعمیر کر کے اُس کا نام اپنے بیٹے کے نام پر رکھا۔ قائن نے کسی حد تک ایک خوشحالی کا تجربہ تو کیا لیکن وہ خدا کی حضوری سے دُور زندگی بسر کرتا رہا۔

18 تا24 آیت میں، ہمیں قائن کی نسل کا ریکارڈ ملتا ہے۔ قائن کے بیٹے حنُوک کے ہاں بھی ایک بیٹا پیدا ہوا، اُس نے اُس کا نام عیراد رکھا۔ پھر عیراد کے ہاں ایک بیٹا پیدا ہوا اور اُس نے اُس کا نام محویاایل رکھا۔ محویاایل کا بیٹا متوساایل تھا اور متوساایل کا بیٹا لمک تھا۔ لمک کی دو بیویاں تھیں، عدہ اور ضِلہ (19 آیت) اُس کی بیوی کے ہاں ایک بیٹا پیدا ہوا

جس کا نام اُس نے یابل رکھا۔ یابل کی اولاد مال مویشی پالنے والی تھی۔(29 آیت) اُس کے بھائی کا نام یوبل تھا۔ اُس کی اولاد آلاتِ موسیقی یعنی بانسلی اور بربط بنانے والی ہوئی۔
(21آیت)

لمک کی دوسری بیوی ضلح کے ہاں ایک بیٹا پیدا ہوا، اُس نے اُس کا نام توبلقائن رکھا۔ وہ اور اُس کی اولاد لوہے اور پیتل کے اوزار اور آلات بنانے والی ہوئی۔ لمک کی بیٹی کا نام نعمہ تھا۔
(22آیت)

اس ساری معلومات سے ہمیں یہ جانکاری حاصل ہوتی ہے کہ قائن کی نسل شعبہ زراعت، موسیقی اور دستکاری سے مُنسلک رہی اور اُنہوں نے اپنے اپنے شعبہ میں بڑا نام کمایا۔ لیکن وہ خدا کو نہیں جانتے تھے اور نہ ہی اُس کے ساتھ چلے۔

قائن کی نسل میں سے لمک تقریباً پانچویں پشت میں پیدا ہوا۔ لمک نے ایک شخص کو زخمی کر کے قتل کر دیا تھا۔ اپنی بیویوں عدہ اور ضِلہ سے باتیں کرتے ہوئے لمک نے اُن کے آگے شیخی بھگاری۔

"اَے عدہ اور ضِلہ میری بات سُنو۔ اَے لمک کی بیویو میرے سخن پر کان لگاؤ۔ میں نے ایک مرد کو جس نے مجھے زخمی کیا مار ڈالا اور ایک جوان کو جس نے میرے چوٹ لگائی قتل کر ڈالا۔ اگر قائن کا بدلہ سات گنا لیا جائے گا تو لمک کا ستر اور سات گنا۔"

یہ بیان چند ایک وجوہات کی بنا پر بہت اہم ہے۔

اوّل۔ ہم لمک کے اس بیان سے واضح طور پر دیکھ سکتے ہیں کہ لمک کی زندگی پر خدا کی طرف سے کی گئی لعنت کبھی بھلائی نہ گئی۔ پانچ پشتوں تک لوگوں کو یاد رہا کہ خدا نے قائن

کے تعلق سے کیا کہا تھا۔

یہاں پر لمک کا تکبر بھی قابلِ غور ہے۔ اُس نے کہا، جو کوئی قائن کو قتل کرے خدا اُس سے سات گنا بدلہ لے گا لیکن اگر کوئی اُسے قتل کرے تو خدا اُس سے سات دفعہ کے ستر بار تک یعنی 49 بار بدلہ لے گا۔ ایک خدا پرست شخص کا ایسا روّیہ نہیں ہوتا۔ یہ تو ایسے شخص کا روّیہ ہوتا ہے جو خدا سے نا آشنا ہوتا ہے۔ اس بیان سے ہم یہ بھی سیکھتے ہیں کہ اگرچہ قائن کی نسل کو خوشحالی ملی تو بھی وہ خدا سے دُور ہی ہوتے چلے گئے۔ قائن کی نسل خدا پرست نہیں تھی۔ وہ خدا اور اُس کی راہوں سے الگ تھے۔

25 آیت میں، خدا نے آدم اور حوّا کو ایک اور بیٹا عطا کیا۔ اُنہوں نے اُس کا نام سیت رکھا۔ حوآ نے اِس لئے اُس کا نام سیت رکھا کیونکہ خدا نے اُنہیں ہابل کی جگہ یہ بیٹا عطا کیا تھا جسے وہ کھو چکے تھے۔ سیت کا معنی ہے۔ " عطا کیا گیا" ہم محسوس کر سکتے ہیں کہ اپنے بیٹے کے قتل پر حوآ کو کس قدر گہرا زخم لگا ہو گا۔

جب سیت بڑا ہوا، اُس کے ہاں بھی ایک بیٹا پیدا ہوا۔ اُس نے اُس کا نام انُوس رکھا۔

(26 آیت) انوس اور اُس کی نسل کے بارے میں ایک خاص بات پر غور کریں۔ اُنہوں نے خدا سے دُعا کی۔ یہ سب کچھ قائن کی نسل سے قطعی مختلف تھا۔ انُوس کی نسلیں خدا کے پروّں کے سایہ اور اُس کی برکات میں زندگی بسر کرتی رہی۔ خدا نے بڑے خاص طریقہ سے اُن کے وسیلہ سے کام کیا۔

ایک خاندان میں ہم دو نسلوں کو دیکھتے ہیں۔ پہلی نسل قائن کی ہے، اُنہوں نے گناہ کو اپنے اُوپر غالب آنے کا موقع دیا تو وہ خدا اور اُس کی حضوری سے دُور چلے گئے۔ اِس کے برعکس،

سیت کی نسل خدا کی خاص برکت اور حضوری اور برکت میں زندگی بسر کرتی رہی۔ قائن کی نسل شعبہ زراعت، موسیقی اور دستکاری سے منسلک ہو کر نام بنانے میں کامیاب تو ہو گئی لیکن خدا سے آشنا ہونے میں ناکام رہی۔ تاہم سیت کی نسل نے خدا سے دُعا کی اور اُن کے وسیلہ سے خدا نے بنی نوع انسان کے لئے اپنے عظیم مقصد کو آشکارہ کیا۔ آج آپ کس کی نسل میں زندگی بسر کر رہے ہیں؟

چند غور طلب باتیں

☆۔ کس طرح آدم اور حوا کے گناہ نے اُس دُنیا کو بالکل بدل ڈالا جس میں وہ رہتے تھے؟

☆۔ خدا نے کیوں کر قائن کی قربانی کو رد کر دیا؟ اِس سے ہمیں ایمان اور عبادت اور پرستش میں خدا کی تابعداری کے بارے کیا سیکھنے کا موقع ملتا ہے؟

☆۔ اُس روحانی جنگ کو بیان کریں جو قائن کے ذہن اور جان میں چھڑ گئی تھی؟ اُس روحانی جنگ کا کیا نتیجہ نکلا؟

☆۔ قائن کی سزا کیا تھی؟ قائن کو سزا دے کر بھی خدا نے کس طرح گنہگار قائن پر رحم و ترس کیا؟ اِس سے ہمیں اپنے اُن بہن بھائیوں کے ساتھ کیسا سلوک اختیار کرنے کی تعلیم ملتی ہے جو گناہ میں گر جاتے ہیں؟

☆۔ قائن اور سیت کی نسل کا موازنہ کریں؟ قائن کی نسل نے کس طرح خود کو ممتاز کیا؟ کس طرح سیت کی نسل نے خود کو ممتاز کیا؟

چند اہم دُعائیہ نکات

☆۔ خدا سے توفیق چاہیں کہ آپ ایمان کے روّیہ سے راست زندگی بسر کرتے ہوئے اُس کی پرستش اور عبادت کر سکیں۔

☆۔ آپ کس گناہ کے ساتھ کشمکش سے دوچار ہیں؟ خدا سے اُس گناہ پر غالب آنے کے لئے مدد چاہیں۔

☆۔ خدا نے جس طرح قائن کو سزا دینے کے باوجود اُس پر رحم و ترس کیا، اُس کے لئے خداوند کی شکر گزاری کریں۔ خداوند سے فضل چاہیں کہ آپ بھی گناہ میں گرے ہوئے لوگوں کے لئے ایسا ہی رحم و ترس دکھا سکیں۔

☆۔ خداوند سے توفیق چاہیں کہ آپ سیت کی نسل جیسی زندگی بسر کرتے ہوئے اُس کے نام کو پکار سکیں۔ قائن کی نسل کی راہ پر جانے والے لوگوں کے لئے دُعا کریں۔ خداوند سے فریاد کریں کہ وہ اُنہیں اپنے قریب لے آئے۔

باب 5

نُوح سے آدم تک

پیدائش 5:1-32 کا مطالعہ کریں

پیدائش 4 باب میں ہم نے قائن کے ذریعہ سے آدم کی نسل کی کھوج لگائی۔ یہاں 5 باب میں ہم آدم کی نسل کی کھوج اُس کے بیٹے سیت کے ذریعہ سے لگائیں گے۔ یاد رہے کہ خدا نے سیت کے وسیلہ سے اپنے مقصد کو پایہ تکمیل تک پہنچانے کا چناؤ کیا۔ قائن نے اپنے بھائی کو قتل کر ڈالا اور یوں خدا کی نافرمانی اور گناہ کرتے ہوئے اُس سے منہ موڑ لیا۔ خدا نے اُسے اپنی حضوری سے نکال دیا۔ (پیدائش 14:4) خدا نے سیت کی نسل پر توجہ مرکوز رکھی جو کہ پیدائش 26:4 کے مطابق جس نے خدا کے نام سے دُعا کرنا شروع کر دی تھی۔

1 آیت میں آدم کی نسل کا آغاز باغِ عدن میں تخلیق کائنات کے ساتھ ہی ہوا۔ ہمیں یاد دہانی کرائی گئی کہ آدم کو خدا کی صورت اور شبیہ پر پیدا کیا گیا۔ ہمیں اِس سے یہ نہیں سمجھ لینا کہ انسانوں کی طرح خدا کا بھی کوئی جسم ہے۔ شبیہ سے مراد روحانی فطرت ہے۔ مرد و زَن کو خدا نے ایک روحانی مخلوق خلق کیا تھا جن کے پاس خدا کے ساتھ گفتگو کرنے کی صلاحیت تھی۔ پولس رسول کے مطابق 1 کرنتھیوں 19:6 میں یہ زمینی اور جسمانی بدن روح القدس کے مسکن ہیں۔ اِس سے ہم جانوروں اور دیگر مخلوقات سے منفرد اور مختلف

ٹھہرتے ہیں۔ آدم اور حوا کو خدا سے گفتگو کرنے کے لئے خلق کیا گیا ہے۔ اُن کے پاس خدا سے محبت کرنے اور اُسے جاننے کی صلاحیت تھی جو کہ باغِ عدن میں کسی اور مخلوق کے پاس نہیں تھی۔ اُنہیں اپنے خالق کے رفاقت رکھتے ہوئے اپنی زندگی کا حقیقی مقصد دریافت کرنا تھا۔

غور کریں کہ خدا نے اُنہیں نر و ناری پیدا کیا اور 2 آیت میں اُنہیں برکت دی۔ یہاں پر ہمیں خدا کے مقصد کے بارے میں علم ہوتا ہے۔ خدا نے نہ صرف انسان کو روحانی صلاحیتوں کے ساتھ ہی خلق نہ کیا کہ اُسے سمجھیں اور جانیں بلکہ اُس نے اُنہیں اِس صلاحیت کے ساتھ خلق کیا کہ وہ ایک دوسرے کو جانیں اور ایک دوسرے سے محبت کریں۔ ہمیں روحانی مخلوق کے طور پر بھی پیدا کیا ہے، لیکن اِس کے ساتھ ساتھ ہمیں ایک معاشرتی مخلوق کے طور پر بھی پیدا کیا گیا ہے جس میں ہمیں ایک دوسرے کی ضرورت ہوتی ہے۔ آدم اور اُس کی بیوی کے درمیان اکائی اور یگانگت خدا کی طرف سے ہے اور یہ ایک پاک فطرت ہے۔

6-32 آیات میں ہمیں آدم سے نوح کی نسل تک کا حال احوال دیکھنے کو ملتا ہے۔ میں ایک چارٹ کی صورت میں اِن آیات کا خلاصہ بیان کرنا چاہوں گا۔

باپ	بیٹے کی پیدائش کے وقت عمر	بیٹے کا نام	موت کے وقت باپ کی عمر
آدم	130	سیت	930

سیت	105	انُوس	912
انُوس	90	قینان	905
قینان	70	محلل ایل	910
محلل ایل	65	یارد	895
یارد	162	حنُوک	962
حنُوک	65	متوسلح	خدا نے اُٹھا لیا
متوسلح	187	لمک	969
لمک	182	نُوح	777

غور کریں 22 آیت ہمیں بتاتی ہے کہ حنوک 365 برس تک جیتا رہا اور پھر دکھائی نہ دیا کیونکہ خدا نے اُسے زندہ آسمان پر اُٹھا لیا تھا۔ اس سے پہلے کہ وہ اُٹھا لیا جاتا، اُس کی تعریف کی گئی کہ وہ خدا کو پسند آیا۔

اس سے ہم یہ سمجھتے ہیں کہ حنُوک نے موت کا مزہ نہ چکھا۔ وہ 365 برس تک زمین پر زندہ رہا اور پھر موت کے تجربہ سے گزارے بغیر خدا نے اُسے آسمان پر زندہ ہی اُٹھا لیا۔

یہوداہ 1:14-15 میں ہم حنُوک کی نبوت پڑھتے ہیں۔

"کہ دیکھو خداوند اپنے لاکھوں مقدسوں کے ساتھ آیا۔ تاکہ سب آدمیوں کا انصاف کرے اور سب بے دینوں کو اُن کی بے دینی کے اُن سب کاموں کے سبب سے جو اُنہوں نے بے دینی سے کئے ہیں اور اُن سب سخت باتوں کے سبب سے جو بے دین گنہگاروں نے

اُس کی مخالفت میں کہی ہیں قصوروار ٹھہرائے۔"

یہ نبوت حنوک کی اُس مایوسی اور پریشانی کو بیان کرتی ہے جو اُسے اپنے اردگرد ناراست اور کجرو کام دیکھ کر ہوتی تھی۔ اُس نے اِس ناراستی اور بے دینی کے تعلق سے نبوت کی۔

182 برس کی عمر میں متوسلح کے بیٹے لمک کے ہاں بھی ایک بیٹا پیدا ہوا، اُس نے اُس کا نام نوح رکھا۔ اُس نے یہ کہہ کر اُس کا نام نُوح رکھا کہ وہ ہی اُنہیں اُن کی محنت اور مشقت سے رہائی دے گا جو زمین پر کی گئی لعنت کے سبب سے ہے۔ نُوح کا عبرانی زبان میں معنی ہے۔ تسلی، آرام۔

29 آیت ہمیں روئے زمین کی اُس حالت کے بارے میں بتاتی ہے جب نُوح پیدا ہوا تھا۔ لمک نے شکوہ کیا کہ زمین پر خدا کی طرف سے لعنت ہے اور یہ اُس طور سے پیداوار نہیں دے رہی جس طور سے اُسے دینی چاہئے۔ روُئے زمین کے لوگ خدا کی طرف سے کی گئی لعنت کو اِس زمین پر محسوس کر رہے تھے۔ اور یہ محنت مشقت کی صورت میں تھی۔ انسان محنت اور مشقت سے زمین کی پیداوار کا حاصل لے رہا تھا۔ گناہ اور زمین کی پیداوار اور حاصل کے درمیان ایک تعلق پایا جاتا ہے۔ یہ رابطہ عہدِ عتیق میں ہمیں رواں دواں دکھائی دیتا ہے۔ ہوسیع نبی نے 4 باب 2-3 آیات اس رابطے کے بارے میں نبوت کی۔ "بد زبانی، عہد شکنی اور خُون ریزی اور چوری اور حرام کاری کے سوا اور کچھ نہیں ہوتا۔ وہ ظلم کرتے اور خُون پر خُون ہوتا ہے۔ اِس لئے مُلک ماتم کرے گا اور اُس کے تمام باشندے جنگلی جانوروں اور ہوا کے پرندوں سمت ناتواں ہو جائیں گے بلکہ سُمندر کی مچھلیاں بھی غائب ہو جائیں گی۔"

ہوسیع کے مطابق خونریزی اور لعنت کے سبب زمین نوحہ کناں تھی۔ گناہ کے سبب سے زمین پر لعنت اِس قدر شدید تھی کہ یہ ماتم کرنے لگی۔ جانور، پرندے اور مچھلیاں مرنے لگیں۔ نُوح کے زمانہ میں ہر طرف گناہ اور بدی دیکھنے کو ملتی تھی۔ اُس گناہ اور ناراستی کے سبب سے جو لعنت زمین پر آئی اُس نے زمین کو تباہ کر کے رکھ دیا۔

جب نوح کی عمر 500 برس ہوئی تو اُس کے ہاں تین بیٹے پیدا ہوئے، اُس نے اُن کے نام سم ،حام اور یافت رکھے۔ (32 آیت) خدا اِس خاندان کے لئے ایک خاص مقصد رکھتا تھا۔ اُس نے گناہ کے سبب سے زمین کی عدالت کرنے کے لئے اُنہیں استعمال کیا۔

آدم کے دوَر سے لے کر نُوح تک، حنُوک کے علاوہ، سیت کی نسل میں کوئی بھی ایسا نہ ہوا جس نے خاص طور پر خدا کی پیروی کرتے ہوئے ایک نام اور مقام حاصل کیا۔ گناہ کے سبب سے زمین پر لعنت اِس قدر شدید تھی کہ اناج کے حصول کے لئے انسان اِس زمین پر سخت محنت اور مشقت کرنے لگا۔ گناہ کا مسئلہ اِس زمین پر حل نہ ہو سکا۔ زمین اور اُس کے باشندے گناہ کے بوجھ تلے کراہنے لگے۔ حتیٰ کہ وہ نسل بھی جس کے وسیلہ سے کام کرنے کا چناؤ کیا تھا گناہ میں گر گئی۔ اِس نسل کے وسیلہ سے، نُوح پیدا ہوا۔ اُسی کو خدا نے گناہ کے سبب سے لعنت شدہ زمین پر عارضی آرام اور سکون لانے کے لئے استعمال کیا۔

چند غور طلب باتیں

☆۔خدا کی صورت اور شبیہ پر پیدا ہونے کا آدم اور حوا کے لئے کیا معنی اور مفہوم تھا؟

☆ آدم سے نُوح تک انسان کی اوسطاً عمر کیا تھی؟ یہ عرصہءِ حیات کیوں کر کم ہو گیا؟

☆۔تاریخ میں کس طرح حنوک منفرد اور مختلف ٹھہرا؟ اُس کے ساتھ کیا واقع ہوا؟

☆۔اس حوالہ میں ہم نُوح کے دور میں زمین کی حالت کے بارے کیا سیکھتے ہیں؟ اِس سے ہمیں گناہ کے مسئلہ کے بارے میں کیا جانکاری حاصل ہوتی ہے ؟

چند اہم دُعائیہ نکات

☆۔اِس بات کے لئے خدا کی شکر گزاری کریں کہ اُس نے آپ کو اپنی شبیہ اور صُورت پر اِس صلاحیت کے ساتھ پیدا کیا کہ آپ اُسے جان سکیں، اُس سے محبت رکھ سکیں اور اُس کے ساتھ شخصی تعلق کا تجربہ حاصل کر سکیں۔

☆ حنوک کی زندگی کے عملی نمونے کے لئے خدا کی شکر گزاری کریں، جس نے ایک راست زندگی بسر کی جبکہ اِس زمین پر ہر طرف ناراستی اور گناہ کا دَور دَورہ تھا۔ خداوند سے توفیق چاہیں کہ آپ بھی اُس کے نقشِ قدم پر چل سکیں۔

☆۔خداوند کی شکر گزاری کریں کہ ہماری طرف سے اُس کے پاک بیٹے نے اپنی قربانی دے کر گناہ کے مسئلہ کو حل کر دیا ہے۔

باب 6

نُوح کی کشتی

پیدائش 6:1-22 کا مطالعہ کریں

نُوح کی پیدائش کے وقت زمین گناہ کے سبب لعنتی ہو چکی تھی۔ چھٹے باب میں بدی اور ناراستی کے شواہد دیکھنے کو ملتے ہیں۔

1 اور 2 آیات میں، ہمارے سامنے اِس بات کا ریکارڈ ہے کہ کس طرح زمین پر آبادی بڑھنے لگی۔ جیسے جیسے آبادی بڑھتی چلی گئی، 2 آیت ہمیں بتاتی ہے کہ "خدا کے بیٹوں" نے دیکھا کہ "انسان کی بیٹیاں" خوبصورت ہیں تو اُنہوں نے اُن سے شادی بیاہ کر لیا۔ آئیں اس بیان پر غور کرنے کے لئے تھوڑا وقت صرف کریں۔

"خدا کے بیٹے" اور "انسان کی بیٹیاں" اِس آیات کو سمجھنے کی بنیادی کنجی اِن چھوٹے جملوں کی تفسیر و تشریح میں پنہاں ہے۔ بعض لوگوں نے "خدا کے بیٹے" کی تفسیر آسمانی فرشتے یا بدرُوحیں کی ہیں۔ اِس تفسیر میں ایک نمایاں خرابی پائی جاتی ہے۔ بائبل مقدس میں کہیں بھی یہ خیال نہیں پایا جاتا کہ بدروحیں یا فرشتے ایسی مخلوق ہیں جو کوئی جنس رکھتی ہیں۔ (مرد یا عورت) حتیٰ کہ اگر بدرُوحیں، فرشتیں یا انسان ایک دوسرے سے جنسی تعلق قائم بھی کر لیتے تو بھی یہ بات یقینی ہے کہ وہ "خدا کے بیٹے" نہ کہلاتے۔

اس مطالعہ میں ہم نے انسان کی دو نسلوں کا جائزہ لیا ہے۔ ایک تو قائن کی نسل تھی جس

نے خدا کی طرف اپنی پُشت پھیر دی تھی۔ دوسری سیت کی نسل تھی جس نے خدا سے دُعا اور اُس کی پرستش و عبادت کی۔ پیدائش کے پہلے چند ابواب میں یہ فرق بڑی اہمیت کا حامل ہے۔ وہ خدا کے برگزیدہ لوگ تھے۔ اِس کے برعکس امکانِ غالب ہے کہ " خدا کی بیٹیاں " قائن کی نسل کو پیش کرتی ہیں جس نے خدا سے الگ ہو کر زندگی بسر کرنے کا چناؤ کیا تھا۔

ان آیات میں ہم یہ دیکھ رہے ہیں کہ سیت کی نسل نے قائن کی نسل سے رشتہ ناتہ قائم کر لیا۔ اگرچہ اُنہیں علم تھا کہ یہ عورتیں خدا کی راہوں پر نہیں چل رہیں، پھر بھی اُنہوں نے اُن کے ساتھ ازدواجی رشتہ قائم کر لیا۔ کیونکہ وہ اُن کے حُسن و جمال کے اسیر ہو گئے تھے۔ یہ بات خدا کو ناپسند آئی۔

اِس بات سے ہم یہ دیکھ سکتے ہیں کہ خدا کا دل یہی ہے کہ ایماندار ایسے جیون ساتھی اپنے لئے حاصل کریں جو خدا سے پیار کرتے اور اُس کے پیچھے چلنے کا چناؤ کرتے ہیں۔ سیت کی یہ نسل قائن کی نسل کی بے دین عورتوں سے شادی بیاہ کر کے اپنے ایمان سے سمجھوتہ کر رہی تھی۔ سیت کی نسل کا ایمان کمزور تھا اور بہت سے لوگ خدا سے دُور ہو کر قائن کی ناراست اور بے دین راہوں پر چل نکلے تھے۔

خدا یہ صورتحال دیکھ کر رنجیدہ ہوا۔ قائن کہ نسل تو اپنی نافرمانی کے سبب سے خدا کی لعنت کے نیچے تھے۔ لیکن اب تو سیت کی نسل کے مرد قائن کی نسل کی بے دین عورتوں سے شادی کر رہے تھے۔ ہم اِس زمین پر گناہ کے اثرات دیکھ سکتے ہیں۔ انسان کا دل بڑی آسانی سے خدا اور اُس کے مقصد سے بھٹک گیا۔ اُس دن خدا نے کہا۔ "میری روح انسان

کے ساتھ ہمیشہ مزاحمت نہ کرتی رہے گی" (پیدائش 3:6) خدا اپنی مخلوق سے بڑے صبر و تحمل سے پیش آیا۔ وہ اُن کی عدالت کرنے سے باز رہا لیکن وہ دن قریب آرہا تھا جب اُس نے اُن کو سخت سزا دینا تھی۔

اگرچہ خدا صبر و تحمل کرنے والا خدا ہے، لیکن وہ ایک منصف خدا بھی ہے۔ ایک دن آئے گا جب وہ گناہ کی عدالت کرے گا۔ 3 آیت میں قابلِ غور بات، اِس عدالت کے نتیجہ میں انسان کا عرصہ حیات کم ہو کر رہ گیا۔ اِس سے پہلے تو مَرد و زن 900 برس تک بھی زندہ رہتے تھے۔ خدا نے انسان کا عرصہ حیات 120 برس تک کر دیا۔ خدا نے گنہگار انسان کو اجازت نہ دی کہ وہ 900 برس تک زندہ رہے۔

4 آیت میں، ہم ایسے لوگوں کے گروہ کے بارے میں جانتے ہیں جو کہ " نفالیم" یا "جبار" کے طور پر جانے جاتے تھے۔ یہاں پر استعمال ہونے والا لفظ " ظالم "یا" جابر " کے معنی دیتا ہے۔ یہ عبرانی لفظ کسی اور عبرانی لفظ سے ماخوذ ہے جس کا معنی ہے۔" تقسیم کرنا" گر جانا" یا" گرا دیا جانا"۔ لوگوں کا یہ گروہ خدا اور اُس کی راہوں سے منہ موڑ چکا تھا۔ یہ گروہ باغیانہ، ناراست اور بدی کی زندگی گزارنے والا گروہ تھا۔ ہو سکتا ہے کہ یہ لوگ قائن اور سیت کی نسل کے درمیان قائم ہونے والے ازدواجی رشتے سے پیدا ہوئے ہوں۔ بالفاظ دیگر، قائن کی بے دین نسل کی عورتوں سے شادی کرنے کا نتیجہ یہ نکلا کہ سیت کی نسل نے اپنے ایمان سے سمجھوتہ کر لیا اور اِس کا نتیجہ یہ نکلا کہ اس ازدواجی تعلق سے پیدا ہونے والے بچے، بدکار اور ظالم نکلے جو کہ خدا کے خلاف بغاوت کی زندگی بسر کرتے تھے۔

یہ بات قابلِ غور ہونی چاہیئے کہ یہ ظالم، ناراست اور جابر نسل اپنے دَور میں سُورما اور معزز لوگ سمجھے جاتے تھے۔ لیکن ہمیں اِس سے یہ نہیں سمجھ لینا کہ سُورما یا معزز ہونا اُن کے لئے کوئی اچھی بات تھی۔ ایک لمحہ کے لئے غور کریں آج کے دَور میں وہ مرد و زن جنہیں ہم بڑی عزت کی نگاہ سے دیکھتے ہیں، " مُووی سٹار " کھیل کے میدان سے نامور لوگ " اور سٹیج کی دُنیا کے بے تاج بادشاہ" یہ سب آج کی دُنیا میں بڑے نامور اور ہیرو سمجھے جاتے ہیں۔ لیکن یہ لوگ خدا کے ساتھ چلنے والے نہیں ہوتے۔ وہ لوگ اپنے دَور میں ہیرو اور نامور لوگ سمجھتے جاتے تھے، اس سے ہمیں اِس جہاں اور اُس دَور کے لوگوں کی ذہنیت کا بھی علم ہوتا ہے۔ اُس دَور کے لوگ کسی طور پر بھی خدا اور اُس کی راہوں کو ترجیح نہ دیتے تھے۔ جس طرح سے خدا کسی چیز کو دیکھتا تھا، وہ اِس طور سے نہیں دیکھتے تھے۔ وہ تو خدا سے دُور، اُس کے خلاف بغاوت کرنے والے اور ناراست لوگوں کو ہی ہیرو اور قابلِ عزت سمجھتے تھے۔ وہ "زوال پذیر "لوگوں کو سربلند کر رہے تھے جو کہ خدا سے دُور اپنے من کی موج میں زندگی بسر کر رہے ہوتے تھے۔ وہ اپنے دلوں اور ذہنوں میں اُنہیں عزت کا مقام دے رہے تھے۔ مجھے افسوس ہے کہ ہم ایماندار بھی کئی دفعہ ایسے ہی گناہ کے مرتکب ہوتے ہیں۔ اس سے ہمیں اس دُنیا کے انتہائی غیر روحانی ہونے کا بھی پتہ چلتا ہے۔ وہ ایسے مرد و زن کو عزت کا مقام دے رہے تھے جو خدا سے محبت اور اُس کی پرستش و عبادت نہیں کرتے تھے۔

جب خدا نے نُوح کے دَور میں روئے زمین پر بدی اور ناراستی کو دیکھا کہ " انسان کے دل کے تصورات اور خیالات ہمیشہ بُرے ہی ہیں۔"(5 آیت) اس سے ہمیں یہ جانکاری

حاصل ہوتی ہے کہ اِس زمین کی بدی اور ناراستی کس قدر عروج پکڑ چکی تھی۔ مردوزن کے خیالات گناہ اور ناراستی کے زیرِ اثر آچکے تھے۔ وہ گناہ اور بدی کے اِثر و تاثیر سے آزاد زندگی بسر نہیں کر سکتے تھے۔ کسی نہ کسی طور پر اُن کے خیالات اور اعمال و افعال گناہ کے زیرِ اثر تھے۔ جو کچھ خدا نے اچھا پیدا کیا تھا وہ ناراست اور بُرا ہو چکا تھا۔ خدا کا دل یہ سب کچھ دیکھ کر رنجیدہ ہوا۔ اور اُسے انسان کو بنانے پر افسوس ہوا۔ (6 آیت) یہ انسان تو خدا کی صورت اور شبیہ پر پیدا کئے گئے تھے۔ لیکن وہ تو خدا اور اُس کی راہوں سے دُور چلے گئے اور خدا کے مقصد اور ارادے سے بھٹک گئے تھے۔ اب اپنے خالق کے ساتھ اُن کی رفاقت ممکن نہ رہی تھی۔

گناہ اِس زمین پر تباہ کن اثرات مرتب کر رہا تھا۔ گناہ نے انسان کی خدا کے ساتھ رفاقت ختم کر دی تھی۔ اس سبب سے انسان کا عرصہِ حیات بھی کم ہو گیا تھا۔ اُن کے خیالات ناراست ہو گئے تھے خدا کا دل اِس قدر رنجیدہ ہوا کہ اُس نے اِس زمین کو تباہ و برباد کرنے کا فیصلہ کر لیا تاکہ وہ لوگ بھی جو اُس سے بھٹک چکے ہیں مزید اِس زمین پر دکھائی نہ دیں۔

خدا کی تمام مخلوق میں صرف، ایک ایسا شخص تھا جو خدا کی نظر میں مقبول ٹھہرا۔ اُس کا نام نُوح تھا۔ 9 آیت ہمیں بتاتی ہے کہ وہ ایک راست آدمی تھا۔ وہ اپنے دوَر کے لوگوں میں راست زندگی بسر کرتا تھا۔ وہ ایک ایسی نسل کے درمیان رہتے ہوئے پاک اور راست زندگی بسر کرتا رہا جو خدا کی طرف اپنی پشت پھیرے ہوئے تھی۔ خدا نُوح سے خوش تھا، اِس لئے اُسے اور اُس کے گھرانے کو اُس عدالت سے بچانے کا فیصلہ کیا جو وہ اِس زمین پر آنے والی تھی۔

13 آیت میں، خدا نے نُوح کو بتایا کہ وہ اِس زمین پر کے تمام لوگوں کا خاتمہ کرنے والا ہے۔ کیونکہ زمین انسان کی بدی اور ظلم سے بھرپور ہو گئی تھی۔ ہم محسوس کر سکتے ہیں کہ جب نوح نے یہ کلام سنا ہو گا تو اُسے کیسا محسوس ہوا ہو گا۔

خدا نے نوح سے کہا کہ وہ گوپھر کی لکڑی کی ایک کشتی تیار کرے۔ اُسے اُس کشتی کے اندر کمرے تیار کرنے اور اُس کشتی کے اندر باہر رال بھی لگانی تھی تا کہ اُس پر پانی اَثر نہ کر پائے۔ (14 آیت) یہ کشتی 450 فٹ لمبی، (140 میٹر) 75 فٹ چوڑی (23 میٹر) اور 45 فٹ (13 اعشاریہ پانچ میٹر) اُس کشتی پر چھت بھی لگائی جانی تھی تا کہ اُس کے اندر لوگ بارش سے محفوظ رہ سکیں۔ اُس کشتی کا ایک دروازہ بھی بنایا گیا جو کہ ایک پہلو میں لگایا گیا۔ (16 آیت) یہ کشتی تین منزلہ تھی۔

خدا نے نُوح کو بتایا کہ وہ زمین پر پانی کا طوفان لانے کو ہے۔ اِس زمین کی عدالت بہت سخت اور شدید قسم کی ہو گی۔ صرف کشتی میں موجود لوگوں نے ہی بچنا تھا۔ خداوند یسوع کی فراہم کردہ نجات کی یہ کس قدر خوبصُورت تصویر تھی۔ وہ لوگ جو مسیح یسوع میں ہوتے اور اُس کے صلیب پر سر انجام دیئے گئے کام پر ایمان رکھتے ہیں، کشتی میں موجود لوگوں کی طرح، وہی خدا کے آنے والے غضب سے بچ پائیں گے۔

19 اور 20 آیات پر غور کریں، اگرچہ زمین کی تباہی اور بربادی مکمل طور پر ہو جانی تھی، تو بھی خدا نے نُوح سے کہا کہ وہ ہر ایک جاندار کا جوڑا جوڑا کشتی میں لے کر آئے، تا کہ وہ بھی اُس کے ساتھ زندہ رہیں۔ اُس اپنے گھرانے کے لئے اشیائے خورد و نوش بھی اپنے ساتھی کشتی میں رکھنا تھیں۔ یاد رہے کہ طوفان کے بعد ہی خدا نے انسان کو بطور خوراک

جانور ذبح کرنے کی اجازت دی۔(پیدائش 9:2-3) نُوح نے کشتی میں پھل اور سبزیاں رکھ لیں جو کہ اُس نے اِس زمین پر بارش ہونے سے قبل جمع کر لی تھیں۔ نُوح نے جانوروں کے لئے چارہ بھی اپنے ساتھ کشتی میں رکھ لیا تھا تاکہ کشتی کے اندر رہتے ہوئے جانور چارہ کھا کر زندہ رہ سکیں۔ یہ بہت بڑی ذمہ داری اور کام تھا۔ لیکن 22 آیت کے مطابق، نُوح نے خدا کے حکم کے عین مطابق کیا۔

ہم اس باب میں زمین پر گناہ کے اثر کو واضح طور پر دیکھ سکتے ہیں۔ خدا نے گناہ کے سبب سے زمین اور اُس کے باشندوں کو نیست و نابود کر دیا۔ خدا منصف خدا ہے اور وہ گناہ کی عدالت کرتا ہے۔

لیکن دُکھ اور افسوس کی بات یہ ہے کہ اگرچہ خدا نے اِس زمین اور اُس کے باشندوں کو تباہ و برباد کر دیا تاہم طوفان کے بعد بھی گناہ موجود رہا اور اِس زمین پر تباہی پھیلاتا رہا۔ طوفان کے باعث کچھ عرصہ تک تو لوگ گناہ سے باز رہے، لیکن پانی کا طوفان گناہ کے خاتمے کا ایک کامل حل نہ تھا۔ یسوع ہی نے گناہ کے مکمل خاتمے کا کام سر انجام دیا ہے۔

چند غور طلب باتیں

☆۔ آپ نُوح کے دوَر میں اِس زمین پر ایمان کی حالت کو کس طرح بیان کریں گے ؟ نُوح کے دوَر میں لوگ کس طرح اپنے ایمان پر سمجھوتہ کر رہے تھے ؟

☆۔ اس حوالہ میں ہم گنہگار انسان کے ساتھ خدا کے صبر و تحمل کے بارے میں ہم کیا سیکھتے ہیں ؟

☆۔نفالیم یا جبار کون تھے جن کا اس باب میں ذکر کیا گیا ہے؟ وہ اپنے دوَر میں سُورما اور نامور لوگ تھے، اِس سے ہمیں اس دُنیا میں ایمان کی حالت کے بارے میں کیا جانکاری ملتی ہے؟ کیا ہمارے لئے ممکن ہے کہ ہم خدا سے دوُر لوگوں کو بھی بہت عزت دیں اور اُنہیں ہیرو مان لیں؟ چند مثالیں پیش کریں۔

☆۔کیا پانی کے طوفان سے گناہ کا مسئلہ حل ہو گیا؟ یہ کہانی خداوند یسوع مسیح کی صورت میں اِس مسئلہ کے حل کے لئے ایک نجات دہندہ کی ضرورت کے بارے میں کیا بتاتی ہے؟

چند اہم دُعائیہ نکات

☆۔گناہ بھری دُنیا میں بغیر سمجھوتہ روحانی زندگی بسر کرنے کے لئے خدا سے توفیق اور مدد چاہیں۔

☆۔خداوند کی شکر گزاری کریں کہ وہ اپنے لوگوں کے گناہ کے باوجود اُن کے ساتھ صبر و تحمل سے پیش آتا ہے۔ اُس کی شکر گزاری کریں کہ وہ ایک دن گناہ اور ناراستی کی عدالت کرے گا، کیونکہ وہ ایک مُنصف خدا ہے۔

☆۔دُعا کریں کہ خدا آپ کے اِردگرد لوگوں کے دلوں کو کلام اور ایمان کے لئے کھولے، اس سے پہلے کہ بہت دیر ہو چکی ہو اور خدا کی عدالت اُن پر ناگہاں آ پڑے۔

☆۔خدا کی شکر گزاری کریں کہ اُس نے خداوند یسوع مسیح کی صورت میں گناہ کے مسئلہ کا ایک قطعی حل پیش کر دیا ہے۔

باب 7

پانی کا طوفان

پیدائش 7: 1 اور 8: 22 کا مطالعہ کریں

گزشتہ باب میں ہم نے دیکھا کہ خدا نے نُوح سے کہا کہ وہ ایک کشتی تیار کرے۔ نُوح نے خدا کی تابعداری کیا اور کشتی میں ضروری خوراک بھی جمع کرلی۔

جب ہم 7 باب میں دیکھتے ہیں کہ خدا نے نُوح کو حکم دیا کہ وہ اپنے خاندان کو کشتی میں لے جائے۔ غور کریں کہ صرف نُوح کو یہ شرف و استحقاق حاصل ہوا کیونکہ صرف نُوح اور اُس کا گھرانہ ہی اِس زمین پر خدا کے حضور راستباز ٹھہرے۔ ہمیں اِس سے یہ سمجھنا چاہیئے کہ نُوح خدا کی عبادت کرتا اور اُس کی راہوں پر چلنے کا طالب تھا۔ خدا نے اُسے اور اُس کے گھرانے کو بچا کر اُس کی راستبازی کا اَجر دیا۔

اِس بات پر غور کرنا بہت اہم ہے کہ اگرچہ سیت کی نسل شروع میں خدا کی طالب ہوئی لیکن پھر صرف نُوح اور اُس کا گھرانہ ہی بچے تھے جو خدا کی عبادت کرتے تھے۔ اِس سے ظاہر ہوتا ہے کہ گناہ کس قدر روئے زمین پر اثر انداز ہو چکا تھا۔

پیدائش 7 باب کی 2، 3 آیات کے مطابق نُوح کو پاک جانوروں اور پرندوں کے سات جوڑے اپنے ساتھ کشتی میں لینا تھے۔ اِس سے زمین پر اُن کی نسل باقی رہنا تھی۔ خیال کیا جاتا ہے کہ اُس وقت تک نُوح کو پاک اور ناپاک جانوروں کا فہم و ادراک حاصل ہو چکا تھا۔

یہاں پر اِس تعلق سے دو اہم نکتے واضح طور پر دیکھنے کی ضرورت ہے۔

اوّل۔ جب خدا نے دُنیا بنائی تو سب اچھا تھا۔ اب گناہ کے دُنیا میں داخل ہونے کی وجہ سے ہم پاک اور ناپاک جانوروں کو دیکھتے ہیں۔ دوئم۔ پاک اور ناپاک کے درمیان فرق خدا کے موسیٰ پر یہ سب کچھ ظاہر کرنے سے پہلے ہی منکشف کر دیا گیا تھا۔ اور خدا نے یہ سب کچھ لکھوا بھی دیا۔ موسیٰ کی معرفت شریعت دیئے جانے سے قبل بھی خدا اپنی مرضی کے بارے میں اپنے لوگوں سے کلام کرتا رہا۔

پیدائش 4:7 میں، خدا نے اِس زمین پر بارش برسنے سے سات دن پہلے نُوح اور اُس کے گھرانے سے کشتی میں جانے کے لئے کہا، یہ بارش چالیس دن اور چالیس رات تک جاری رہنا تھی جس سے کشتی سے باہر ہر ذی نفس نے لُقمہ اَجل ہو جانا تھا۔

جب اِس زمین پر پانی کا طوفان آیا تو اس وقت نُوح کی عمر 600 برس تھی۔(6:7) اُس وقت نوح اور اُس کی بیوی، اپنے بیٹوں اور اُن کی بیویوں کے ہمراہ کشتی میں داخل ہو کر اُس تباہی سے بچ جانا تھا جو پانی کے طوفان کے سبب سے اِس زمین پر آنے والی تھی۔(7:7) اُنہوں نے خدا کے حکم کے مطابق پاک اور ناپاک جانوروں اور ہوا کے پرندوں کے جوڑے بھی کشتی میں اپنے ساتھ لے لئے۔(پیدائش 7:8-9)

سات دن کے اندر اندر خدا کے فرمائے گئے کلام کے مطابق، طوفان آگیا۔(10:7)دوسرے مہینے کے سترھویں دن جب نُوح کی عمر چھ سو برس تھی پانی کا طوفان آگیا۔(11:7)

کشتی کے اندر نُوح اور اُس کا گھرانہ ، ہر ایک جاندار کے ساتھ محفوظ تھے۔ خدا نے اُنہیں

اِس قدر شدید عدالت میں بھی بچائے رکھا۔ پیدائش 16:7 کے مطابق خدا نے اُنہیں کشتی میں بند کر دیا تاکہ وہ زمین پر پانی کے طوفان کی صورت میں ہونے والی خدا کی عدالت سے محفوظ رہیں۔ ہم صرف خیال ہی کر سکتے ہیں کہ نوح اور اُس کا گھرانہ جب کشتی میں تھا تو اُس وقت اُن کے خیالات اور احساسات کیسے تھے۔ شاید اُنہوں نے اپنی اپنی زندگی پر غور کرتے ہوئے یہ سوچنا شروع کر دیا ہو کہ خدا نے کیونکر اُنہیں اِس روئے زمین پر زندہ رکھا ہے۔ صرف وہی خدا کی اُس ہولناک عدالت سے زندہ بچے رہے۔ اِس خاص وقت میں اُن کے جذبات ملے جلے تھے۔ اِس کے برعکس، وہ رُوئے زمین کی اِس قدر شدید عدالت کے باعث افسردہ اور پریشان حال بھی تھے کیونکہ اِس میں بے شمار انسانی جانوں کا نقصان ہونا تھا۔ صرف یہی نہیں بہت سے جانور اور پرندے بھی صفحہ ہستی سے مٹ جانے تھا۔ اِس کے برعکس وہ خدا کے فضل کا گہرا احساس اپنے دل میں لئے ہوئے تھے کہ خدا نے اُنہیں محفوظ کر لیا ہے۔

پیدائش 17:7 کے مطابق چالیس دن تک زمین پر بارش ہوتی رہی۔ پانی کی سطح بلند ہونا شروع ہوئی تو کشتی بھی زمین سے اُٹھ گئی اور پانی میں تیرنے لگی۔ پانی کی سطح درجہ بدرجہ بلند ہوتی چلی گئی، یہاں تک کہ پہاڑوں کی چوٹیاں بھی پانی سے چھپ گئی۔ پانی بیس فٹ بلندی تک پہنچ گیا ہے۔ (تقریباً 7 میٹر) پانی کے اِس قدر بلند ہونے سے ہر طرف تباہی مچ گئی۔ 7 باب 22، 21 آیت کے مطابق زمین پر ہر ذی نفس زمین پر سے فنا ہو گئی۔ صرف کشتی میں موجود جانیں ہی محفوظ رہیں۔ (پیدائش 23:7) 150 دن تک پانی زمین کی سطح کو ڈھانپے رہا۔ اِس سے پہلے اِس زمین پر خدا کی اس قدر ہولناک عدالت نہیں آئی تھی۔

عدالت کے اُن دنوں کے بعد خدا نے نُوح اور اُس کے گھرانے کو یاد کیا۔ خدا نے زمین پر ہوا چلائی تاکہ پانی سُوکھ جائے۔ ساتویں مہینے کی ساتویں تاریخ کو (پانی کا طوفان شروع ہونے کے پانچ ماہ بعد) کشتی اراراط کے پہاڑوں پر ٹک گئی۔(4:8) دسویں مہینے کی پہلی تاریخ کو(ساڑھے چار ماہ بعد) دیگر پہاڑوں کی چوٹیاں نظر آنے لگیں۔(5:8)

چالیس روز کے بعد نوح نے کشتی کی کھڑکی کھول کر ایک کوّے کو باہر بھیجا، جب کوّے کو پنجا ٹکانے کی جگہ نہ ملی تو وہ اِدھر اُدھر اُڑتا رہا۔ جب کوّا واپس نہ آیا تو پھر نُوح نے ایک فاختہ کو بھیجا۔ جب فاختہ کو بھی زمین پر پنجہ ٹکانے کی جگہ نہ ملی تو وہ اُڑتی ہوئی واپس آگئی۔(9:8) یہاں پر ایک سوال ہے کہ نُوح نے خاص طور پر اِن دو پرندوں کو ہی کیوں کشتی سے باہر بھیجا؟ کوا مُردہ جانوروں کی لاشیں کھا جاتا ہے۔ نوح کو علم تھا کہ زمین ایسی کئی ایک لاشوں سے بھری پڑی ہو گی اور کوّے کو کھانے کے لئے بہت کچھ مل جائے گا۔ یہ اس خوراک سے مطمئن ہو کر وہیں رہے گا، خواہ زمین پر کوئی سبزی نہ اُگے۔ فاختہ تو مُردہ جانور نہیں کھاتی بلکہ اُسے تو پھل کی تلاش ہوتی ہے۔ فاختہ کو بھیجنے سے نُوح معلوم کرنا چاہتا تھا کہ آیا زمین پر کوئی سبزی یا ہریاوّل اُگی ہے یا نہیں۔ کوّا تو واپس نہ آیا لیکن فاختہ واپس لوٹ آئی۔ نوح کو علم ہو گیا کہ اُس وقت تک زمین پر کوئی پھل نہیں اُگا، لہٰذا زمین اُس کی اور اُس کے گھرانے کی کفالت نہ کر سکے گی۔

سات روز کے بعد، نُوح نے ایک بار پھر سے فاختہ کو باہر بھیجا، اِس بار وہ شام کے وقت آئی تو اُس کی چونچ میں زیتون کی ایک کونپل تھی۔(11:8) اِس سے نُوح کو علم ہو گیا کہ پانی کی سطح زمین پر کم ہو گئی ہے اور درخت اور پودے اُگنا شروع ہو گئے ہیں۔

پھر مزید سات دن کے بعد نُوح نے فاختہ کو باہر بھیجا لیکن اِس بار وہ واپس کشتی میں نہ آئی۔ یوں نوح کو علم ہو گیا کہ زمین پر پانی سُوکھ گیا ہے۔ اُس نے دیکھا کہ اب پانی کی سطح اِس قدر کم ہو گئی ہے کہ وہ کشتی سے باہر جاسکتے ہیں۔(13:8)

اِس کے بعد نوح اور اُس کے گھرانے نے مزید دو ماہ انتظار کیا جب تک کہ خدا نے اُنہیں کشتی سے باہر نکلنے کے لئے نہ کہا،

پھر نُوح، اُس کا گھرانہ اور تمام جانور اور پرندے بھی کشتی سے باہر آگئے، یہ پرندے اور جانور زمین پر آزاد کر دئے گئے تا کہ وہ بڑھیں، پھلیں اور زیادہ ہو جائیں۔(8:17-19)

نُوح اور اُس کے خاندان نے کشتی سے نکل کر سب سے پہلا کام یہ کیا کہ اُنہوں نے خداوند کے لئے ایک مذبح تیار کیا اُس مذبح پر اُس نے کچھ پاک جانوروں اور پرندوں کی قربانی گزرانی۔(20:8) یہ قربانی گزشتہ سال کی محافظت اور خدا کے فضل کی شکر گزاری کے طور پر گزرانی گئی۔ اُس روز جو قربانی گزرانی گئی، خدا اُس سے خوشنُود ہوا۔

پیدائش 8:21-22 میں، خدا نے دو رُخی وعدہ نُوح اور اُس کے گھرانے سے کیا۔ پہلا وعدہ یہ تھا کہ اب وہ کبھی دوبارہ اِس زمین کو پانی کے طوفان سے نیست و نابود نہیں کرے گا۔ اگرچہ لوگوں کے دلوں کے تصورات اور خیالات ہمیشہ بُرے ہی رہے۔ خدا نے یہ وعدہ بھی کیا کہ وہ زمین کو موسموں اور دن اور رات کی گردش کے ساتھ محفوظ رکھے گا۔

خدا کے وعدہ میں دو اہم تفصیلات دکھائی دیتی ہیں۔ اوّل۔ اِس سے ہمیں علم ہوتا ہے کہ خدا نے اِس زمین پر سے لعنت کے بوجھ کو ہلکا کر دیا اور نُوح اور اُس کی نسل کے لئے خدا کے قہر و غضب میں ایک نرمی پیدا ہوئی۔ نُوح اور اُس کے گھرانے نے اس زمین پر زندہ

رہتے ہوئے اناج، پھل اور سبزیاں پیدا کرتے رہنا تھا۔ اُنہوں نے زمین کا حاصل کھانا اور اِس زمین پر زندہ رہنا تھا۔

یہاں پر ایک اور تفصیل ہمیں دیکھنے کو ملتی ہے کہ اور وہ یہ کہ اگرچہ خدا کی عدالت اِس زمین پر بہت سخت تھی، لیکن یہ زمین گناہ اور بدی سے آزاد نہ ہو پائی۔ خدا کو علم تھا کہ انسان کے دل اور خیالات سدا بُرے ہی ہوتے ہیں۔ گناہ ہمیشہ کی طرح اب بھی ایک مسئلہ تھا۔ انسان کے دل کی گناہ آلودہ مٹی میں گناہ ایک بار پھر اُگنے اور نشوونما پانے لگا۔ پانی کے طوفان سے گناہ کی عدالت تو ہوئی لیکن یہ طوفان گناہ کے مسئلہ کا ابدی حل نہیں تھا۔

اِس گناہ کے باوجود، خدا کا دِل بنی نوع انسان کے لئے رحم اور ترس سے بھر گیا۔ خدا کو اپنی مخلوق کی عدالت کرنے میں کوئی خوشی تو نہ تھی۔ اُس نے نوح سے وعدہ کیا کہ وہ پھر کبھی اِس طرح سے نوح کی نسل اور زمین کی مخلوقات کو تباہ و برباد نہیں کرے گا۔

اِس کا ہرگز یہ مطلب نہیں کہ خدا دوبارہ گناہ کی عدالت نہیں کرے گا۔ ہمیں پُر یقین رہنا چاہئے کہ خدا گناہ اور بدی کی عدالت ضرُور ہی کرے گا۔ وہ دن قریب ہے جب یہ دُنیا آگ سے جلائی جائے گی۔ (2 پطرس 10:3) اس آخری عدالت کے دن تک، خدا صبر و تحمل سے کام لئے ہوئے ہے۔ گناہ پھر سے زمین پر بڑھنے لگا۔ خدا انتظار کر رہا ہے کہ اُس کی عدالت شروع ہونے سے قبل جب خدا ہمیشہ کے لئے گناہ کا خاتمہ کر دے گا، ہر ایک ایمان لانے والا بحفاظت اُس کی بادشاہی میں داخل ہو جائے۔

چند غور طلب باتیں

☆۔ہمارے پاس باب کے شروع میں بیان کردہ آیات میں وہ کون سے شواہد موجود ہیں جن سے پتہ چلتا ہے کہ خدا نے نوح سے قربانی یا مذہبی تقاضے کیے؟ نوح کو خدا کے تقاضوں اور شریعت کے بارے میں کیا جانکاری تھی؟

☆۔نُوح اور اُس کا گھرانہ کتنی دیر کشتی کے اندر رہے؟

☆۔پانی کے طوفان کے بعد خدا نے نُوح کے دوَر کے لوگوں کے ساتھ کیا وعدہ کیا؟ کیا اِس کا مطلب ہے کہ خدا پھر کبھی گناہ اور ناراستی کی عدالت نہیں کرے گا؟

☆۔کیا پانی کے طوفان سے گناہ کا مسئلہ حل ہو گیا؟ زمین پر گناہ کا مسئلہ ہمیشہ کے لئے ختم کرنے کے لئے کس چیز کی ضرورت ہے؟

چند اہم دُعائیہ نکات

☆۔خداوند کی شکر گزاری کریں کہ وہ اپنے کلام کے وسیلہ سے اپنے تقاضے ہم پر ظاہر کرتا ہے۔ ☆۔کیا آپ آج کے دن خداوند کی نجات کی کامل یقین دہانی اپنے دل میں رکھتے ہیں؟ خداوند کی شکر گزاری کریں کہ اُس نے آپ کو گناہ کی سزا سے بچالیا ہے۔ اُس کی معافی کے لئے اُس کی شکر گزاری کریں۔

☆۔خداوند کی شکر گزاری کریں کہ اگرچہ وہ انتہائی صبر و تحمل کرنے والا خدا ہے تو بھی گناہ کی عدالت کرے گا۔ شکر گزاری کریں خداوند کی اُس خدمت کے لئے جس سے ہماری زندگیوں میں گناہ کے مسئلہ کا حل نکل آیا ہے۔

باب 8

دُنیا پھر سے آباد ہو گئی

پیدائش 9:1-29 کا مطالعہ کریں

طوفان کے پانی کی سطح زمین پر کم ہو چکی تھی۔ نُوح آور اُس کا گھرانہ کشتی سے باہر آ کر زمین پر پھر سے آباد ہو گیا۔ اِس زمین پر صرف اور صرف نُوح اُس کا گھرانہ ہی واحد خاندان تھا۔ تمام بنی نوع انسان طوفان کے پانی میں ہی غرق ہو گئے تھے۔ یہ تو نُوح کے کنبے کے وسیلہ سے ہی دُنیا میں پھر سے لوگ بڑھتے چلے گئے۔ 1 آیت میں، خدا نے نُوح اور اُس کے گھرانے کو برکت دی کہ وہ اِس زمین پر بہت زیادہ بڑھ جائیں اور اِس زمین کو پھر سے آباد کر دیں۔

طوفان سے قبل اِس زمین پر آباد انسانوں نے خدا کے دل کو اِس قدر رنجیدہ کر دیا کہ اُس نے اُنہیں نیست و نابود کرنے کے لئے اِس زمین پر پانی کا طوفان بھیج دیا۔ دُنیا کی طرح گناہ میں گرنے سے کس چیز نے نُوح اور اُس کے گھرانے کو بچائے رکھا؟ پانی کے طوفان سے گناہ کا مسئلہ حل نہ ہوا۔ بلکہ اِس سے گنہگاروں کی تعداد میں کمی واقع ہوئی۔ نُوح کی نسل کو برکت دینے سے، خدا بنی نُوع انسان پر اپنے رحم و ترس کو ظاہر کر رہا تھا۔

جس دُنیا میں نُوح کی نسل کو پھر سے واپس لوٹنا تھا وہ طوفان سے پہلے جیسی دُنیا نہ تھی۔ 2 آیت میں، ہم پڑھتے ہیں کہ جانور اب بنی نوع انسان سے ڈرنے لگے۔ پیدائش 9:2 میں،

خدا تمام جانوروں کو آدمؔ کے پاس لایا کہ دیکھے کہ وہ اُن کے کیا نام رکھتا ہے۔ وہی جانور نُوح کے پاس کشتی میں بھی آئے تھے۔ لیکن بنی نوع انسان کے تعلق سے اب اُن کے روّیہ میں تبدیلی واقع ہو چکی تھی۔ اگرچہ وہ پہلے اَمن و امان سے اکٹھے ہی رہتے تھے، لیکن اب وہ ایک دوسرے کے دُشمن بن چکے تھے۔

2 آیت میں، خدا نے جانوروں، پرندوں اور مچھلیوں پر انسان کے تسلط اور حکمرانی کی تصدیق کی۔ اس آیت میں ہم انسان کو تسلط اور حکمرانی دینے میں خدا کے فضل کو دیکھتے ہیں۔ خدا اُنہیں زمین کی دیکھ بھال کی ذمہ داری سونپ رہا تھا۔ یہ اُن کے لئے بڑے شرف واستحقاق کی بات تھی۔ لیکن اِس کے ساتھ ہی یہ ایک بہت زبردست ذمہ داری بھی تھی۔

3 آیت پر غور کریں، اب خدا نے جانوروں کو بطور خوراک انسان کو دیا۔ اِس سے قبل، صرف سبزیاں ہی انسانی خوراک کے لئے استعمال کی جاتی تھیں۔

خدا نے نُوح اور اُس کی نسل کو 4 آیت میں بتایا کہ اگرچہ اُنہیں گوشت کھانے کی اجازت تو ہے لیکن وہ خون ہرگز اپنی خوراک کے طور پر استعمال نہ کریں۔ احبار 14:17 میں اِس کی ایک خاص وجہ بیان کی گئی ہے۔

"کیونکہ جسم کی جان جو ہے وہ اُس کا خون ہے جو اُس کی جان کے ساتھ ایک ہے۔ اِس لئے میں نے بنی اسرائیل کو حکم کیا ہے کہ تم کسی قسم کے جانور کا خون نہ کھانا کیوں کہ ہر جانور کی جان اُس کا خون ہی ہے۔ جو کوئی اُسے کھائے وہ کاٹ ڈالا جائے گا۔"

خدا خُون کو بطور خوراک استعمال کرنے کی اجازت نہ دینے سے خدا نُوح اور اُس کی نسل کو سکھا رہا تھا کہ وہ زندگی کی عزت کریں۔ اگرچہ اب جانوروں کو ذبح کر کے کھایا جا سکتا تھا۔

لیکن اُن کا خون زمین پر ہی بہایا جاتا تھا۔

5 آیت میں، خدا نے نُوح اور اُس کی نسل کو بتایا کہ کسی دوسرے انسان کی جان لینا ایسا جُرم ہے جس کی سزا موت ہے۔ انسان کی زندگی خدا کے حضور بہت مقدس چیز ہے۔ یہ حقیقت کہ خدا کو یہ کہنا پڑا، یہ ظاہر کرتا ہے کہ گناہ اب نُوح کے دوَر میں بھی اِس زمین پر ایک حقیقت تھا۔

یہ وہ دُنیا تھی جس کے وسیلہ سے خدا نے اپنے مقصد کو پایہ تکمیل پہنچانا تھا۔ خدا کی بادشاہی ادھورے لوگوں کے وسیلہ سے خراب حالات میں وُسعت پاتی ہے۔ جن شاگردوں کا چناؤ یسوع نے کیا وہ کاملیت سے بہت دُور تھے۔ ہر ایک کسی نہ کسی طرح سے کمزور اور ناقص تھا۔ بائبل مقدس میں جن مقدسین کا ذکر ہے، وہ بعض اوقات سنجیدہ قسم کے گناہوں میں گر گئے۔ اگرچہ ہمیں مسیح کے بدن یعنی کلیسیا میں گناہ کا خاتمہ کرنا ہے، تاہم اِس بات کو بھی محسوس کریں اور جانیں کہ اکثر اوقات ہمیں ایسے لوگوں کے ساتھ بھی کام کرنا پڑے گا جو کامل نہیں ہیں اور زندگی کے کئی مقامات پر بالغ اور پختہ نہیں ہیں۔ خدا اِس ادھُوری اور ناقص دُنیا میں اپنی بادشاہی کو وُسعت دے گا۔ اور وہ ایسا کرنے کے لئے ناقص اور ادھُورے لوگوں کو ہی استعمال کرے گا۔

8 تا 17 آیت میں، ہم دیکھتے ہیں کہ کس طرح خدا نے نوح اور اُس کی نسل کے ساتھ عہد قائم کرنے کا چناؤ کیا۔ خدا نے وعدہ کیا کہ پھر دوبارہ پانی کے طوفان سے زندگی کا دھارا منقطع نہ ہو گا۔ (11 آیت) زمین پر پانی کا طوفان تو آئے گا لیکن کبھی بھی پانی کے طوفان سے نُوح کے دوَر کی طرح ہر ذی نفس نیست و نابود نہ ہو گا۔

خدا نے اپنے اِس عہد پر مہر لگادی۔ جس طرح ایک لڑکا اور لڑکی ایک دوسرے کو نکاح کے وقت انگوٹھیاں پہنانے سے ایک دوسرے سے عہدِ وفا قائم کرتے ہیں جس سے ایک دوسرے کے ساتھ اُن کے عہد کی یاد تازہ ہوتی رہتی ہے۔ خدا نے آسمان پر ایک قَوسِ قزح رکھ دی تا کہ خدا کو اپنا یہ وعدہ یاد آتا رہے کہ کبھی بھی پانی کے طوفان سے اُس نے دُنیا کو نیست و نابود نہیں کرنا۔ جب کبھی قَوسِ قزح آسمان پر دکھائی دیتی ہے تو خدا کو زمین اور اُس کے باشندوں کو پانی کے طوفان سے نہ مارنے کا وعدہ یاد آتا ہے اور وہ بنی نوع انسان کو نیست و نابود کرنے سے باز رہتا ہے۔(4 تا 17 آیات)

یہ قوسِ قزح بنی نوع انسان کے لئے خدا کے رحم و ترس کی یاد تازہ کرتی ہے۔ تھوڑی دیر کے لئے زمین کی صورتحال پر غور کریں۔ گہرے طور پر سوچ و بچار کریں کہ کس طرح بنی نوع انسان نے خدا اور اُس کے کلام سے منہ موڑ لیا تھا۔ بہت سے لوگ ہیں جنہوں نے خدا کے خلاف بغاوت کرنے کی ٹھان لی ہے۔ بے انصافی اور بد اخلاقی ہمارے چاروں طرف زوروں پر ہے۔ یہ دُنیا جنگ و جدل، بے دینی اور خدا اور اُس کی راہوں سے نفرت اور عداوت سے بھری ہوئی ہے۔ ہم حقیقی ایمانداروں کو حق پر قائم رہنے کی وجہ سے ستائے جاتے اور ہلاک ہوتے دیکھ سکتے ہیں۔ آسمان پر قوس قزح دیکھ کر ہمیں خدا کے بڑے صبر و تحمل کی یاد آتی ہے۔ قوس قزح دیکھ کر ہمارے دل میں قدوس خدا کے صبر، محبت اور ترس کے لئے اُس کی شکر گزاری پیدا ہونی چاہئے۔ قوسِ قزح ہمیں یاد دلاتی ہے کہ اِب بھی توبہ کر کے خدا کے ساتھ اپنے تعلقات درست کرنے کا وقت باقی ہے۔

20-27 آیات ہمیں یاد دلاتی ہیں کہ نُوح مرد راستباز ہونے کی باوجود دوسرے لوگوں کی

طرح گناہ سے متاثر ہوا۔ ہم دیکھتے ہیں کہ اُس نے ایک تاکستان لگایا۔ ایک موقع پر نُوح نے اپنے ہی تاکستان سے تیار کردہ مے پی اور نشے کی حالت میں چلا گیا۔ (21) اس نشے کی حالت میں، اپنے خیمہ میں گیا اور برہنہ حالت میں وہاں لیٹ گیا۔ ایسی حالت میں کوئی بھی شخص جس نے خیمہ میں آنا تھا اُسے برہنہ حالت میں دیکھنا تھا۔ اگرچہ وہ اپنے ہوش و حواس میں نہیں تھا تو بھی ایک نازیبا حرکت کرنے کے گناہ کا مُرتکب تھا۔

اب غور کریں کہ اپنے باپ کے نشہ کی حالت میں ہونے کے تعلق سے اُس کے بیٹوں کا ردِ عمل اور روّیہ کیسا تھا۔ اُس کا بیٹا حام خیمہ میں آیا تو اُس نے اپنے باپ کو برہنہ حالت میں لیٹے ہوئے دیکھا۔ وہ یہ دیکھ کر باہر گیا اور سب کچھ اپنے بھائیوں کو بھی بتایا۔ (22 آیت) ہمیں یہ سمجھنے کی ضرورت ہے کہ حام چاہتا تو دو کام کر سکتا تھا۔ پہلا کام، وہ فی الفور اپنے باپ کی برہنگی کو ڈھانپ کر معاملہ پوشیدہ ہی رکھ سکتا تھا۔ دوسرا کام۔ وہی جو اُس نے کیا کہ باہر جا کر سب کو بتا دیا۔ یوں اُس کے باپ کی ساکھ کو نقصان پہنچا اور یوں اُسے شرمندگی کا سامنا کرنا پڑا۔

حام نے صرف یہی نہ کیا کہ اپنے باپ کو شرمندگی کی حالت میں چھوڑ کر چلا گیا بلکہ دوسروں کو بھی اس شرمناک صورتحال کے بارے میں بتایا۔

جب آپ کسی کو گناہ میں گرا ہوا دیکھتے ہیں تو کیا کرتے ہیں؟ کتنے ہی ایسے ایماندار ہیں جو اُس وقت بے رحمی کا مظاہرہ کرتے ہیں جب کوئی شخص گناہ میں گر جاتا ہے۔ کتنی ہی بار ہم حام کی طرح مسیح میں اپنے بہن بھائیوں کی ساکھ کو نقصان پہنچاتے ہیں۔

اَب سم اور یافت کے ردِ عمل پر غور کریں جب اُنہوں نے اپنے باپ کی حالت کے بارے

میں سنا۔ اُن دونوں نے ایک کپڑا لے کر اپنے کندھوں پر ڈال لیا اور پیچھے کی طرف چلتے ہوئے اپنے باپ کی برہنگی ڈھانپ دی۔ جب وہ اُلٹے پاؤں چل رہے تھے تو اِس کا مقصد یہی تھا کہ وہ اپنے باپ کی برہنگی نہ دیکھیں۔ اُنہیں اپنے باپ کی شرمندگی اور برہنگی دیکھنے میں کوئی دلچسپی نہ تھی۔ وہ نُوح کو اِس حالت میں نہیں دیکھنا چاہتے تھے۔ وہ یہی چاہتے تھے کہ یہ صورتحال کم سے کم رسوائی اور پریشانی کے گزر جائے۔ ایسا کرنے سے، اُنہوں نے اپنے باپ کی اِس ناکام صورتحال میں اپنے ترس اور باپ کے لئے عزت کا مظاہرہ کیا۔

ہمیں بھی سم اور یافت جیسا روّیہ اپنانا چاہئے۔ ہمیں بھی گرے ہوئے لوگوں کی مدد اور معاونت کو اپنی زندگی کا شیوہ اور مقصدِ حیات بنانا چاہئے۔ ہماری یہی سوچ ہونی چاہئے کہ ہمارے گرے ہوئے کمزور بہن بھائی کم سے کم رسوائی اُٹھائیں، جلدی سے اپنی ناگفتہ بہ حالت سے باہر آجائیں۔ سم اور یافت نے ہمارے لئے ایک زبردست نمونہ چھوڑا ہے۔ گرے ہوئے ایمانداروں کے ساتھ بھی عزت اور وقار کے ساتھ پیش آنا چاہئے۔

جب نوح ہوش میں آیا اور اُسے حامؔ کے کرتوت معلوم ہوئے تو وہ بہت غصہ میں آگیا۔ اُس روز اُس نے حام اور اُس کی نسل (کنعانی قوم) پر لعنت کی۔(25 آیت) وہ دن آنا تھا جب اسرائیلی قوم نے ملکِ کنعان یعنی حام کی نسل کی سرزمین پر قابض ہونا تھا۔ یشوع کی قیادت میں، خدا نے کنعانیوں پر فاتح ہو کر اپنے لوگوں کو اُن کی سرزمین پر آباد کرنا تھا۔

احبار 18 باب 2-3 آیت بیان کرتی ہیں کہ حام (کنعانی قوم) خدا سے دُور گمراہی کے اندھیروں میں بھٹکنے لگی اور گناہ آلودہ زندگی میں آگے بڑھتی رہی۔ خدا نے اپنے لوگوں کو آگاہ کیا کہ وہ حام کی نسل کی راہوں پر نہ چلیں۔

" بنی اسرائیل سے کہہ کہ میں خداوند تمہارا خدا ہوں۔ تم مُلکِ مصر کے سے کام جس میں تم رہتے تھے نہ کرنا اور ملکِ کنعان کے سے کام بھی جہاں میں تمہیں لئے جاتا ہوں نہ کرنا اور نہ اُن کی رسموں پر چلنا۔"

رہی سم اور یافت کی بات، نوُح نے اُنہیں برکت دی کیونکہ بوقت ضرورت اُنہوں نے اپنے باپ پر ترس کھا کر اُس کی شرمندگی کی حالت کو ڈھانپا تھا۔ 26 آیت میں، اُس نے سم کو بتایا کہ کنعان (حام کی نسل) کا غلام ہو گا۔ نوح نے اپنے بیٹے یافت کو بتایا کہ خدا اُس کی حدود کو بڑھائے گا۔ وہ سم کی مانند عظیم نہ ہو گا تو بھی اپنے خیموں میں بسا رہے گا۔ اِس کا معنی ہے کہ سم اور یافت کی نسلوں کے درمیان اچھے تعلقات ہوں گے۔ جبکہ حام کی نسل سم اور یافت کی نسلوں کی غلام ہو گی۔ خدا نے سم اور یافت کو عزت بخشی کیونکہ اُنہوں نے بوقت ضرورت اپنے باپ کے ساتھ اچھا سلوک کیا تھا۔

پانی کے طوفان کے بعد نوح مزید 350 برس زندہ رہا۔ اُس نے 950 برس کی عمر میں وفات پائی۔

چند غور طلب باتیں

☆۔پانی کے طوفان کے بعد زمین پر کیا تبدیلی واقع ہوئی؟ ہمارے پاس کیا ثبوت ہے کہ طوفان کے بعد بھی گناہ اِس زمین پر اپنی گرفت مضبوط کئے رہا؟

☆۔انسانی زندگی کے ساتھ عزت سے پیش آنے کے تعلق سے یہ حوالہ ہمیں کیا تعلیم دیتا ہے؟ ہم کس طرح انسانی زندگی سے عزت اور وقار کے ساتھ پیش آسکتے ہیں؟

☆۔کیا ہمیں کلیسیا میں اُن ہی لوگوں کی عزت کرنی چاہئے جو بالکل کامل ہوں؟ ہمارے لئے یہ کس قدر اہم ہے کہ ہم اپنے کمزور اور ناکامل بہن بھائیوں کے ساتھ بھی عزت سے پیش آئیں اور اُن کے ساتھ مل جل کر کام کریں؟

☆۔ناکامل ہونے اور دانستہ طور پر گنہگار اور باغیانہ روّیہ رکھنے میں کیا فرق پایا جاتا ہے؟

☆۔ قوس قزح گنہگار انسان کے لئے خدا کے فضل اور رحم کے بارے میں کیا سکھاتی ہے؟

☆۔حام، سم اور یافت کے ردِ عمل سے ہم اپنے کمزور بھائیوں اور بہنوں کے ساتھ پیش آنے کے تعلق سے کیا سیکھتے ہیں؟

چند اہم دُعائیہ نکات

☆۔خدا سے دُعا کریں کہ آپ کے معاشرے میں انسانی زندگی کی بڑی قدر پیدا ہو جائے۔

☆۔خدا سے دُعا کریں کہ وہ آپ کی مدد فرمائے کہ ہم اُن لوگوں کے ساتھ صبر و تحمل کا مظاہرہ کرتے ہوئے کام کریں جو ہمارے معیار پر پورا نہیں اُترتے۔

☆۔خداوند کی شکر گزاری کریں کہ وہ آپ کی خامیوں میں آپ کے ساتھ صبر و تحمل سے پیش آتا ہے۔

☆۔خداوند سے کہیں کہ وہ آپ پر ظاہر کرے کہ آپ کس طرح اپنے اُن بھائیوں اور بہنوں سے پیش آسکتے ہیں جو گناہ میں گر چکے ہیں۔

باب 9

نُوح سے اَبرام تک

پیدائش10:1، 11:32کا مطالعہ کریں

پیدائش 10 اور 11 باب نُوح سے ابرہام تک ایک پُل قائم کرتے ہیں، جو کہ بائبل مقدس میں نُوح کے بعد ایک اہم شخصیت ہے۔ ہم نُوح کے بیٹوں سم، حام اور یافت سے آغاز کرتے ہیں۔

یافت

10 باب میں سب سے پہلے یافت کی نسل کا بیان کیا گیا ہے۔2 آیت یافت کے سات بیٹوں کا بیان کرتی ہے۔ جُمر اور ماجوج اور مادی اور یاوان اور توبل اور مسک اور تیراس۔ 10 باب میں صرف دو بیٹوں کا ہی 3 آیت میں بیان موجود ہے۔4 آیت کے مطابق یافت کے بیٹے مختلف علاقوں میں پھیل گئے، اُنہوں نے اپنی اپنی بولیوں کو فروغ دیا۔(5 آیت)

حام

چھٹی آیت حام کے چار بیٹوں کے نام بیان کرتی ہے۔ کوش اور مِصر اور فُوط اور کنعان۔ ساتویں آیت میں کوش کی نسل کے تعلق سے جانکاری ملتی ہے۔ اُس کے بیٹے سبا اور حویلہ اور سبتہ اور رعماہ اور سبتیکہ۔ کُوش نمرُود کا باپ تھا۔(8 آیت)

نمرُود ایک زبردست سُورما اور مشہور شکاری ہوا۔(8-9 آیت) اُس نے اپنے اور اپنی نسل کے لئے ایک زبردست سلطنت قائم کی۔ اُن میں سے چند ایک مشہور مراکز جو اُس نے قائم کئے۔ بابل، ارک اور اکاد اور کلنہ ہیں۔(10 آیت) وہ اسُور کے علاقہ میں بھی گیا جہاں اُس نے نینوا، رحوبوت عیر اور کلح جیسے اہم شہروں کو تعمیر کیا۔(11-12 آیت)

یاد رہے کہ وہ قومیں جنہیں نمرُود نے پروان چڑھایا بنی اسرائیل کی دشمن ثابت ہوئی۔

حام کا آخری بیٹا کنعان ہے۔ یہ فلستی بھی خدا کے لوگوں کے بڑے جانی دُشمن ثابت ہوئے۔

حام کا آخری بیٹا کنعان، وہ حتی، یبوسیوں، اَموریوں، جرجاسیوں اور حویوں کا باپ ہوا۔ یہ کنعانیوں کا علاقہ ہی تھا جسے خدا نے بالاخر بنی اسرائیل کو دیا۔

یاد رہے، نُوح نے حام کے ردِ عمل کے باعث ہی حام پر لعنت کی تھی جب مے کے سبب سے نوح اپنے ڈیرے میں برہنہ حالت میں لیٹا ہوا تھا۔ حام کی نسل کی فہرست میں، اسرائیل کے جانی دُشمنوں کے نام دیکھنے کو ملتے ہیں۔ اُن قوموں نے بنی اسرائیل کے لئے بڑے مسائل کھڑے کر دیئے تھے۔ لیکن خدا نے اُنہیں شکست دے کر بنی اسرائیل کے ہاتھوں میں دے دیا تھا۔ حام کی نسل خدا سے منہ موڑ گئی اور اب وہ خدا کی پرستش اور عبادت بھی نہیں کرتی تھی۔

سِم

21 آیت میں نُوح کے بیٹے سِم کا ذکر موجود ہے۔ 22 آیت میں سِم کے پانچ بیٹوں کا ذکر کیا گیا ہے۔(عیلام اور اسُور اور ارفکسد اور لُود اور ارام)

23 آیت میں ارامؔ کی نسل کا بیان ہے۔24 تا30 آیت میں سم کے بیٹے ارفکسد کا خاص طور پر ذکر کیا گیا ہے۔ ارفکسد کا پوتا عبر تھا۔(24آیت) عبر کے دو بیٹے تھے۔ایک کا نام فلج اور دوسرے کا نام یقُطان تھا۔(25آیت) 26 تا29 آیت میں یقطان کی نسل کا ذکر ہے۔

ہم نے پیدائش 32:10 میں پڑھا کہ نُوح کی نسل رُوئے زمین پر پھیل گئی۔ پیدائش 11 باب ہمیں بتاتا ہے کہ یہ نسل کس طرح رُوئے زمین پر پھیلی۔

پیدائش 11 میں ہم پڑھتے ہیں کہ طوفان کے بعد رُوئے زمین پر ایک ہی بولی تھی اور وہ سنعار کے علاقہ میں بس گئے۔(2آیت) سنعار کے میدان میں نوح کی نسل نے ایک بہت بڑا شہر تعمیر کرنے کا چناؤ کیا۔اِس شہر میں اُنہوں نے ایک بُرج بنانے کا فیصلہ کیا۔ایسا بڑا بُرج کہ اُس کی چوٹی آسمان تک پہنچے۔(4آیت) پیدائش 4:11 میں اس بہت بڑے بُرج کی تعمیر کا مقصد بھی بیان کیا گیا ہے۔ اوّل۔ وہ اپنے لئے نام پیدا کرنا چاہتے تھے۔ وہ چاہتے تھے کہ لوگوں کو علم ہو کہ اُنہوں نے کیسا شاہکار تعمیر کیا ہے۔ وہ چاہتے تھے کہ لوگ دیکھ کر متاثر ہوں۔ وہ اِس لئے بھی برج بنانا چاہتے تھے تا کہ وہ رُوئے زمین پر پراگندہ نہ ہو جائیں۔ تاہم یہ بات تو غیر واضح ہے کہ کس طرح بُرج کی تعمیر سے لوگوں نے روئے زمین پر پراگندہ نہیں ہونا تھا۔ شاید اس بُرج کی مذہبی اہمیت کے سبب سے ایسا ہونا تھا۔ شاید اُنہوں نے اُسے ایک مندر کی صورت میں تعمیر کرنا تھا۔ 4 آیت بیان کرتی ہے کہ بُرج کی چوٹی آسمان تک پہنچنی تھی۔

اگر بُرج کو مندر کی صورت میں تعمیر کیا جاتا، تو لوگوں نے مذہبی طور پر وہاں پر اکٹھے ہو کر

پوجاپاٹ کرنی تھی۔ اِس سے یہ ظاہر ہوتا ہے کہ لوگ کس قدر گمراہی کا شکار ہو کر خدا سے دُور ہوتے جارہے تھے۔

جب خدا نے یہ سب کچھ دیکھا تو اُس کا قہر بھڑکا۔ طوفان نوح سے پہلے جس طرح لوگ گمراہی اور ناراستی میں زندگی بسر کررہے تھے، یہ لوگ بھی اُن سے پیچھے نہ رہے۔ اگر اُنہیں بے سزا چھوڑدیا جاتا تو ہر طرف ناراستی اور گمراہی کا دَور دَورہ ہونا تھا۔ (6 آیت) خدا نے اُن کے بُرے منصوبوں کو روکنے کا فیصلہ کرلیا۔ خدا نے تہیہ کرلیا کہ وہ اُن کی زبانوں میں اختلاف ڈالے گا۔ تاکہ وہ ایک دوسرے کی بات نہ سمجھ پائیں۔ (7 آیت)

یہ بات تو واضح نہیں کہ یہ سب کچھ کیسے ہوا۔ تاہم یہ بات واضح ہے کہ وہ لوگ ایک دوسرے کی بات سمجھنے سے قاصر رہے۔ اِس کے نتیجہ میں اُن کا کام رُک گیا۔ لوگ اپنی اپنی بولی بولنے والے لوگوں کی تلاش میں نکل کھڑے ہوئے اور یوں وہ روُئے زمین پر پراگندہ ہوگئے۔ وہ سنعار سے نکل کر دوسرے علاقوں اور خطوں میں چلے گئے۔ اُنہوں نے اپنے اپنے معاشرے اور برادریاں قائم کرلیں۔ وہ مقام جہاں پر زبانوں میں اختلاف پیدا ہوا بابل تھا۔ جس کا عبرانی زبان میں معنی ہے۔" ابتری"

اِس واقعہ سے یہ ظاہر ہوتا ہے کہ ہمارے انسانی منصوبے کس قدر ناپختہ اور عارضی ہوتے ہیں۔ دیکھتے ہی دیکھتے نوح کی نسل کے تمام منصوبے دھرے کے دھرے رہ گئے۔ خدا تاریخ کے واقعات پر اختیار اور قدرت رکھتا ہے۔ وہ انسانی مقاصد کو شکست دے کر اپنے منصوبہ کو پایہ تکمیل کرنے پر قوی اور قادر ہے۔

11 باب کے بقیہ حصہ میں ہمیں سم کی نسل سے ابرہام تک کا بیان ملتا ہے۔ جس کے لئے

خدا ایک عظیم منصوبہ رکھتا تھا۔

سم 100 برس کا تھا جب اُس کے ہاں ارفکسد پیدا ہوا۔ سم 500 برس تک زندہ رہا اور اُس کے ہاں اور بھی بیٹے اور بیٹیاں پیدا ہوئیں۔ (11 ایت) اِس کے بعد کی آیات میں سم کی نسل کے بارے معلومات درج ہیں۔ قابلِ غور بات یہ ہے کہ کس نے کس عمر میں وفات پائی۔

نام	موت کے وقت عمر
سمؔ	600
ارفکسدؔ	403
سِلحؔ	403
عبرؔ	430
فلجؔ	209
رعوؔ	207
سرُوجؔ	200
نحُورؔ	119

سم کی نسل کا عرصہ حیات حیرت انگیز حد تک آٹھ پشتوں میں 600 سے 119 برس تک محدود ہو کر رہ گیا۔ اِس سے گناہ کے اثرات اور گناہ کے سبب سے خدا کی برکت اُٹھ جانے کی نشاندہی ہوتی ہے۔

نحُورؔ کے ہاں بیٹا پیدا ہوا اور اُس نے اُس کا نام تارح رکھا۔ تارؔح سے ابرہام پیدا ہوا تارؔح

کے ہاں نحور اور حاران بھی پیدا ہوئے۔(26 آیت) تارح کے بیٹے حاران کے ہاں ایک بیٹا پیدا ہوا جس کا نام اُس نے لُوط رکھا۔(27 آیت) حاران اپنے باپ سے بھی پہلے وفات پاگیا۔(28 آیت) تارح نے اپنے پوتے لوط کی پرورش کی۔

تارح کے بیٹوں ابرام اور نحور نے بیاہ کر لئے۔ ابرہام نے ساری جبکہ نحُور نے ملکہ سے شادی کی۔(29 آیت) ابرام کی بیوی کے ہاں اولاد نہ ہوئی۔(30 آیت)

تارح اپنے بیٹے ابرام اور اُس کی بیوی سارہ اور پوتے لوط کو لے کر کسدیوں کے اُور سے روانہ ہوا۔ اُس کا ارادہ تھا کہ وہ ملکِ کنعان کی طرف سفر کرے۔ تارح اپنی منزل کو حاصل نہ کر سکا۔ بلکہ وہ اپنے کنُبے کے ساتھ حاران کے علاقہ میں رہائش پذیر ہوا اور وہیں پر 205 برس کی عمر میں وفات پائی۔

یہ دو ابواب نُوح سے ابرام تک دو خاندانوں کے بارے میں معلومات فراہم کرتے ہیں۔ خدا سم کی نسل، یعنی ابرام کے لئے ایک خاص منصوبہ رکھتا تھا۔

چند غور طلب باتیں

☆۔ حام سے کون سی بڑی بڑی قومیں پیدا ہوئیں؟ پیدائش 9 باب 24 آیت میں حام کے تعلق سے نُوح کی پیش گوئی کس طرح پوری ہوئی؟

☆۔ غور کریں ایک ہی خاندان سے ایسے لوگ بھی ہوئے جو خدا سے گمراہ ہو گئے اور دوسری طرف کچھ ایسے لوگ بھی تھے جو خدا کے طالب ہوئے۔ کیا مسیحی خاندان میں پیدا ہونا اِس بات کی ضمانت ہے کہ آپ مسیحی ہیں؟

☆۔ سنعار کے میدان میں بابل کا بُرج بنانے والوں سے خدا کیوں ناراض ہوا؟ ہمیں اپنے معاشرے کے لئے اِس سے کیا تنبیہ حاصل کرنی چاہیئے؟

☆۔ بابل کے بُرج کو تعمیر کرنے والوں کے منصوبہ کو خدا نے کس طرح شکست دی؟ کیا خدا آج بھی ہمارے منصوبوں میں مداخلت کرتا ہے؟

☆۔ معلوم ہوتا ہے کہ خدا کا ہاتھ خاص طور پر سم کی نسل پر تھا۔ خدا کا ہاتھ کس طرح آپ اور آپ کے گھرانے پر رہا ہے؟

چند اہم دُعائیہ نکات

☆۔ خداوند کی شکر گزاری کریں کہ وہ زندگی کے تمام واقعات پر اختیار اور قدرت رکھتا ہے۔

☆۔ اگر آپ صاحبِ اولاد ہیں تو کچھ دیر کے لئے دُعا کریں کہ خدا آپ کے بچوں کو برکت دے اور اُنہیں اپنے ساتھ وفادار رہنے کی توفیق عطا فرمائے۔

☆۔ ایسے وقتوں کے لئے خدا سے معافی کے طلب گار ہوں جب خدا کی فرمانبرداری اور اُس کی عزت افزائی کی بجائے، آپ اپنے نام کو عزت اور سربلندی دینے میں مصروفِ عمل رہے۔

☆۔ خداوند کی شکر گزاری کریں کہ اُس کا ہاتھ آپ اور آپ کے گھرانے پر عجیب طور سے رہا ہے۔

باب 10

ابرام مِصر کو جاتا ہے

پیدائش 12:1-20 کا مطالعہ کریں

اپنے بھائی کی وفات کے بعد، ابرام اپنے باپ تارح کے ساتھ مُلکِ کنعان روانہ ہوا۔ وہ سفر کرتے کرتے حاران پہنچے اور وہیں رہائش اختیار کرلی۔ ابرہام نے اپنے باپ تارح کی وفات تک وہیں قیام کیا۔ (پیدائش 11:31-32)

تارح کی وفات کے بعد خدا نے ابرام اور اُس کے گھرانے کو حکم دیا کہ وہ حاران سے روانہ ہوں۔ ہمیں یہ تو علم نہیں کہ ابرام حاران میں کتنا عرصہ قیام پذیر رہا۔ یہ حقیقت کے خدا نے اُسے اپنے ناطے داروں کو چھوڑ کر چلے جانے کے لئے کہا، یہ واضح کرتی ہے کہ وہ لوگ جو کسدیوں کے اُور سے ابرہام کے ساتھ آئے تھے حاران ہی میں رہ گئے۔ مثال کے طور پر ابرہام کا بھائی نحور اپنے گھرانے کے ساتھ حاران ہی میں رہائش پذیر رہا۔ یوں اپنے رشتہ داروں سے جدا ہونا ابرہام اور ساری کے لئے آسان نہ تھا۔ وہ صرف اُس ملک کو ہی نہیں چھوڑ رہے تھے جہاں پر وہ آباد ہو گئے تھے بلکہ اپنے خاندانوں اور کنبے سے بھی الگ ہو رہے تھے۔

قابلِ غور بات یہ بھی ہے کہ خدا نے ابرام کو یہ نہ بتایا کہ اُس نے کس مُلک میں جانا ہے۔ جب ابرہام نے سفر شروع کیا تو پھر خدا نے اُس پر واضح کیا کہ اُسے کہاں جانا ہے۔

تاہم شروع میں ابرہام کو ایمان سے قدم اُٹھاتے ہوئے سفر کے لئے تیار ہونا پڑا۔ اپنی زندگی میں، کئی دفعہ مجھے کچھ بھی کرنے کے لئے پوری تفصیل دیکھنے کی ضرورت ہوتی ہے۔ ہماری انسانی فطرت جاننا چاہتی ہے کہ ہم کہاں جارہے ہیں۔ ہم جاننا چاہتے ہیں کہ یہ سب کچھ کیسے اور کیوں کر ہوگا۔ خدا نے شروع میں ابرام کو اپنے منصوبے کی ساری تفصیلات فراہم نہ کیں۔ درحقیقت، خدا نے ابرہام پر شروع میں صرف وہی باتیں ظاہر کیں جو اُس کے لئے جاننا ضروری تھیں۔ ابرہام کو خدا کی فرمانبرداری کرتے ہوئے خدا پر توکل کرنا تھا کہ وہ اُس کی رہنمائی کرے گا۔

اگرچہ خدا نے ابرہام پر اپنے منصوبے کی ساری تفصیلات ظاہر نہیں کرتا۔ تاہم وہ یہ ظاہر کرتا ہے کہ فرمانبرداری اُس کے لئے باعثِ برکت ہوگی۔ 2 آیت میں، خدا نے ابرہام اور اُس کی بیوی ساری سے وعدہ کیا کہ وہ اُنہیں ایک بڑی قوم بنائے گا۔ خدا نے صرف ابرہام اور ساریؔ کی اولاد کو ہی برکت نہ دی بلکہ وہ اُن سب کو بھی برکت اور عزت بخشتا ہے جو اُن کے لئے برکت چاہتے ہیں۔ خدا کی لعنت اُن پر آٹھہرتی ہے جو اُن کی تحقیر کرتے ہیں۔ خدا نے اُن سے یہ وعدہ بھی کیا کہ اُن کے وسیلہ سے دُنیا کی سب قومیں برکت پائیں گی۔

(3 آیت)

جب ابرہام اور ساریؔ نے خدا کے اِس تین رُخی وعدہ کو سنا ہوگا تو اُن کی ذہنی اور دلی کیفیت کیسی ہوگی۔ ہم اُس کیفیت کو محسوس تو نہیں کرسکتے تاہم ذہنی طور پر جان سکتے ہیں کہ وہ کس قدر خوش اور شادمان ہوئے ہوں گے۔ وہ عام سے لوگ تھے۔ خدا نے اُنہیں کیوں کر اس طرح عزت بخشی؟ ابرہام نے تو خود کو کسی بھی طور سے بطور ایک جنگجو یا راہنما

دوسروں سے منفرد اور مختلف نہیں سمجھا تھا۔ جبکہ ساری بے اولاد تھی۔ خدا کس طرح اُنہیں استعمال کر سکتا تھا؟ خدا نے اُنہیں کیوں کر چنا؟

خدا جس طور سے چاہتا ہے اپنے لوگوں کو استعمال کرتا ہے۔ اُس کا چناؤ ہماری کسی لیاقت یا قابلیت کی بنا پر نہیں ہوتا۔ اُس نے ساؤل کو چن لیا جو کلیسیا کا ستانے والا تھا۔ اُس نے یوناہ کو چن لیا جو کہ خدا کی بلاہٹ سے دُور بھاگنا چاہتا تھا۔ اُس نے مُوسیٰ کو چن لیا جس نے خدا کو بتایا کہ وہ اُس کے لئے کارآمد اور مفید شخص نہیں ہو گا۔ تاہم جب خدا کسی کو چُن لیتا اور بلاتا ہے تو اُسے اپنی خدمت اور بلاہٹ کے مطابق تیار بھی کرتا ہے۔ خدا نے پولس رسول، مُوسیٰ اور یوناہ کی طرح ابرہام کو بھی تیار کیا

خدا کی فرمانبرداری کرتے ہوئے 75 برس کی عمر میں ابرام، اپنی اہلیہ محترمہ اور بھتیجے لوط کے ہمراہ حاران سے روانہ ہوا۔ (4 آیت) ابرہام، ساری اور لوط اپنے سارے مال و متاع اور نوکر چاکروں کے ساتھ ملکِ کنعان کی طرف روانہ ہوئے۔

ہمیں یہ تو نہیں بتایا گیا کہ اُنہوں نے ملکِ کنعان جانے کا چناؤ کیوں کر کیا۔ تاہم، یہ بات ہمارے علم میں ہے کہ ابرہام کا باپ تارح اپنی وفات سے پہلے ملکِ کنعان جانے کا ارادہ رکھتا تھا۔(پیدائش 31:11)

خدا قدم بہ قدم ابرہام کی سفر میں رہنمائی کر رہا تھا۔ ابرہام سفر کرتا ہوا سکم تک آیا۔ وہاں ایک درخت کے نیچے خدا پھر سے اُس پر ظاہر ہوا۔ (6،7 آیت) خدا نے ابرہام کو بتایا کہ جس زمین پر وہ سفر کر رہا ہے، وہ اُس کی نسل کو دے گا۔ یہ بات ابرہام کے فہم و ادراک سے باہر تھی کیونکہ کنعانی تو پہلے ہی اُس زمین پر آباد تھے۔ تاہم ابرہام نے خدا کے ارادے

اور مقصد پر کوئی سوال نہ اُٹھایا۔ اُس نے ایک مذبح بنا کر خداوند کی تمجید کی اور اُس کے حضور قربانی گزرانی جس نے ظاہر ہو کر اُس کے ساتھ وعدہ کیا تھا۔ اگرچہ خدا سکم میں ابرہام پر ظاہر ہوا تھا، تاہم یہ اُس کا منصوبہ نہیں تھا کہ ابرہام سکم میں ہی ٹھہرا رہے۔ ہمارے سیکھنے کے لئے یہاں پر ایک سبق ہے۔ کئی دفعہ خدا زندگی کے کسی ایک حصہ میں ہمیں برکت دیتا ہے، پھر ہم اُس سے آگے نہیں بڑھنا چاہتے بلکہ وہیں آرام و سکون محسوس کرتے ہیں۔ ہو سکتا ہے کہ خدا نے آپ کو ایک کامیاب منسٹری عطا کی ہے، ہو سکتا ہے کہ خدا نے اپنی ذاتِ اقدس کے تعلق سے آپ پر کچھ ظاہر کیا ہے، ہمارے لئے یہ بڑی آزمائش ہوتی ہے کہ ہم وہاں سے آگے جانے کے لئے تیار نہیں ہوتے۔ خدا نے سکم کے مقام پر ابرہام کو برکت تو دی، تاہم اُسے یہ ہدایت نہ کی کہ وہ سکم میں ہی ٹھہرا رہے۔ ہم اپنی اپنی برکت اور خوشحالی میں مگن ہو کر خدا کی آواز سننے سے قاصر ہو جاتے ہیں، ایسا کہ آگے بڑھنے کے لئے خدا کی آواز سننے پر بھی توجہ نہیں دیتے۔

سکم سے ابرہام نے مشرق کی طرف ایک پہاڑی ملک کی جانب سفر کیا۔ اُس نے وہاں بیت ایل کے مقام پر خیمہ لگایا۔ (8 آیت) وہاں ایک بار پھر ابرہام نے خدا کے لئے مذبح بنایا۔ اس سے ہمیں ابرہام کے تعلق سے کچھ جاننے کو ملتا ہے۔ وہ خدا کے تعلق سے بڑا احساس تھا۔ اُس کا دل شکر گزاری اور اُس کی تعریف و تمجید سے بھرا ہوا تھا۔

ابرہام سکم میں ہی ٹھہرا نہ رہا بلکہ خدا نے جنوب کی سمت جانے میں اُس کی رہنمائی کی۔ (9 آیت) اِس سفر میں ابرام کے لئے سب کچھ ٹھیک نہ رہا۔ دورانِ سفر، ملک میں بہت بڑا قحط پڑ گیا۔ 10 آیت ہمیں بتاتی ہے کہ یہ قحط سالی اس قدر شدید تھی کہ ابرام کو ملکِ مصر

میں پناہ لینا پڑی۔ یہ بیان کرنا مشکل ہے کہ اُن دنوں ابرہام کی سوچ کیا تھی۔ خدا نے تو ابرہام سے برکت کا وعدہ کیا تھا، لیکن یہ کیا؟ برکت کی بجائے قحط سالی۔ اپنے گلہ کے لئے چارہ ڈھونڈنا بھی مشکل ہو گیا تھا۔ وہ برکت کہاں تھی جس کا وعدہ خدا نے ابرام سے کیا تھا؟ جب ہم خدا کی تابعداری میں زندگی بسر کرتے ہیں، تو ہماری زندگی میں ابتری اور پریشانی کا دَور بھی آجاتا ہے۔ بعض اوقات دُشمن ہماری راہوں میں کانٹے بچھاتا ہے۔ بعض اوقات خدا بھی آزمائشوں اور امتحانوں کو ہماری زندگی میں آنے دیتا ہے تاکہ ہمیں تیار کرے۔ ابرہام کس طرح اس قحط سالی میں زندہ رہا۔ یہاں پر ایسی کوئی وضاحت نہیں کہ ابرہام نے خدا سے دُعا کی اور اُس کی راہنمائی کا طالب ہوا کہ وہ کہاں جائے۔ کیا ضرورت کی اُس گھڑی خدا واقعی چاہتا تھا کہ ابرام مدد کے لئے ملکِ مصر جائے؟ ہمیں اس بات کا یقینی طور پر کوئی علم نہیں ہے۔

13-11 آیت بتاتی ہے کہ ابرام پر یہ آزمائش آئی کہ وہ حالات و واقعات کو اپنے ہاتھ میں لے۔ جب وہ مُلکِ مصر پہنچے تو ابرام کو ڈر تھا کہ جب مصری اُس کی خوبصورت بیوی کو دیکھیں گے، تو اُسے مار ڈالیں گے تاکہ ساری اُن کی ہو کر رہ جائے،(12 آیت) اُس نے اپنی جان بچانے کے لئے اپنی شناخت چھپانے میں ہی بہتری محسوس کی۔ اُس نے ساریؔ سے کہا کہ تو کہہ دینا کہ میں اُس کی بہن ہے۔ اِس کی وجہ یہ تھی کہ ابرام کی بہن ساری کے سبب سے اُنہوں نے ابرہام کے ساتھ اچھا برتاؤ کرنا تھا۔ اس صورتحال میں ابرہام نے اپنی حکمت پر بھروسہ کیا نہ کہ خدا پر توکل۔ ابرام کامل انسان نہیں تھا۔ ہمیں خداوند پر توکل اور بھروسے کے تعلق سے کچھ اہم اسباق سیکھنے کی ضرورت ہے۔

جب مصریوں نے دیکھا کہ ساری ایک خوبصورت عورت ہے تو اُنہوں نے فرعون کے سامنے اُس کی تعریف کی۔ وہ اُسے ابرہام سے لے کر فرعون کے محل میں لے گئے۔ (15 آیت)

یہاں پر ابرہام کے تعلق سے کچھ اور بھی قابلِ غور ہے۔ ابرام خود غرض انسان تھا۔ ملکِ مصر میں داخل ہونے کا مقصد اپنے مال و متاع کو محفوظ رکھنا تھا۔ اُسے اپنی جان کی فکر تھی۔ اُسے اس بات کی بالکل فکر نہ تھی کہ اگر فرعونؔ نے ساری کو اپنی حرم کے طور پر رکھ لیا تو پھر کیا ہو گا۔ یہاں پر خدا کو ابرام کی زندگی میں کام کرنا پڑا۔ ابرام کو خدا پر توکل اور بھروسہ کرنے کی ضرورت تھی۔ اِس کے ساتھ اسے اپنی خودی کے اعتبار سے مرنے اور اپنے خود غرض روّیہ کو ترک کرنے کی بھی ضرورت تھی۔

فرعون تو یہی سمجھا کہ ساری ابرام کی بہن ہے اور اس وجہ سے وہ ابرام کے ساتھ مہر سے پیش آیا ارہام کو بھیڑیں، مویشی، گدھے اور گدھیوں سے بھی نوازا گیا۔ ابرام کے ہاں نوکر چاکر، اونٹ اور بہت سی دولت بھی ہو گئی۔ اس بڑے دھوکہ کے سبب سے وہ بڑا ہی مالدار ہو گیا۔ (16 آیت)

ایک طرف ابرام مالدار ہو رہا تھا تو دوسری طرف خدا مصریوں پر لعنت کر رہا تھا۔ خدا نے فرعون اور اس کے گھرانے پر ساری کے سبب سے وبائیں نازل کیں۔ (17 آیت) ابرام تو ساری کی حفاظت کرنے سے قاصر رہا لیکن خدا نے ساری کو بچایا۔ خدا نے اُسے مصر کے فرعون کے ہاتھوں میں نہ رہنے دیا۔ وہ ابرام اور اُس کی بیوی ساری کے لئے ایک منصوبہ رکھتا تھا۔ اُس نے وعدہ کیا تھا کہ وہ اُنہیں ایک بڑی قوم بنائے گا۔ اگر ساری فرعون کی حرم

بن جاتی تو ایسا ہونا ممکن نہیں تھا۔

جو کچھ فرعون اور اُس کے گھرانے کے ساتھ ہوا، وہ اُس پر غور وخوص کر رہا تھا، تو اُسے احساس ہوا کہ ساری کو بطور حرم لینے سے یہ سب کچھ اُس پر واقع ہوا ہے۔ اُسی کے سبب سے اُس کے گھرانے پر لعنت آئی ہے۔ جلد ہی اُسے معلوم ہو گیا کہ ابرہام اور ساری رشتہ ازدواج میں بندھے ہوئے تھے۔ اس تعلق سے فرعون نے ابرام کو ڈانٹا۔ ساری واپس ابرام کو دیتے ہوئے، اُسے کہا کہ وہ اُس کے مُلک سے چلا جائے۔ (19-20)

ہم صرف تصور ہی کر سکتے ہیں کہ اِن واقعات کے دوران ساری اور ابرام کے ساتھ کیا واقع ہوا۔ ابرام کے اس روّیہ پر ساریؔ نے کیسا محسوس کیا ہو گا کہ اُس نے اپنی جان بچانے کے لئے اُسے دوسرے مَرد کے ہاتھ میں دے دیا۔ اِس بے راہ روی کے باوجود، خدا نے ابرام اور ساری دونوں کو بچالیا۔ خدا نے ملکِ مصر میں اُنہیں اہم اسباق سکھانے کے لئے اُس وقت کو استعمال کیا۔ خدا اُن کی زندگیوں کے لئے بہت اچھا منصوبہ رکھتا تھا۔ جب تک وہ مقصد پورا نہ ہو گیا، خدا نے اُنہیں محفوظ رکھا۔ اگرچہ ابرہام کامل شخص تھا تو بھی وہ مردِ خدا تھا جسے خدا نے اپنے مقصد کی انجام دہی کے لئے اس دُنیا سے الگ کر لیا تھا۔

چند غور طلب باتیں

☆۔جب ہمارے پاس ساری تفصیلات نہ ہوں، اُس وقت بھی ایمان سے قدم اُٹھانے کے تعلق سے ہم کیا سیکھتے ہیں؟ کیا کبھی ایسا ہوا کہ آپ نے اِس وجہ سے قدم اُٹھانے سے انکار کیا کیونکہ آپ کے پاس ساری تفصیل نہ تھی؟ کوئی ایک مثال دیں۔

☆۔آپ کے خیال میں خدا نے ابرام کو برکت دینے کا چناؤ کیوں کر کیا؟ کیا ممکن ہے کہ ہم اپنی برکت کے سبب سے اتنے محو و مگن ہو جائیں کہ ہم تابعداری کرنے میں ناکام ہو جائیں۔

☆۔کیا آپ کے سمجھتے ہیں کہ ملکِ مصر جانے میں ابرام کا فیصلہ درست تھا، کیوں یا کیوں نہیں؟

☆۔اپنی زندگی میں کون سی خرابیاں ابرام کو دُور کرنے کی ضرورت تھی؟ خدا نے آپ کی شخصی زندگی پر کون سی کمزوریاں ظاہر کیں ہیں جنہیں دُور کرنے کی ضرورت ہے؟

☆۔یہاں پر ہم اس تعلق سے کیا سیکھتے ہیں کہ خدا ہمیں سکھانے اور ہماری تربیت کے لئے ہمارے حالات و واقعات کو بھی استعمال کرتا ہے؟ آپ کے خیال میں ابرام اور ساری نے ملکِ مصر میں کیا سیکھا؟

چند اہم دُعائیہ نکات

☆۔خداوند سے اس وقت بھی تابعداری کرنے کی توفیق اور فضل چاہیں جب آپ کو یہ علم نہ ہو کہ آگے کیا نتیجہ نکلے گا۔

☆۔خداوند کی شکر گزاری کریں کہ ہماری کمزوریوں اور خطاؤں کے باوجود اُس نے ہمیں چن لیا تاکہ برکت دے۔

☆۔خداوند سے دُعا کریں کہ وہ شخصی کمزوریوں اور خطاؤں کو ہم پر واضح کرے۔

☆۔خداوند سے دُعا کریں کہ وہ آپ کے آنکھیں کھول دے تاکہ آپ جان پائیں کہ طرح طرح کے حالات و واقعات میں وہ آپ کو کیا سکھانا چاہتا ہے۔

باب 11

اَبرام اور لُوط میں علیحدگی

پیدائش 13:1-18 کا مطالعہ کریں

ابرام اور ساری مصر میں تھے جہاں پر ساری کو فرعون کی حرم ہونے کے لئے لے لیا گیا تھا۔ خدا نے اُس وقت ساری کی مدد کی اور فرعون کا گھرانہ لعنت کے نیچے آگیا۔ جب فرعون کو علم ہوا کہ ساری ابرام کی بیوی ہے، اُس نے اُسے واپس ابرام کو دے کر اُنہیں اپنا مُلک چھوڑ کر چلے جانے کے لئے کہا۔

مِصر میں قیام کے دوران ابرام کو بہت سے تحائف فرعون کی طرف سے ملے۔ جب ابرام ملکِ مصر سے اپنی بیوی اور بھتیجے کے ہمراہ روانہ ہوا تو سب کچھ اپنے ساتھ لے کر گیا تھا۔ (1 آیت) پیدائش 13 باب کی دوسری آیت ہمیں بتاتی ہے کہ ابرام کے پاس بہت زیادہ مال مویشی اور سونا چاندی ہو گیا۔

ملکِ مصر سے ابرام اور اُس کے گھرانے نے، مشرقی پہاڑ سے ہوتے ہوئے بیت ایل کی طرف سفر کیا۔ (پیدائش 12:8-11) بیت ایل میں اُس نے ایک مذبح بنا کر خداوند سے دُعا کی۔ (4 آیت) اُس نے دھوکہ دہی سے فرعون سے بہت سامال و متاع اکٹھا کر لیا تھا۔ اُس نے اپنی اہلیہ محترمہ کو فرعون کے ہاں بطور حرم رہنے کی اجازت دے کر اُس کی رسوائی کی تھی۔ یہاں بیت ایل میں ایک بار پھر اُس نے خدا سے دُعا کی۔ خدا اپنے طریقہ

سے ہمیں راہ راست پر لانے کی قدرت رکھتا ہے۔ ابرام کو خدا نے اپنی راہ پر آگے چلنے نہ دیا۔ بلکہ اُسے راہ راست پر لے آیا۔

5-6 آیت پر غور کریں تو پتہ چلتا ہے کہ ابرام اور لُوط کے پاس اس قدر مال و دولت اور مال مویشی ہو گیا کہ وہ جگہ اُن کے لئے تھوڑی پڑ گئی۔ ابرام اور لُوط کے چرواہے آپس میں لڑائی جھگڑا کرنے لگے۔ (7 آیت) اُس وقت کنعانی بھی اُس ملک میں آباد تھے۔ جانوروں کے چرنے کے لئے وہ جگہ کافی نہ تھی۔

اس مسئلہ کے لئے کچھ کرنے کی ضرورت تھی۔ 8 آیت بتاتی ہے کہ ابرام نے لُوط کے ساتھ اِس مسئلہ پر بات چیت کی۔

" تب ابرام نے لُوط سے کہا کہ میرے اور تیرے درمیان اور میرے چرواہوں اور تیرے چرواہوں کے درمیان جھگڑا نہ ہوا کرے کیونکہ ہم بھائی ہیں۔"

ابرام نے 9 آیت میں لوط کو تجویز پیش کی کہ وہ ایک دوسرے سے جدا ہو جائیں۔

" کیا یہ سارا ملک تیرے سامنے نہیں ؟ سو تو مجھ سے الگ ہو جا۔ اگر تو بائیں جائے تو میں دہنے جاؤں گا اور اگر تو دہنے جائے تو میں بائیں جاؤں گا۔"

ایسا کہنے سے ابرہام نے اِس بات کو سمجھا کہ اب وقت ہے کہ لُوط کو آزادانہ زندگی بسر کرنے کا موقع دیا جائے۔ اب سے، ابرام اور لُوط نے اکٹھے نہیں رہنا تھا۔ اب اُن کی راہیں جدا ہونی تھیں۔ اُنہوں نے ایک دوسرے سے الگ ہو کر زندگی بسر کرنی تھی۔

لُوط کو آزاد ہونے کا یہ خیال بہت ہی اچھا لگا۔ 10 آیت بتاتی ہے کہ اُس نے یردن کے میدانوں پر نظر دوڑائی۔ یہ ایک سیراب سرزمین اور باغ کی مانند تھی۔ لوط کو وہ جگہ پسند

آئی اور اُس نے اپنے لئے اس کا چناؤ کر لیا۔(11 آیت) لُوط اور ابرآم ایک دوسرے سے جدا ہو گئے۔ لوط اپنا مال مویشی لے کر یردن کے میدان میں چلا گیا۔

اگرچہ یردن کی سر زمین زرخیز تھی تاہم یہاں پر بہت بدکار لوگ رہتے تھے۔ لوط نے سدُوم میں اپنا خیمہ لگایا۔(12 آیت)اِس جگہ کے لوگ نہایت بدکار تھے، 13 آیت کے مطابق اُن کی بدی اور ناراستی بے حد تھی۔ لازمی بات ہے کہ لُوط کو اس علاقے کی گناہ آلودہ حالت کے بارے میں جانکاری ہو گی۔ اس جگہ کا چناؤ کرتے ہوئے وہ خداوند سے دُور ہو رہا تھا۔ سدُوم میں رہنے کا چناؤ کرنے سے لوط اپنے گھرانے کو ایک بدکار ماحول میں لے آیا۔ اُنہیں اپنے اس غلط فیصلے کا خمیازہ بھگتنا پڑا۔

یہ کس قدر اہم ہے کہ روحانی معاملات پر غور و فکر کر کے کوئی فیصلہ کیا جائے۔ ہمارے لئے لوط کی طرح فیصلہ کرنا کس قدر آسان ہوتا ہے۔ اس کی دلچسپی تو اپنے گھرانے کی خوشحالی تھی نہ اُن کی روحانی افزائش اور خدا کے ساتھ چلنے کے تعلق سے لُوط کو کوئی فکر تھی۔

ان واقعات کے بعد، خداوند ایک بار پھر ابرام سے ہمکلام ہوا۔(14 آیت) خداوند نے اُسے کہا کہ وہ اپنی آنکھیں اُٹھا کر مشرق، مغرب، شمال اور جنوب کی طرف دیکھے۔ "اور لُوط کے جدا ہو جانے کے بعد، خداوند نے ابرام سے کہا کہ اپنی آنکھ اُٹھا اور جس جگہ تو ہے وہاں سے شمال اور جوب اور مشرق اور مغرب کی طرف نظر دوڑا۔"

خدا نے اُسے 15 آیت میں بتایا۔ " کیونکہ یہ تمام ملک جو تو دیکھ رہا ہے میں تجھ کو اور تیری نسل کو ہمیشہ کے لئے دوں گا۔ "

لُوط نے بظاہر اچھی نظر آنے والی چیز کو اپنے لئے قبول کر لیا لیکن اُس میں خدا کی مرضی شامل نہیں تھی۔ ابرام پر خدا کی برکت تھی، یہی وجہ ہے کہ وہ آگے بڑھا اور لُوط سے منفرد ٹھہرا۔

16 آیت میں، خدا نے وعدہ کیا کہ وہ اُس کی نسل کو زمین کے ذروں کی مانند بڑھائے گا۔ ایسا کہ کوئی اسے شمار نہ کر سکے گا۔ خدا نے ابرام کو دعوت دی کہ وہ ملک کے طول و عرض میں سفر کرے کیونکہ یہ سرزمین اب اُس کی ملکیت ہو گی۔ (17 آیت)

ابرام تو وہ دن نہ دیکھ سکا جب وہ سرزمین اُس کی نسل کو دی گئی لیکن اُیمان سے اُس نے آنے والے وقت کو دیکھا۔ خدا کے وعدہ کے تعلق سے ابرام کے ردِ عمل کو دیکھیں۔ 18 آیت میں، وہ حبرون سے روانہ ہوا جہاں اُس نے خداوند کے لئے مذبح بنایا تھا۔ اُس نے خدا کے اِس وعدہ کی شکر گزاری کے لئے ایسا کیا تھا۔

لوط اور ابرام کی علیحدگی بڑی معنی خیز ہے۔ خدا اَبرام اور اُس کے گھرانے کو برکت دینا چاہتا تھا۔ لوط کا فیصلہ اُسے مختلف سمت میں لے گیا۔ خدا نے لوط کو ابرام کے گھرانے سے الگ کر دیا تاکہ اُس کے منصوبے میں کوئی رکاوٹ پیدا نہ ہو۔ کچھ ایسی چیزیں بھی ہوتی ہیں جن سے خدا کو ہمیں الگ کرنا پڑتا ہے تاکہ اُس کا مقصد اور منصوبہ ہماری زندگی میں پورا ہو سکے۔

ابرام کو ایسے مقام پر لایا گیا جہاں پر خدا نے اُس کی زندگی میں اپنے مقصد کو منکشف کرنا تھا۔ اُس کی بیوی کو فرعون سے ابرام کے پاس واپس آنا تھا۔ اسے ملکِ مصر سے نکلنا تھا تاکہ وعدہ کی سرزمین پر چلا جائے۔ لُوط اور اُس کے نوکر چاکروں کو ابرام سے جدا ہونا تھا۔ خدا

ابرام کی زندگی میں کام کر رہا تھا۔ خدا ابرام کو ہر ایک رکاوٹ سے الگ کر رہا تھا جو اُس کے مقصد کی راہ میں حائل ہو سکتی تھی۔ اگر ہم اپنے دلوں کو خدا کے لئے کھولیں، اُس کے طالب ہوں اور اُس کے مقصد اور منصوبے کو قبول کر لیں تو خدا ہماری زندگی میں بھی ایسا ہی کرے گا۔

چند غور طلب باتیں

☆۔ ابرام کی زندگی میں کون سی رکاوٹ تھی جو خدا کے منصوبے کی راہ میں حائل ہو رہی تھی؟ آپ کی زندگی میں کون سی رکاوٹ ہے جو خدا کے منصوبے کی راہ میں حائل ہو رہی ہے؟

☆۔ خدا نے کس طرح ابرام کو اپنے منصوبے سے ہم آہنگ کیا؟

☆۔ لُوط نے یردن کی ترائی میں رہنے کا چناؤ کیا، اور اِس بات پر بالکل توجہ نہ دی کہ وہاں پر روحانی ماحول کیسا ہے۔ یہ کس قدر اہم ہے کہ ہم جو فیصلہ جات کریں، اُن میں اس بات کا بھی خیال رکھا جائے کہ روحانی طور پر اِس کے کیا اثرات و نتائج ہوں گے؟ ماضی میں آپ کے فیصلہ جات سے آپ کی اور آپ کے گھرانے کی روحانی زندگی پر کیا اثرات مرتب ہوئے؟

چند اہم دُعائیہ نکات

☆۔ خداوند کی شکر گزاری کریں کہ جب ہم گمراہی کی راہ پر چلے جاتے ہیں تو وہ بخوشی

ہمیں واپس لے آتا ہے۔

☆۔ خداوند سے دُعا کریں کہ وہ کسی بھی ایسی رکاوٹ کو آپ کی زندگی پر آشکارا کرے جو اُس کے منصوبے میں رکاوٹ بن رہی ہے۔ خداوند سے اس رکاوٹ کے ختم ہونے کے لئے دُعا بھی کریں۔

☆۔ خداوند سے دُعا کریں کہ آپ اپنے ہر ایک فیصلے میں روحانی اثرات ونتائج پر بھی غور کر سکیں۔

باب 12

آبرام میدانِ جنگ میں

پیدائش 14:1 - 24 کا مطالعہ کریں

14 باب کے آغاز ہی میں آبرام کی دُنیا میں سیاسی صورتحال کی جھلک بھی دیکھنے کو ملتی ہے۔ کس طرح بادشاہوں نے اپنے دشمنوں کے خلاف اپنے آپ کو مضبوط اور مستحکم کرنے کے لئے گٹھ جوڑ کیا ہوا تھا۔ ہم۔ برعؔ اور عمورہ ؔکے بادشاہ برشعؔ اور ادمہ کے بادشاہ سنی اب اور ضبوئیم کے بادشاہ شمیبر اور بالع یعنی ضغر کے بادشاہ کے بارے میں پڑھتے ہیں۔

(2 آیت)

بارہ برس تک سدُوم، عمورہ، ادمہ ضبوئیم اور بالع کی قومیں کدلاعمر کے ماتحت تھیں۔ بالاخر تیرا برس بعد اُنہوں نے گٹھ جوڑ کر کے اربابِ اختیار کے خلاف بغاوت کر دی۔ شاید اِسی وجہ سے کدرلاعمر نے بھی دیگر ملکوں کے ساتھ ایک اتحاد قائم کر لیا۔

3 آیت ہمیں بتاتی ہے کہ سدُوم، عمورہ، ادمہ، ضبوئیم، بالع کی فوجیں زبرست تھیں اور وہ کدلاعمر سے جنگ کے لئے تیار ہوئیں۔

5 تا 7 آیات سے ہمیں معلوم ہوتا ہے کہ اُن عسکری قوتوں نے اموریوں اور عمالیقیوں کو شکست دے دی تھی۔ جب سدُوم کے بادشاہ اور چار دیگر قوموں نے کدلاعمر اور اُس کی فوجوں کے خلاف بغاوت کی تو وہ ایک بہت بڑا خطرہ مول لے رہے تھے۔

جب لڑائی ہوئی تو سُدوم اور عمورہ کے بادشاہ کدرلاعمر کی بہت بڑی فوج کے آگے شکست کھا گئے اور وہ سدیم کی وادی میں بھاگ گئے۔(10 آیت) یہ وادی گڑھوں سے بھری ہوئی تھی۔ جب وہ وادی میں سے بھاگ رہے تھے۔ اُن کے کچھ لوگ اُن گڑھوں میں گر گئے۔ کچھ لوگ اردگرد کی پہاڑیوں پر بھاگ گئے۔ اُن کے پاس کدرلاعمر کی زبردست فوج پر غالب آنے کا کوئی موقع نہیں تھا۔

کدرلاعمر اور اُس کے لوگوں نے سُدوم اور عمورہ کے شہروں کو لوٹا اور اُن کی کھانے پینے کی چیزیں بھی لے لیں۔(11 آیت) کدِرلاعمر کی فوجیں مالِ غنیمت لے کر چلی گئیں۔

وہ لوگ جو سدُوم سے بچ نکلے، ابرام کے پاس بھاگ گئے اور جو کچھ ہوا اُسے بتایا۔

(13 آیت) جب ابرام کو یہ سب کچھ معلوم ہوا تو اُس نے اپنے بھتیجے کی مدد کرنے کے لئے وہ سب کچھ کیا جو وہ کر سکتا تھا۔ اُس نے اپنے 318 آدمیوں کو بلا کر کدِرلاعمر کا پیچھا کیا(14 آیت) رات کے وقت ابرام نے اپنے 318 آدمیوں کو تقسیم کر کے حملہ کر دیا۔ خدا نے ابرام کو فتح بخشی اور وہ اُس کے سامنے سے بھاگے۔(15 آیت) ابرام نے لُوط کو چھڑا لیا اور لوٹ سے لی گئی چیزیں واپس کر دیں۔(16 آیت)

غور کریں کہ اُس روز ابرام نے کیا کیا۔ سدُوم کی ناراستی اور بدکاری پر غور کریں۔ 13:13 ہمیں بتاتی ہے کہ سدُوم کے مرد بہت بدکار لوگ تھے اور وہ خداوند کے خلاف گناہ اور ناراستی کے کام کرتے تھے۔ جو کچھ اُن کے ساتھ ہوا، وہ ایک طرح سے خدا کی عدالت کا حصہ بھی تھا۔ یہاں پر لوط کے اس فیصلے پر غور کریں کہ اُس نے اپنے گھرانے کو لے کر یہاں پر قیام کا فیصلہ کیا۔ لوط کا فیصلہ راستی کا فیصلہ نہیں تھا اور اُس میں خدا کا کوئی عمل دخل

نہیں تھا۔ ابرام یہ بھی کہہ سکتا تھا۔" لوط نے غلط فیصلہ کیا تھا، اُس کے ساتھ جو ہوا بالکل ٹھیک ہی ہوا ہے۔" لیکن اُس نے ایسا بالکل نہ کہا۔

کچھ عرصہ پہلے میں نے ایک نوجوان شادی شدہ مسیحی لڑکی کے تعلق سے ایک واقعہ سنا جس نے گھر آکر سب کو بتادیا کہ وہ حاملہ ہے۔ گھر والوں کا ردِ عمل بہت شدید تھا اور اُنہوں نے کہا کہ ایک مسیحی گھرانے میں اُس کے لئے اِس حالت میں کوئی جگہ نہیں ہے۔ برسوں سے بیٹی کے ساتھ قائم رشتہ داغدار ہو چکا تھا۔ ابرام نے بھی لوط کو سدوم میں رہنے کا غلط فیصلہ کرتے ہوئے دیکھا تھا۔ لوط ایک گھمبیر صورتحال میں پھنس گیا۔ کیونکہ اُس نے غلط فیصلہ کیا تھا۔ جب ہم اپنے اردگرد لوگوں کو اپنے غلط فیصلوں کی بنا پر کسی مصیبت کا شکار دیکھتے ہیں تو اُس وقت ہمارا روّیہ اور ردِ عمل کیسا ہوتا ہے؟

ابرام کا طرزِ عمل بتاتا ہے کہ بطور مسیحی ہمیں کیا کرنا چاہئے۔ ابرام نے اپنے 318 نوجوانوں کو لے کر ہر طرح کا خطرہ مول لیا اور اپنے بھتیجے لوط کو واپس لے آیا۔ متی 12:18 میں خداوند یسوع نے 100 بھیڑوں کی کہانی سنائی جس میں ایک بھیڑ اپنے گلہ سے جدا ہو جاتی ہے۔ غور سے سنیں کہ یسوع نے اپنے شاگردوں کو چرواہے کے ردِ عمل کے بارے میں کیا بتایا۔

"تم کیا سمجھتے ہو؟ اگر کسی آدمی کی سو بھیڑیں ہوں اور اُن میں سے ایک بھٹک جائے تو کیا وہ ننانوے کو چھوڑ کر اور پہاڑوں پر جا کر اُس بھٹکی ہوئی کو نہ ڈھونڈے گا؟ "

اُس روز ابرام نے لوط کو بچانے کے لئے سب کچھ داؤ پر لگا دیا۔ یہ ایسا وقت نہیں تھا کہ ابرہام اِس طرح کی باتیں کرنے لگ جاتا۔" میں نے تو تمہیں سمجھایا تھا" یہ عدالت کرنے

یا مجرم ٹھہرانے کا وقت نہیں تھا۔ لوط مصیبت میں تھا اور ابرام کو اُس کی مدد کرنے کے لئے وہ سب کچھ کرنا تھا جو وہ کر سکتا تھا۔ ایک زبردست اور تجربہ کار فوج کے سامنے ابرام کے پاس صرف 318 لوگ تھے۔ لیکن ابرام نے کچھ نہ کرنے کی بہ نسبت کچھ کرتے ہوئے مرنے یا جان دینے کو ترجیح دی۔ کیا آپ کا کوئی عزیز گمراہی کی حالت میں چلا گیا ہے؟ ہمارے سامنے ابرام کی زندہ مثال ہے کہ کس طرح ہم نے کھوئے ہوؤں کے پیچھے جانا ہے۔ ابرام کو اُس وقت تک چین نہ آیا جب تک اُس نے اپنے بھتیجے کو چھڑانے کے لئے جو وہ کر سکتا تھا کر نہ لیا۔ خدا نے ابرام کی اِس کاوش کو برکت دی اور ابرام فاتح لوٹا۔ جب کدرلاعمر کو شکست دینے کے بعد ابرام واپس لوٹ رہا تھا تو اُس کی ملاقات سدُوم کے بادشاہ سے ہوئی۔ (17 آیت) اِس کے علاوہ وہ ملکِ صدق سے بھی ملا جو کہ سالم کا بادشاہ تھا۔ (18 آیت) آئیں ملکِ صدق اور ابرام کے درمیان ہونے والی گفتگو پر غور کریں۔

ملکِ صدق سالم کا بادشاہ تھا۔ بہت سے مفسرین یہ کہتے ہیں کہ یہ لفظ یروشلیم کا مخفف ہے۔ جو کہ اُس وقت خدا کے لوگوں کی ملکیت نہیں تھا۔ غور کریں، 18 آیت میں، ملکِ صدق صرف بادشاہ ہی نہیں تھا بلکہ وہ خدا کا ایک کاہن بھی تھا۔ یہ کہنا تو مشکل ہے کہ ملکِ صدق خدا کے بارے میں کس قدر فہم و ادراک رکھتا تھا اور کس طرح وہ بطور کاہن خدمت سر انجام دے رہا تھا۔ اِس سے یہ بات بھی ظاہر ہوتی ہے کہ خدا صرف ابرام کی زندگی میں ہی نہیں بلکہ دیگر مقامات پر بھی اپنے مقصد کو منکشف کرنے کے لئے کام کر رہا تھا۔

جب ملکِ صدق ابرام سے ملا تو وہ اُس کے لئے روٹی اور مے لے کر آیا۔ امکانِ غالب ہے

کہ ابرام اور اُس کے آدمی بہت تھکے ہوئے تھے، بلاشبہ اُنہیں بھوک بھی لگی ہوئی تھی۔ غور کریں کہ ملکِ صدق نے ابرام کو حق تعالی کے نام سے برکت بھی دی۔ جو کہ آسمان اور زمین کا خالق ہے۔ (19 آیت) اُس نے ابرام کے خدا کی تمجید کی جس نے اُسے دُشمن پر ایسی زبردست فتح بخشی تھی۔ (20 آیت) ابرام نے ملکِ صدق کی مہمان نوازی پر ردِ عمل ظاہر کرتے ہوئے ملکِ صدق کو ہر اُس چیز کا دسواں حصہ دیا جو اُس کے پاس تھی۔ ملکِ صدق اُس کا ہم ایمان تھا اور یہ تحفہ یا ہدیہ اُس کی مہمان نوازی اور اُس کے برکت چاہنے پر اظہارِ تشکر تھا۔

دوسرا شخص جس سے ابرام کی ملاقات ہوئی وہ سدُوم کا بادشاہ تھا۔ اُس نے ابرام سے کہا کہ وہ اُس کے لوگ واپس کر دے اور سارا مالِ غنیمت اپنے اور اپنے لوگوں کے لئے لے لے۔ (21 آیت) ابرام نے کوئی بھی چیز لینے سے انکار کر دیا کیونکہ اُس نے خداوند خدا سے لڑائی میں جانے سے قبل عہد کیا تھا۔ (22 آیت) ابرام نے خدا سے عہد کیا کہ وہ سدُوم سے کوئی چیز بھی نہیں لے گا۔ کہیں ایسا نہ ہو کہ وہ کہیں کہ اُن کی وجہ سے ابرام دولتمند ہو گیا ہے۔ (23 آیت)

ہم یہ سوچنے پر مجبور ہو جاتے ہیں کہ ابرہام نے ملکِ مصر میں وقت گزارتے ہوئے دھوکے سے فرعون سے تحائف لے کر جو غلطی کی تھی، آیا وہ اُس سے سب سیکھ چکا تھا۔ (16-11:12) ابرام یہی چاہتا تھا کہ خدا ہی اُس کی برکت کا منبع ہو۔ وہ چاہتا تھا کہ سبھی جان لیں کہ جو کچھ اُس کے پاس ہے، اُسے اپنی کاوشوں سے نہیں ملا بلکہ اُس کی زندگی پر خدا کے ہاتھ کے سبب سے ہے۔ اس طرح سے، خدا کو عزت اور جلال ملا۔ ابرام نے سب

کچھ سدُوم کے بادشاہ کو واپس کر دیا۔ سوائے وہ کھانا جو ابرام کے آدمیوں نے کھالیا تھا۔

(24 آیت)

چند غور طلب باتیں

☆۔ لوط کے یرغمال ہو کر جانے پر ابرام کا ردِ عمل کیسا تھا؟ اِس سے گناہ میں گرے ہوئے لوگوں سے کیسا روّیہ اپنانے کا سبق حاصل ہوتا ہے؟

☆۔ ابرام نے لوط کے پیچھے جانے پر کیسا خطرہ مول لیا تھا؟ آج آپ کس کے لئے کیسا خطرہ مول لینے کے لئے تیار ہیں؟

☆۔ لوط کو چھڑانے میں ابرام کا دلی محرک کیا تھا؟ کیا وہ اپنے لئے کوئی منافع یا فائدہ حاصل کرنا چاہتا تھا؟ ☆۔ ابرام نے عہد کیا تھا کہ وہ سدُوم سے کچھ بھی فائدہ نہیں لے گا، ایسا نہ ہو کہ لوگ کہیں وہ وہاں سے کچھ لینے کے سبب سے مالدار ہو گیا ہے۔ خدا نے کس طرح آپ کے لئے سب کچھ مہیا کیا ہے؟ اگرچہ سب کچھ خدا کی طرف سے آتا ہے، کیا لوگوں کے لئے ممکن ہے کہ وہ اِس سے بھی زیادہ لے لیں جس قدر خدا اُنہیں دینا چاہتا ہے؟

چند اہم دُعائیہ نکات

☆۔ خداوند کی شکر گزاری کریں کہ اُس نے آپ کی بحالی اور نجات کے لئے اپنی جان قربان کر دی۔ ☆۔ خداوند سے توفیق چاہیں کہ آپ اپنے مفاد سے بالاتر ہو کر اُس پر توکل اور بھروسہ کرنا سیکھ جائیں۔

باب 13

خُدا کا ابرآم سے عہد

پیدائش 15:1-21 کا مطالعہ کریں

ابرآم نے اپنے بھتیجے لُوط کو بادشاہ کدرلاعمر کے ہاتھوں سے بچا لیا ہے۔ جب ابرآم نے 318 آدمیوں کے ساتھ چار بادشاہوں کے گٹھ جوڑ کو شکست دی ہو گی تو اِس کے بعد ابرام نے کیسا محسوس کیا ہو گا، اِس تعلق سے ہم حیرت زدہ ہو سکتے ہیں۔ ہو سکتا ہے کہ بعد میں وہ بھی محوِ حیرت اِس سوچ میں پڑ گیا ہو کہ یہ سب کچھ کیسے اور کیوں کر ممکن ہو گیا۔ ہو سکتا ہے کہ وہ سوچتا ہو کہ اب اِس کا کیا انجام ہو گا۔ کیا یہ طاقتور فوجیں پھر سے اُس کے خلاف نبرد آزما ہوں گی؟ کیا وہ اِس شرمناک شکست کا بدلہ لینے کے لئے پھر سے واپس لوٹیں گی؟ ہم یقینی طور پر تو کچھ نہیں کہہ سکتے کہ اس وقت ابرام کیا سوچ رہا ہو گا۔ لیکن ایک بات ہم یقینی طور پر کہہ سکتے ہیں کہ اُس وقت ابرام کی حوصلہ افزائی کے لئے خدا ابرام پر ایک رویا میں ظاہر ہوا۔ "اور اُس نے فرمایا اَے ابرآم تو مت ڈر۔ میں تیری سپر اور تیرا بہت بڑا اجر ہوں۔" (آیت 1)

اِن باتوں سے ابرآم کی کیسی حوصلہ افزائی ہوئی ہو گی۔ تاہم ایک بات تھی جو ابرام کے لئے پریشانی کا باعث تھی۔ ابرام اور ساری ابھی تک بے اولاد تھے۔ برکت دینے کے لئے خدا کے وعدہ کا خیال ابرام کو آیا۔ لیکن پھر وہ اِس سوچ میں پڑ گیا اِس برکت کا کیا فائدہ ہو گا۔

اُس کے رحلت فرما جانے کے بعد کون اُس کی برکت کا وارث ہو گا؟ اِس کا کوئی فرزند نہیں تھا جس کو وہ بہت بڑی میراث دے سکتا۔ (2 آیت) اُس کی میراث کا وارث تو اُس کے ایک نوکر کو ہونا تھا جس کا نام دمشقی الیعزر تھا۔ (2-3 آیات)

اُس روز، خدا نے ابرام کو یقین دہانی کرائی کہ دمشقی الیعزر اُس کی میراث کا وارث نہ ہو گا۔ خدا نے اُسے بتایا کہ اُس کے ہاں بیٹا ہو گا، اور وہی ساری وعدہ شدہ برکات کا وارث ہو گا۔

(4 آیت) خدا ابرام کو باہر لے گیا اور اُسے کہا کہ وہ آسمان کی طرف نظر کرے اور آسمان کے ستاروں کا شمار کرے۔ یہ بہت مشکل کام تھا۔ پھر خدا نے ابرام کو بتایا کہ اُس کی نسل آسمان کے ستاروں کی مانند ہو گی۔ وہ بے شمار ہو گی۔ (5 آیت) یہ بے اولاد شخص کے لئے ایک بہت بڑا اور حیرت انگیز وعدہ تھا۔ ابرام کی زندگی میں خدا کی آواز سُن کر ایمان متحرک ہوا اور وہ خدا پر ایمان لے آیا۔ جب خدا ابرام پر ایمان لایا تو خدا یہ دیکھ کر خوش ہوا۔ (6 آیت)

7ویں آیت پر غور کریں، خدا نے کہا کہ اُس کی نسل کا اپنا ایک مُلک ہو گا۔ اِس وقت تو ابرام ایک اجنبی ملک میں رہتا تھا۔ لیکن ایک دن آنا تھا جب اُس کی نسل نے اُس مُلک کا وارث ہو جانا تھا جس پر وہ چلا پھرا تھا۔

اُس کی نسل ایک ملک کی وارث ہو گی، اس بات کا تصور کرنا بھی ابرام کے لئے مشکل تھا۔ 8 آیت میں، اُس نے کہا۔ " اَے خداوند! میں کیوں کر جانوں کہ میں اس کا وارث ہوں گا؟"

گزشتہ واقعات کی روشنی میں یہ سوال بڑا حیرت انگیز ہے۔ ابرام نے چار بادشاہوں کے گٹھ

جوڑسے بنی فوج کو شکست دی تھی اور وہ بھی صرف 318 آدمیوں کے وسیلہ سے۔ تاہم اِس وعدہ کی تکمیل کے لئے اُسے خدا کی طرف سے ایک تصدیق نامے کی ضرورت تھی کہ اُس کی نسل واقعی ایک ملک کی وارث ہو گی۔

ابرام کو دیکھ کر مجھے بہت حیرت ہوتی ہے، کہ ایک مردِ خدا، بھی تو ایک انسان ہی ہوتا ہے جسے خدا کے وعدہ کے وقوع پذیر ہونے کے سارے عمل کو سمجھنے میں دشواری محسوس ہوتی ہے۔ بطور انسان، ہماری عقل و فہم محدود ہے۔ ہم کسی طور پر بھی خدا کے فہم و ادراک تک رسائی حاصل نہیں کر سکتے۔ یہی وہ مقام ہوتا ہے جہاں پر ایمان کام کرنا شروع کرتا ہے۔ ہم خدا کو سمجھنے سے قاصر ہیں، لیکن اُس کے کلام کو سمجھنے کے لئے ضروری نہیں کہ ہم پہلے خدا کو سمجھیں۔ جب ہمیں کچھ بھی سمجھ نہ آئے، اُس وقت بھی ہم ایمان سے قدم اُٹھا سکتے ہیں۔ یہی بات ایمانداروں کو دُنیاداروں سے الگ اور منفرد کرتی ہے۔ ایماندار لوگوں کو ہر بات سمجھنے کی ضرورت پیش نہیں آتی۔ وہ خدا کے کلام پر توکل کرتے ہوئے اُسے قبول کر لیتے ہیں۔

خدا نے اِس بات کی قطعاً کوئی وضاحت نہ کی کہ وہ کس طرح اِس وعدہ کو پایہ تکمیل تک پہنچائے گا۔ اِس کی بجائے، خدا نے اُسے کچھ ایسا کرنے کے لئے کہا جو ہمارے لئے بہت ہی عجیب کام ہے۔ 9 آیت میں، خدا نے ابرام سے کہا کہ وہ ایک بچھیا، ایک بکری اور ایک برّہ لے کر آئے، یہ سب جانور تین سالہ ہوں، اُسے ایک کبوتر اور ایک قمری بھی لے کر آنا تھی۔ ابرام نے تابعداری کرتے ہوئے وہ سب جانور اور پرندے خدا کے حضور پیش کر دئے۔

خدا نے ابرام کو ہدایت دی کہ وہ جانوروں کو دو حصوں میں کاٹ ڈالے۔ اور ہر جانور کا آدھا حصہ اُس کے سامنے رکھے۔ تاہم ابرام نے پرندوں کو دو حصوں میں نہ کاٹا۔ طلوعِ آفتاب تک وہ ذبح شدہ جانور اور پرندے جُوں کے تُوں پڑے رہے۔ ہوا کے پرندے گوشت کھانے کے لئے اُن ذبح شدہ جانوروں پر منڈلاتے رہے، تاہم ابرام اُنہیں دُور ہنکاتا رہا۔(11 آیت)

طلوعِ آفتاب کے وقت تک ابرام تھک چکا تھا اور اُسے اب بہت زیادہ نیند بھی آنا شروع ہو گئی تھی۔ جب وہ سو گیا، " ایک گہری تاریکی اُس پر چھا گئی " ہمیں یہ تو نہیں بتایا گیا کہ وہ گہری تاریکی کیا تھی۔ لیکن اِس تاریکی کے چھا جانے کے بعد ہی خدا ابرام سے ہم کلام ہوا۔ ایک دن موسیٰ نے خدا سے کہا کہ وہ اسے اپنا جلال دکھائے۔(خروج 18:33) خدا نے کہا کہ کوئی اُس کا چہرہ دیکھ کر زندہ نہیں رہ سکتا۔ خدا نے موسیٰ کو ایک چٹان میں چھپا دیا، اور اپنے ہاتھ سے اُس کا چہرہ ڈھانپ دیا اور خدا اُس کے پاس سے گزر گیا۔ اور موسیٰ خدا کے چہرہ کو دیکھ نہ سکا کیونکہ خدا نے اُس کا چہرہ اپنے ہاتھ سے ڈھانپا ہوا تھا۔ موسیٰ نے خدا کے جلال میں سے تھوڑا سا ہی دیکھا۔(خروج 33:18-21) ممکن ہے کہ یہ تاریکی خدا کے جلال کو اُس وقت چھپانے کے لئے آئی ہو جب خدا اُس دن ابرام سے اپنے وعدہ کی تصدیق کے لئے نیچے اُتر آیا تھا۔

جب ابرام سویا ہوا تھا تو خدا اُس سے ہمکلام ہوا۔ خدا نے اُس پر ظاہر کیا کہ اُس کا اور اُس کے بعد اُس کی نسل کا مستقبل کیسا ہو گا۔ خدا نے اُسے بتایا کہ اُس کی نسل ایک اجنبی ملک میں رہے گی۔(13 آیت) وہ دن آئے گا جب وہ غلاموں کے طور پر رہیں گے اور اُن کے

ساتھ بد سلوکی کی جائے گی۔ چار سو برس تک وہ غلامی اور بد سلوکی کی حالت میں رہیں گے۔ اِس پیش گوئی کی تکمیل اُس وقت ہوئی جب یوسف کے عہدِ حکومت میں بنی اسرائیل ملکِ مصر میں گئے۔ وہ چار سو برس تک مُلک مصر میں غلام رہے۔

خدا نے ابرام کو بتایا کہ چار سو برس کے بعد، وہ اُس قوم (مصری) کو سزا دے گا جو بنی اسرائیل کو غلام بنائیں گے۔ اور پھر ابرام کی نسل غلامی کی حالت سے باہر نکال لی جائے گی۔ خدا نے یہ بھی وعدہ کیا کہ جب وہ اُس مُلک سے نکلیں گے، تو بہت سامال و متاع لے کر نکلیں گے۔ خروج کی کتاب بیان کرتی ہے کہ کس طرح اسرائیلیوں نے ملکِ مصر سے نکلتے وقت مصریوں کو لوٹ لیا۔ (خروج 3:22)

ابرام نے عمر رسیدہ ہو کر اَمن و اطمینان سے وفات پائی (15 آیت) اور ملکِ مصر میں اس ساری پریشانی اور ابتری کو نہ دیکھا۔

خدا نے ابرام کو بتایا کہ چار پشتوں کے بعد اُس کی نسل اس ملکِ کنعان میں واپس لوٹ آئے گی جہاں پر وہ اِس وقت آباد ہے۔ یہ بات بھی قابلِ غور ہے کہ خدا نے ابرام کو بتایا کہ ابھی تک اموریوں کے گناہ اب تک پورے نہیں ہوئے۔ تاہم وہ دن آنا تھا جب خدا نے اُن کے گناہوں کو برداشت نہیں کرنا تھا اور اُن کی عدالت کر کے اُن کا مُلک ابرام کی نسل کو دے دینا تھا۔

اُس رات جب سورج غروب ہو چکا تھا اور گہری تاریکی چھا گئی تھی ابرام نے ایک جلتی ہوئی مشعل دیکھی، جو جانوروں کی لاشوں کے درمیان سے ہو کر گزری۔ (17 آیت) جب ایسا ہوا تو ابرام نے خدا کی آواز سنی جس میں اُس نے ابرام سے وعدہ کیا کہ وہ دریائے نیل سے

لے کر دریائے فرات تک کی سرزمین اُس کی نسل کو دے گا۔

ہمارے لئے جانوروں کی لاشوں کے درمیان ظاہر ہونے والی جلتی ہوئی مشعل اور تنور کو سمجھنا ضروری ہے۔ وہ جانور جو اُس دن ابرام لے کر آیا، اُنہیں مرنا تھا۔ اُن کی لاشوں کو دو حصوں میں تقسیم کر دیا گیا اور اُن کے ٹکڑے ایک دوسرے کے آمنے سامنے رکھے گئے۔ خدا کی حضوری جلتی ہوئی مشعل کی صورت میں ظاہر ہوئی۔ جب خدا اُن لاشوں کے درمیان کھڑا تھا، تو خدا اپنی ہی قسم کھا کر عہد کر رہا تھا کہ وہ اُس وعدہ کو ضرور پورا کرے گا۔ درحقیقت، وہ ابرام سے یہ کہہ رہا تھا، " اگر میں اِس وعدہ کو پورا نہ کروں جو میں نے آج کے دن تیرے ساتھ کیا ہے تو میں بھی اِن لاشوں کی طرح کاٹ ڈالا جاؤں۔ "

خدا نے ابرام کو مستقبل کی ایک جھلک دکھائی۔ اُس نے اُسے دکھایا کہ اگرچہ یہ وعدہ اُس کی حیات میں پورا نہ ہو گا، تو بھی یہ وعدہ ضرور ہی پورا ہو گا۔ ابرام کے خاندان میں پہلے حالات ناسازگار اور نامساعد ہوں گے لیکن خدا اُس کی نسل کو رہائی بخشے گا اور جو وعدہ ابرام سے کیا گیا ہے وہ پورا ہو گا۔ ملکِ مصر میں بنی اسرائیل کی اسیری بہت عرصہ پہلے پیش گوئی کے طور پر بتا دی گئی تھی۔ یہ سب خدا کے منصوبے کا حصہ تھا۔ کبھی بھی اُمید کا دامن ہاتھ سے نہ چھوڑیں۔ ہو سکتا ہے کہ ابھی آپ کی زندگی کے حالات و واقعات ناخوشگوار ہوں، لیکن آپ کی زندگی میں خدا کا مقصد اور ارادہ ضرور ہی پورا ہو گا۔

چند غور طلب باتیں

☆۔ کیا ابرام اِس بات کو سمجھتا تھا کہ کس طرح خدا اپنے وعدہ کو پورا کرے گا؟ کیا ہم خدا کی راہوں کو سمجھ سکتے ہیں؟

☆۔ اِس باب میں ابرام کی زندگی میں ایمان نے کیا کردار ادا کیا؟

☆۔ اس حوالہ میں ہم اس تعلق سے کیا سیکھتے ہیں کہ خدا اپنے وعدہ کو بہت ہی سنجیدہ لیتا ہے؟

☆۔ کیا آج آپ خدا پر توکل اور بھروسہ کر سکتے ہیں؟ جب کچھ سمجھ نہ آرہا ہو کہ خدا کیا اور کیسے کرے گا، کیا آپ اُس وقت بھی ایمان سے قدم اُٹھانے کے لئے تیار ہوں گے؟

☆۔ کیا آپ کو کبھی اِس بات پر حیرت ہوتی ہے کہ خدا برکت کا وعدہ کرتا ہے تو حالات و واقعات منفی اور ناخوشگوار ہو جاتے ہیں؟ خدا کے وعدوں کے تعلق سے ہم اس باب میں کیا سیکھتے ہیں؟

چند اہم دُعائیہ نکات

☆۔ خداوند کی شکرگزاری کریں کہ اُس کی راہیں ہماری راہوں سے بلند و بالا ہیں۔ خواہ ہم اُنہیں سمجھ بھی نہ پائیں، وہ ہمارے وہم و گمان سے بھی کہیں زیادہ کرنے کی قدرت رکھتا ہے۔

☆۔ خداوند سے اپنے ایمان کی بڑھوتی اور ترقی کے لئے کہیں تاکہ آپ اُس پر اعتماد اور اُس کے وعدوں پر بھروسہ کر سکیں۔

☆۔ خداوند کی شکرگزاری کریں کہ اِس دُنیا کی آزمائشیں اور مشکلات کبھی بھی اُس کے وعدوں کی تکمیل میں آڑے نہیں آسکتیں۔ اور وہ وفاداری سے اپنے وعدوں کو ہماری زندگی میں پورا کرے گا۔

باب14

حاجرہ اور اِسماعیل

پیدائش16:1-16کا مطالعہ کریں

گزشتہ باب میں ہم نے دیکھا کہ خدا نے ابرام سے وعدہ کیا کہ اُس کی نسل آسمان کے ستاروں کی مانند بے شمار ہو گی۔ وہ اپنی میراث اپنے فرزند کے لئے چھوڑ جائے گا۔ وقت گزرتا گیا لیکن سارہ بارآور نہ ہو سکی۔ ابرام کی عمر اب تک 85 یا86 برس کی ہو چکی تھی (پیدائش16:16) ابھی اِس وقت کی تکمیل میں مزید چودہ یا پندرہ برس درکار تھے۔ (پیدائش17:17)

اَولاد نہ ہونے کا غم اور پریشانی ساری کے لئے بہت تکلیف دہ تھی کیونکہ وہ اِس صورت میں شرمندگی اور خدا کی طرف سے ترک شدہ محسوس کرتی تھی۔ اگرچہ ابرام خدا کے وعدہ پر ایمان لے آیا تھا کہ وہ اُسے بیٹا عطا کرے گا۔ تاہم ساری اس بات پر ایمان لانے میں بڑی کشمکش کا شکار تھی کہ جس لعنت کے نیچے وہ زندگی بسر کر رہی ہے، آیا کبھی اُس کی زندگی سے ختم ہو پائے گی۔ اُس نے اُمید کا دامن ہاتھ سے چھوڑ دیا تھا۔

ساری کی ایک مصری لونڈی تھی جس کا نام حاجرہ تھا۔ ساری نے فیصلہ کیا کہ وہ اپنی لونڈی ابرام کو دے گی تا کہ وہ اُس کی بیوی بنے اور اُس سے اولاد پیدا ہو۔ اس کا یہی ارادہ تھا کہ اُس نوکرانی سے ابرام کے اولاد پیدا ہو۔ اُس لونڈی کے ہاں پیدا ہونے والی اَولاد نے

ساری کی اولاد ہونا تھا، اُسی نے قانونی طور پر اُس خاندان کی میراث کا حقدار بھی ٹھہرنا تھا۔ یہی اُس دَور کی روایت اور دستور تھا۔

2 آیت پر غور کریں، ساری نے اپنے بانجھ پن کے لئے خدا پر الزام لگایا، اُس نے محسوس کیا کہ خدا نے اُس سے مُنہ موڑ لیا ہے۔ اُس کا یہ ایمان تھا کہ ابرام کے لئے وارث کی ضرورت کا دارومدار اُسی (ساؔری) پر ہے۔ اُس نے سارے معاملات کو اپنے ہاتھوں میں لیا۔ اُس نے خدا کے وعدہ کی تکمیل کا انتظار نہ کیا۔ ابرام بھی ساری کی اِس تجویز پر متفق ہو گیا۔

مصر سے لَوٹنے کے دس برس بعد، ابراؔم نے ساریؔ کی لونڈی حاجرؔہ کو لیا اور اُس کے ساتھ ازدواجی تعلق پیدا کیا۔ (3 آیت) اس تعلق کے نتیجہ میں حاجرہ حاملہ ہو گئی۔

4 آیت بتاتی ہے کہ جب حاجرہ نے معلوم کیا کہ وہ اُمید سے ہے تو اُس نے اپنی مالکن ساری کو ناچیز جاننا شروع کر دیا۔ دونوں خواتین میں حسد کی ایک سرد جنگ شروع ہو گئی۔ اب حاجرہ اپنے آپ کو ایک لونڈی نہیں سمجھتی تھی۔ اب وہ ساری کی طرح ابرام کی بیوی بن چکی تھی۔ اب وہ ابرام کو ایک وارث دے رہی تھی۔ یہ ایسا کام تھا جو ساری ابرام کے لئے نہ کر سکی۔ اس لئے حاجرہ اپنے آپ کو ساری سے بھی افضل جاننے لگی تھی۔ ساری اور حاجرہ کے درمیان یہ کھچاؤ اور تناؤ اس قدر شدت اختیار کر گیا کہ ایک دن ساری ابرام کے پاس گئی اور غصے سے پھٹ پڑی اور کہا،

" جو ظلم مجھ پر ہوا وہ تیری گردن پر ہے۔ میں نے اپنی لونڈی تیری آغوش میں دی اور اب جو اُس نے آپ کو حاملہ دیکھا تو میں اُس کی نظروں میں حقیر ہو گئی۔ سو خداوند میرے

اور تیرے درمیان انصاف کرے"۔(5 آیت)

اُس کے جواب میں ابرام نے حاجرہ ساری کے ہاتھوں میں دے دی کہ وہ جیسا چاہے اُس کے ساتھ سلوک کرے۔ ابرام کی طرف سے اجازت ملتے ہی ساری نے اپنی لونڈی حاجرہ کے ساتھ بدسلوکی کرنا شروع کر دی۔ ساری کا حاجرہ سے سلوک اتنا بُرا اور دِلخراش تھا کہ حاجرہ نے ابرام کے گھر سے بھاگ جانے کو ہی غنیمت سمجھا۔

غور کریں کہ یہاں پر کیا ہو رہا ہے۔ ساری خدا کے وعدہ پر ایمان نہ لائی۔ اُس نے معاملات اپنے ہاتھوں میں لے لئے تو حالات پہلے سے بھی بدتر ہو گئے۔ پہلے سے زیادہ پریشانی اور دُکھ پیدا ہو گیا۔ وہ غصے اور تلخی سے بھر گئی۔ دوسری طرف حاجرہ کو بھی وہ گھر چھوڑ کر بھاگ جانے میں ہی سلامتی نظر آئی۔ ابرام حاجرہ سے ہونے والی بدسلوکی پر خاموش تماشائی ہونے کے سوا کچھ نہ کر سکا۔ ساری کی مایوسی، پریشانی اور ایمان کی کمی میں ابرام اُس کا ساتھ نہ دے سکا۔ یہ خاندان ایک کشمکش اور تناؤ سے گزر رہا تھا۔ تاہم یہی وہ گھرانہ تھا جسے خدا نے برکت دینے کے لئے چنا تھا۔

اب توجہ حاجرہ پر ہی مرکوز رہتی ہے۔ 7 آیت میں، ہم حاجرہ کو صحرا میں دیکھتے ہیں، وہ یہاں پر بے منزل اور بے ٹھکانہ نظر آتی ہے۔ اُس کے ہاں بچے کی پیدائش ہونے والی تھی۔ وہ محسوس کر رہی تھی کہ اُس کے خاندان اور حتیٰ کہ خدا نے بھی اُسے چھوڑ دیا ہے۔ وہ ایک چشمہ کے پاس بیٹھ گئی، کیونکہ اسے معلوم نہیں تھا کہ کہاں جائے۔ وہ سوچ رہی تھی کہ نہ جانے اب اُس کے ساتھ اور اُس کے بچے کے ساتھ کیا واقع ہو گا۔

اسی صحرا میں خدا حاجرہ سے ملا۔ اُس نے پوچھا کہ وہ کہاں سے آئی اور کہاں کو جاتی ہے۔

حاجرہ نے اُسے بتایا کہ وہ ساری کے ہاں سے بھاگ آئی ہے۔(8 آیت)
خدا کے فرشتہ نے اُسے کہا کہ وہ اپنی مالکن کے پاس واپس جا کر اُس کے تابع ہو جائے۔ (9 آیت) یہ بات حاجرہ کے لئے آسان تو نہ تھی۔ ساری کے ہاں واپس جانے میں اُسے بڑی پریشانی لاحق ہوئی۔ اس صورت میں اُسے اپنی اور اپنے بچے کی زندگی خطرے میں نظر آنے لگی۔

بعض اوقات خدا ہمیں بہت مشکل کام کرنے کے لئے بھی کہہ دیتا ہے۔ اگرچہ ایسے کام مشکل تو ہوتے ہیں لیکن اُن میں ایک مقصد پنہاں ہوتا ہے۔ حاجرہ کو تسلی اور اطمینان دینے کے لئے خدا کے فرشتہ نے اُس سے کئی ایک وعدے بھی کئے۔(10-12 آیات)
10 آیت میں، اُس نے وعدہ کیا کہ وہ اُس کی نسل کو بے شمار حد تک بڑھائے گا۔ حاجرہ یہودن نہیں تھی۔ وہ ایک مصری لونڈی تھی۔ تو بھی خدا نے اُسے برکت دینے کا چناؤ کیا۔
11 آیت میں خدا کے فرشتہ نے حاجرہ کو بتایا کہ اُس کے ہاں بیٹا پیدا ہوگا۔ وہ اُس کا نام اسماعیل رکھے۔ جس کا معنی ہے۔" خدا سنتا ہے" اِس کا مطلب یہ تھا کہ وہ یاد رکھے کہ خدا نے مصیبت کی گھڑی میں اُس کی فریاد پر کان لگایا تھا۔

حاجرہ کے ہاں پیدا ہونے والا بیٹا ایک گورخر کی طرح آزاد مرد ہوگا۔ وہ ہر کسی سے جنگ کرے گا اور اُس کے بہت سے دُشمن ہوں گے۔ وہ اپنے بھائیوں کے ساتھ مخالفت میں رہے گا۔(12 آیت) اس صورت میں، اسماعیل کے بھائی ابرام کی نسل سے پیدا ہونے والے بچے ہی ہوں گے جو ساری کے پیدا ہوں گے۔ کیا حاجرہ کو اِس سے اطمینان حاصل ہوا ہوگا کہ اُس کا بیٹا ساری کی اولاد کے لئے مسائل اور مشکلات کھڑی کرے گا۔ حاجرہ کو

ابرام کے خداوند خدا سے ملاقات کا شرف حاصل ہوا تو اُس کی زندگی یکسر بدل گئی۔ مصری عورت ہونے کے سبب سے اُس کا اپنا ایک ایمان اور عقیدہ تھا۔ لیکن ابرام کے خدا کے ساتھ ملاقات اُس کے لئے ایک بڑا خاص لمحہ تھا۔ اُس نے اس کا ایک نام رکھا۔" وہ خدا جو مجھے دیکھتا ہے۔"(13 آیت) پانی کا وہ چشمہ جہاں پر وہ خداوند سے ملی بیر لحی روئی ہے جس کا لفظی معنی ہے۔" زندہ خدا کا چشمہ جو مجھے دیکھتا ہے۔"

خدا کے کلام کی تابعداری کرتے ہوئے، حاجرہ ساری کے پاس واپس لوٹ آئی۔ اُس کے ہاں بیٹا ہوا، اُس نے اس کا نام اسماعیل رکھا۔ جیسا کہ خداوند نے اسے پہلے سے بتا دیا تھا۔

(15 آیت) جب حاجرہ کے ہاں اسماعیل پیدا ہوا تو اس وقت ابرام کی عمر چھیاسی برس کی ہو چکی تھی۔(16 آیت)

اسماعیل کو خدا نے برکت دی لیکن یہ وہ بیٹا نہیں تھا جس کے تعلق سے خدا نے ابرام سے وعدہ کیا تھا۔ وہ فرزند ابھی اِس دُنیا میں آنا تھا۔

چند غور طلب باتیں

☆۔ خدا کے وقت کے تعلق سے ہم یہاں پر کیا سیکھتے ہیں؟ کیا خدا ہمارے ٹائم ٹیبل کے مطابق کام کرتا ہے؟

☆۔ خدا پر توکل اور بھروسہ کرنے اور اُس کے وقت کا انتظار کرنے کی بجائے، کیا کبھی آپ پر یہ آزمائش آئی کہ آپ معاملات اپنے ہاتھوں لے لیں؟ وضاحت کریں۔

☆۔ جب حاجرہ اور ساری کے درمیان ایک کھچاؤ اور تناؤ شروع ہو گیا تو اُس وقت ابرام کے گھرانے کی کیا صورتحال تھی؟ بطور ایک روحانی قائد ابرام کا ردِ عمل کیا تھا؟ اُس نے کیسا ردِ عمل ظاہر کیا؟

☆۔ آپ کو اس حقیقت سے کیا تسلی ملتی ہے کہ خدا حاجرہ کو صحرا میں دیکھ کر اُس کے پاس آیا اور اُس کی ضرورت کی گھڑی میں اُس کو تسلی بخشی؟

☆۔ خدا نے حاجرہ کو واپس لوٹ جانے کے لئے کہا جو کہ ایک مشکل صورتحال تھی۔ وہ واپس لوٹنے اور اُس کے تحفظ اور سلامتی کے لئے خدا پر بھروسہ کرنے کے لئے آمادہ ہوئی۔ جو کچھ خدا آپ کو کرنے کے لئے کہہ رہا ہے، کیا آپ اِس کے لئے خدا پر بھروسہ اور اعتماد کرنے کے لئے تیار ہیں؟

چند اہم دُعائیہ نکات

☆۔خدا سے صبر و تحمل کے لئے درخواست کریں تاکہ آپ اُس کے وقت کا انتظار کر سکیں۔

☆۔اپنے گھرانے کے لئے دُعا میں کچھ وقت گزاریں۔خاص طور پر جس مسئلہ سے آپ کا گھرانہ دوچار ہے،اُس کے لئے دُعا کریں۔

☆۔خداوند کی شکر گزاری کریں کہ وہ ہماری مایوسیوں، پریشانیوں اور دُکھ درد سے واقف اور آگاہ ہے۔اُس کی شکر گزاری کریں کہ وہ مصیبت کی گھڑی میں ہم سے ملتا اور ہمیں تسلی دیتا ہے۔بالکل ایسے ہی جس طرح وہ ضرورت اور مصیبت کے وقت حاجرہ کے پاس آکر اُس کو دلاسہ دینے والا ہوا۔

☆۔خداوند سے فضل چاہیں تاکہ آپ وہ کام سرانجام دینے کے لئے آگے بڑھ سکیں،خواہ وہ کام کتنا ہی مشکل اور دشوار دکھائی کیوں نہ دیتا ہو۔

باب 15

ختنہ

پیدائش 17:1-27 کا مطالعہ کریں

خدا نے ابرام اور ساری کو بیٹا دینے کا وعدہ تو کیا لیکن اِس وعدے کے بعد کئی سال بیت گئے۔ ابرام کی عمر ننانوے برس ہو چکی تھی۔ 1 اور 2 آیت میں خدا نے ابرام سے کہا کہ اب وہ اپنا وعدہ پورا کرے گا۔

1 آیت پر غور کریں، خدا اپنے آپ کو " قادرِ مطلق " خدا کے طور پر بیان کرتا ہے۔ یعنی ایسا خدا جس کے نزدیک کچھ بھی مشکل اور ناممکن نہیں ہے۔ ابرام کو حیرت تو ہوئی ہو گی کہ اب ایسا کیا ہونے والا ہے کہ خدا کا وعدہ پورا ہو جائے گا۔ انسانی نکتہ نظر سے، سب کچھ ناممکن دکھائی دیتا تھا، ان کی جسمانی حالت نااُمیدی کا پیغام دے رہی تھی۔ جب ساری جوان تھی، اُس کے ہاں اولاد نہ ہوئی۔ لیکن اب جب کہ ساری ایک بوڑھی عورت تھی، تو سب کچھ ناممکن دکھائی دیتا تھا لیکن خدا تو قادرِ مطلق خدا تھا اور ہمیشہ قادرِ مطلق ہی رہے گا۔

1 آیت پر پھر سے غور کریں، خدا نے ابرام سے کہا کہ "تو میرے حضور چل اور کامل ہو۔" خدا ابرام سے کیا گیا وعدہ پورا کرنے کو تھا لیکن خدا نے ابرام سے تقاضا کیا کہ وہ اُس کے لئے زندہ رہے اور اُس کی راہوں پر چلے۔ وعدہ کے ساتھ ایک ذمہ داری بھی تھی۔

ان آیات میں، خدا نے ابرام سے کئے گئے وعدہ کی تصدیق کی۔ بہت سے برس گزر چکے تھے، لیکن ابھی تک خدا کے وعدہ کی تکمیل کے کوئی آثار دکھائی نہ دیتے تھے۔ ابرام کو خدا کی طرف سے یقین دہائی سے تقویت ملی اور 3 آیت میں، اُس نے مُنہ کے بل گر کر خدا کو سجدہ کیا۔

اُس دن، خدا نے آبرام کو یاد دلایا کہ وہ اُسے بہت سی قوموں کا باپ بنائے گا۔ اِس وعدہ کے نشان کے طور پر، خدا نے اُس کا نام آبرام سے ابرہام رکھ دیا۔ آبرام کا معنی ہے۔" سرفراز کیا گیا باپ "اور آبرہام کا معنی ہے " بہتوں کا باپ"۔ اب سے آبرام نے آبرہام کے طور پر جانا اور پہچانا جانا تھا جس کا معنی ہے بہتوں کا باپ۔

خدا نے 6 آیت میں ابرام کو بتایا کہ بہت سی قومیں اور بادشاہ اُس کی نسل سے پیدا ہوں گے۔ خدا نے وعدہ کیا کہ اُس کا عہد اُس کے ساتھ نسل در نسل ابدی عہد ہو گا۔ خدا نے وعدہ کیا کہ وہ اُس کی نسلوں کا خدا ہو گا۔

ہم تصور ہی کر سکتے ہیں کہ آبرہام نے کیسا محسوس کیا ہو گا جب خدا نے اُس روز اپنا منصوبہ اسے بتایا۔ وہ سوچ رہا ہو گا کہ وہ کون ہے جو خدا اُس سے اور اُس کی نسل سے ایسے بڑے وعدے کر رہا ہے؟ آبرہام خدا کی شکر گزاری اور احسان مندی کی وجہ سے اُس کے حضور سر نگوں ہو گیا ہو گا۔ اُس نے بڑی عاجزی اور فروتنی سے یہ سوچنا شروع کر دیا ہو گا کہ خدا اُس کی اور اُس کی نسلوں کی اِس طرح سے عزت افزائی کرے گا۔ 8 آیت میں، خدا نے آبرہام کو بتایا کہ وہ ملکِ کنعان کا سارا ملک اُس کی نسل کو دے گا۔

اس عظیم وعدہ کی روشنی میں، خدا نے توقع کی کہ ابرہام اور اُس کی نسلیں اُس کے عہد پر

قائم رہیں۔(9 آیت) خدا نے ابرہام سے کہا کہ وہ اپنے درمیان ہر مرد کا ختنہ کرائے جو کہ اِس عہد کی نشانی ہو گا۔(10-11) اس جسمانی نشان سے ظاہر ہونا تھا کہ اب وہ خدا کے لوگ تھے۔ ہر ایک نر بچے کا ختنہ آٹھ دن کے بعد کیا جاتا تھا۔ اس میں وہ بچے جو ابراہام کی اولاد کے طور پر پیدا ہوئے تھے اور وہ اجنبی بھی شامل تھے جو اُن کے درمیان خدمت کرتے تھے۔ حتیٰ کہ وہ لوگ بھی جو ابرہام کی نسل نہیں تھے اُنہوں نے بھی ختنہ کرانا تھا کیونکہ وہ خدا کے لوگوں کے درمیان رہائش پذیر تھے۔(13-14 آیات)

خواہ کوئی ابرہام کی نسل تھا یا نہیں، ہر ایک مرد کے لئے ختنہ کرانا لازمی تھا کیونکہ وہ خدا کے لوگوں کے درمیان رہتے تھے۔ غیر مختُون مرد کو خدا کے لوگوں کے درمیان سے خارج کر دیا جاتا تھا۔ اُنہیں اُس ملک سے ہی نکال دیا جاتا تھا۔(14 آیت) ہر کوئی جو خدا کے لوگوں کے ساتھ رہتا تھا اُنہیں اس تقاضے کو پورا کرنا تھا خواہ وہ یہودی تھے یا پھر اجنبی۔ اِس تعلق سے خدا نے بالکل واضح طور پر بتا دیا تھا۔

خدا نے ابرہام سے اُس کی بیوی ساری کے تعلق سے بھی بات کی۔ اُس نے اُسے بتایا کہ اب سے وہ ساری نہ کہلائے گی بلکہ اُس کا نام سارہ ہو گا۔ دونوں ناموں کا معنی " شہزادی" ہے۔ خدا اُس کے نام کو تبدیل کرنے سے اُس کی زندگی میں آنے والے نئے دَور کے لئے اُس کو تیار کر رہا تھا۔

خدا نے ابرہام کو پھر سے یاد دہانی کرائی کہ سارہ کے ہاں بیٹا ہو گا، وہ باعثِ برکت ہو گی اور بہت سی قوموں کی ماں ہو گی۔ اُس کی نسل سے بادشاہ پیدا ہوں گے۔ یہ سُن کر ابرہام مُنہ کے بل گرا۔ تو بھی ابرہام یہ کہہ کر اپنے دل میں ہنسا۔ " کیا سو برس کے بڈھے سے کوئی بچہ

پیدا ہو گا اور کیا سارہ کے جو نّوے برس کی ہے اولاد ہو گی؟" (17 آیت)

ابرہام سمجھ نہ پایا کہ کس طرح خدا اپنے وعدہ کو پورا کرے گا۔ جسمانی طور پر، سارا اولاد پیدا کرنے کی عمر سے تجاوز کر چکی تھی۔

18 آیت میں، ابرہام نے خدا کے حضور ایک تجویز پیش کرنے کی جرات کی۔ "اور ابرہام نے خدا سے کہا کہ کاش اِسمٰعیل ہی تیرے حضور جیتا رہے۔"

ابرہام اسی پر مطمئن تھا کہ اسماعیل ہی اُس کا وارث ہو۔ خدا اسماعیل کو بھی برکت دینا چاہتا تھا۔ لیکن وہ ابرہام اور سارہ کے لئے ایک عظیم منصوبہ رکھتا تھا۔ خدا یہی چاہتا تھا کہ سارہ سے جنم لینے والا فرزند ابرہام کی جائید اد و املاک کا وارث ہو۔ 19 آیت میں خدا نے واضح کر دیا کہ سارہ کے ہاں بیٹا ہو گا اور اس کا نام اضحاق رکھنا یہی بچہ وعدہ شدہ وارث ہو گا۔

خدا نے اسماعیل کو برکت دی (20 آیت) اسماعیل بھی پھلا پھولا، اُس کی نسل بھی بہت زیادہ ہو گئی۔ وہ بارہ حکمرانوں کا باپ ہوا۔ اور ایک بڑی قوم بن گیا۔ یہ کہہ کر خدا نے ابرہام کو یاددہانی کرائی کہ وہ اسماعیل کے ساتھ اپنا عہد قائم نہیں کرے گا بلکہ سارہ کے ہاں پیدا ہونے والے فرزند کے ساتھ اپنا وعدہ قائم کرے گا جو ایک سال کے اندر اندر پیدا ہو گا۔ (21)۔

اِس کہانی میں ہمارے لئے ایک اہم سبق موجود ہے۔ ابرہام تو اسماعیل کو خدا کی طرف سے برکت ملنے پر ہی اظہارِ اطمینان کر رہا تھا۔ وہ اِس بات کی توقع نہیں کر رہا تھا کہ خدا سارہ سے اُس کو ایک بیٹا عطا کرے۔ کیونکہ یہ اُس کو ناممکن لگ رہا تھا۔ اس باب کے شروع ہی میں، خدا نے اپنا تعارف قادرِ مطلق خدا کے طور پر کرایا۔ کیونکہ خدا کے نزدیک کچھ بھی

ناممکن نہیں ہے۔ جب میں اِس بات پر غور کرتا ہوں، کتنی ہی بار میں خدا کی مرضی سے کہیں کم تر چیز پر بھی مطمئن ہو جاتا ہوں۔ کتنی ہی بار میں اس بات پر ایمان نہیں رکھتا کہ خدا ناممکن کام بھی کرنے کی قدرت رکھتا ہے، کیونکہ وہ قادرِ مطلق خدا ہے۔ میں بہت دفعہ چھوٹی چیزوں پر ہی اکتفا کر لیتا ہوں، حالانکہ خدا مجھے اِس سے بھی کہیں بڑی چیزیں دینے کا خواہاں ہوتا ہے۔

ابرہام عمومی طور پر خدا پر ایمان لے آیا، لیکن اس وعدے کی تفصیلات پر ایمان لانے میں دشواری محسوس کر رہا تھا۔ اُس نے خدا کو سجدہ کرتے ہوئے اُس کی شکر گزاری کی جب خدا نے اُسے کہا کہ وہ اُسے ایک فرزند سے نوازے گا لیکن ابرہام اُس وقت ہنسے بغیر نہ رہ سکا جب خدا نے کہا کہ وہ بیٹا سارہ کے بطن سے پیدا ہو گا۔ ایک بار پھر ابرہام خدا اور اُس کی قدرت کو محدُود نظر سے دیکھ رہا تھا۔

وعدہ کی تفصیلات پر ایمان لانے میں مشکل کے باوجود، ابرہام نے اپنے بیٹے اسماعیل اور اپنے گھر میں موجود مَردوں کا ختنہ کرانے میں تاخیر نہ کی۔ اُس نے ہر اُس اجنبی کا بھی ختنہ کر دیا جسے اُس نے قیمت سے خریدا تھا۔ (27 آیت)

ابرہام نے 99 برس کی عمر میں ختنہ کرایا۔ اسماعیل کا ختنہ 13 برس کی عمر میں ہوا۔ (24 آیت) اگرچہ اُسے خدا کے وعدہ کی سمجھ نہ آئی تو بھی وہ خدا کا فرمانبردار رہا۔ اور جو کچھ خدا نے واضح طور پر اُسے کرنے کو کہا تھا، اُس نے ویسا ہی کیا۔ ہماری زندگی میں بھی کچھ ایسے وقت آئیں گے، جب ہمیں خدا کی راہوں کی سمجھ نہ آئے گی، پھر بھی ہمیں فرمانبرداری کرتے ہوئے اُس راہ پر وفاداری سے چلنے کا انتخاب کرنا ہو گا خواہ وہ راہ دُھندلی

اور منزل غیر واضح ہو۔

چند غور طلب باتیں

☆۔کیا آپ کبھی اِس مقام پر آئے کہ خدا آپ سے کئے گئے وعدوں کی تصدیق کرے؟ جب خدا نے ابرہام سے کئے گئے کلام کی تصدیق کے لئے کافی وقت لیا تو یہاں خدا کے تعلق سے آپ کیا کہنا چاہیں گے؟

☆۔اسرائیل میں رہنے والے تمام مَردوں کا ختنہ کیا جاتا تھا خواہ وہ ابرہام کی نسل تھے یا پھر اجنبی غلام یا مزدور طبقہ کے لوگ تھے۔ حتیٰ کہ اسماعیل کا ختنہ بھی ہوا، حالانکہ خدا نے اُس کے تعلق سے ابرہام سے عہد نہیں باندھا تھا۔ اِس کے بعد اضحاق کا بھی ختنہ کیا جانا تھا۔ کیا خدا غیر ایمانداروں سے بھی یہ توقع کرتا ہے کہ وہ اُس کی شریعت پر عمل پیرا ہوں؟

☆۔ہم ابرہام کی بے اعتقادی اور خدا کی قدرت کو محدُود کرنے والی سوچ کے بارے میں کیا سیکھتے ہیں؟ کیا آپ کبھی خدا کی قدرت کو محدود کرنے کی سوچ رکھنے کے گناہ کے مرتکب ہوئے ہیں؟ وضاحت کریں۔

چند اہم دُعائیہ نکات

☆۔خدا کی شکر گزاری کریں کہ وہ بار بار اپنے مقاصد کی تصدیق ہماری زندگیوں میں کرتا ہے۔اُس کی شکر گزاری کریں کہ اُس نے ہم سے بہت سے وعدے کئے ہیں۔اُس کی شکر گزاری کریں کہ وہ ہماری کمزوری اور ایمان کی کمی کو سمجھتا ہے۔

☆۔اپنے معاشرے کا جائزہ لینے کے لئے کچھ وقت نکالیں، کیا آپ کا معاشرہ خدا کی شریعت پر عمل پیرا ہوتا ہے؟ دُعا کریں کہ خدا غیر ایمانداروں کی زندگیوں اور دلوں میں کام کرے تاکہ وہ اُس کی شریعت کا احترام کرنا سیکھیں۔

☆۔خدا کی شکر گزاری کریں کہ اُس نے شخصی طور پر آپ کی زندگی کو چھوا، شکر گزاری کریں کہ اُس نے آپ کی زندگی پر اپنی برکت اور فضل کو رکھا ہوا ہے۔

☆۔خداوند سے ایسے وقتوں کے لئے معافی مانگیں، جب آپ نے اپنی سوچ میں اُس کی قوت اور قدرت اور اُس کے مقصد کو محدُود کر دیا۔خداوند سے اپنے ایمان کی بڑھوتی اور ترقی کے لئے دُعا کریں۔تاکہ آپ زیادہ سے زیادہ اُس پر اعتماد کر سکیں اور اُس کے مقاصد کو اپنی زندگی میں پورا ہوتا ہوا دیکھ سکیں۔

باب 16

آبرہام کے ہاں مہمان

پیدائش 18:1-33 کا مطالعہ کریں

18 باب کے آغاز ہی میں ہم دیکھتے ہیں کہ خداوند ابرہام پر اُس وقت ظاہر ہوتا ہے جب وہ ممرے کے بلوطوں کے قریب اپنے خیمہ میں بیٹھا ہوتا ہے۔ خدا بڑے عجیب طور سے ابرہام پر ظاہر ہوتا ہے۔ 2 آیت ہمیں بتاتی ہے کہ جب آبرہام نے نگاہ کی تو اُس نے تین آدمیوں کو اپنے قریب کھڑے پایا۔ بائبل مقدس میں اِن آدمیوں کی شناخت اور پہچان کے تعلق سے کچھ نہیں بتایا گیا۔ ہو سکتا ہے کہ وہ فرشتے ہوں جو خدا کی مرضی آبرہام پر ظاہر کرنے کے لئے آئے ہوں۔

جب ابرہام نے اُن آدمیوں کو دیکھا تو وہ جلدی سے اُن کی طرف گیا، زمین تک جھکا اور اُنہیں اپنے گھر میں آنے کی دعوت دی تاکہ وہ تازہ دم ہو جائیں۔ مہمان نوازی ابرہام کے دَور کا ایک اہم حصہ تھا۔

اِن آدمیوں نے آبرہام کی دعوت قبول کر لی، ابرہام نے سارہ سے کہا کہ وہ اُن مہمانوں کے لئے کچھ روٹیاں بنائے۔ (6 آیت) پھر وہ اپنے گلے کی طرف بھاگا اور موٹا تازہ بچھڑا اپنے نوکروں کو دیا تاکہ وہ اُسے تیار کریں۔ (7 آیت) پھر وہ تیار شدہ بچھڑا، دُودھ اور دہی لے کر آیا اور سب کچھ مہمانوں کے سامنے رکھا۔ (8 آیت)

جب وہ گفتگو کر رہے تھے تو اُن مہمانوں نے ابرہام سے پوچھا کہ "تیری بیوی کہاں ہے؟"(9 آیت) جب ابرہام نے اُنہیں بتایا تو اُس وقت وہ خیمہ میں تھی۔ خداوند اُن آدمیوں کے وسیلہ سے ہمکلام ہوا اور ابرہام کو بتایا کہ اگلے سال اسی وقت پر سارہ کے ہاں بیٹا پیدا ہو گا۔

سارہ خیمہ کے دروازہ پر یہ گفتگو سن رہی تھی۔ جب اُس نے اُن آدمیوں کی باتیں سنی تو اپنے دل میں ہنسی اور کہنے لگی۔ "اس قدر عمر رسیدہ ہونے پر بھی میرے لئے شادمانی ہو سکتی ہے۔ حالانکہ میرا خداوند بھی ضعیف ہے۔" (12 آیت)

اُن آدمیوں کی معرفت کئے گئے خدا کے کلام پر سارہ ایمان نہ لائی۔

جو کچھ سارہ سوچ رہی تھی، وہ سب کچھ خدا سے چھپا نہ تھا۔ پھر ابرہام سے کلام کرتے ہوئے خدا(اُن آدمیوں کے وسیلہ سے) نے کہا کہ سارہ کیوں ہنسی اور اُس نے کہا۔ "کیا میرے جو ایسی بُڑھیا ہو گئی ہوں واقعی بیٹا ہو گا؟" (13 آیت) خدا نے ابرہام کو یاد دہانی کرائی کہ اُس کے نزدیک کچھ بھی مشکل اور ناممکن نہیں ہے۔ سارہ کی بے اعتقادی کے باوجود، خدا نے واپس لوٹنے اور سارہ کو بیٹا دینے کا وعدہ کیا۔

غور کریں کہ سارہ کے لئے خدا کی برکت کا سارہ کے ایمان کے کمی سے کوئی تعلق نہیں تھا۔ اگرچہ ایمان بہت اہم ہے۔ تاہم خدا آپ کی ایمان کی کمی سے بندھا ہوا نہیں ہے۔ یہ سچ ہے کہ اکثر و بیشتر ہم اپنے ایمان کی کمی یا بے اعتقادی کے باعث بہت سی برکات سے محروم رہ جاتے ہیں لیکن خدا ہمارے ایمان کی کمی یا بے اعتقادی کے باوجود کام کرنے کی قدرت رکھتا ہے۔

جب خدا نے سارہ کے ہنسنے کے تعلق سے پوچھا، تو وہ ڈر گئی۔ یہ تو معلوم نہیں کہ وہ کیوں ڈری۔ ہو سکتا ہے کہ وہ نہ چاہتی ہوں کہ یہ لوگ اُس کے تعلق سے یہ سوچیں کہ وہ خدا پر ایمان نہیں رکھتی کہ وہ ناممکنات پر قادر ہے۔ شاید اُسے خوف آگیا ہو کہ خدا اُس بے اعتقادی پر اُس کی عدالت نہ کر ڈالے۔ اگرچہ سارہ کے خوف کی وجہ غیر واضح ہے۔ سارہ اپنی بے اعتقادی کو چھپانے پر مجبور ہو گئی، پس اُس نے جھوٹ بولا اور کہا، " میں نہیں ہنسی۔"(15 آیت)

سارہ اپنا ہنسنا خدا سے چھپا نہ سکی۔ خدا نے اُس روز اُس کی بے اعتقادی کو بے نقاب کر دیا۔ "پر اُس نے کہا نہیں تو ضرور ہنسی تھی۔ "(15 آیت) تصور کریں کہ اُس روز جب سارہ کی بے اعتقادی بے نقاب ہو گئی اور صرف یہی نہیں اُس کی بد دیانتی اور جھوٹ بھی سامنے آگیا، تو سارہ نے کیسا محسوس کیا ہو گا۔ آنے والے مہینوں میں جب سارہ اپنی کوکھ میں بچہ اُٹھائے ہوئے تھی، سارہ کو بار بار یہ خیال آتا ہو گا کہ اُس کی بے اعتقادی کے باوجود خداوند اُس پر کس قدر مہربان ہوا۔

اِن باتوں کے بعد وہ آدمی اپنے سفر پر آگے بڑھنے کے لئے اُٹھے۔ ابرہام کو معلوم نہیں تھا کہ وہ سدُوم کی طرف جا رہے ہیں۔ (جہاں اُس کا بھتیجا اور اُس کا گھرانہ رہائش پذیر تھا۔) وہ آدمی وہاں پر اُس شہر کی بدکاری کے سبب سے خدا کی عدالت کے بارے اعلان کرنے جا رہے تھے۔ جب وہ آدمی روانہ ہوئے تو خدا نے کہا۔ " جو کچھ میں کرنے کو ہوں، کیا اُسے ابرہام سے پوشیدہ رکھوں؟" 17 آیت)

جو کچھ خدا سدُوم کے ساتھ کرنے جا رہا تھا، اِس سے ابرہام کے لئے خدا کا منصوبہ متاثر نہ

ہوا۔ ابرہام ایک بہت بڑی قوم بنا اور دُنیا کی ساری قوموں نے اُس کے وسیلہ سے برکت پائی۔(18 آیت) خدا نے اُسے اور اُس کی نسل کو چن لیا تھا تاکہ اُس کے وسیلہ سے ایک ایسا گھرانہ تیار کرے جو اُس کی راہوں پر چلے اور وہی کرے جو راست اور اچھا ہے۔ جو کچھ سدُوم کے ساتھ ہوا، خدا نے ابرہام کو اُس سے محفوظ رکھا۔ ضرورت نہیں تھی کہ خدا ابرہام کو بتاتا کہ وہ سدُوم کے ساتھ کیا کرنے جارہا ہے۔ 20 آیت میں، خدا نے اپنا منصوبہ ابرہام کو بتانے کا فیصلہ کیا۔ اِس سے ہمیں خدا اور ابرہام کے درمیان تعلق کے بارے جانکاری ملتی ہے۔

اُس روز، خدا نے ابرہام کو بتایا کہ سدُوم اور عمورہ کی بدی اِس قدر بڑھ گئی ہے کہ وہ اُن کی عدالت کرنے لگا ہے۔(20-21 آیت) جب ابرہام کے ہاں آئے مہمان سدُوم کی طرف روانہ ہو گئے، ابرہام خدا کی حضوری میں کھڑا رہا۔ جو خبر اُس نے سُنی تھی، اُس کے سبب سے ابرہام کا دل پریشان تھا۔ ابرہام نے خدا سے کہا۔ "کیا تو نیک کو بد کے ساتھ ہلاک کرے گا؟"(23 آیت)

"شاید اس شہر میں پچاس راستباز ہوں" (24 آیت) خدا نے ابرہام کی دُعا سنی اور اِس بات پر متفق ہوا کہ اگر وہاں پر پچاس راستباز ہوں گے تو وہ اُن کی خاطر اُس شہر کو چھوڑ دے گا۔(26 آیت)

ابرہام نے خدا کے حضور مزید التماس کی کہ وہ راستباز لوگوں کی خاطر اُس شہر کو چھوڑ دے، بالاخر خدا اِس بات پر بھی ابرہام کے ساتھ متفق ہوا کہ اگر وہاں دس راستباز لوگ بھی ہوں گے تو وہ اُن کی خاطر اس سارے شہر سدُوم کو چھوڑ دے گا۔

جب ہم سدُوم شہر اور اپنے گھرانے کے لئے ابرہام کی دُعا پر غور کر رہے ہیں تو شہر میں موجود راستباز شخص کے کردار پر غور کریں۔ راستباز لوگوں کی خاطر اُس شہر کو چھوڑ دیا جانا تھا اور اُس پر خدا کی طرف سے عذاب نازل نہیں ہونا تھا۔ ہم حیرت زدہ ہوتے ہیں کہ ہمارے مُلکوں میں موجود ایسے شہروں کا کیا بنے گا جہاں پر خدا اور اُس کی مرضی کے طالب لوگ بالکل بھی موجود نہیں ہیں۔

آئیں اِس بدکار شہر کے لئے ابرہام کے دل کی پکار پر غور کریں جو اُس کے گھرانے کے لئے تھی جو وہاں پر رہائش پذیر تھا۔ کیا ہمارے دلوں میں ایسے شہروں اور لوگوں کے لئے شفاعت اور التماس کرنے کا ایسا بوجھ ہے جہاں پر لوگ گناہ میں کھوئے ہوئے ہیں؟

خدا ابرہام کی بات سننے پر رضامند تھا۔ اگرچہ ہم جانتے ہیں کہ سدُوم بالاخر نیست و نابود کر دیا گیا۔ تاہم یہ بات یقینی ہے کہ خدا رحم و ترس کے لئے ابرہام کی درخواست سننے کے لئے تیار تھا۔ اس حقیقت سے ہمیں تقویت ملنی چاہیئے تاکہ ہم اپنے شہروں اور ملکوں کے لئے شفاعت کرنے میں ثابت قدم رہیں۔

جب ہم نے اس باب کا آغاز کیا تھا، تو ہم نے دیکھا کہ سارہ خدا کی قُدرت پر ایمان لانے سے قاصر رہی کہ وہ اُسے اولاد جیسی نعمت بڑھاپے میں بھی دینے پر قادر ہے۔ وہ اُن آدمیوں کی طرف سے بولے جانے والے نبوتی کلام پر ہنسی بھی تھی۔ خدا نے اُس کی بے اعتقادی کے باوجود اُسے برکت دی۔ اس باب کے اختتام پر ہم سدُوم اور عمورہ کے لوگوں کی بے اعتقادی کو دیکھتے ہیں جو گناہ اور خدا کے خلاف باغیانہ روّیہ اپنائے زندگی بسر کر رہے تھے۔ اُن کے گناہ کے سبب اُنہیں نیست و نابود کر دیا گیا۔ سارہ نے اپنی بے

اعتقادی کے باوجود خدا کی طرف سے فضل پایا جبکہ سدُوم بے اعتقادی کے سبب سے برباد ہو گیا۔

سارہ اور سدُوم میں فرق خدا کے فضل کی بنیاد پر ہی ہے۔ سارہ کی بے اعتقادی اور جھوٹ بھی ایسے دل ہی سے تھا جس طرح کے لوگ سدُوم میں بستے تھے۔ اُس کا دل گناہ آلودہ تھا اور اُس کی باتوں اور روّیوں سے ظاہر ہو گیا کہ اُس کا دل بے اعتقاد ہے۔ چونکہ خدا سارہ پر مہربان تھا، اِس لئے اُس نے اُس کی بے اعتقادی کے باوجود اُسے برکت دی۔

ہمیں کس قدر خداوند کے شکر گزار ہونے کی ضرورت ہے کہ وہ معاف کرنے والا خدا ہے۔ ہمیں اور بھی زیادہ خاص طور پر اِس بات کے لئے اُس کا شکر ادا کرنا چاہئے کہ اُس نے ہمیں صرف معاف ہی نہیں کیا بلکہ ہمارے ایمان کی کمی اور ہماری روحانی کمزوریوں کے باوجود ہمیں اپنے جلال اور اپنی خدمت کے لئے اس دُنیا سے الگ کر لیا۔

چند غور طلب باتیں

☆۔اس باب میں ابرہام کی مہمان نوازی پر غور کریں۔ کیا آپ اپنے اردگرد کے لوگوں کے لئے مہمان نوازی کرتے ہیں؟

☆۔ سدُوم اپنی بے اعتقادی کے سبب سے نیست و نابود ہو گیا، لیکن سارہ اپنی بے اعتقادی اور بددیانتی کے باوجود برکت پا گئی۔ آخر کیوں؟ اس سے ہمیں اپنی زندگیوں میں خدا کے فضل کے بارے میں کیا سیکھنے کو ملتا ہے؟

☆۔ کیا ہماری بے اعتقادی کے سبب خدا محدود ہو جاتا ہے؟ کیا ہماری بے اعتقادی کے

سبب سے خدا کی قدرت اور قابلیت انسانی زندگیوں میں کام کرنے کے لئے محدود ہو جاتی ہے؟

☆۔خدا نے سدُوم کے تعلق سے اپنا منصوبہ ابرہام پر ظاہر کیا۔اس سے ہمیں خدا اور اُس رشتے کے تعلق سے کیسی معلومات ملتی ہیں جو خدا اپنے لوگوں کے ساتھ رکھنا چاہتا ہے؟

☆۔اپنے عزیزو اقارب اور سدُوم شہر کے لئے ابرہام کے بوجھ سے ہم کیا سیکھتے ہیں؟کھوئے ہوئے لوگوں کے لئے آپ کیسا بوجھ رکھتے ہیں؟

چند اہم دُعائیہ نکات

☆۔خداوند کی شکر گزاری کریں کہ وہ آپ کو معاف کرنے اورآپ کی بے اعتقادی اور گناہ کے باجود آپ کو برکت دینے کے لئے ہر وقت تیار رہتا ہے۔

☆۔خداوند سے کھوئے ہوؤں کے لئے بڑا رحم و ترس مانگ لیں۔ابرہام کی طرح کسی گناہ میں کھوئے ہوئے شخص کے لئے دُعا کریں۔

☆۔خداوند سے فضل اور توفیق چاہیں تا کہ آپ دوسروں کے لئے راست زندگی کا عملی نمونہ بن جائیں۔

☆۔خداوند سے اور زیادہ ایمان مانگیں تا کہ آپ اس پر بھروسہ کر سکیں کہ وہ آپ کے وسیلہ سے ناممکن کام بھی کر سکتا ہے۔

باب 17

لُوط سدُوم سے بچ نکلتا ہے

پیدائش 19: 1-38 کا مطالعہ کریں

وہ فرشتے جو سارہ کو بیٹے کی پیدائش کا پیغام دینے کے لئے آئے تھے، اَبرہام سے روانہ ہو کر سیدھا سدُوم شہر گئے تاکہ وہاں کے لوگوں کو خدا کی عدالت کے بارے میں بتا سکیں۔ ابرہام نے خدا سے کہا تھا کہ اگر وہاں پر دس راستباز لوگ مل جائیں تو وہ اُس شہر کو نیست و نابود نہ کرے۔ لیکن وہ دس راستباز لوگ وہاں نہ مل سکے۔ اِس باب میں ہمیں سدُوم شہر کی اخلاقی گراوٹ کے بارے جانکاری ملتی ہے۔

جب فرشتے سدُوم شہر پہنچے، لُوط شہر کے پھاٹک پر بیٹھا ہوا تھا۔ (1 آیت) یاد رہے کہ اہم کاروباری معاملات کو زیرِ بحث لانے کے لئے قائدین شہر کے پھاٹک پر ہی بیٹھا کرتے تھے۔ کیا ممکن ہے کہ لوط اُس شہر کا ایک قائد بن چکا تھا؟

جب لوط نے آدمیوں کو شہر میں داخل ہوتے دیکھا تو وہ اُنہیں ملنے کے لئے اُٹھ کر اُن کے پاس گیا۔ وہ اُن کی عزت کے لئے زمین تک جھکا۔ اُس نے اُن آدمیوں کو تازہ دم ہونے کے لئے اپنے گھر آنے کی دعوت دی۔ (2 آیت)

شروع میں تو اِن فرشتوں نے یہ کہہ کو اِس دعوت کو قبول نہ کیا کہ وہ رات بھر چوک ہی میں ٹھہریں گے۔ (2 آیت) لُوط نے اصرار کیا کہ وہ چوراہے پر نہ ٹھہریں بلکہ اُس کے

گھر میں آجائیں۔ 3 آیت پر غور کریں، لوط اِس قدر بضد ہوا کہ بالاخر اُنہوں نے لُوط کی پیش کش قبول کر ہی لی۔ لُوط کو علم تھا کہ اِن آدمیوں کے ٹھہرنے کے لئے وہ چوراہا محفوظ جگہ نہیں ہے۔ کیونکہ سدُوم کے حالات لُوط سے ڈھکے چھپے نہ تھے۔

جب وہ مہمان لُوط کے گھر آئے، لُوط نے اُن کے لئے کھانا تیار کروایا اور اُنہوں نے کھایا۔ جب شام کے سائے ڈھلنے لگے۔ تو سدُوم کے مَردوں نے لُوط کے گھر کو گھیر لیا۔ 4 آیت بیان کرتی ہے کہ وہ شہر کے ہر ایک حصہ سے وہاں پر آئے تھے۔ پانچ آیت کے مطابق جب اُنہوں نے لُوط کے گھر کو گھیر لیا تو پھر اُنہوں نے لُوط کو آوازیں دینا شروع کر دیں۔

" وہ مرد جو آج رات تیرے ہاں آئے کہاں ہیں؟ اُن کو ہمارے پاس باہر لے آتا کہ ہم اُن سے صحبت کریں۔ "

اس آیت سے ہمیں شہر کی اخلاقی آب و ہوا کے بارے معلومات ملتی ہیں۔ اُن لوگوں کو علم نہیں تھا کہ لُوط کے گھر میں آئے آدمی دراصل فرشتے ہیں جو خدا کی عدالت کا اعلان کرنے اِس شہر میں پہنچے ہیں۔

اُن آدمیوں کے تقاضے کی بہ نسبت لُوط کا ردِ عمل زیادہ حیرت انگیز ہے۔ 6 آیت میں، لُوط نے باہر جا کر اپنے پیچھے دروازہ بند کر لیا۔ اُس نے اُن مردوں سے التماس کی کہ وہ ایسی بدی نہ کریں۔ (7 آیت) اُس کے مہمانوں کے خلاف کچھ بھی بُرائی کرنے کہ بہ نسبت وہ اُس کی دو کنواری بیٹیوں سے جیسا چاہیں سلوک کر لیں۔ اگر وہ چاہیں تو وہ اُنہیں ابھی اُن کے حوالہ کر دیتا ہے۔ (8 آیت) کون سا ایسا باپ ہو گا جو اِس قدر ظالم اور جابر مردوں کے ہجوم کے سپرد اپنی کنواری بیٹیوں کو کرے گا تا کہ وہ اُن کی عزت کو تار تار کر دیں؟ اس

سے ظاہر ہوتا ہے کہ لُوط کس روحانی اور اخلاقی مقام پر کھڑا تھا۔ حتیٰ کہ لُوط پر بھی سدوم کے ناراست کاموں اور بدی سے معمور آب و ہوا کا اثر ہو چکا تھا۔ وہ اخلاقی طور پر انتہائی پستی میں گر چکا تھا۔

سدوم کے اُن مردوں کو لوط کی اِس آفر سے کیا لینا دینا تھا۔ وہ اُسے پیچھے دھکیلتے ہوئے، اُسے برا بھلا کہتے رہے کہ وہ اُن پر حکمرانی کرنا چاہتا ہے۔ اُنہوں نے اُسے دھمکی دی کہ وہ اُس کے ساتھ بُرا سلوک کریں گے، حتیٰ کہ جو سلوک وہ مہمانوں کے ساتھ کرنا چاہتے ہیں، اس سے بھی بد تر سلوک کا اُسے سامنا کرنا پڑے گا۔ یہ کہتے ہوئے، وہ آگے بڑھے اور دروازہ توڑنے کی بھرپور کوشش کی تاکہ مہمانوں تک رسائی حاصل کر سکیں۔(9 آیت) لوط کے مہمانوں نے ہاتھ بڑھا کر اُسے اپنے ہاں اندر کھینچ لیا اور دروازہ بند کر لیا۔ (10 آیت) اُنہوں نے اُن مردوں کو اندھا کر دیا۔ ایسا کہ وہ دروازہ ڈھونڈتے ہی رہ گئے پر وہ اُنہیں نہ مل سکا۔ لُوط خدا کے ساتھ دُرست اور راست تعلق اور رشتے میں بندھا ہوا نہیں تھا۔ تو بھی خدا نے اُسے بچا لیا۔ ہو سکتا ہے کہ ابرہام کے ساتھ اِس کے تعلق اور رشتے کی وجہ سے خدا نے اُسے عزت بخشی ہو۔ یہ بھی ہو سکتا ہے کہ لُوط کے لئے ابرہام کی شفاعتی دُعاؤں کے سبب سے لُوط اور اُس کا گھرانہ بچ گیا ہو۔

اُس دن فرشتوں نے لُوط کو بتایا کہ وہ کس مقصد کے تحت سدوم شہر میں آئے ہیں۔ وہ گناہ کے سبب سے اُس شہر کو نیست و نابود کرنے کے لئے آئے تھے۔ اُنہوں نے لُوط سے کہا کہ وہ اپنے گھرانے کو جمع کر کے اُس شہر سے بلا تاخیر نکل جائے۔(12 آیت)

لُوط نے اُن کی تنبیہ کو بہت سنجیدگی سے لیا۔ اُس نے فی الفور اپنے دامادوں (جن مردوں

کی اُس کی بیٹیوں سے منگنی ہو چکی تھی۔) سے کہا کہ وہ اُس کے ساتھ شہر سے نکل چلیں۔ اُس نے اُنہیں جلدی کرنے کے لئے کہا کیونکہ خدا اُس شہر کو نیست و نابود کرنے والا تھا۔ اُس کے دامادوں نے سمجھا کہ وہ مذاق کر رہا ہے۔ اُس نے لُوط کی باتوں کو سنجیدگی سے نہ لیا۔ (14 آیت) اُنہوں نے اُس شہر کو نہ چھوڑا۔

جب شام کے سائے سر پر منڈلانے لگے تو فرشتوں نے لُوط کو جلدی کرنے کے لئے کہا، اُنہوں نے 15 آیت میں اُسے کہا۔ "اُٹھ اپنی بیوی اور دونوں بیٹیوں کو جو یہاں ہیں لے جا۔ ایسا نہ ہو کہ تو بھی اِس شہر کی بدی میں گرفتار ہو کر ہلاک ہو جائے۔"

لُوط نے ہچکچاہٹ سے کام لیا۔ ہمیں یہ تو نہیں بتایا گیا کہ لوط نے کیوں دیر لگائی۔ وہ سدُوم شہر میں اِس لئے آیا تھا کیونکہ وہاں پر ہریالی اور خوشحالی تھی۔ اب تھوڑی ہی دیر میں، وہ سب کچھ جو اُس نے گزشتہ کئی سالوں سے جمع کیا ہوا تھا، سب کچھ سپردِ آتش ہو جانا تھا۔ یعنی اُس کے مویشی، اُس کے داماد اور دیگر مال و متاع سب کچھ دیکھتے ہی دیکھتے راکھ کا ڈھیر بن جانا تھا۔ جب فرشتوں نے دیکھا کہ لُوط پس و پیش سے کام لے رہا ہے تو اُنہوں نے اُس کا ہاتھ پکڑ کر زبردستی اُسے اُس شہر سے نکالا۔ اُس شہر کے لئے لُوط کی دلچسپی اور کشش کس قدر مضبوط تھی کہ فرشتوں کو اُس کا ہاتھ پکڑ کر زبردستی اُسے اُس شہر سے نکالنا پڑا۔ کیونکہ اگر وہ ایسا نہ کرتے تو لوط، اُس کی بیوی اور دو بیٹیوں نے بھی خدا کی عدالت کے زیرِ عتاب آ جانا تھا۔

جونہی لُوط اور اُس کا گھرانہ بحفاظت اِس شہر سے نکل آیا۔ ایک فرشتے نے کہا کہ اپنی جانیں بچانے کے لئے جلدی سے بھاگ جاؤ۔ اُس نے اُنہیں کہا کہ وہ پیچھے مڑ کر نہ

دیکھیں۔ وہ کسی بھی جگہ پر نہ رُکیں، جب تک کہ وہ پہاڑوں میں نہ پہنچ جائیں۔
(17 آیت)

لوط کو ڈر تھا کہ کہیں ایسا نہ ہو کہ وہ پہاڑوں تک پہنچنے سے پہلے ہی خدا کی عدالت کے نیچے آجائے۔ 20 آیت میں، اُس نے فرشتوں سے درخواست کی کہ وہ اُسے ضغر کے چھوٹے سے قصبے تک بھاگ جانے کی اجازت دیں۔ کیونکہ ضغر پہاڑوں کی بہ نسبت زیادہ قریب تھا۔ وہاں لوط اور اُس کے گھرانے کو پناہ مل سکتی تھی۔ فرشتہ اُس چھوٹے سے شہر کو برباد نہ کرنے پر آمادہ ہو گیا۔ اور لُوط کو اجازت دی کہ وہ اپنے گھرانے سمیت وہاں بھاگ جائے۔

22 آیت میں، فرشتے نے لُوط سے کہا کہ وہ جلدی سے اُس چھوٹے سے شہر کو بھاگ جائے کیونکہ جب تک وہ اور اُس کا گھرانہ محفوظ نہ ہو جاتے، وہ کچھ نہیں کر سکتے تھے۔ خدا یہی چاہتا تھا کہ لُوط اور اُس کا گھرانہ بچ جائے۔

23 آیت ہمیں بتاتی ہے کہ جب تک لوط ضغر کے علاقہ میں پہنچا سورج طلوع ہو چکا تھا۔ پھر خدا نے آسمان سے سدُوم اور عمورہ پر جلتی ہوئی گندھک برسائی۔ (24 آیت) دونوں شہر اور جو کچھ اُن میں تھا سب کچھ نیست و نابود ہو گیا۔ سبزے اور ہر طرح کی ہریاوّل کے ساتھ ہر ذی نفس تہہ تیغ ہو گئی۔ کچھ بھی باقی نہ بچا۔ (25 آیت)

جب وہ بھاگ رہے تھے۔ لوط کی بیوی نے پیچھے مُڑ کر سدُوم شہر کو دیکھا اور نمک کا ستون بن گئی۔ اِس تعلق سے کچھ نہیں کہا جا سکتا کہ یہ سب کچھ کیسے ہو گیا۔ اس سے بھی کہیں بڑھ کر سوچنے کا یہ مقام ہے کہ لُوط کی بیوی سے ہم کیا سبق سیکھ سکتے ہیں۔

ہمیں اس بات کو سمجھنے کی ضرورت ہے کہ وہ فرشتہ جس نے لُوط اور اُس کے گھرانے کو

بھاگنے کے لئے کہا تھا ، (17 آیت) اُنہیں واضح ہدایت دی تھی کہ وہ پیچھے مُڑ کر نہ دیکھیں۔ پیچھے مُڑ کر لوط کی بیوی نے فرشتے کی طرف سے ملنے والے حکم کی نافرمانی کی تھی۔ میری شخصی رائے میں لوط کی بیوی کا گناہ صرف تجسّس بھرا گناہ نہیں تھا کہ پیچھے مُڑ کر دیکھے کہ وہاں پر کیا ہو رہا ہے۔ میرے خیال میں وجہ اِس سے کہیں زیادہ گہری تھی۔

میری ذاتی رائے میں لوط کی بیوی تجّسس سے پیچھے کی طرف نہیں دیکھ رہی تھی بلکہ ایک حسّرت سے پیچھے دیکھ رہی تھی۔ وہ پیچھے لوٹ جانے کی خواہش سے پیچھے مُڑ کر دیکھ رہی تھی۔ وہ کچھ بھی پیچھے چھوڑ کر آگے بڑھنا نہیں چاہتی تھی۔ وہ سدوُم کو واپس لوٹ جانے کے لئے تڑپ رہی تھی۔ اسی وجہ سے خدا نے اُس کو مارا۔ خدا نے اسے آزاد کر دیا تھا۔ اُس نے اُسے اُس لعنتی شہر سے باہر نکال دیا تھا۔ اُس نے اُس کی جان بچالی تھی۔ لیکن وہ اب بھی حسّرت بھری نظروں سے پیچھے مڑ کر دیکھ رہی تھی۔ ایسا کرنے سے وہ خدا کے اُس کام کو حقیر جان رہی تھی جو خدا نے اُس کے لئے کیا تھا۔ سدوُم کی طرف مڑ کر دیکھنے سے وہ خدا کی طرف سے مُنہ پھیر رہی تھی۔ وہ خدا کے فضل سے منہ موڑ رہی تھی اور اِس وجہ سے وہ ہلاک ہو گئی۔

یہاں پر ہم کس قدر غمناک تصویر دیکھتے ہیں۔ کیا یہ وہی تصویر نہیں جو ہمیں اس دَور میں بھی اکثر و بیشتر دیکھنے کو ملتی ہے؟ کتنی ہی بار ہم خدا اور اُس کے فضل سے مُنہ موڑ لیتے ہیں؟ کتنی ہی بار ہم اپنی زندگیوں میں خدا کے کام اور برکت کے تعلق سے خفگی اور شکایت آمیز روّیہ اختیار کر لیتے ہیں؟ ہم میں سے وہ لوگ جو خدا کی نجات سے واقف اور آگاہ ہوتے ہیں، وہ مسیح پر اپنی نظریں لگائے رکھنے کا چناؤ کرتے ہیں۔ وہ کبھی پیچھے نہیں ہٹتے۔

لیکن کتنی ہی بار نجات یافتہ لوگ بھی واپس دُنیا میں لوٹ جانے کے آرزُومند ہوتے ہیں۔ یہ مسیح کی کس قدر بڑی توہین ہے جس نے اپنی جان قربان کر کے ہمیں گناہ اور اُس کے نتائج و اثرات سے رہائی بخشی ہے۔

صبح سویرے جب ابرہام بیدار ہوا، اُس نے باہر جا کر سدُوم کی طرف نگاہ کی تو اُس نے دیکھا کہ جیسے کسی جلتی بھٹی سے گہرا دُھواں اُٹھ رہا ہے۔ (28 آیت) ابرہام کو علم ہو گیا کہ خدا کو وہاں پر دس راستباز لوگ بھی نہیں ملے۔ ابرہام کو علم نہیں تھا کہ خدا نے لُوط اور اُس کے گھرانے کی جان بخشی کر دی ہے۔ (29 آیت)

لوط اور اُس کی دونوں بیٹیاں صغر کے علاقہ میں ٹھہرے رہنے سے خوفزدہ تھے۔ پس وہ اُس علاقہ کو چھوڑ کر اُن پہاڑوں میں چلے گئے جہاں پہلے فرشتوں نے اُنہیں جانے کے لئے کہا تھا۔ اُنہیں وہاں پر ایک غار مل گیا اور وہ وہیں رہنے لگے۔ (30 آیت) ہم صرف سوچ ہی سکتے ہیں کہ لوط اور اُس کی دو بیٹیوں کی زندگی اُس غار میں کیسے گزر رہی تھی۔ اُن کے پاس کچھ بھی باقی نہیں بچا تھا۔ لوط اپنی بیوی اور اُس کی دونوں بیٹیاں اپنے ہونے والے شوہروں کو کھو چکی تھیں۔ یہ غار اُن کے لئے دُکھ اور غم سے بھرا ہوا مقام تھا۔ یہ پریشانی اور حیرانی کا مقام بھی تھا۔ اب وہ یہی سوچ رہیں ہوں گے کہ اب اُن کا کیا بنے گا۔

ایک دن وہ دونوں لڑکیاں اپنے مستقبل کے تعلق سے بات چیت کر رہی تھیں۔ اُنہیں اِس بات کا احساس ہوا کہ اُن کا باپ بوڑھا ہوتا جا رہا ہے اور کوئی مرد نہیں جس سے وہ بیاہ کر سکیں۔ (35 آیت) اپنی نسل کو قائم رکھنے کے لئے اُنہوں نے اپنے باپ کو مے کے نشہ سے چور کر کے اُس کے ساتھ سونے کا منصوبہ بنا لیا۔ (36 آیت)

اُس رات بڑی لڑکی نے باپ کے ساتھ جنسی تعلق قائم کیا، لوط اِس سارے واقع سے بے خبر نشے میں چور تھا۔ (33 آیت) اگلی رات بھی اُنہوں نے اپنے باپ کو مے پلائی اور پھر چھوٹی لڑکی اپنے باپ کے ساتھ سونے کے لئے چلی گئی۔ اور لوط کو کچھ پتہ نہیں تھا کہ کب وہ لیٹی اور کب اُس نے اُس کے ساتھ جنسی تعلق بنایا۔ (35 آیت) لُوط کی دونوں بیٹیاں اپنے باپ سے حاملہ ہوئیں۔ (36 آیت)

بڑی بیٹی کے ہاں جو بیٹا پیدا ہوا، اُس نے اُس کا نام مواب رکھا جو کہ موابیوں کا باپ ہے۔ بائبل مقدس میں ایک معروف موابی عورت رُوت ہے۔ داؤد اُسی کی نسل سے پیدا ہوا۔ بالاخر خداوند یسوع مسیح بھی اُسی کی نسل سے اس دنیا میں آیا۔

چھوٹی بیٹی کے ہاں جو بیٹا پیدا ہوا، اُس نے اُس کا نام عمی رکھا۔ وہ عمونیوں کا باپ ٹھہرا۔ (38 آیت)

لوط کی دونوں بیٹیوں سے دو بڑی قومیں پیدا ہوئیں۔ اِن دونوں قوموں میں سے کسی نے بھی ابرہام کے خدا کو اپنا خدا تسلیم نہ کیا۔ جب خدا کے لوگوں نے ملکِ کنعان کو قبضہ میں لیا تو خدا نے موابیوں اور عمونیوں کے تعلق سے خاص حکم دیا تھا۔ استثنا 2:16-19 آیت میں ہم پڑھتے ہیں۔

"جب سب جنگی مرد مر گئے اور قوم میں سے فنا ہو گئے، تو خداوند نے مجھ سے کہا۔ آج تجھے عار شہر سے ہو کر جو مواب کی سرحد ہے گزرنا ہے۔ اور جب تو بنی عمون کے قریب جا پہنچے تو اُن کو مت ستانا اور نہ اُن کو چھیڑنا۔ کیونکہ میں بنی عمون کی زمین کا کوئی حصہ تجھے میراث کے طور پر نہیں دوں گا۔ اس لئے کہ اُسے میں نے بنی لُوط کو میراث کے طور پر دیا ہے۔"

برسوں بعد، خدا نے ابرہام کی اُس دُعا کو یاد کیا جو اُس نے اپنے بھتیجے لوط اور اُس کی نسل کے لئے کی تھی۔ اُس نے اپنے لوگوں کو حکم دیا کہ وہ اُنہیں ہراساں نہ کریں۔ اور نہ ہی اُن کی زمین پر قابض ہوں۔ یہاں پر ہمیں نہ صرف دُعا کی قوت نظر آتی ہے بلکہ یہاں پر ہم خدا کے عجیب اور خوبصورت فضل کو بھی دیکھتے ہیں جس نے گنہگار لوط اور اُس کی بیٹیوں کو برکت دی۔

چند غور طلب باتیں

☆۔پیدائش 19 باب میں ہم سدُوم کے گناہ کا کون سا ثبوت دیکھتے ہیں؟ کیا لُوط، اُس کی بیوی اور اُس کی بیٹوں پر بھی سدُوم کی بدی کے اثرات مرتب ہوئے؟

☆۔غور کریں کہ لُوط نے اُس شہر کو چھوڑنے میں دیر لگائی۔ آپ خدا کے لئے کون سی چیز چھوڑنے میں تاخیر سے کام لے رہے ہیں؟

☆۔لُوط کی بیوی کا گناہ کیا تھا جس کے باعث خدا نے اُس کی اِس قدر شدید عدالت کی؟

☆۔لُوط اور اُس کی نسل کے لئے خدا نے ابرہام کی دُعا کا کس طرح جواب دیا؟

چند اہم دُعائیہ نکات

☆۔اپنے معاشرے میں آپ کو گناہ کا کون سا ثبوت دیکھنے کو ملتا ہے؟ کچھ لمحات کے لئے دُعا کریں کہ خدا اُس گناہ کا جُوا اور بندھن آپ کے معاشرے سے توڑ دے۔

☆۔خداوند سے فضل مانگیں تاکہ آپ پیچھے مُڑ کر دیکھنے والے نہ ہوں۔ بلکہ خدا کے وعدوں اور برکت میں آگے کی طرف بڑھتے چلے جائیں۔

☆۔خداوند سے کہیں کہ وہ آپ کے دل سے گناہ کی کشش کو دُور کر دے۔ خداوند سے ایسے وقتوں کے لئے معافی مانگیں جب آپ لُوط کی بیوی کی طرح پیچھے دیکھنے کی آزمائش میں گر پڑے۔

باب 18

سارہ اور آبی ملک

پیدائش 20:1-18 کا مطالعہ کریں

سدوم میں ہونے والے ہولناک واقعات کے بعد، ابرہام جنوب کی طرف کے علاقہ میں چلا گیا اور قادس اور شور کے درمیان رہائش اختیار کرلی۔ وہ کچھ عرصہ جرار کے علاقہ میں بھی قیام پذیر رہا۔ (1 آیت)

دوسری آیت پر غور کریں کہ جرار میں ابرہام نے بادشاہ ابی ملک کو بتایا کہ سارہ اُس کی بہن ہے۔ ابرہام نے کسی بھی متوقع خطرے کے پیشِ نظر خود کو اور اپنے مال و متاع کو محفوظ رکھنے کے لئے ایسا کیا۔ اگر اِس خطے کے بادشاہوں کو معلوم ہو گیا کہ وہ اُس کی بیوی ہے تو امکانِ غالب ہے کہ وہ اُسے قتل کر ڈالیں گے اور اُس کی بیوی کو اپنے لئے رکھ لیں گے۔ اِس کے برعکس اگر اُنہیں معلوم ہوا کہ سارہ ابرہام کی بہن ہے تو وہ اُس کی خاطر اُس کے ساتھ بڑا اچھا سلوک کریں گے۔

یہاں اِس صورتحال میں ہمیں ابرہام کے تعلق سے تین چیزوں پر غور کرنے کی ضرورت ہے۔ اوّل، وہ اپنی جان اور جائیداد و املاک کو بچانے کے لئے اپنی بیوی کو کسی دوسرے مرد کے ہاتھوں میں دینے کے لئے تیار ہے۔ دوئم، یہاں پر خدا پر توکل اور اعتماد کی کمی بھی ابرہام کی زندگی میں دیکھنے کو ملتی ہے۔ جو کچھ خدا نے اُسے دیا ہے، وہ اُس کے تحفظ کے لئے

اپنی حکمتِ عملی کے تحت معاملات اپنے ہاتھوں میں لینے پر مجبور ہو گیاآبرہام عظیم مردِ خدا تھالیکن ابھی تک ایمان اور خداوند پر اعتماد کے تعلق سے ڈانواڈول۔

آخری بات، غور کریں کہ ابرہام کو ماضی کے حالات وواقعات سے سبق سیکھنے میں ابھی بھی دشواری پیش آرہی تھی۔ پیدائش 12 باب میں بھی وہ ایسی ہی صورتحال سے دوچار ہوا تھا جب مصر کے بادشاہ کو اُس نے بتایا تھا کہ سارہ اُس کی بہن ہے۔ خدا نے فرعون اور اُس کے گھرانے پر لعنت کی اور پھر ابرہام کو وہاں سے بڑی جلد نکال دیا گیا۔ یہاں پر ابرہام ایک بار پھر اَبی ملک بادشاہ کے ساتھ بھی ایسا ہی کر رہا ہے۔

ابرہام کے اس، فیصلے سے کہ وہ لوگوں کو بتائے کہ سارہ اُس کی بہن ہے، جرار میں بھی ویسے ہی نتائج و اثرات پیدا ہوئے جیسا کہ مُلکِ مصر میں، اَبی ملک بادشاہ نے سارہ کو ابرہام سے لے کر اُسے اپنی حرموں میں شامل کیا۔

قابلِ غور بات یہ ہے کہ اگرچہ ابرہام اپنے منصوبہ میں کامیاب ہوا، تاہم سارہ بھی اِس منصوبے میں برابر کی شریک تھی۔ اُس نے بھی ابی ملک بادشاہ کو نہ بتایا کہ وہ ابرہام کی بیوی ہے۔ وہ اِس معاملہ میں بے گناہ نہیں تھی۔

یہاں پر یہ بات دلچسپی اور حیرت کا باعث ہے کہ اگرچہ ابرہام اور سارہ کی زندگی میں خداوند پر ایمان اور اعتقاد کی کمی تھی تو بھی خدا اُن کی حفاظت اور نگہبانی کر رہا تھا۔ خدا ابرہام اور سارہ کے لئے ایک مقصد رکھتا تھا، اور اُن کی ناکامیوں، خامیوں کے باوجود خدا نے اُس مقصد کو اُن کی زندگی میں پورا کرنا تھا۔ یہ جاننا کس قدر خوبصورت بات ہے کہ ہماری ناکامیاں اور خامیاں خدای قادرِ مطلق کے منصوبے اور کام میں رکاوٹ کا باعث

نہیں ہو سکتیں۔ لیکن اِس کا ہر گز یہ مطلب نہیں کہ ہم گناہ پر گناہ کرتے چلے جائیں۔ بلکہ یہ جاننا تسلی اور تشفی کی بات ہے کہ خدا ہماری خامیوں اور ناکامیوں سے کہیں بڑا خدا ہے، یہ اُس کا فضل اور رحمت عظیم ہے کہ وہ ہماری خطاؤں، غلطیوں اور ناکامیوں سے در گُذر کرتا ہے۔

جس وقت سارہ ابی ملک کے ہاں تھی، خدا رات کو اَبی ملک کے پاس آیا، (3 آیت) خدا نے اُسے بتایا" دیکھ تو اس عورت کے سبب سے جسے تو نے لیا ہے، ہلاک ہو گا، کیونکہ وہ شوہر والی ہے۔"

یہ ساری باتیں اَبی ملک کے لئے بڑی حیرت کا باعث تھیں۔ ابرہام نے سارہ کے تعلق سے جھوٹ بولا تھا۔ ابی ملک تو اِس معاملہ میں بالکل راست تھی۔ اُسے کیا معلوم کہ سارہ آبرہام کی بیوی ہے۔

ہو سکتا ہے کہ خداوند خدا کی یہ باتیں ہم سب کے لئے بھی حیرت کا باعث ہوں۔ خدا ایک ایسے شخص کو کہے کہ "تو ہلاک ہو گا۔" اُسے بتائے کہ وہ گناہ کر رہا ہے۔ جسے حقیقت کا کچھ علم ہی نہ ہو۔ اگر کوئی شخص انجانے میں گناہ کرے تو اُس سے وہ بے الزام نہیں ٹھہرتا، گناہ تو گناہ ہی ہے۔ یہ ممکن ہے کہ آپ کو علم بھی نہ ہو اور آپ خدا کے حضور اُس کے مجرم ٹھہر چکے ہوں۔ ابی ملک کی صورتحال بھی کچھ ایسی ہی تھی۔ یہاں پر ایک زبردست سبق سیکھنے کو ملتا ہے۔

اِس دُنیا میں بہت سے ایسے لوگ ہیں جو خدا کی عدالت کے نیچے ہیں لیکن وہ اس بات سے ناآشنا ہیں۔ وہ اس بات کو سمجھتے بھی نہیں کہ وہ گنہگار ہیں۔ وہ قدوس خدا سے الگ ہیں۔ وہ

جہالت، لاعلمی اور اپنے انجام سے بے خبر زندگی بسر کر رہے ہیں۔ یہ ضروری نہیں کہ آپ کو علم ہو کہ آپ گنہگار ہیں اور تب ہی آپ گنہگار ٹھہریں گے۔ آپ کو خدا کی عدالت کے نیچے اور خدا سے الگ ہونے کے لئے دانستہ طور پر گناہ کرنے کی ضرورت نہیں۔ بہت سے ایسے لوگ ہیں جو خدا کی عدالت کے نیچے ہیں لیکن پھر بھی وہ بہت اچھی زندگی بسر کر رہے ہیں، اُن کی از حد کوشش ہوتی ہے کہ وہ راست اور نیک کام سر انجام دیں۔ اَبی ملک کی طرح وہ بھی لاعلم ہیں کہ خدا کی عدالت اُن پر بہت جلد آنے والی ہے۔

جب اَبی ملکؔ نے خدا کی یہ حیرت انگیز باتیں سنیں تو اُس کا جواب سنیں۔

"پر اَبی ملکؔ نے اس سے صحبت نہیں کی تھی۔ سو اُس نے کہا، اَے خداوند کیا تو صادق قوم کو بھی مارے گا؟ کیا اُس نے خود مجھ کو نہیں کہا کہ یہ میری بہن ہے اور وہ آپ بھی یہی کہتی تھی کہ وہ میرا بھائی ہے۔ میں نے تو اپنے سچے دل اور پاکیزہ ہاتھوں سے یہ کیا۔ (4اور 5آیت)

ابی ملک نے اِس بنیاد پر خدا کے حضور التماس کی کہ اُسے علم نہیں تھا کہ وہ گناہ کر رہا ہے اور اُس نے سب کچھ بالکل صاف ضمیر کے ساتھ کیا ہے۔

خدا کو علم تھا کہ وہ ابی ملک نے نادانستہ طور پر یہ سب کچھ کیا ہے۔ در حقیقت، خدا نے اُسے باز رکھا کہ وہ سارہ کو نہ چھوئے، (6 آیت)

اگرچہ خدا نے اُسے روکا کہ وہ سارہ کو نہ چھوئے تو بھی وہ خدا کی عدالت کے نیچے تھا۔

7 آیت میں، خدا نے اَبی ملک کو بتا دیا کہ اگر وہ سارہ ابرہامؔ کو واپس نہیں کرے گا تو وہ اور اُس کا گھرانہ ہلاک ہو جائیں گے۔ یہاں پر ہم ایسے شخص کے تعلق سے بات کر رہے ہیں

جس نے نہ جانتے ہوئے غلط کام کیا ہے۔ ابھی تک وہ سارہ کے ساتھ ہم بستر بھی نہیں ہوا تھا۔ اِس کے باوجود وہ خدا کی عدالت کے نیچے تھا اور ضرورت تھی کہ وہ خدا کے حضور توبہ اور اپنے معاملات خدا کے ساتھ درُست کرے۔

خدا نے خواب میں اَبی ملک سے کہا کہ وہ ابرہام سے کہے کہ وہ اُس کے گھرانے کے لئے دُعا کرے تاکہ خدا کی عدالت اُس کے گھرانے پر سے ٹل جائے۔ (7 آیت) جب اَبی ملک بیدار ہوا، اُس نے اپنے افسران کو بلاکر اُنہیں اپنے خواب کے بارے میں بتایا۔ (8 آیت) جب اُنہوں نے یہ سب کچھ سنا تو ڈر گئے۔

ابی ملک نے ابرہام کو اپنے حضور طلب کیا اور اُس سے پوچھا کہ اُس نے اُسے کیوں کر دھوکہ میں رکھا۔ "تو نے مجھ سے وہ کام کئے جن کا کرنا مناسب نہیں تھا۔" (9 آیت) ابی ملک یہ جاننے میں تجسس رکھتا تھا کہ ابرہام نے جھوٹ بول کر کیوں اُسے اور اُس کے گھرانے کو اتنے بڑے خطرے سے دوچار کیا۔ (10 آیت)

کیا آپ یہ ایمان رکھتے ہیں کہ ایماندار لوگ غیر ایماندار لوگوں کی عدالت کے ذمہ دار ہو سکتے ہیں؟ ابرہام کے جھوٹ کے سبب سے اَبی ملک نے سارہ کو اپنی حرموں میں شامل کر لیا تھا۔ اُس کے سبب سے پوری قوم پر خدا کی عدالت آ ٹھہری۔ یوناہ نبی نینوہ جانے کے لئے خدا کی بلاہٹ سے دستبردار ہو کر ترسیس کو بھاگ گیا۔ جب وہ ترسیس جانے کے لئے جہاز میں سوار ہو کر محوِ سفر اور خوابِ خرگوش کے مزے لے رہا تھا تو خدا نے طوفان بھیجا جس سے جہاز بہت بڑے خطرے سے دوچار ہو گیا۔ جب جہاز کے عملہ نے جان لیا کہ اُن کی زندگیاں خطرے میں ہیں، تو وہ بہت خوفزدہ ہوئے۔ یہ سب کچھ تو مردِ خدا یوناہ کی وجہ سے

تھا۔ کیونکہ اُس نے خدا کی نافرمانی کی تھی۔ یوناہ کی بغاوت کے سبب سے جہاز کا عملہ اور دیگر مسافر بھی خدا کی عدالت کی زد میں آ گئے۔ ہم اپنے اعمال و افعال اور روّیوں سے خدا کی عدالت نہ صرف اپنی زندگی پر بلکہ اپنے اردگرد کے لوگوں پر بھی لا سکتے ہیں۔

ابرہام کے اَبی ملک کو دیئے گئے جواب پر غور کریں۔ " میرا خیال تھا کہ خدا کا خوف تو اِس جگہ ہرگز نہ ہو گا اور وہ مجھے میری بیوی کے سبب سے مار ڈالیں گے۔ " (11 آیت)

ابرہام نے جرار کی ناراستی اور اُس کے بادشاہ کے سر الزام تھونپ دیا۔ ایسا کہتے ہوئے، ابرہام کو یہ احساس ہی نہ ہوا کہ وہ غیر ایمانداروں کو یہ دکھا رہا ہے کہ اُس کے ایمان اور اعتقاد کے مطابق اُس کا خدا اُسے اور اُس کے گھرانے کو بچانے پر قوی اور قادر نہیں ہے۔

ابرہام نے نہ صرف لوگوں کو اُن کی ناراستی کا موردِ الزام ٹھہرایا بلکہ اپنی اِس حرکت کی بھی صفائی پیش کی۔ 12 آیت میں اُس نے کہا کہ درحقیقت سارہ اُس کی بہن ہے بھی۔ جو کچھ ابی ملک کو ابرہام نے بتایا، اس میں قدرے سچائی بھی موجود تھی۔ تاہم ابرہام کی باتیں دیانتداری پر مبنی نہیں تھیں۔ 13 آیت میں اَبرہام نے اَبی ملک کو بتایا کہ لوگوں کو بتانے سے کہ سارہ اُس کی بہن ہے، وہ کسی بھی خطرے سے محفوظ ہے اور یوں وہ اُس کے لئے اپنی محبت کا اظہار بھی کر رہی ہے۔

ابی ملک کے سوال کے جواب میں، ابرہام نے اُس شہر کی ناراستی اور بدکاری پر اُنگلی اٹھائی، اپنے کاموں کو راست ٹھہرایا اور ابی ملک سے کہا کہ اُس کی بیوی (سارہ) اُس سے بہت محبت رکھتی ہے۔ ہم کسی طور پر کہیں بھی ابرہام کو اپنی غلطی کا اقرار و اعتراف کرتے ہوئے نہیں دیکھتے۔ ابرہام کے دھوکے اور فریب کی بنا پر پوری قوم خدا کی عدالت کے نیچے تھی۔

لیکن ابرہام کسی طور پر بھی اپنے دل میں یہ محسوس نہیں کر رہا تھا کہ اُس سے غلطی ہوئی ہے اور اُس نے یہ کہہ کر ابی ملک اور دیگر لوگوں کو فریب دیا ہے کہ سارہ اُس کی بہن ہے۔

اگرچہ ابرہام اپنی غلطی مانتا ہوا نظر نہیں آتا، لیکن ابی ملک کا روّیہ اور طرزِ عمل مختلف تھا۔ ابی ملک، بھیڑیں، مال مویشی، غلام اور لونڈیاں لے کر ابرہام کے پاس آیا۔ اُس نے سارہ بھی ابرہام کو واپس کر دی۔ (14 آیت) اُس نے ابرہام سے کہا کہ وہ ملک کے کسی بھی حصے میں آباد ہو سکتا ہے۔ (15 آیت) ابی ملک نے سارہ سے مخاطب ہو کر کہا کہ وہ اُس کے بھائی ابرہام کو ایک ہزار چاندی کے سکے دے رہا ہے۔ (تقریباً 25 پاونڈز یا ساڑھے گیارہ کلو گرام) جو کہ اُس کی غلطی کی تلافی ہے۔ ابی ملک نے اپنا گناہ تسلیم کر لیا اور سرِ عام سارہ سے معذرت چاہی۔ اگرچہ اُس نے سارہ کو چُھوا تک نہیں تھا تو بھی اُس نے اپنی قوم کے سامنے سارہ سے معافی مانگ لی۔

یہاں پر ابرہام اور ابی ملک کے روّیے میں حیرت انگیز حد تک فرق دیکھنے کو ملتا ہے۔ ابرہام دھوکہ دینے کا مجرم تھا، اُس کا یہ جُرم بھی تھا کہ اُس نے اپنی بیوی کسی غیر مرد کے ہاتھوں میں جانے کی اجازت دی۔ جب اُس سے اُس کی اِس حرکت کے بارے جوابدہی کی گئی تو اس نے اپنے آپ کو راست ٹھہرایا۔ ابی ملک نے سب کچھ صاف دلی اور نیک نیتی سے کیا تھا، اُسے علم نہیں تھا کہ وہ کسی دوسرے مرد کی بیوی کو لے رہا ہے۔ اگرچہ اُس نے سارہ کو چھُوا بھی نہیں تھا، اُس نے سرِ عام، سارہ سے معذرت چاہی۔ اُس نے سارہ کو اُس کے شوہر کے حوالہ کر دیا۔ اُس نے ابرہام کو ایک ہزار چاندی کے سکے بھی دیے، اس کے ساتھ بھیڑیں، غلام، لونڈیاں اور مال مویشی بھی ابرہام کو دے کر کہا کہ وہ مُلک کے کسی بھی حصے

میں آباد ہو سکتا ہے۔ ابی ملک گناہ کے تعلق سے کچھ سمجھتا ہوا دکھائی دے رہا ہے، اُسے خدا کی عدالت کو بھی خوف تھا، جبکہ قوم کے بزرگ ابرہام کی صورتحال قطعی مختلف اور حیران اور بیزار کُن تھی۔

اس دن ابرہام نے ابی ملک کے لئے دُعا کی اور خدا نے اُس کی اہلیہ اور اُس کی لونڈیوں کو شفا دی تا کہ اُن کے ہاں اولاد جیسی نعمت ہو۔ (7 آیت) معلوم نہیں کہ سارہ ابی ملک کے ہاں کتنا عرصہ رہی۔ تاہم یہ واضح ہے کہ جتنا عرصہ بھی وہ آبی ملک کے ہاں رہی، اِس دوران آبی ملک کے ہاں کی کوئی بھی عورت بار آور نہ ہونے پائی۔

چند غور طلب باتیں

☆۔ معلوم ہوتا ہے کہ ابرہام نے ملکِ مصر میں اپنی غلطی سے کچھ نہیں سیکھا تھا اور وہ اُس غلطی کو پھر سے دہراتے ہوئے ایک بار پھر دھوکہ دیتا ہوا نظر آتا ہے۔ کیا آپ بھی اپنی ماضی کی غلطیوں کو دہراتے رہتے ہیں؟ اپنے ماضی کی غلطیوں سے سیکھنا کیونکر مشکل لگتا ہے؟

☆۔ اس باب میں ہم ابرہام اور اُس کے خدا کے ساتھ چلنے کے بارے میں کیا سیکھتے ہیں؟

☆۔ کیا ابرہام کی غلطیوں اور خطاؤں کے سبب سے ابرہام کی زندگی میں خدا کا مقصد اور ارادہ متاثر ہوا؟

☆۔ کیا صاف ضمیر کے ساتھ گناہ کرنا ممکن ہے؟ کس طرح سے ہم جان سکتے ہیں کہ گناہ کی حالت کیسی ہوتی ہے؟

☆۔گناہ کے تعلق سے آبی ملک کے ردِ عمل کا ابرہام کے ردِ عمل سے موازنہ کریں۔ان دونوں میں کیا فرق پایا جاتا ہے؟

☆۔جب آپ کو اپنے گناہ کا علم ہوتا ہے تو آپ کا ردِ عمل اور روّیہ کیسا ہوتا ہے؟

چند اہم دُعائیہ نکات

☆۔خداوند سے فضل اور توفیق چاہیں کہ آپ اپنی ماضی کی غلطیوں اور خطاؤں سے سیکھ سکیں۔

☆۔خداوند کی شکر گزاری کریں کہ آپ کے اکثر و بیشتر ناکام ہونے کے باوجود خدا آپ کی محافظت کرتا رہا۔

☆۔خداوند سے مدد چاہیں تاکہ آپ اپنے الفاظ، اعمال اور روّیوں کی نگہبانی کر سکیں۔ تاکہ آپ کے سبب سے دوسرے لوگ گناہ میں نہ گریں۔

☆۔خداوند سے فضل، توفیق اور فراخدلی اور کشادہ دلی کے لئے درخواست کریں تاکہ آپ اپنی غلطیوں اور خطاؤں کو قبول کرنے والے بن سکیں۔

باب 19

اضحاق اور اسماعیل کی مختلف راہیں

پیدائش 21:1-34 کا مطالعہ کریں

کئی سال بعد خدا نے ابرہام اور سارہ سے کیا وعدہ پورا کیا۔ سارہ اپنے بڑھاپے میں حاملہ ہوئی اور ابرہام سے اُس کے ہاں ایک بیٹا پیدا ہوا۔ (2 آیت) ابرہام نے اُس کا نام اضحاق رکھا۔ جیسا کہ خداوند نے اُسے بتا دیا تھا۔ یہ بات دلچسپی کی حامل ہے کہ اضحاق کا معنی ہے، " وہ ہنستا ہے۔" ہو سکتا ہے کہ یہ نام ابرہام اور سارہ کو یاد دلانے کے لئے خدا نے رکھا ہو تا کہ ابرہام اور سارہ کو یاد آتا رہے کہ جب اُنہیں یہ خبر دی گئی تھی کہ اُن کے بڑھاپے میں اُن کے ہاں بیٹا پیدا ہو گا تو وہ کس طرح ہنسے تھے۔ یہ نام اِس حقیقت کی طرف بھی اشارہ ہے کہ بڑھاپے میں اُنہیں ہنسنے کی ایک وجہ دی گئی اور وہ خدا کی قُدرت کے سبب سے شادمان ہوئے جس نے بانجھ رحم میں زندگی ڈال دی۔

جب اضحاق ابھی آٹھ دن کا تھا تو خدا کے حکم کے مطابق ابرہام نے اُس کا ختنہ کر دیا اُس وقت ابرہام کی عمر سو برس ہو چکی تھی۔ (5 آیت)

بچے کی پیدائش پر سارہ خدا کی قدرت اور اُس کے عجیب کاموں کو دیکھ کر محوِ حیرت تھی۔ اُس نے کہا۔ "کہ بھلا کوئی ابرہام سے کہہ سکتا تھا کہ سارہ لڑکوں کو دُودھ پلائے گی؟" (7 آیت) یہ چھوٹا سا بچہ سارہ کے بڑھاپے میں اُس کے لئے بڑی خوشی اور شادمانی کا

باعث ہوا۔ اُس کی زندگی میں ایسا زبردست معجزہ دیکھ کر ہر ایک شادمان ہوا۔ " کیونکہ اِس سے اُس کے بڑھاپے میں میرے ایک بیٹا ہوا۔ "(7 آیت)

اضحاق کی پیدائش پر بڑی خوشی منائی گئی۔ تاہم اِس بچے کی پیدائش کے ساتھ ہی کچھ اہم مسائل اور مشکلات بھی پیدا ہو گئیں۔ جب حاجرہ کے ہاں ابرہام سے اسماعیل پیدا ہوا۔ سارہ حاجرہ کے ساتھ اس قدر سختی سے پیش آئی کہ حاجرہ ابرہام کے گھر سے بھاگنے پر مجبور ہو گئی۔ تھوڑے عرصہ کے لئے سارہ نے وہ پرانا حسد ایک طرف کر دیا تھا لیکن مستقل طور پر وہ حسد اُس کے دل سے ختم نہ ہو سکا۔ اضحاق کی پیدائش سے یہ پرانا چھپا ہوا حسد پھر سے منظرِ عام پر آ گیا۔

جس دن اضحاق کا دُودھ چھڑایا گیا۔ ابرہام نے بڑی ضیافت کا اہتمام کیا۔ جو کہ اُس کے بیٹے کی زندگی میں ایک سنگِ میل کی یاد منانے کے لئے تھی۔(8 آیت)

جب خاندان اُس ضیافت کے لئے اکٹھا ہوا تو سارہ نے دیکھا کہ اسماعیل اضحاق کا مذاق اڑا رہا ہے۔(9 آیت) اسماعیل کی پیدائش کے وقت ابرہام کی عمر 86 برس تھی۔ (پیدائش 16:16) اضحاق کی پیدائش کے وقت ابرہام کی عمر 100 برس تھی۔

اِس کا مطلب یہ ہوا کہ اس وقت تک اسماعیل کی عمر 14 برس ہو چکی تھی۔ سارہ نے اس صورتحال کو بہت سنجیدگی سے لیا اور وہ اضحاق کے مذاق اُڑائے جانے کو دیکھ کر بہت پریشان ہوئی۔

اس واقعہ کے خلاف اپنا ردِ عمل ظاہر کرتے ہوئے، سارہ ابرہام کے پاس گئی اور اُسے کہا کہ اِس لونڈی اور اُس کے بیٹے کو گھر سے نکال دے۔(10 آیت)

قابلِ غور نکتہ ابرہام نے حاجرہ کو " لونڈی " کہا۔ اِس سے یہ ظاہر ہوتا ہے کہ سارہ حاجرہ کے لئے کیسے جذبات اور احساسات رکھتی تھی۔ سارہ بہت خوبصورت عورت تھی۔ کم از کم دو بادشاہوں نے اُسے اپنی حرموں میں رکھنے کی کوشش کی تھی۔ اگرچہ سارہ ایک خوبصورت عورت تھی لیکن اُس کی زندگی میں ایک بہت بڑا داغ تھا۔ وہ شک وشبہات اور تلخی سے بھری ہوئی تھی۔ یہ کس قدر اہم ہے کہ ہم اپنے اندر چھپی عداوت، کینے اور تلخی کو نکالیں۔ جب سے اسماعیل پیدا ہوا تھا، اُس وقت سے ہی سارہ کے دل میں حاجرہ کے لئے حسد، تلخی اور کڑواہٹ پیدا ہوگئی تھی جو کہ چودہ سال گزر جانے کے بعد اب بھی اُس کے دل ودماغ کو اپنے قبضہ میں لئے ہوئے تھی۔ وہ اُس پر غالب آنے سے قاصر رہی۔

جب ابرہام نے اپنی بیوی کی زندگی میں اِس حسد، تلخی اور عداوت کو دیکھا تو اُسے بہت پریشانی ہوئی۔ جو کچھ سارہ اُس کے بیٹے اسماعیل اور اُس کی ماں کے تعلق سے کہے جارہی تھی، وہ سب ابرہام کو بالکل بھی اچھا نہیں لگ رہا تھا، کیونکہ ابرہام اسماعیل کو دل سے چاہتا تھا۔ (11 آیت)

خدا ابرہام کے دل کی کیفیت، احساسات اور جذبات سے بخوبی واقف تھا، لیکن اِس میں بھی خدا ایک مقصد رکھتا تھا۔ 12 آیت میں، خدا نے ابرہام سے کہا کہ وہ اسماعیل اور اُس کی ماں کے تعلق سے پریشان ہونا چھوڑ دے۔ خدا نے وعدہ کیا کہ حاجرہ اور اسماعیل کے گھر سے جانے کے بعد بھی اُس کی برکت کا ہاتھ اسماعیل پر بھی ٹھہرا رہے گا۔ (13 آیت)

جو روّیہ اور طرزِ عمل سارہ نے اپنایا اُس کے لئے یہاں کوئی عُذر بیان نہیں کیا گیا۔ خدا نے اُس کے غصے اور تلخی کو استعمال کرتے ہوئے ایک بہت بڑا مقصد سرانجام دیا۔ خدا اِس

بات کا پابند نہیں کہ صرف اُن لوگوں کو ہی استعمال کرے جن کا روّیہ اور اعمال دُرست ہوتے ہیں۔ سارہ کو اپنی تلخی، کڑواہٹ اور عداوت کے لئے خدا کے حضور جوابدہ ہونا تھا، تاہم خدا نے اُسے اپنے بڑے مقصد کی انجام دہی کے لئے استعمال کیا۔ اگلے روز صبح سویرے ابرہام نے روٹی پانی لے کر اُسے حاجرہ کو دیا اور اُنہیں اپنے گھر سے روانہ کر دیا۔

(14 آیت) وہ ابرہام سے روانہ ہو کر بیر سبع کے صحراؤں میں بھٹکتی پھری۔ جو پانی وہ اپنے ساتھ لائی وہ بھی استعمال ہو گیا۔ اب اُن کے پاس پینے کے لئے پانی بھی نہیں تھا۔ حاجرہ نے اپنے بیٹے کو ایک جھاڑی کے نیچے لٹا دیا۔ اور خود تھوڑے فاصلے پر جا بیٹھی تا کہ اُس کی سِسکیاں سنے اور نہ ہی اُسے مرتے ہوئے دیکھ سکے۔ (16 آیت) ذرا تصور کریں یہ صورتحال حاجرہ کے لئے کس قدر تکلیف دہ ہو گی۔ وہ اپنی آنکھوں کے سامنے اپنے چودہ سالہ نو عمر بیٹے کو تڑپتے اور مرتے ہوئے دیکھ رہی تھی پر کچھ نہیں کر سکتی تھی۔ جب حاجرہ صحرہ میں تنہا بیٹھی ہوئی تھی۔ وہ رونے لگی۔ وہ اپنا گھر اور بچے کا باپ بھی کھو چکی تھی۔ وہ نہیں جانتی تھی کہ کہاں جائے۔ اُس کا بیٹا پیاس سے بلک رہا تھا، قریب تھا کہ وہ مر جاتا۔

خدا نے اسماعیل کا رونا دیکھ کر جواب دیا۔ اُس روز خدا مصیبت کی گھڑی میں حاجرہ سے آملا۔ اُس نے اُسے تسلی دی اور کہا کہ وہ خوفزدہ نہ ہو۔ اُس نے اُس سے وعدہ کیا کہ وہ اُس کے بیٹے کو ایک بڑی قوم بنائے گا۔ (18 آیت)

جب حاجرہ وہاں بیٹھی ہوئی تھی تو خدا نے اُس کی آنکھیں کھول دی تا کہ وہ اپنے سامنے پانی کا ایک چشمہ دیکھ سکے۔ (19 آیت) ہم اِس سے یہی سمجھ سکتے ہیں کہ پانی کا وہ چشمہ پہلے سے وہاں پر موجود تھا، لیکن حاجرہ اُسے دیکھنے سے قاصر رہی۔ خدا اپنی قدرتِ کاملہ سے

حاجرہ کو اُس مقام پر لایا۔ جہاں اُس نے پانی کا چشمہ دیکھا، اُس نے آگے بڑھ کر پانی کی مشک بھرلی، اُس نے اپنے بیٹے اسماعیل کو بھی اس پانی میں سے پینے کے لئے دیا۔

20 آیت ہمیں بتاتی ہے کہ جب اسماعیل صحرا میں پرورش پاتا رہا، تو خدا اُس کے ساتھ تھا۔ وہ ایک تیر انداز بنا۔ بالاخر حاجرہ نے اُس کے لئے ایک بیوی تلاش کرلی۔ 21 آیت پر غور کریں کہ حاجرہ ایک مصری عورت تھی اور اُس نے اپنے بیٹے کے لئے بھی اپنے لوگوں میں سے ایک لڑکی کا چناؤ کیا کہ اُس کے بیٹے سے بیاہی جائے۔

یوں ہم دیکھ سکتے ہیں کہ خدا نے کس طرح اسمٰعیل اور حاجرہ کو برکت دی۔ خدا نے صحرا میں بھی اُن کی مدد کی۔ اُس کے لئے ایک بیوی مہیا کی اَب حاجرہ نے اپنے بیٹے کی اولاد دیکھنا تھی۔ اُسے خدا کا وہ وعدہ یاد آتا ہوگا جو خدا نے ابرہام سے کیا تھا کہ وہ اسمٰعیل کو بھی برکت دے کر ایک بڑی قوم بنائے گا۔

21 باب مرکزی نکتہ 22 آیت میں تبدیل ہو جاتا ہے۔ ہم ابی ملک اور ابرہام کے درمیان معاہدے کو دیکھتے ہیں۔ یاد رہے کہ جرار کے بادشاہ نے ابرہام کو اپنے ملک کے کسی بھی حصے میں رہنے کی اجازت دی۔ (پیدائش 20:14-15) یہ وہی بادشاہ ہے جس نے 20 باب میں سارہ کو اپنی حرم ہونے کے لئے لیا تھا۔

اَبی ملک نے دیکھا کہ خدا ابرہام کو کس طرح سے برکت دے رہا ہے۔ (22 آیت) اُسے خوف آنے لگا کہ اِس برکت کا کیا انجام ہوگا۔ ابی ملک نے کہا کہ وہ اُس سے قسم کھائے کہ وہ اس سے دغا نہیں کرے گا۔ (23 آیت) یاد رہے کہ اَبی ملک ابرہام کو جانتا تھا کہ یہ سچ بولنے والا شخص نہیں ہے۔ کیونکہ اس نے اَبی ملک سے جھوٹ بولا تھا کہ سارہ اُس کی بہن

ہے۔ اس جھوٹ سے اَبی ملک اور اُس کے گھرانے پر خدا کی عدالت آئی تھی۔ 23 آیت میں اَبی ملک بادشاہ نے ابرؔہام سے کہا کہ وہ اُس سے قسم کھائے کہ وہ اس سے، نہ اس کے بیٹے اور نہ اُس کے پوتے سے دغا کرے گا۔ اُس نے کہا کہ وہ اُس کے اور اُس کی اولاد کے ساتھ دوستانہ اور دیانتدارانہ تعلقات قائم کرنے پر اتفاق کرے۔

اَبی ملک نے آبرہام کو یاد دلائی کہ وہ اُس کے ساتھ اس وقت کس قدر مہربانی سے پیش آتا رہا جب وہ اُس کے مُلک میں تھا۔ (23 آیت) اُس نے ابرہام سے کہا کہ وہ اُس کے اور اُس کی اولاد کے ساتھ مہربانی کا روّیہ اپنائے، کیونکہ وہ اب خدا کی برکت سے طاقتور اور شمار میں بھی زیادہ ہو گیا ہے۔ آبرہام نے اَبی ملک کے کہنے کے مطابق قسم کھا کر اَبی ملک سے عہد کیا۔ (24 آیت)

اگرچہ ابرہام نے اس بات پر اتفاق کیا کہ اَبی ملک اُس کے ساتھ مہربانی سے پیش آیا۔ تاہم اُس نے اَبی ملک سے شکایت کی کہ اُس کے نوکروں نے اُس کا ایک کنواں اُس سے چھین لیا ہے۔ (25 آیت) آبی ملک نے ابرہام کو یقین دہانی کرائی کہ اُسے اس مسئلے کا علم نہیں ۔27 آیت میں ابرہام بھیڑیں اور مویشی اَبی ملک کے پاس لے کر آیا اور دونوں نے ایک معاہدہ کیا۔ ابرہام نے اپنے گلہ میں سے سات نر برّے الگ کئے (28 آیت) جب ابی ملک نے پوچھا کہ اس کا کیا مطلب ہے تو ابرہام نے اُسے جواب دیا کہ گواہی کے طور پر وہ ان برّوں کو قبول کرے کہ واقعی اُس نے وہ کُنواں کھودا تھا جو اُس کے نوکروں نے اُس سے چھین لیا ہے۔ یوں اس طرح سے، اِن دونوں آدمیوں کے درمیان معاہدہ قائم ہوا اور ملکیت کا یہ معاملہ طے پایا۔ جس جگہ دونوں آدمیوں نے قسم کھائی، اُس جگہ کا نام بیر سبع

تھا۔ بیر سبع کا معنی ہے۔" سات کا کُنواں" یا قسم کا کنواں" یہ معاہدہ کرنے کے بعد، اَبی ملک اور اُس کے لشکر کا سردار واپس گھر لوٹ آئے۔(23 آیت)

ابرہام نے بیر سبع کے مقام پر جھاؤ کا ایک درخت لگایا اور وہاں خداوند سے دُعا کی۔ ظاہری بات ہے کہ یہ لمحہ آبرہام کے لئے بڑا خاص وقت تھا۔

24 آیت کے مطابق، آبرہام اُس مُلک میں دیر تک قیام پذیر رہا۔ آبرہام پر خدا کی برکت کا ہاتھ ٹھہرا ہوا تھا۔ خدا نے اُسے برکت دینے کا وعدہ کیا تھا کہ وہ اُسے ایک بڑی قوم بنائے گا۔ لیکن ابرہام کا اُس مُلک میں قیام اُس وقت تک ہی تھا جب تک کہ اُس کے پاس اپنا مُلک نہیں تھا۔ وہ کسی کے مُلک میں ایک مسافر کے طور پر رہا۔ خدا نے اُسے بیٹا دینے کا وعدہ پورا کیا۔ جب وقت پورا ہو گیا تو خدا نے اُسے اُس کا اپنا ملک بھی عطا کیا۔

چند غور طلب باتیں

☆۔ "اضحاق" نام کا کیا معنی ہے؟ اُس نام کی ابرہام اور سارہ کے لئے کیا اہمیت تھی؟

☆۔ اس حوالہ میں ہم سارہ کے باطنی کردار کے بارے میں کیا سیکھتے ہیں؟

☆۔ سارہ کی تلخی اور حسد کو استعمال کرتے ہوئے خدا نے کس طرح اپنے مقصد کو پایہ تکمیل تک پہنچایا؟

☆۔ خدا نے کس طرح حاجرہ اور اسماعیل پر خود کو صحرا میں ظاہر کیا؟ کیا کسی مشکل گھڑی میں خدا نے آپ پر بھی خود کو ظاہر کیا ہے؟ وضاحت کریں۔

☆۔ ابی ملک کے سامنے ابرہام کی گواہی کیسی تھی؟ لوگ آپ کو شخصی طور پر کس نظر سے

دیکھتے ہیں؟

چند اہم دُعائیہ نکات

☆۔ خداوند سے دُعا کریں کہ آپ کی باطنی زندگی آپ پر منکشف کرے۔ خداوند سے کہیں کہ وہ حسد، تلخی اور کڑواہٹ جس کو آپ کی زندگی سے نکالنے کی ضرورت ہے آپ پر ظاہر کرے۔

☆۔ خداوند کی شکر گزاری کہ وہ آپ کے گناہ اور خامیوں سے بڑا اور بالاتر ہے اور ہماری ناکامیوں کے باوجود ہمیں برکت دیتا ہے۔

☆۔ کیا آپ کو اپنی زندگی میں کسی مشکل گھڑی اور مسئلے کا سامنا ہے؟ خداوند کی شکر گزاری کریں کہ وہ اُسی طرح سے آپ کی مشکل اور دُکھ کی حالت میں آپ سے ملنے کے لئے تیار ہے جس طرح وہ حاجرہ اور اسماعیل سے اُس دن صحرا میں ملا تھا۔

باب 20

ابرہام آزمایا جاتا ہے

پیدائش 22:1-24 کا مطالعہ کریں

سمے کہ دھارا بہتی رہی اور بالاخر اضحاق جوان ہو گیا۔ اگرچہ ہمیں یہ تو نہیں بتایا گیا کہ اِس وقت تک اضحاق کی عمر کتنی ہو چکی تھی لیکن اس حوالہ میں کئی ایک اشارے ملتے ہیں کہ وہ اِس قدر جوان ہو چکا تھا کہ وہ اپنی کمر پر بوجھ اُٹھا کر بھی چل سکتا تھا۔ جب ابرہام قربانی گزراننے کے لئے گیا، تو اُس نے لکڑیاں اضحاق کی کمر پر رکھیں تا کہ وہ اُنہیں اُس کے لئے اُٹھا کر اُس کے ساتھ ساتھ چلے۔ (6 آیت) اضحاق اِس قدر بڑا ہو چکا تھا کہ اب وہ سوال بھی پوچھنے کی صلاحیت اور عقل و فہم رکھتا تھا۔ ہم 7 آیت میں دیکھتے ہیں کہ جب وہ قربانی گزراننے کے لئے جا رہے تھے تو اضحاق نے برّے کے بارے میں سوال کیا۔ اُس نے پہلے بھی کئی ایک قربانیاں دیکھی تھیں اور اُس نے غور کیا کہ اُن کے پاس اِس قربانی کے لئے برّہ موجود نہیں ہے۔ اس کا مطلب یہ ہوا کہ اُس وقت تک اضحاق جوان لڑکا تھا۔

پیدائش 22 باب کا آغاز ہمیں یہ بتانے سے ہوتا ہے کہ خدا نے ابرہام کی آزمائش کی۔ اس حوالہ میں آزمانے کے لئے جو لفظ استعمال ہوا ہے اس کا ترجمہ "پرکھنا" کیا جا سکتا ہے یہ بہت اہم نکتہ ہے، اچھا ہے کہ ہم اِس کا جائزہ لینے کے لئے کچھ وقت صرف کریں۔

تصدیق کرنے سے مُراد کسی چیز کے خالص ہونے کو جانچنا یا اِس بات کو پرکھنا ہے کہ اُس پر

کس قدر انحصار کیا جا سکتا ہے۔ ایسا کرنے کے لئے اُس چیز کو دباؤ میں سے گزارا جاتا ہے تاکہ اِس بات کی یقین دہانی کر لی جائے کہ آیا یہ چیز اُسی طرح سے کام کرے گی جس طرح سے ہم اس سے کام لینا چاہتے ہیں۔ خدا ایسا ہی کچھ تو ابرہام کے لئے کر رہا تھا۔

اگرچہ خدا کو علم ہوتا ہے کہ ایسی آزمائش یا امتحان کے کیا نتائج برامد ہوں گے، تاہم وہ ہماری بہتری اور بھلائی کے لئے ہمیں جانچتا اور پرکھتا ہے۔ ہر ایک امتحان کا نتیجہ ہم پر کئی ایک چیزوں کو منکشف کرتا ہے جو ہماری ذات سے منسلک ہوتی ہیں۔ خدا کی یہ خواہش ہے کہ ہم اپنی کمزوریوں کو دیکھیں اور اُنہیں دُور کر کے اُس کے لئے بہتر سے بہترین کی طرف اپنا سفر جاری رکھیں۔

جو امتحان خدا نے ابرہام کے سامنے رکھا تھا وہ آسان تو نہیں تھا۔ خدا نے اُسے کہا تھا کہ اپنے بیٹے اضحاق کو لے کر موریاہ کے علاقہ میں جائے اور اُسے سوختنی قربانی کے طور پر میرے حضور گزران دے۔

غور کریں کہ خدا نے کیا کہا، 2 آیت میں، اضحاق ابرہام کا اکلوتا بیٹا تھا۔ اگرچہ اسماعیل بھی ابرہام کا بیٹا تھا۔۔ خدا نے اُسے کہا تھا کہ وہ حاجرہ اور اسماعیل کو گھر سے روانہ کر دے۔ ایسا کرنا ابرہام کے لئے آسان تو نہ تھا لیکن اُس نے بخوشی ورضا خدا کی فرمانبرداری کی۔ ابرہام کا بیٹا اسماعیل اب اُس کے پاس نہ تھا، ہو سکتا ہے کہ گھر سے جانے کے بعد ابرہام نے اُسے دوبارہ کبھی دیکھا بھی نہ ہو۔ اب اضحاق ہی تو اُس کے پاس رہ گیا تھا۔

2 آیت پر غور کریں۔ خدا جانتا تھا کہ ابرہام اضحاق سے محبت کرتا ہے۔

خدا نے اُسے کہا" تو اپنے اضحاق کو جو تیرا اکلوتا ہے اور جسے تو پیار کرتا ہے ساتھ لے کر

مُوریا کے ملک میں جا اور وہاں اُسے پہاڑوں میں سے ایک پہاڑ پر جو میں تجھے بتاؤں گا سوختنی قربانی کے طور پر چڑھا۔"

جو کچھ خدا ابرہام سے کرنے کے لئے کہہ رہا تھا وہ اُس کے لئے بہت ہی تکلیف دہ تھا کیونکہ وہ اضحاق سے محبت رکھتا تھا۔

خدا نے ابرہام کو پکار کر کہا کہ وہ اپنے بیٹے کو موریاہ کے علاقہ میں لے جا کر پہاڑوں میں سے ایک پہاڑ پر جو میں اُسے دکھاؤں گا، سوختنی قربانی کے طور پر گزران دے۔ 2 تواریخ 1:3 کوہ موریا کے مقام پر اہم معلومات فراہم کرتا ہے۔

"اور سلیمان یروشلیم میں کوہِ موریاہ پر جہاں اُس کے باپ داؤد نے رویت دیکھی اسی جگہ جسے داؤد نے تیار کر کے مقرر کیا یعنی ارنان یبوسی کے کھیت میں خداوند کا گھر بنانے لگا۔"

2 تواریخ 1:3 کے مطابق کوہِ موریا یروشلیم میں ہے۔ جہاں پر سلیمان کی ہیکل تعمیر کی گئی تھی۔

غور کریں کہ بالآخر اضحاق کو سوختنی قربانی کے طور پر پیش کر دیا جانا تھا۔ عہدِ عتیق میں مختلف اقسام کی بہت سی قربانیاں تھیں۔ تاہم سوختنی قربانی ایسی قربانی تھی جو گناہ کی قربانی کے لئے گزرانی جاتی تھی۔

یہ اُس کام کی تصویر ہے جو ہمارے خداوند یسوع نے بنی نوع انسان کے لئے سر انجام دیا ہے۔ باپ نے اپنے اکلوتے بیٹے، خداوند یسوع کو لے کر اُسے یروشلیم کے پہاڑ پر بھیجا جہاں اُس نے صلیب پر اپنے آپ کو گناہ کی قربانی کے لئے پیش کر دیا۔ ابرہام اور اضحاق کی کہانی اصل میں خداوند یسوع کے صلیب پر کئے گئے کام کی تصویر ہے۔ اس سے ہمیں یہ

سمجھ آتی ہے کہ خدا نے ابرہام کو کیونکر ایسا کام کرنے کے لئے کہا تھا۔ اُس کام کے وسیلہ سے خدا اِس بات کا اعلان کر رہا اور دُنیا کو بتا رہا تھا کہ وہ دن آ رہا ہے جب اکلوتے بیٹے کو یروشلیم کے پہاڑ پر اِس جہاں کے گناہوں کی قربانی کے طور پر پیش کر دیا جائے گا۔

ابرہام نے صبح سویرے گدھے پر زین کسا۔ اُس نے اضحاق اور اپنے دو نوکروں کو اپنے ہمراہ لیا۔ سوختنی قربانی کے لئے لکڑیاں کاٹنے کے بعد، وہ موریاہ کے علاقہ کی طرف سفر پر روانہ ہو گئے۔ (3 آیت) اس سفر میں اُنہیں تین دن لگ گئے۔ تیسرے دن ابرہام نے دُور سے پہاڑ کو دیکھا۔ (4 آیت) اُس نے اپنے نوکروں سے کہا کہ وہ گدھے کے پاس رہیں اور وہ اور اضحاق پہاڑ پر خدا کو سجدہ کر کے واپس آ جائیں گے۔ (5 آیت)

غور کریں کہ ابرہام نے اپنے نوکروں سے کہا وہ واپس آ جائیں گے۔ ابرہام نے یہاں پر جمع کا صیغہ استعمال کیا ہے۔ اُسے یہ اعتماد تھا کہ وہ اور اُس کا بیٹا دونوں ہی پہاڑ سے واپس آئیں گے۔ عبرانیوں کا مصنف ابرہام کے اُس ایمان کے لئے ابرہام کی تعریف کرتا ہے۔ "کیونکہ وہ سمجھا کہ خدا مُردوں میں سے بھی جلانے پر بھی قادر ہے۔"(عبرانیوں (19:11

اُسے علم تھا کہ خدا نے اُسے کہا ہے کہ اضحاق کو سوختنی قربانی کے طور پر قربان کر دے، لیکن اُسے یہ بھی یاد تھا کہ خدا نے اُس کے وسیلہ سے اُس کے ساتھ ایک نسل کا وعدہ کیا ہے۔ اُسے یقین تھا کہ خدا اُسے مُردوں میں سے زندہ کرنے کی قدرت رکھتا ہے۔ وہ ہر صورت میں سے اُس کے وسیلہ سے اولاد بخشے گا۔

بیٹے کے مُردوں میں سے زندہ ہونے کے تعلق سے ابرہام کا ایمان بہت اہم ہے۔ ابرہام

اپنے بیٹے کو سوختنی قربانی کے طور پر گزراننے کے لئے لے کر جا رہا تھا۔ لیکن اُسے یہ معلوم تھا کہ یہ اختتام نہیں ہے۔ وہ پہاڑوں پر یہ جانتے ہوئے گیا کہ خدا موت پر غالب ہے اور اُس کے بیٹے کو مُردوں میں سے زندہ کر دیا جائے گا۔ کیا یسوع بھی اسی ایمان اور علم کے ساتھ صلیب پر قربان نہیں ہوا تھا؟ اُسے معلوم تھا کہ موت اُسے اپنے قبضہ میں نہیں رکھ سکتی۔

ابرؔہام نے سوختنی قربانی کے لئے لکڑیاں اضحاؔق کی کمر پر رکھیں۔ اور وہ خود آگ اور چُھری لے کر پہاڑ پر گیا۔ یہاں پر ایک بار پھر ہم اکلوتے بیٹے کی تصویر کو نظر انداز نہیں کر سکتے جو لکڑی اُٹھا کر از خود پہاڑ پر گیا جس پر اُسے قربان کیا جانا تھا۔ یہی کچھ تو خداوند یسوع نے ہمارے لئے کیا تھا جب وہ کلوری کے پہاڑ پر اپنی صلیب خود اُٹھا کر لے گیا تھا۔

جب وہ پہاڑوں میں سے سفر کرتے ہوئے آگے بڑھ رہے تھے، اضحاق نے 7 آیت میں اپنے باپ سے پوچھا۔ " دیکھ آگ اور لکڑیاں تو ہیں پر سوختنی قربانی کے لئے برّہ کہاں پر ہے؟"

اسرائیل میں اس سے پہلے کبھی بھی کسی انسان کو خدا کے حضور مذبح پر قربان نہیں کیا گیا تھا۔ خداوند یسوع مسیح سے قطعی مختلف، اضحاق کو علم نہیں تھا کہ اُسے قربان کر دیا جائے گا۔ ابرہام نے اُسے بتایا۔

" خداوند آپ ہی سوختنی قربانی کے لئے برہ مہیا کر لے گا۔"

اضحاق کے سوال کا جواب جو ابرؔہام نے اُسے دیا، وہ بہت دلچسپی کا حامل ہے۔ اِس جواب سے یہ جاننا تو مشکل ہے کہ ابرؔہام کا ایمان کیا تھا۔ بہت سے مفسّرین محسوس کرتے ہیں کہ

ابرہام اس وقت نبوتی الفاظ بول رہا تھا جب اُس نے یہ باتیں کہیں۔ وہ مفسّرین جو یہ محسوس کرتے ہیں کہ ابرہام نے جب یہ کہا کہ خدا ہی برّہ مہیا کرے گا تو یہ براہ راست خداوند یسوع مسیح کی طرف اشارہ تھا جس نے ہمارے گناہوں کے لئے قربان ہونے کے لئے آنا تھا۔ ایسا بھی ہو سکتا ہے کہ ابرہام کا یہ ایمان ہو کہ خدا اضحاق کی جگہ مذبح پر سوختنی قربانی کے لئے برّہ تلاش کرنے میں اُن کی مدد کرے گا۔

جب وہ اس مقام پر پہنچے جہاں خدا چاہتا تھا کہ وہ قربانی پیش کریں، ابرہام نے ایک مذبح بنایا اور اُس پر لکڑیاں ترتیب سے رکھیں۔ پھر اُس نے اپنے بیٹے کو باندھ کر اُن لکڑیوں پر رکھ دیا۔ (9 آیت) اُس نے اپنی چھُری لے کر اپنے بیٹے کو ذبح کرنا چاہا۔ (10 آیت)

ہمیں اس بات کو سمجھنے کی ضرورت ہے کہ ابرہام اپنے دل میں پہلے ہی اضحاق کو ذبح کر چکا تھا۔ چھُری اٹھانے سے پہلے، ابرہام نے فرمانبردار رہنے کا چناؤ کر لیا تھا۔ 12 آیت بالکل واضح کر دیتی ہے۔ جب خدا یہ فرماتا ہے۔

" اب میں جان گیا کہ تو خدا سے ڈرتا ہے۔ اِس لئے کہ تو نے اپنے بیٹے کو بھی جو تیرا اکلوتا ہے مجھ سے دریغ نہ کیا۔ "

خدا نے ابرہام کے دل کے روّیہ کو دیکھا کہ اُس نے اپنا اکلوتا بیٹا پورے دل سے اُس کے حضور پیش کر دیا ہے۔ اس سے پہلے کہ ابرہام اپنی چھُری اُس کے گلے پر چلاتا، خدا کے فرشتہ نے اُسے روکا، فرشتے نے اُسے کہا کہ وہ لڑکے پر اپنا ہاتھ نہ چلائے۔ ابرہام نے نظر اُٹھا کر ایک مینڈھے کو جھاڑیوں میں پھنسے ہوئے دیکھا۔ قربانی کے لئے یہی خدا کی طرف سے مہیا کیا گیا تھا۔ ابرہام نے اُس مینڈھے کو لے کر اپنے بیٹے کی جگہ اُسے قربان کیا۔

(13 آیت) ابرہام نے اُس جگہ کا نام " خداوند مہیا کرے گا رکھ دیا۔(14 آیت) اِس قربانی کے بعد خدا کے فرشتہ نے ایک بار پھر اُسے آسمان سے پکارا۔(15 آیت) خدا نے اُسے بتایا، چونکہ اُس نے اپنے بیٹے کو بھی قربان کرنے سے دریغ نہ کیا، اس لئے وہ اُسے برکت دے گا ، اُس کی نسل آسمان کے ستاروں اور سُمندر کے کنارے کی ریت کی مانند ہو گی۔ خدا نے وعدہ کیا کہ اُس کی نسل اپنے دُشمنوں پر غالب ہو گی۔(17 آیت) اور اُن کے وسیلہ سے زمین کی سب قومیں برکت پائیں گی۔(18 آیت) اپنے بیٹے کو قربان کرنے کے لئے ابرہام کی آمادگی اور رضامندی دُنیا بھر کے لئے باعثِ برکت ثابت ہوئی۔ اسی طرح سے، آسمانی باپ کا اپنے اکلوتے بیٹے خداوند یسوع کو قربان کرنا گناہوں کی معافی کے وسیلہ سے پوری دُنیا کے لئے باعثِ برکت ہوا۔

ابرہام اپنے بیٹے کے ہمراہ نوکروں کے پاس لوٹ آیا ، وہ سب مل کر بیر سبع روانہ ہوئے جہاں پر ابرہام اور اُس کا گھرانہ قیام پذیر تھا۔(19 آیت)

ان واقعات کے کچھ عرصہ بعد، ابرہام نے اپنے بھائی کے تعلق سے ایک خبر سنی جو اُس وقت اُس سے کافی دُور قیام پذیر تھا۔ پیغام دینے والے نے اُسے بتایا کہ اُس کے بھائی نحور کے اُس کی بیوی ملکہ سے آٹھ بیٹے پیدا ہوئے ہیں۔ اُن بیٹوں کے نام 21-22 آیات میں ہمارے لئے درج ہیں۔ نحور کے اپنی حرم رُومہ تھا سے چار بیٹے پیدا ہوئے تھے۔(24 آیت)

23 آیت میں نحور کے بیٹے بتوایل کے ہاں بیٹی کی پیدائش پر خاص طور پر لکھا گیا ہے۔ اُس بیٹی کا نام ربقہ تھا۔ جو کہ بتوایل کی بیٹی تھی۔ جو کہ اضحاق کی بیوی بنی۔ اِس جوڑے کے

وسیلہ سے خدا نے ابرہام سے کیا وعدہ پورا کیا۔

چند غور طلب باتیں

☆۔ آپ کی زندگی میں خدا کی طرف سے امتحان یا آزمائش کا کیا مقصد ہے؟ کیا خدا نے کبھی آپ کو جانچا اور پرکھا ہے؟ اس سے خدا اور آپ کے تعلق سے کون سی بات سامنے آتی ہے؟

☆۔ یہ کہانی ہمیں خداوند یسوع اور اُس کے صلیب پر کئے گئے کام کے تعلق سے کیا سکھاتی ہے؟

☆۔ ابرہام نے کسی بھی قیمت پر فرمانبرداری کے تعلق سے کیسی مثال قائم کی ہے؟

☆۔ ابرہام کی خدا کے لئے فرمانبرداری میں برکت تھی۔ کیا خدا ہمیشہ فرمانبرداری کے باعث ہی برکت دیتا ہے؟

چند اہم دُعائیہ نکات

☆۔خدا کی طرف سے آنے والی آزمائش اور امتحان قبول کرنے کے لئے خدا سے فضل اور توفیق مانگیں۔ خدا سے کہیں کہ وہ آپ کو اُن آزمائشوں اور امتحانوں سے وہ اسباق سیکھنے کا فضل دے جو وہ آپ کو سکھانا چاہتا ہے۔

☆۔جو کچھ خداوند یسوع نے صلیب پر آپ کے لئے کیا ہے، اُس کے لئے شکر گزاری کریں۔

☆۔جو برکات خدا نے آپ کو عطا کی ہیں، اُن کی شکر گزاری کے لئے دُعا میں جھکیں۔ واضح طور پر خدا کی برکات کا نام لے کر دُعا اور شکر گزاری کریں۔

باب 21

سارؔہ کی وفات

پیدائش 23: 1-20 کا مطالعہ کریں

سارہؔ کا عرصہ حیات 120 برس تھا۔ خدا نے اُسے اپنے بیٹے اضحاق کے ساتھ رفاقت کے لئے بہت سے سال عطا کئے۔ جب سارؔہ کی وفات ہوئی، ابھی تک اضحاق کی شادی نہیں ہوئی تھی۔ سارہ کی ملاقات اُس عورت سے نہ ہوئی جس کے وسیلہ سے خدا کا وعدہ پورا ہونا تھا۔ سارہ اضحاق کی بیوی ربقہ کے لئے حقیقی تسلی اور حوصلہ افزائی کا باعث ہو سکتی تھی۔ پیدائش 25: 21 آیت ہمیں بتاتی ہے کہ ربقہ بھی بانجھ تھی۔

سارہ نے قریت اربع (حبرُون) میں وفات پائی جو کہ مُلکِ کنعان میں ہے۔ اُس کی وفات ابرہام کے لئے غم کا باعث ہوئی اور وہ اُس کی وفات پر رویا۔ (2 آیت) جب ماتم کے دن گزر گئے، ابرہام اُٹھ کر حیتیوں سے بات کرنے گیا اور اُن سے کہا کہ وہ ایک قطعہ زمین قبرستان کے طور پر اُس کے ہاتھ فروخت کر دیں۔ (4 آیت) یاد رہے کہ ابرہام ایسے مُلک میں آباد تھا جو اُس کا اپنا مُلک نہیں تھا۔ اُس کے پاس کوئی جگہ نہیں تھی ہاں پر وہ اپنی بیوی کو دفن کر سکتا۔ حیتیوں کا ابرہام کو جواب ظاہر کرتا ہے کہ وہ اُن کے درمیان کیسا معزز شخص تھا۔ 6 آیت میں، اُنہوں نے کہا۔

" اَے خداوند ہماری سن، تو ہمارے درمیان زبردست سردار ہے۔ ہماری قبروں جو سب

سے اچھی ہو اس میں تو اپنے مُردہ کو دفن کر۔"

غور کریں کہ اُنہوں نے اُسے "خداوند" کہا، یہ عزت اور تعظیم کا نشان ہے۔ اس سے یہی ظاہر ہوتا ہے کہ وہ ابرہام کو ایک زبردست قائد تسلیم کرتے تھے۔ غور کریں، تو وہ اس کو ایک زبردست آقا بھی مانتے تھے۔ اُنہوں نے اُس کی زندگی پر خدا کی واضح برکت کو دیکھا تھا۔ اُن میں سے کوئی بھی اُسے اپنی اچھی سے اچھی قبر دینے سے انکار نہ کر پایا۔ حتیوں کے درمیان ابرہام کا نام نام اور مقام تھا۔ جو عزت اور تعظیم اُنہوں نے ابرہام کے لئے دکھائی، اِس سے متاثر ہو کر ابرہام حتی راہنماؤں کے آگے سر جھکا کر کھڑا ہو گیا۔ ضرورت کی اِس گھڑی میں وہ اُن کی اس مہربانی اور پُر شفقت روّیے پر وہ اُن کا بے حد شکریہ ادا کر رہا تھا۔ (7 آیت)

ابرہام نے اُن سے ایک خاص پلاٹ دینے کی درخواست کی۔ وہ زمین عفرون نامی ایک شخصیت کی ملکیت تھی۔ جو کہ صحر کا بیٹا تھا۔ (8 آیت) ابرہام خاص طور پر اُس غار میں دلچسپی رکھتا تھا جو مکفیلہ کے مقام پر اُس کی زمین پر موجود تھی۔ (9 آیت)

غور کریں کی اگرچہ حتیوں نے وہ زمین ابرہام کو پیش کر دی تو بھی وہ اُس زمین کی منہ مانگی قیمت ادا کرنا چاہتا تھا۔ ابرہام حتیوں سے کسی مہربانی کی توقع نہیں کر رہا تھا۔ اُس زمین کی جو بھی قیمت تھی، اُس نے وہ ادا کر کے اُس زمین کو حاصل کیا۔

یہاں پر ہمارے سمجھنے کے لئے ایک بہت اہم اصول ہے، ابرہام چاہتا تو اس بات سے فائدہ بھی اُٹھا سکتا تھا کہ حتی اُس کی عزت کرتے ہیں۔ وہ تو اُس کی عزت اور تعظیم کرتے ہوئے اُس کو وہ زمین دینے کے لئے تیار تھے۔ ابرہام نے حتیوں کی محبت اور عزت سے فائدہ

اُٹھانے سے انکار کیا۔ اور کہا کہ اگر عفرون اپنی زمین بیچنے کو راضی ہو تو وہ اُس کی پوری قیمت ادا کرے گا۔

مسیحی لوگ ایک دوسرے سے اُمیدیں اور توقعات لگا بیٹھتے ہیں۔ بعض اوقات ایماندار لوگ ایک دوسرے سے کسی نظرِ عنائت یا مہربانی کی توقع کر سکتے ہیں۔ یہ بات بہت ہی اختلافات کا باعث رہی ہے۔ بہت سال پہلے کی بات ہے، میری ملاقات ایک مسیحی اکاؤنٹنٹ سے ہوئی۔ اُس نے کہا کہ میں نے بہت سی مسیحی تنظیموں کے لئے کام کرنا ہی چھوڑ دیا ہے کیونکہ بہت سے لوگ یہی توقع کرتے تھے کہ میں مسیح کی محبت میں اُن کے لئے مفت میں کام کروں۔ ابرہام کو علم تھا کہ اس طرح سے حتیوں کی مہمان نوازی، مہربانی اور محبت سے فائدہ اُٹھایا گیا تو اُس کے اُن سے تعلقات یقینی طور پر خراب ہو جائیں گے۔

اُس روز جو حتی ابرہام کے گرد بیٹھے ہوئے تھے اُن میں اُس غار کا مالک عفرون حتی بھی بیٹھا ہوا تھا۔ 11 آیت میں اُس نے ابرہام کو وہ غار اور زمین دے دی جس کے لئے ابرہام نے درخواست کی تھی۔ ابرہام نے اُسے کہا کہ وہ اُس کی پوری قیمت ادا کرے گا۔ (12-13 آیت) شہر کے پھاٹک پر راہنماؤں کے سامنے، عفرُون نے ابرہام کو اس زمین کی قیمت بتائی جو ابرہام خریدنے کا اُمیدوار تھا۔ (15 آیت) ابرہام اس قیمت پر متفق ہوا اور اُس نے تول کا چار سو چاندی کے سکے ادا کر دیئے۔ (16 آیت) راہنماؤں کے سامنے یہ معاہدہ طے پا گیا۔ اور وہ زمین ابرؔہام کے نام ہو گئی۔ (17 -18 آیت)

یہ لین دین قانونی حیثیت سے ہوا کیونکہ معاشرے کے راہنما وہاں پر اِس بات کے گواہ

موجود تھے۔ اِس صُورت میں زمین کی ملکیت پر کسی کو کوئی شک وشبہ نہ رہ گیا تھا۔ دونوں فریقین اظہارِ اطمینان سے اپنے اپنے گھروں کو چلے گئے۔

یہی وہ غار ہے جہاں پر ابرؔہام نے اپنی بیوی سارہ کو پردہ پوش کر دیا۔(19 آیت) یہ چھوٹا سا قطعہ زمین اِس بات کا آغاز تھا کہ خدا اُس وعدہ کی تکمیل بھی کرے گا جس میں اُس نے ملک کنعان کی ساری زمین ابرہام کو دینے کا وعدہ کیا ہے۔

چند غور طلب باتیں

☆۔ ابرہام کے پاس رہنے کے لئے کوئی اپنی سر زمین نہیں تھی بلکہ وہ کسی اور کی زمین پر آباد تھا۔ یہ بات کس طرح ایمانداروں سے منسلک ہے؟ ہمارا حقیقی گھر کہاں پر ہے؟

☆۔ ابرہام حتیوں کے درمیان کیسا وقار، نام اور مقام رکھتا تھا؟ ایمانداروں کے سامنے آپ کیسی شہرت رکھتے ہیں؟

☆۔ اگر ایماندار ایک دوسرے سے فائدہ اُٹھانا شروع کر دیں تو اس کے کیا نتائج برامد ہوں گے؟

چند اہم دُعائیہ نکات

☆۔ خداوند کی شکر گزاری کریں کہ اگرچہ ہم اِس دُنیا میں مسافرانہ اور اجنبیوں جیسی زندگی بسر کر رہے ہیں تو بھی خدا نے آسمان پر ہم سے ایک گھر کا وعدہ کیا ہے۔

☆۔ خداوند سے توفیق مانگیں تاکہ آپ اپنے دوست احباب، عزیز و اقارب اور حتیٰ کہ اپنے پڑوسیوں سے بھی ابرہام کی طرح اچھے تعلقات قائم کر سکیں۔

باب 22

اِضحاق کے لئے بیوی

پیدائش 24:1-67 کا مطالعہ کریں

سارہ کی وفات ہو چکی تھی اور ابرہام بھی بوڑھا ہو چکا تھا۔ اُسے معلوم نہیں تھا کہ اِس زمین پر اُس کے کتنے برس رہ گئے ہیں۔ عُمر کے اِس حصے میں اُس کی یہی فکر تھی کے اُس کے بیٹے اضحاق کو دُرست جیون ساتھی مل جائے۔ آبرہام نہیں چاہتا تھا کہ اضحاق کسی کنعانی عورت سے بیاہ کرے۔ خدا نے اضحاق اور اُس کی نسل کے وسیلہ سے بڑے عظیم کام کرنے کا وعدہ کیا تھا۔ ابرہام چاہتا تھا کہ اضحاق اور اُس کی بیوی دونوں ہی خدا کے ساتھ درست اور راست رشتے میں بندھے رہیں تاکہ خدا کے وعدوں کی تکمیل میں کسی طرح کی کوئی رکاوٹ پیدا نہ ہونے پائے۔

اِنہی باتوں پر غور و فکر کرتے ہوئے آبرہام نے اپنے ایک خاص اور قریبی ملازم کو اپنے پاس بلا کر کہا کہ اپنا ہاتھ ران کے نیچے رکھ۔ (حسبِ دستور) اور مجھ سے آسمان اور زمین کے خدا کی قسم کھائے کہ وہ میرے بیٹے کے لئے اس علاقہ کی کسی بُت پرست کنعانی عورت کو بیاہنے کے لئے منتخب نہیں کرے گا۔ (3 آیت) اُس نے اُس سے یہ قسم بھی لی کہ وہ اُس کے رشتہ داروں کے درمیان واپس اُس مُلک میں جائے گا جہاں پر اَبرہام کے عزیز و اقارب رہتے تھے۔ (4 آیت)

ران کے نیچے ہاتھ رکھنے کی علامت کو سمجھنا مشکل ہے۔ بالعموم یہی ایمان رکھا جاتا تھا کہ یہ جگہ ابرہام کے عضوِ تناسل (عضو جو وسیلہ افزائش کا سبب ہو) کیونکہ یہی وہ عُضو تھا جس کا ختنہ کیا گیا تھا اور اِسی کے وسیلہ سے خدا نے اپنے وعدہ کے مطابق بہت سی اولاد عطا کرنا تھی۔ اِس حصہ پر ہاتھ رکھنے سے نوکر در حقیقت یاد کر رہا تھا کہ جو وعدہ وہ کر رہا ہے ابرہام کی آئندہ نسلوں سے اور اُن سب وعدوں کے عہد میں شامل ہونے والے لوگوں سے ہے جو ختنہ کے وسیلہ سے اُن میں شامل ہوں گی۔

جو ذمہ داری ابرہام نے اپنے خادم کو دی تھی، اُس کے تعلق سے اُس کے نوکر کے ذہن میں کچھ سوالات تھے۔ اُس نے 5 آیت میں ابرہام سے پوچھا۔ "شاید وہ عورت اس ملک میں میرے ساتھ آنا نہ چاہئے۔ تو کیا میں تیرے بیٹے کو اس ملک میں جہاں سے تو آیا ہے پھر لے جاؤں؟ " یوں محسوس ہوتا ہے کہ ابرہام کا خادم اس بات کو سمجھ رہا تھا کہ وہ نہیں چاہتا کہ اُس کا بیٹا کسی غیر ایماندار کنعانی عورت سے بیاہا جائے۔ اُسے اس بات کا بھی احساس تھا کہ اضحاق کے لئے کسی ایسی عورت کی تلاش بھی مشکل ہو گی جو اپنا وطن چھوڑ کر کسی ایسے شخص سے شادی کرنے کے لئے آئے جس کے ساتھ اُس کی کبھی ملاقات بھی نہیں ہوئی تھی۔ ابرہام کا نوکر یہ جاننا چاہتا تھا کہ اگر کوئی لڑکی یہاں نہ آنا چاہے تو کیا وہ اضحاق کو اُس کے باپ دادا کے ملک میں لے جائے۔

یہاں پر ابرہام کا جواب بہت اہم ہے۔ ابرہام نے کہا "خبر دار تو میرے بیٹے کو وہاں ہر گز نہ لے جانا۔" (6 آیت)

اس تعلق سے ابرہام کا جواب بہت ہی واضح تھا۔ خدا نے وعدہ کیا تھا کہ وہ کنعانیوں کا ملک

اُس کی نسل کو دے گا۔ اضحاق کو کنعانی لوگوں کی سرزمین پر آباد ہونا تھا۔ کیونکہ ایک دن وہ ساری زمین اُسی کی اور اُس کی نسل کی ملکیت ہو جانا تھی۔ ابرؔہام کو اعتماد تھا کہ خدا اپنے فرشتہ کو اُس نوکر کے آگے آگے بھیجے گا تاکہ اضؔحاق کے لئے بیوی تلاش کرنے کی راہ تیار کرے۔ خدا نے ابرہام کو بتادیا تھا کہ چار نسلوں کے بعد اُس کی نسل ملکِ کنعان کی وارث ہو گی۔

(پیدائش 15:13-18) اگرچہ کچھ عرصہ کے بعد اُس کی نسل نے اُس سرزمین پر قابض ہونا تھا۔ ابرہام کے لئے یہ بہت اہم تھا کہ اُس کے لوگ اِس زمین پر رہتے ہوئے اُس کے وعدہ کی تکمیل کا انتظار کریں۔ ابرہام چاہتا تھا کہ اُس کے لوگ اِس توقع اور اُمید کے ساتھ وہاں پر رہیں کہ وہ دن بہت جلد آنے والا ہے جب وہ اِس زمین کے وارث ہو جائیں گے۔ وہ چاہتا تھا کہ وہ اِس زمین پر اپنی جڑیں قائم کرلیں۔ اور ایمان سے خدا کے وعدہ کی تکمیل کا انتظار کریں۔ وہ نہیں چاہتا تھا کہ اُس کی قوم تتر بتر ہو جائے اور خدا کے وعدہ کو حاصل کرنے لئے غیر مستعد اور تیار نہ ہوں۔ لازم ہے کہ ہم ہمیشہ ہی خدا کے وعدہ کی سمت میں آگے بڑھتے رہیں۔ ابرہام نے اپنے نوکر سے کہا کہ اگر وہ عورت آنا ہی نہ چاہے تو وہ اُس قسم سے چھوٹ جائے گا جو وہ ابرہام سے کھا رہا تھا۔ (8 آیت) لیکن کسی بھی صورت میں نوکر نے اضحاق کو اُس مُلک سے دُور نہیں لے جانا تھا جس کے دینے کی قسم ابرہام اور اُس کی نسل سے کھائی تھی۔ ابرہام کا نوکر وعدہ کی شرائط پر متفق ہوا اور اُس نے اپنے مالک سے وعدہ کرتے ہوئے قسم کھائی۔ (9 آیت)

ابرہام کے نوکر نے روانہ ہونے میں کسی تاخیر سے کام نہ لیا۔ اُس نے ابرہام کے دس اونٹ

لئے اور اُن پر اپنے آقا کی اچھی اچھی چیزیں لادیں اور اس شہر کی طرف روانہ ہو گیا جہاں پر ابرہام کا بھائی نحور قیام پذیر تھا۔ (10 آیت)

جب وہ اُس شہر میں پہنچا تو وہ اور اُس کے اُونٹ آرام کرنے کے لئے ایک کنویں کے قریب ٹھہرے۔ اُسی وقت اُس علاقہ کی عورتیں کُنویں سے پانی بھر کر اپنے گھروں کو لے جاتی تھیں۔ (11 آیت)

اَب نوکر نے اضحاق کے لئے ایک دُرست بیوی کی تلاش کرنا تھی۔ وہ اِس اہم فیصلہ کو کس طرح کرے؟ وہ نوکر مردِ خدا تھا۔ اُس کا یہ ایمان تھا کہ خدا اُس کی رہنمائی دُرست عورت کی طرف ہی کرے گا۔ جب وہ کُنویں کے قریب انتظار کر رہا تھا۔ اُس نے خدا کی رہنمائی کے لئے دُعا کی۔ اَبرہام کے نوکر سے ہمیں ایسا اہم نمونہ ملتا ہے جس پر ہم سب کو چلنا چاہئے۔ اس سے ہمیں تحریک ملتی ہے کہ ہم اپنی دلیل اور عقل کے گھوڑے نہ دوڑائیں بلکہ خدا کے طالب ہوں۔ اَبرہام کے نوکر نے خدا سے ایک نشان مانگا۔ اُس نے دُعا کی کہ وہ ابرہام پر مہربانی کرے اور اُس کے بیٹے کے لئے دُرست جیون ساتھی فراہم کرتے ہوئے اُس کا سفر کامیاب بنائے۔ (12 آیت) اُس نے خدا سے درخواست کی کہ وہ اضحاق کی ہونے والی بیوی کو کنویں پر لائے اور اِس بات کی تصدیق بھی کر دے کہ یہی وہ دُرست لڑکی ہے جس سے اُسے اضحاق کا بیاہ کرنا ہے۔ وہ لڑکی سے پینے کے لئے پانی مانگے گا اگر وہ صرف اُسے ہی نہیں بلکہ اُس کے اُونٹوں کو بھی پانی پلائے تو پھر وہ جان جائے گا کہ یہی وہ لڑکی ہے جسے خدا نے اضحاق کی بیوی ہونے کے لئے چنا ہے۔ ہم تصور کر سکتے ہیں کہ دس اونٹوں نے اتنے طویل سفر کے بعد کتنا زیادہ پانی پیا ہو گا۔ یہ ٹسٹ اضحاق کے لئے منتخب

بیوی کی تصدیق کے لئے ہی نہیں تھا بلکہ اِس سے ہمیں اِس لڑکی کے کردار اور روّیے کے بارے میں بھی کچھ نظر آتا ہے۔ اس سے ظاہر ہوتا ہے کہ وہ لڑکی کس قدر مہمان نواز۔ ترس سے بھری ہوئی اور محنتی تھی۔

ابھی اُس نے دُعا مکمل بھی نہیں کی تھی کہ ایک نوجوان لڑکی اپنے کندھے پر پانی کا گڑھا اُٹھائے وہاں پہنچی، اُس لڑکی کا نام ربقہ تھا۔ وہ ابرہام کے بھائی نحوؔر کے بیٹے بتوایل کی بیٹی تھی۔(15 آیت) وہ بہت خوبصورت لڑکی تھی، اُس کی اَبھی تک شادی نہیں ہوئی تھی۔

(16 آیت) وہ کنویں پر پانی لینے آئی تھی۔

جب ابرہام کے نوکر نے اُسے دیکھا تو وہ جلدی سے اُس کی طرف گیا اور اُس سے کہا کہ وہ اُسے کچھ پانی پلائے۔(17 آیت) ربقہ نے بخوشی ورضا اُسے پینے کے لئے پانی دیا۔

(18 آیت) جب اُس نے اُس کے اوُنٹوں کو دیکھا تو کہا کہ وہ اُونٹوں کو بھی پانی پلائے گی۔ 19 آیت پر غور کریں۔ اُس نے اُسے کہا کہ جب تک اُس کے اُونٹ اچھی طرح پانی پی نہ چکیں وہ پانی بھر بھر کر لاتی رہے گی۔ نوکر کھڑا ہو کر اُس لڑکی کو دیکھتا رہا کہ وہ کس طرح بھاگ بھاگ کر جاتی اور پانی لاتی رہی جب تک کہ اوُنٹوں نے پیٹ بھر کر پی نہ لیا۔ وہ خاموشی سے دیکھتا رہا اور اِس بات کا جائزہ لیتا رہا کہ آیا یہی لڑکی اُس کی دُعا کا جواب ہے۔

(21 آیت)

جب اوُنٹ پانی پی چکے، اَبرہام کے نوکر نے سونے کی ایک نتھ نکالی اُس کے ساتھ اُس نے دو کڑے بھی نکالے (جن کا وزن 4 اَونس یا 110 گرام تھا)

(23 آیت) پھر اُس نے ربقہ سے پوچھا کہ وہ کس کی بیوی ہے اور کیا اُن گھر میں اُس

کے اور اُس کے اُونٹوں کے ٹھہرنے کے لئے جگہ ہے تاکہ وہ رات بھر وہاں قیام کر سکیں۔ ربقہ نے اُسے بتایا کہ وہ بتوایل کی بیٹی ہے جو نحور کا بیٹا ہے۔(24 آیت) اِس خبر سے ابرہام کے نوکر کو یہ تصدیق مل گئی کہ خدا اُسے دُرست گھرانے میں لے کر آیا ہے۔ ربقہ نے اُسے کہا کہ وہ اُس کی مہمان نوازی کریں گے اور اُن کے گھر میں اُونٹوں کے لئے چارہ بھی بکثرت موجود ہے۔(25 آیت) جب نوکر نے یہ باتیں سنیں، اُس کا دل خوشی سے اُچھلنے لگا۔ اُس نے زمین پر جھک کر خدا کو سجدہ کیا جس نے اُس کے سفر کو مبارک کیا تھا۔ (26-27 آیت)

ربقہ دَوڑ کر اپنے گھر گئی تاکہ اپنے والدین کو اُس نوکر کے بارے میں بتائے جس سے کنُویں پر اُس کی ملاقات ہوئی تھی۔(28 آیت) اِس کے جواب میں ربقہ کا بھائی دَوڑ کر اُسے ملنے کے لئے گیا اور اُسے رات کے قیام کے لئے اپنے گھر لے کر آیا۔

اُس نوکر کے اونٹوں کے لئے چارہ لایا گیا اور اُس کے پاؤں دھونے کے لئے پانی فراہم کیا گیا جو کہ اُس دَور کا رواج اور دستور تھا۔(32 آیت) ابرہام کے نوکر نے اپنے میزبان کو بتایا کہ اس وقت تک وہ کچھ نہیں کھائے گا جب تک وہ اپنے سفر کا مقصد بیان نہ کر لے۔ جب اُس گھر کے مرد اُس کی بات سننے کے لئے جمع ہو گئے۔ اُس نے اُنہیں بتایا کہ ابرہام کا نوکر ہے۔(34 آیت) اُس نے اُنہیں بتایا کہ کس طرح خدا نے اُس کے مالک ابرہام کو برکت دی ہے۔ اُس کے مال مویشی، سونا چاندی، بھیڑ بکریاں اور اُونٹوں کے علاوہ نوکر چاکر اور گدھے بھی ہیں۔(35 آیت) اُس نے اُنہیں یہ بھی بتایا کہ کس طرح ابرہام کی بیوی سارہ کے ہاں اُس کے بڑھاپے میں ایک بیٹا پیدا ہوا۔ یہی بیٹا ابرہام کے سارے مال و

متاع اور جائیداد کا اکیلا وارث ہو گا۔(36 آیت)

اپنی کہانی جاری رکھتے ہوئے نوکر نے اپنے میزبانوں کو بتایا کہ کس طرح ابرہام نے اُس سے قسم لی کہ وہ اُس کے رشتہ داروں میں سے اضحاق کے لئے بیوی تلاش کرے۔(36-37 آیت)اِس کے لئے شرط یہ تھی کہ وہ عورت ابرہام اور اُس کی نسل سے وعدہ شدہ سر زمین پر آنے کے لئے تیار اور رضامند ہو۔(39-40 آیت)

ابرہام کے نوکر نے اپنے میزبانوں کو اُس دُعا کے بارے میں بھی بتایا جو اُس نے کنویں پر کی تھی۔اُس نے اُنہیں بتایا کہ کس طرح ربقہ نے آکر اُسے اور اُس کے اونٹوں کو پانی پلایا جو کہ اُس کی دُعا کے عین مطابق ہوا۔(42-46)

جب وہ اپنی کہانی بیان کر چکا تو اُس نے اپنے میزبانوں سے پوچھا کہ آیا وہ ربقہ کو اضحاق سے بیاہنے کے لئے پیش کریں گے۔(49 آیت) جب ربقہ کے باپ بتوایل اور ربقہ کے بھائی لابن نے یہ کہانی سنی، تو اُنہوں نے اِس بات کو سمجھا اور تسلیم کر لیا کہ یہ سب کچھ خداوند کی طرف سے ہے۔(50 آیت) اُنہوں نے بخوشی و رضا ربقہ کو اضحاق سے بیاہنے کے لئے دے دیا۔(51 آیت)

جب ابرہام کے نوکر نے یہ سنا تو ایک بار پھر سر جھکا کر خداوند خدا کو سجدہ کیا۔(52 آیت) پھر اُس نے سونے چاندی کے زیورات اور پارچہ جات(لباس) نکال کر ربقہ کو دیئے۔اُس نے اُس کے بھائی اور ماں کو بھی قیمتی تحائف دیئے۔جب یہ سب کچھ واقع ہو چکا، پھر وہ نوکر اُن کے ساتھ کھانے کے لئے دستر خوان پر بیٹھا۔خدا کے عظیم اور عجیب کام اور ربقہ کی اضحاق سے منگنی کے لئے یہ ایک بہت بڑی ضیافت اور تقریب تھی۔

اگلی صبح جب نوکر اُٹھا تو اس نے کہا کہ وہ اُسے روانہ کر دیں۔ وہ کسی طور پر بھی ربقہ کو لے جانے میں تاخیر سے کام نہیں لینا چاہتا تھا۔ اُس کے بھائی اور ماں نے کہا کہ ربقہ کو اُن کے ہاں ٹھہرنے کے لئے کچھ دن دیئے جائیں۔ تاہم ابرہام کا نوکر کسی طور پر بھی رُکنا نہیں چاہتا تھا۔ جس قدر بھی جلد ممکن ہو سکتا تھا ، وہ اپنے مالک کے پاس لوٹ آنا چاہتا تھا۔(56 آیت)

خاندان نے فیصلہ ربقہ پر ہی چھوڑ دیا کہ وہ فیصلہ کرے(57 آیت) جب اُنہوں نے اُس سے پوچھا کہ آیا وہ جانے کے لئے تیار ہے، تو اُس نے کہا، "میں جاؤں گی۔" (58 آیت) اِس پر اُنہوں نے ربقہ کو اُس کے ساتھ روانہ کر دیا۔ اُنہوں نے اُس کے ساتھ ایک خادمہ بھی بھیجی جو اُس کی دیکھ بھال کے لئے تھی۔(59 آیت) جب ربقہ روانہ ہوئی تو اُنہوں نے یہ کہہ کر اُسے دُعا دی۔

"اَے ہماری بہن تو لاکھوں کی ماں ہو اور تیری نسل اپنے کینہ رکھنے والوں کے پھاٹک کی مالک ہو۔"(60 آیت)

ایک شام غور وخوص کے لئے اضحاق باہر کھیتوں میں تھا جب اُس نے نظر اُٹھا کر دیکھا کہ اُونٹ اُس کی طرف آرہے ہیں۔(63 آیت) پھر ربقہ نے بھی دُور سے اضحاق کو دیکھا تو اُونٹ سے نیچے اُتر کر نوکر سے پوچھا کہ یہ کون ہے۔ جب نوکر نے اُسے بتایا کہ وہ اضحاق ہے تو اُس نے فوری طور پر بُرقعہ اوڑھ لیا جو کہ پاکیزگی اور تائب دلی کو ظاہر کرتا ہے۔ (65 آیت)

نوکر نے اضحاق کو ساری رِوداد بیان کی اور بتایا کہ کس طرح خداوند نے دُرست جگہ پر

جانے میں اُس کی راہنمائی کی۔

اضحاق نے ربقہ سے بیاہ کرلیا۔ اُس نے اُس کے ساتھ محبت بھرے لمحات گزارے اور اپنی والدہ کی وفات کے بات تسلی پائی۔(67 آیت)

اس کہانی میں ہم دیکھتے ہیں کہ خدا ہی تھا جو ہر طرح کے حالات وواقعات کو اپنے ہاتھ میں لئے ہوئے تھا۔ خدا نے واضح طور پر نوکر کی راہنمائی کی کہ وہ اضحاق کے لئے درُست بیوی کے لئے درست جگہ پر جائے۔ اس کہانی سے یہ بھی واضح ہو جاتا ہے کہ ابرہام اور اُس کے نوکر نے خدا کی برکت اور راہنمائی کے لئے اُس پر مکمل بھروسہ کیا۔ اُنہوں نے اپنی زندگی اور اپنی قوم کے لئے خدا کے مقصد پر کوئی سمجھوتہ نہ کیا۔ خدا پر اعتماد اور اُس کے مقصد کے ساتھ لپٹا رہنے سے فتح ملتی ہے۔ آئیں اس بات کا ارادہ کریں کہ ہم بھی اسی طرح سے خداوند کے ساتھ چلیں گے۔

چند غور طلب باتیں

☆۔یہ حوالہ ہمیں اپنی عقل اور دلیل سے کام لینے کی بجائے خدا کی راہنمائی کے لئے اُس پر بھروسہ کرنے کے لئے کیا سکھاتا ہے؟

یہ کس قدر اہم ہے کہ ہم اپنے فیصلوں میں خدا کی راہنمائی کے طالب ہوں؟

☆۔ غور کریں کہ ابرہام کا نوکر کتنی بار خدا کی راہنمائی اور فتح کے لئے حضور سجدہ اور شکر گزاری کرنے کے لئے جھکا

کیا آپ کی زندگی میں خدا کی راہنمائی، برکت اور فتح کے لئے شکر گزاری کا ایسا ہی روّیہ پایا جاتا ہے؟

☆۔ربقہ کا نوکر اور اُس کے اُونٹوں کو پانی پلانے کے لئے بخوشی و رضا تیار ہو جانا ہمیں اُس کے شخصی کردار اور زندگی کے بارے میں کیا بتاتا ہے؟

☆۔ابرہام کا نوکر اپنے مالک کی طرف سے سونپی گئی ذمہ داری کو نبھانے میں تاخیر سے کام نہیں لینا چاہتا تھا۔ کیا کبھی ایسا ہوا کہ آپ خدا کی طرف سے سونپی گئی ذمہ داری کو نبھانے کے لئے کسی طرح کے خلل کا شکار ہو گئے؟

چند اہم دُعائیہ نکات

☆۔ کیا آپ کا جیون ساتھ ایک ایماندار شخص ہے؟ خداوند سے دُعا کریں کہ آپ اپنے ازدواج سے خداوند کو جلال دینے کے لئے متفق اور پیار اور محبت کی ڈوریوں میں بندھے رہیں۔

☆۔ خدا کے وعدوں کے لئے اُس کی شکر گزاری، ہمیشہ اِس توقع کے ساتھ زندگی بسر کریں کہ خدا اپنے وعدوں کو آپ کی زندگی میں پورے کرے۔

☆۔ خداوند سے دُعا کریں کہ جو کچھ بھی خدا نے اب تک آپ کی زندگی میں کیا ہے، اُس کے لئے آپ کے دل میں گہری شکر گزاری اور احسان مندی پیدا ہو۔

☆۔ خداوند سے دُعا کریں کہ وہ آپ کی زندگی میں ہر طرح کے خلل، بدّنظمی اور ابتری کو ختم کر دے تاکہ آپ وہ سب کچھ اچھے طریقہ سے کر سکیں جس کے لئے خدا نے آپ کو بلایا ہے۔

باب 23

آبرہام کی نسل

پیدائش 25:1-34 کا مطالعہ کریں

سارہ کی وفات کے بعد، ابرہام نے ایک اور شادی کر لی۔ پہلی آیت ہمیں بتاتی ہے کہ اُس نے قطورہ نام کی عورت سے شادی کی۔ قطورہ کے چھ بیٹے پیدا ہوئے۔ (زِمران، یقصان، مدان اور مدیان، اسباق اور سُوخ پیدا ہوئے۔)اِس باب میں ابرہام کی صرف دو بیٹوں کی نسل کا مختصر حال بیان کیا گیا ہے۔

3 آیت میں ہم پڑھتے ہیں کہ کس طرح ابرہام کا بیٹا یکسان، سیبا اور دیدان کا باپ بنا۔ دیدان کی اولاد سے اسُوری، لطُوسی اور لُومی پیدا ہوئے۔ ابرہام کے دوسرے بیٹے مدیان سے پانچ بیٹے پیدا ہوئے، جن کے نام 4 آیت میں درج ہیں۔

اگرچہ ابرہام اپنا سب کچھ اضحاق کے لئے ہی چھوڑ گیا، تو بھی اُس نے اپنے دیگر بچوں کے لئے بھی کچھ نہ کچھ چھوڑا۔ 6 آیت پر غور کریں کہ اُس نے اپنے دوسرے بچوں کو اضحاق سے دُور بھیجنے کا فیصلہ کیا۔ کیونکہ ابرہام کو اِس بات کا علم تھا کہ خدا کا وعدہ اضحاق کے وسیلہ سے ہی پایہ تکمیل کو پہنچے گا۔ وہ چاہتا تھا کہ کوئی بھی چیز اس وعدہ کی تکمیل میں آڑے نہ آنے پائے۔

ابرہام 175 برس کی عمر میں رحلت فرما گیا۔ (7،8 آیت) اضحاق اور اسماعیل نے اُسے

اس غار میں دفن کیا جو اُس نے سارہ کی تدفین کے لئے خریدی تھی۔ (9-10 آیت) ابرہام کی وفات کے بعد، خدا کی برکت اُس کے بیٹے اضحاق کو ملنا شروع ہوئی۔ خدا کا ہاتھ اضحاق پر بھی اسی طرح تھا جس طرح اُس کا ہاتھ اُس کے باپ کی زندگی پر تھا۔

اضحاق کی کہانی میں آگے بڑھنے سے پہلے، 12 آیت ہماری توجہ ابرہام کے بیٹے اسماعیل پر مرکوز کرتی ہے جو اُس کے ہاں اُس کی لونڈی حاجرہ سے پیدا ہوا تھا۔ اسماعیل کو بھی اس وقت گھر سے روانہ کر دیا گیا تھا جب اُس کی عمر ابھی چودہ برس تھی۔ اُس کی ماں حاجرہ نے اُس کے لئے ایک مصری بیوی تلاش کر لی تھی۔

اسماعیل کے ہاں بارہ بیٹے پیدا ہوئے، یہ اُس وعدہ کی تکمیل تھی جو خدا نے پیدائش 17:20 میں حاجرہ سے کیا تھا۔ اسماعیل کے بارہ بیٹوں کے نام 13-15 آیات میں درج ہیں۔ 16 آیت پر غور کریں کہ یہ بیٹے قبائل کے سردار ہوئے اور اُن کی اپنی بستیاں اور خیمے تھے۔

اسماعیل نے ایک 137 برس کی عمر میں وفات پائی۔ (17 آیت) اُس کی نسل مصر کی سرحد کے پاس آباد ہو گئی۔ (18 آیت) وہ ہمیشہ اپنے اسرائیلی بھائیوں کے خلاف ہی رہے۔ یہ بھی اس وعدہ کی تکمیل تھی جو خدا نے پیدائش 12:16 آیت میں حاجرہ سے کیا تھا۔

وہ گورخر کی طرح آزاد مرد ہو گا۔ اس کا ہاتھ سب کے خلاف اور سب کے ہاتھ اس کے خلاف ہوں گے اور وہ اپنے سب بھائیوں کے سامنے بسا رہے گا۔"

اب یہاں پر پھر سے اضحاق کا تذکرہ شروع ہوتا ہے۔ ہمیں بتایا گیا ہے کہ خدا کی برکت

اضحاق کی زندگی پر تھی لیکن اُس کی بیوی ربقہ کے ہاں اولاد نہ ہوئی۔ لیکن جب اضحاق نے ربقہ کے لئے دُعا کی تو وہ حاملہ ہوئی۔

یہ بات بڑی اہمیت کی حامل ہے کہ اضحاق نے اپنی بیوی ربقہ کے لئے دُعا کی۔ خدا کے وعدوں کا دارومدار اِس دعا پر تھی۔ میرا ایمان ہے کہ اضحاق نے بڑی جانفشانی سے دُعا کی اور پھر خدا کی برکت کا دھارا اضحاق کی زندگی میں بہنا شروع ہو گیا۔ خدا چاہتا ہے کہ ہم فتح مند ہوں، لیکن اس فتح کے حقیقت بننے کے لئے ہمیں ثابت قدم رہتے ہوئے دُعا میں وقت گزارنا پڑتا ہے اور وہ بھی بے دل اور مایوس ہوئے بغیر مسلسل دُعا۔ ہو سکتا ہے کہ اس وقت آپ بھی اس طرح کی صورتحال میں ہوں، آپ کو علم ہے کہ خدا نے کسی مقصد کے لئے آپ کو بلایا ہے لیکن آپ کو وہ مقصد پورا ہوتا دکھائی نہیں دے رہا۔ اس حوالہ میں ہمارے لئے یہی چیلنج ہے کہ ہم خدا کے چہرہ کے طالب ہوں، دُعا میں وقت گزاریں اور بے دل اور مایوس ہوئے بغیر جانفشانی سے دُعا کرتے رہیں۔ جس طرح خدا نے اضحاق اور ربقہ کی زندگی میں اپنے وعدوں کو پورا کیا، ہماری زندگی میں بھی وہ ایسا ہی کرے گا۔

جب اضحاق نے دُعا کی تو ربقہ حاملہ ہوئی اور 22 آیت ہمیں بتاتی ہے کہ خدا کے فضل اور مہربانی سے اُن کے ہاں جڑواں بچوں کی پیدائش ہوئی۔ ان جڑواں بچوں کے تعلق سے ایک بات بڑی حیران کن ہے، وہ اپنی ماں کے بطن میں ہی آپس میں مزاحمت کرنے لگے۔ بالفاظ دیگر، یوں معلوم ہوتا ہے کہ جب وہ اپنی ماں کے بطن میں ہی تھے تو وہ گویا ایک دوسرے سے لڑ جھگڑ رہے تھے۔ ربقہ اس صورتحال پر پریشان ہوئی تو خدا کے حضور اِس معاملہ کو رکھا۔ اُس نے خدا سے پوچھا کہ یہ سب کچھ کیا ہو رہا ہے۔

خدا نے اُسے بتایا کہ دو قومیں اس کے بطن میں پرورش پا رہی ہیں۔ ایک دوسرے سے طاقتور ہوگی۔ لیکن بڑا چھوٹے کی خدمت کرے گا۔(23 آیت) یوں معلوم ہوتا ہے کہ ان دونوں لڑکوں کی زندگی میں پیدا ہونے سے پہلے ہی ایک جنگ چھڑی ہوئی تھی۔

ربقہ اور اضحاق کے ہاں پیدا ہونے والے جڑواں بچے بہت مختلف تھے۔ پہلا بچہ جو پیدا ہوا تو وہ سُرخ رنگ تھا اور اُس کے جسم پر بال بھی تھے۔ اُنہوں نے اُس کا نام عیسو رکھا جس کا معنی ہے " بال دار"(26 آیت) دوسرا بچہ جو پیدا ہو تو وہ اپنے بھائی کی ایڑھی پکڑے ہوئے تھا جس کا نام اُنہوں نے نام یعقوب رکھا جس کا معنی ہے۔ "اُس نے ایڑھی پکڑی ہوئی ہے۔"

26 آیت پر غور کریں کہ جب ربقہ کے ہاں جڑواں بچوں کی پیدائش ہوئی تو اُس وقت اضحاق کی عمر اس وقت 60 برس تھی۔ 20 آیت بتاتی ہے کہ اضحاق کی عمر 40 برس تھی جب اُس کی شادی ربقہ سے ہوئی۔ اُس کا مطلب یہ ہے کہ وہ بیس سال بعد صاحبِ اولاد ہوئے۔

کردار کے لحاظ سے عیسو اور یعقوب ایک دوسرے سے بہت مختلف تھے۔ عیسو باہر زندگی گزارنے والا اور ماہر شکاری تھا۔ جبکہ اِس کے برعکس، یعقوب خاموش طبع اور گھر پر رہنے کو ہی ترجیح دیتا تھا۔ (27 آیت) اضحاق عیسو کو پسند کرتا تھا کیونکہ وہ اپنے شکار کا گوشت اُسے کھلایا کرتا تھا۔ تاہم ربقہ یعقوب سے پیار کرتی تھی۔ (28 آیت)

ایک دن، عیسو باہر شکار کے لئے نکلا، یعقوب گھر پر تھا اور اُس نے دال پکائی ہوئی تھی۔ عیسو شکار سے آیا تو بھوک سے اُس کا بُرا حال ہو رہا تھا۔ اُس نے یعقوب سے کچھ کھانا مانگا جو

کہ ابھی وہ تیار کر رہا تھا۔ غور کریں کہ وہ دال جو وہ پکا رہا تھا سُرخ رنگ کی تھی۔ 20 آیت ہمیں بتاتی ہے کہ عیسو کی نسل کو ادُومی کہا گیا۔ " لفظ" ادوم " کا لفظی معنی ہے۔ سرخ۔ یعقوب نے عیسو سے مطالبہ کیا کہ وہ اپنے پہلوٹھے کا حق اُسے دے دے تو وہ اُسے کھانا دے گا۔ (31 آیت) بطور پہلوٹھا ہوتے ہوئے عیسو کے پاس ایک خاص پیدائشی حق تھا۔ ۔وہ باپ کی جائیداد کا خاص ملکیتی حق رکھتا تھا۔ یعقوب نے اِس معاملہ پر خوب سوچ بچار کی تھی اور پھر اُس پر عملی قدم اُٹھایا تھا۔ اور عیسو سے کہا کہ وہ اُسے کھانے کے بدلے اپنے پہلوٹھے ہونے کا حق دے دے۔

عیسو کو بہت زیادہ بھوک لگی ہوئی تھی، اس لئے اُس نے اپنے پہلوٹھے ہونے کے حق کی کوئی پرواہ کئے بغیر کھانے کے بدلے یہ حق اپنے بھائی یعقوب کے نام کر دیا۔ " "(32 آیت) اپنے بھائی کو کچھ بھی دینے سے قبل یعقوب نے اپنے بھائی عیسو سے قسم لی کہ وہ اپنے پہلوٹھے ہونے کا حق اُسے دے دے گا۔ (33-34 آیت)

یعقوب نے اپنے بھائی کی کمزوری کا فائدہ اُٹھایا۔ عیسو نے اپنے پہلوٹھے ہونے کے حق کو ناچیز جانا اور اُسے ایک وقت کے کھانے کے لئے بیچ ڈالا۔ اس معاملہ میں، خدا کا ربقہ سے کیا گیا وعدہ کہ بڑا چھوٹے کی خدمت کرے گا پورا ہوا۔ (پیدائش 23:25) برکت ابرہام سے اضحاق کو ملی اور اب یہ برکت اُس کے بیٹے یعقوب میں منتقل ہو گئی۔

یہاں پر یعقوب کے کردار پر غور کریں۔ وہ اپنے بھائی کی مجبوری سے ناجائز فائدہ اُٹھانا چاہتا تھا۔ وہ کامل انسان نہیں تھا۔ اُس کی پہچان دھوکہ باز کے طور پر ہوئی۔ لیکن پھر بھی یعقوب ہی وہ شخص تھا جس کے وسیلہ سے پوری زمین پر اُس کی برکات کا بہنا تھا۔

چند غور طلب باتیں

☆۔سارہ، حاجرہ، اور قطورہ سے ابرہام کے کتنے بچے پیدا ہوئے؟ اُن میں سے کتنوں کو خدا نے ابرہام سے کئے گئے وعدوں کی تکمیل کے لئے چنا؟ کیا کسی خدا پرست گھرانے میں پیدا ہونے کا یہ مطلب ہوتا ہے کہ آپ بھی خدا پرست ہوں گے؟

☆۔اضحاق اور ربقہ کے ہاں شادی کے کتنے عرصہ بعد اولاد ہوئی؟ کس طرح یہ لعنت ختم ہوئی اور اضحاق اور ربقہ صاحب اولاد ہوئے؟

☆۔عیسو کی نسل کے لوگ کون تھے؟ کس طرح اُن کا یہ نام پڑا؟

☆۔یعقوب کی زندگی میں خدا نے کس طرح اپنے وعدوں کو پورا کیا؟ آپ کو اس حقیقت سے کیا تسلی اور حوصلہ ملتا ہے کہ خدا کسی کی غلطی کو بھی اپنے مقصد کی تکمیل کے لئے استعمال کر سکتا ہے؟

☆۔یہ حوالہ دُعا کی قوت کے بارے میں ہمیں کیا تعلیم دیتا ہے؟

چند اہم دُعائیہ نکات

☆۔ خُداوند کی شکر گزاری کریں کہ اُس کا ہاتھ آپ کی زندگی پر تھا اور وہ آپ کو اپنے پاس کھینچ لایا۔

☆۔ خُداوند کی شکر گزاری کریں کہ وہ اپنے وعدوں میں سچا اور وفادار ہے۔ وہ کون سے وعدے ہیں جن کے تعلق سے آج آپ خدا کے حضور دُعا کر سکتے ہیں؟

☆۔ کیا آپ منتظر ہیں کہ خدا اپنے وعدوں کو آپ کی زندگی میں پورا کرے؟ جب آپ انتظار کی حالت میں ہیں تو خدا سے صبر و تحمل مانگیں۔

☆۔ خداوند کی شکر گزاری کریں کہ وہ آپ کی ناکامیوں کے باوجود آپ کو استعمال کرنے کے لئے تیار اور قادر ہے۔

☆۔ خُداوند کی شکر گزاری کریں کہ وہ آپ کی دُعاؤں کے جواب دیتا ہے۔ کیا کچھ ایسی دُعائیں ہیں جن کے بارے میں آپ کو اور بھی وفاداری اور جانفشانی سے دُعا کرنے کی ضرورت ہے؟

باب 24

اِضحاق کے کُنویں

پیدائش 26:1-34 کا مطالعہ کریں

26 باب کے آغاز ہی میں ہم دیکھتے ہیں کہ مُلک میں کال پڑا ہوا تھا۔ اِس قحط کا موازنہ ابرہام کے دَور میں پڑنے والے قحط سے کیا گیا ہے۔ (پیدائش 12:10) جب ابرہام کے دَور میں میں کال پڑا تھا تو وہ اپنے گھرانے کو لے کر مُلکِ مصر چلا گیا تھا۔ اضحاق قحط سالی کے دَور میں مُلک جرار چلا گیا جہاں پر اَبی ملک بادشاہ کی حکمرانی تھی۔ یہ وہ اَبی ملک نہیں تھا جس سے ابرہام بہت سال پہلے ملا تھا۔ یہ اَبی ملک بادشاہ اس اَبی ملک بادشاہ کا بیٹا یا پوتا تھا جو اُس کی جگہ پر تخت نشین ہو گیا تھا۔

خدا نے اضحاق پر ظاہر ہو کر اُسے مُلکِ مصر جانے سے روکا اور کہا کہ وہ وہاں رہائش پذیر ہو جہاں پر وہ اُسے بتائے گا۔ (2 آیت) قحط سالی کے دَور میں اضحاق کو اپنی عقل اور دلیل سے کام نہیں لینا تھا۔ اُسے خداوند کا انتظار کر کے اُس کی راہنمائی کے مطابق ہی کوئی قدم اُٹھانا تھا۔ خدا نے اضحاق سے کہا کہ وہ فلسطین کے ملک میں ہی ٹھہرا رہے۔ (3 آیت) اُس نے اسے برکت دینے کا وعدہ کیا۔ اُس دن خدا نے ایک بار پھر اُس وعدہ کی تصدیق کی جو اُس نے ابرہام سے کیا تھا۔ اُس نے ابرہام کی طرح اضحاق کو بتایا کہ وہ اُسے آسمان کے ستاروں کی مانند اولاد دے گا۔ اور وہ اُس ملک کے وارث ہوں جن پر وہ مسافرانہ زندگی

بسر کر رہے ہیں۔ (4 آیت) خداوند کی فرمانبرداری اور تابعداری کرتے ہوئے، اضحاق جرار کے علاقہ میں ہی رہائش پذیر ہو گیا۔

7 آیت میں، جرار کے آدمیوں نے اضحاق سے اُس کی بیوی کے بارے پوچھا، اضحاق کو اپنی جان کے لالے پڑ گئے، وہ یہ سوچنے لگا کہ اگر اُس نے اُنہیں بتا دیا کہ وہ اُس کی بیوی ہے تو پھر وہ اُسے مار کر ربقہ کو حاصل کر لیں گے۔ اِس سے پہلے اضحاق کے باپ ابرہام نے بھی ایسا ہی کیا تھا۔ اضحاق نے اُن آدمیوں سے جھوٹ بولا اور اُنہیں بتایا کہ ربقہ اُس کی بہن ہے۔ (7 آیت)

اضحاق نے اپنے باپ کی غلطی دھرائی۔ امکانِ غالب ہے کہ اُس نے سنا ہو گا کہ اس طرح کی صورتحال میں اُس کے باپ نے کیا کیا تھا اور وہ اُسی کے نقشِ قدم پر چلا۔ ہم والدین کے لئے یہ کس قدر اہم ہے کہ ہم اپنے ہر قول و فعل میں ایک مثالی نمونہ بنیں۔ ہمیں کیا معلوم کہ کون ہمارے نقشِ قدم پر چل پڑے۔

ایک دن اَبی ملک نے اپنی کھڑکی میں سے جھانک کر دیکھا تو اضحاق ربقہ سے پیار کر رہا تھا۔ اِس سے اُسے علم ہو گیا کہ وہ اُس کی بہن نہیں بلکہ بیوی ہے۔ (8 آیت) یہ دیکھ کر اَبی ملک نے اُس کے جھوٹ پر اُس کی سرزنش کی۔ (9 آیت) اُس نے اُس سے پوچھا کہ وہ اُسے بتائے کہ اُس نے اُس کے اور اُس کے آدمیوں سے اس تعلق سے کیوں جھوٹ بولا۔ اضحاق نے اُنہیں بتایا کہ اُسے ڈر تھا کہ کوئی اُسے مار نہ ڈالے۔ اَبی ملک نے اضحاق کو بتایا کہ اِس طرح تو کوئی بھی اُس کی بیوی کو لے سکتا تھا کہ اُس کے ساتھ وقت گزارے۔ یوں خدا کا غضب پوری قوم پر نازل ہونا تھا۔

اضحاق اپنے باپ کے نمونے پر چلا۔ امکانِ غالب ہے کہ اَبی ملک نے بھی ایسا ہی کیا۔ ابرہام کے دَور میں، جب سارہ اُن کے گھرانے میں گئی تو خدا پورے خاندان پر لعنت لے آیا۔ جب اَبی ملک نے یہ کہانی سُنی تو اُس سے عبرت پائی۔ اضحاق بھی اپنے باپ جیسے گناہ کا مرتکب ہوا۔ اَبی ملک نے اپنے باپ کے گناہ سے سبق سیکھ لیا۔

اُس روز اَبی ملک نے حکم دیا کہ اگر کوئی اضحاق کی بیوی کو ہراساں کرے تو اُسے موت کے گھاٹ اُتار دیا جائے گا۔ اس طرح سے خدا نے ربقہ کو محفوظ رکھا۔ اُسی کے وسیلہ سے خدا کا وعدہ پورا ہوا۔

قابلِ غور اور حیرت انگیز بات یہ ہے کہ اضحاق سے ملنے والا بادشاہ ایک بُت پرست آدمی تھا۔ خدا کے فرزند ہونے کا ہرگز یہ مطلب نہیں کہ ہم ہمیشہ درست کام ہی کرتے ہیں۔ بعض اوقات ایمانداروں کو بھی اصلاح کی ضرورت ہوتی ہے۔ اکثر و بیشتر غیر ایماندار بھی ایمانداروں کو اصلاح اور درُستگی کرتے ہیں۔ خاص طور پر جب وہ اُنہیں کوئی غلط کام کرتے ہوئے دیکھتے ہیں تو وہ ہماری کانٹ چھانٹ کرتے ہیں۔

غور کریں کہ جب اضحاق کو اپنے گناہ کا سامنا ہوا ہوگا اور یہ معاملہ رفع دفع ہو گیا تو پھر خدا کی برکت اُس پر آئی۔ 12 آیت ہمیں بتاتی ہے کہ اضحاق نے کاشت کاری کی اور جو کچھ اُس نے بویا تھا، اُس کا سو فیصد حاصل کیا۔ خدا نے اُسے بہت سے نوکر چاکر، مال مویشی بھی عطا کئے۔ وہ اِس قدر دولتمند ہو گیا کہ اس علاقہ کے لوگ اُس سے حسد کرنے لگے۔

(14 آیت)

حسد میں آکر فلستی لوگوں نے اُن کُنووں کو بھر دیا جو ابؔرہام کے نوکروں نے بہت سال

پہلے وہاں پر کھودے تھے۔(5 آیت) کسی بھی اختلاف سے بچنے کے پیشِ نظر، اَبی ملک نے اضحاق سے کہا کہ وہ وہاں سے چلا جائے۔(16 آیت) اضحاق اَبی ملک کے ساتھ متفق ہوا اور اُس نے اپنا پری وار، مال مویشی اور مال و جائیداد لے کر وہاں سے روانہ ہونے کی تیاری کی اور وہاں سے جرار کی وادی میں آگیا۔(17 آیت) اگرچہ یہ واقعہ بہت المناک دکھائی دیتا ہے۔ تاہم یہ بھی ہو سکتا ہے کہ بُت پرست فلستیوں سے اپنے لوگوں کو الگ کرنے کا خدا کا یہی طریقہ ہو۔

اضحاق نے جرار میں آکر کچھ اور کنویں دوبارہ سے کھولے جنہیں فلستیوں نے اُس کے باپ کی وفات کے بعد بند کر دیا تھا۔ 18 آیت) اُنہوں نے کچھ نئے کنویں بھی کھودے اور اُنہیں تازہ اور میٹھا پانی مل گیا۔(19 آیت) خدا کی برکت اضحاق کی زندگی میں جاری ہو چکی تھی۔

جب جرار کے چرواہوں نے معلوم کیا کہ اضحاق نے کنویں دوبار کھولے ہیں اور اُسے تازہ اور میٹھا پانی مل گیا ہے تو وہ اُس کے ساتھ جھگڑا کرنے لگے۔ اُنہوں نے دعویٰ کیا کہ وہ کنویں اُن کی ملکیت ہیں(20 آیت) یہ جھگڑا اس قدر شدت کر گیا کہ اُس کنویں کا نام ہی عسق پڑ گیا جس کے سبب سے جھگڑا کھرا ہوا تھا۔ عسق کا معنی ہے۔" جھگڑا"

کنوؤں کے سبب جھگڑا ہونے کے کی بنا پر آضحاق کے نوکروں نے کہیں اور جاکر دوبارہ کنُویں کھودے۔ اس پر بھی فلسطین کے لوگوں نے اُس کے ساتھ جھگڑا رگڑا کیا۔ اس دوسرے کنُویں کا نام اُنہوں نے "ستنہ " رکھ دیا جس کا معنی ہے "مخالفت"

ان جھگڑوں اور مخالفت کے باعث اضحاق ایک جگہ سے دوسری جگہ ہجرت فرمانے پر مجبور

ہو گیا۔ 22 آیت میں، ہم پڑھتے ہیں کہ ستنہ کے کنویں سے آگے کسی اور جگہ پر چلا گیا اور وہاں پر ایک کُنواں کھودا۔ اس بار کسی نے اُس سے جھگڑا نہ کیا۔ پس اُس نے اُس کنویں کا نام رحوبوت رکھا۔ جس کا معنی ہے ""جگہ "۔ کیونکہ بالاخر خدا نے اُنہیں ٹھہرنے کے لئے جگہ دے ہی دی تھی۔

غور کریں، کس طرح اضحاق نے یہ پہچانا اور تسلیم کیا کہ خدا ہی ہے جس نے اُسے قیام کے لئے یہ جگہ عطا کی ہے۔ خدا فلستیوں کی مخالفت اور حسد میں آگے بڑھنے کے لئے اُس کی راہنمائی کرتا رہا۔ خدا نے ہر ایک دروازہ بند کر دیا اور فلستیوں کو اُس وقت تک اضحاق کی مخالفت کرنے دی جب تک وہ اُس جگہ پہنچ نہ گیا جہاں خدا اُسے ٹھہرانا چاہتا تھا۔ بعض اوقات بند دروازے، مخالفت اور آزمائشیں خدا کی راہنمائی کا حصہ ہی ہوتے ہیں۔ جب ہم اِس بات کو سمجھنا شروع ہو جائیں گے تو پھر ہم اُن حالات وواقعات کو اپنی زندگی میں قبول کرنے کے لائق ہو جائیں گے جو خدا ہماری زندگی میں لاتا ہے۔

23 آیت میں ہم دیکھتے ہیں کہ اضحاق بیر سبع چلا گیا۔ اسی مقام پر خدا نے اضحاق سے کہا تھا کہ وہ خوفزدہ نہ ہو کیونکہ وہ برکت دینے کو اُس کے ساتھ ہو گا۔ اُس کا گھرانہ اُس ملک میں بڑھتا چلا جائے گا۔ یہ باتیں اضحاق کے لئے حوصلہ افزائی کا باعث تھیں۔ اُسے فلستیوں کے ملک میں قیام کے لئے بڑی مخالفت اور جھگڑوں کا سامنا کرنا پڑا۔ ہو سکتا ہے کہ اُسے حیرت اور تعجب ہوتا ہو کہ کب یہ کُنوؤں کا بھرنا، کھودنا اور یہ جھگڑے موقوف ہوں گے اور کوئی سنجیدہ بات واقع ہو گی۔ اُسے اپنی اور اپنے گھرانے کی زندگی کے تعلق سے خوف تھا۔ اِسی فکر و تردد کی صورتحال میں خدا نے اُس سے ملاقات کی، کیونکہ یہی وقت تھا جب

اضحاق کو خدا کی تسلی اور تشفی کی ضرورت بہت زیادہ تھی۔

اس کلام اور تسلی کے جواب میں اضحاق نے ایک مذبح بنا کر خداوند اپنے خدا کی شکر گزاری اور اُس کو سجدہ کیا۔ اُس نے یہاں بھی اپنا خیمہ لگایا اور ایک کنواں کھود ڈالا۔ اس سے ظاہر ہوتا ہے کہ اُس نے اس علاقہ میں کچھ دیر قیام کا فیصلہ کر لیا تھا۔(25 آیت)

جب اضحاق بیر سبع میں تھا، ابی ملک اپنے مشیر خاص اور سپہ سالار کے ساتھ اُسے ملنے آیا۔ کچھ فکر مندی کے لہجہ میں اضحاق نے پوچھا "اَب تم میرے پاس کیوں کر آئے حالانکہ مجھ سے کینہ رکھتے ہو اور مجھ کو اپنے پاس سے نکال دیا۔" اَبی ملک نے کہا کہ اُس نے دیکھا ہے کہ کس طرح اُس کے خدا نے اُسے کثرت کی برکت دی ہے۔ اُس نے اُسے کہا کہ وہ معاہدہ امن اُس کے ساتھ طے کرنے کے لئے آیا ہے۔(28-29 آیت)

اَبی ملک کے دل میں خدا کا خاص خوف تھا۔ وہ نہیں چاہتا تھا کہ اضحاق اُس کا دشمن بن جائے۔ اُسے معلوم تھا کہ اضحاق کا خدا قوی اور قادر ہے۔ حقیقت تو یہ ہے کہ اُس دَور کا زبردست بادشاہ بھی ابی ملک کو اپنے لئے ایک بہت بڑا خطرہ سمجھ رہا تھا کیونکہ خدا کی برکت اضحاق کی زندگی پر موجود تھی۔

اضحاق نے ایک ضیافت تیار کی اور اُن آدمیوں نے ایک دستر خوان پر بیٹھ کر کھانا کھایا۔ (30 آیت) اُس نے اُن کی مہمان نوازی کی اور اگلی صبح اُنہوں نے ایک دوسرے کے ساتھ امن و شانتی سے رہنے کا معاہدہ کیا۔ اِس کے بعد اضحاق نے اُنہیں روانہ کر دیا۔ (31 آیت)

اسی دن اضحاق کے نوکر یہ خبر لے کر اُس کے پاس آئے کہ اُنہیں پانی کا ایک منبع مل گیا

ہے۔(32 آیت) اُنہوں نے اُس کنویں کو سبع کہا۔ جس کا معنی ہے۔" معاہدہ یا عہد" اِسی کُنویں نے اُنہیں اُس معاہدے کی یاد دلاتے رہنا تھا جو اضحاق نے اُس دن اَبی ملک کے ساتھ کیا تھا۔

34-35 آیات مختصر طور پر اضحاق کے بیٹے عیسو اور اُس کے طرزِ زندگی کو بیان کرتی ہیں جو اُس نے اپنا لیا تھا۔ جب اُس کی عمر چالیس برس کی ہوئی تو اُس نے یہودتھ سے بیاہ کر لیا جو یہ ایک حتی کی بیٹی تھی۔ اُس نے بشماتھ سے بھی شادی کی جو کہ ایلون کی بیٹی تھی۔ یہ بھی ایک حتی تھا۔ یہ دونوں بیویاں ہی اضحاق اور ربقہ کے لئے وبال جان ہوئیں۔(35 آیت) یہاں پر ہمارے لئے قابلِ غور بات یہ ہے کہ اگرچہ اضحاق وعدہ کا فرزند تھا، اُس کی زندگی ہمیشہ پھولوں کی سیج پر نہ گزری۔ اُس کا اپنا کوئی ٹھکانہ نہیں تھا۔ وہ جگہ بہ جگہ سفر کرتا رہا۔ اس علاقہ کے لوگ بھی اُسے پسند نہیں کرتے تھے۔ وہ اُس کے مال و دولت کے سبب سے اُس سے حسد کرتے تھے۔ اُنہوں نے اُس سے کئی بار جھگڑا کر کے اُس کی زندگی اجیرن بنا ڈالی تھی۔ بطور والدین اُنہوں نے عیسو کو غیر قوم میں سے بیویاں بیاہتے ہوئے دیکھا تھا۔ یہ وعدہ بڑی آسانی سے پورا نہیں ہونا تھا لیکن خدا اضحاق کو یاد دلاتا رہا کہ وہ اپنے وعدہ میں وفادار رہے گا۔ اسی اثنا میں، اضحاق سارے حالات و واقعات میں ثابت قدم اور وفادار رہا۔ اُس نے خداوند پر توکل اور بھروسہ کرنا جاری رکھا۔ کیا آپ کو اپنی زندگی میں مشکلات اور آزمائشوں کا سامنا ہے؟ کیا آپ بھی اضحاق کی طرح پے در پے آزمائشوں سے دوچار ہوتے رہتے ہیں؟ خدا آپ سے دستبردار نہیں ہوا۔ اُس کے وعدے اَٹل ہیں۔

چند غور طلب باتیں

☆۔کال کے دوران خدا نے اضحاق پر ظاہر ہو کر اُسے کہا کہ وہ اُس کا انتظار کرے اور جہاں وہ اُس کی رہنمائی کرے اُس طرف ہی جائے۔ کیا اضحاق کے لئے ہمیشہ آسان ہی تھا کہ وہ خدا کی راہنمائی کے مطابق چلے؟ جس طرح سے خدا آج ہماری راہنمائی کرتا ہے، اس سے ہمیں یہاں پر کیا سیکھنے کو ملتا ہے؟

☆۔ آج آپ کو کیسی مشکل کا سامنا ہے؟ کیا آپ پر کبھی آزمائش آئی کہ آپ خداوند کی راہنمائی کا انتظار نہ کریں؟ جب حالات و واقعات مشکل اور دشوار ہو گئے تو کیا آپ نے کبھی خدا کی راہنمائی اور اُس کے مقصد کو شک کی نظر سے دیکھنا شروع کر دیا؟

☆۔ اپنی بیوی ربقہ کے تعلق سے کس طرح اضحاق اپنے باپ کے نقشِ قدم پر چلا؟ اپنی اولاد یا دیگر لوگوں کے لئے عملی اور مثالی نمونہ بننے کے تعلق سے ہم یہاں پر کیا سیکھتے ہیں؟

☆۔خدا نے اُس وقت بھی ربقہ کی حفاظت کی جب اضحاق نے اِس کے تعلق سے جھوٹ بولا۔ کیا آپ نے کبھی غلط اور بُرا فیصلہ کیا؟

جب ہم ناکامی سے دوچار ہوتے ہیں تو کیا اُس وقت بھی خدا ہماری حفاظت اور نگہبانی کرتا ہے؟

چند اہم دُعائیہ نکات

☆۔خداوند سے توفیق چاہیں تاکہ آپ اپنی عقل و دلیل پر نہیں بلکہ اُس کی راہنمائی پر بھروسہ کریں۔ خداوند سے ایسے وقتوں کے لئے معافی مانگیں جب آپ خداوند سے بھی آگے آگے چلنے لگے۔

☆۔اپنے اِردگرد کے لوگوں کے لئے ایک اچھا اور عملی نمونہ بننے کے لئے خداوند سے توفیق چاہیں۔

☆۔جب خدا اپنا کام کر رہا ہو، اور دوسری طرف لوگ آپ کی مخالفت پر تُلے ہوں تو خدا سے ثابت قدمی اور ایمان کی توفیق چاہیں۔

☆۔خداوند کی شکر گزاری کریں کہ وہ اُس وقت بھی ہماری حفاظت اور نگہبانی کرتا ہے جب ہم احمقانہ غلطیاں کرتے ہیں۔

باب 25

اضحاق نے اپنے بیٹوں کو برکت دی

پیدائش 27: 1-46 کا مطالعہ کریں

اضحاق اب بوڑھا ہو چکا تھا، تاہم اُس کا ذہن ابھی تک بہت واضح اور مناسب طریقہ سے کام کرتا ہوا دکھائی دیتا ہے، تاہم دیگر حواس کمزور ہو چکے تھے۔ خاص طور پر اُس کی نظر۔ اضحاق کو علم تھا کہ اُس کے کُوچ کا وقت قریب ہے۔ اپنے مرنے سے پہلے اضحاق اپنے بیٹوں کو برکت دینا چاہتا تھا۔

ہم برکت دینے کے لئے کتابِ مقدس میں اِس کی دی ہوئی اہمیت کو قدر کی نگاہ سے نہیں دیکھتے۔ اُس دَور میں، باپ کی برکت کو بہت خاص لیا جاتا تھا۔ یہ سمجھا اور مانا جاتا تھا کہ باپ کی برکت کسی حد تک بیٹے کے مستقبل کا تعین کرے گی۔ خدا نے اس معاملہ میں برکات کو بہت سنجیدگی سے لیا ہے۔ تاکہ اضحاق کے الفاظ اپنے بیٹوں کے لئے خُدا کے مقصد کی عکاسی کریں گے۔

اس موقع پر، اضحاق نے اپنے بیٹے عیسو کو بلایا۔ جب عیسو اُس کے پاس آیا، تو اُس نے اُسے کہا کہ وہ اس کے لئے شکار مار کر لائے اور اچھا سا کھانا تیار کرے۔ جب وہ کھا پی لے تو اُسے برکت دے۔

جب اضحاق عیسو سے باتیں کر رہا تھا تو ربقہ اُس وقت موجود تھی۔ جب عیسو اپنا تیر کمان

لے کر اپنے باپ کے لئے شکار ڈھونڈنے چلا گیا، ربقہ دَوڑ کر اپنے چہیتے بیٹے یعقوب کے پاس گئی۔ اُس نے اُسے وہ سب کچھ بتا دیا جو اُس کے باپ نے عیسو سے کہا تھا۔ اُس نے کہا کہ وہ عیسو کو برکت دینے کو ہے۔ (6 آیت)

موقع سے فائدہ اُٹھانے کے لئے ربقہ نے یعقوب سے کہا کہ وہ گلہ میں سے دو اچھی اچھی بکریاں اُس کے پاس لائے۔ وہ اضحاق کے لئے کھانا تیار کرے۔ اُس نے یعقوب سے کہا کہ وہ تیار شدہ کھانا اپنے باپ کے پاس لے کر جائے اور یہی ظاہر کرے کہ وہ عیسو ہے۔ تا کہ وہ اپنے بھائی کی برکت حاصل کرلے۔ (10 آیت)

میں یہاں پر ربقہ اور اُس کی منصوبہ سازی کے تعلق سے کئی ایک بیانات پیش کرنا چاہوں گا۔ اوّل۔ ربقہ کا منصوبہ ظاہر کرتا ہے کہ وہ اپنے شوہر اور اُس کی سربراہی کے تعلق سے بہت ہی غیر مؤدب تھی۔ وہ اُسے دھوکہ دینا چاہتی تھی۔ اُس نے اُس کے بڑھاپے، اُس کے اندھے پن اور اُس کی معذوری اور کھانے کے لئے اُس کے ذوق شوق کا فائدہ اُٹھایا۔ اُسے اُس کی کسی خواہش اور سوچ کا احترام نہیں تھا بلکہ وہ تو وہی کچھ کرنا چاہتی تھی جو اُسے پسند تھا۔

دوسرا بیان جو میں ربقہ کے تعلق سے پیش کرنا چاہتا ہوں اِس کا تعلق اُس کے بڑے بیٹے عیسو کی عزت اور احترام سے ہے۔ یہ سچ ہے کہ یعقوب نے اپنے بھائی کی برکت چرا لی تھی۔ لیکن در حقیقت تو یہ ہے کہ اگر اُس کی ماں اس طرح کا بُرا منصوبہ اور سوچ نہ اپناتی تو وہ ایسا نہیں کرتا۔ یہ ربقہ کی سوچ تھی کہ یعقوب اپنے بھائی کی برکت کو چرا لے۔ اس سے بطور ماں ہمیں اُس کے روّیے اور سوچ کا علم ہوتا ہے۔ وہ اپنی خواہش، سوچ اور ارادے

کے تحت اپنے بیٹے کی برکات حاصل بلکہ چرالینا چاہتی تھی۔

آخری بات، غور کریں کہ ربقہ اپنے بیٹے یعقوب کے سامنے کیسا نمونہ پیش کر رہی تھی۔ اُس نے اُسے چوری کرنا اور دھوکہ دیناہی سکھایا۔ اُس نے اُس کے بھائی کے درمیان نازک رشتے کو تباہ کر دیا۔ صرف یہی نہیں، اس طرح اُس نے اُس کی زندگی کو بھی خطرے میں ڈال دیا۔

11 آیت پر غور کریں، کس طرح یعقوب اپنی ماں کے اس منصوبہ پر احتجاج کرتا ہے۔ یعقوب تصور بھی نہیں کر سکتا تھا کہ منصوبہ کس طرح پورا ہو گا۔ عیسو کے جسم پر بال تھے جبکہ اُس کی جلد بالکل نرم وملائم تھی۔ اگر اُس کے باپ نے اُسے چھولیا تو اُسے علم ہو جائے گا کہ یعقوب اُسے دھوکہ دینے کی کوشش کر رہا ہے، تو وہ اُسے برکت دینے کی بجائے اُس پر لعنت کر دے گا۔ (12 آیت) ربقہ اِس موقع سے فائدہ اُٹھانا چاہتی تھی۔ اُس نے 13 آیت میں اُسے کہا۔ "اَے میرے بیٹے! تیری لعنت مجھ پر آئے۔"

اپنی ماں کے بُرے منصوبے کی تحت یعقوب نے گلہ میں سے جا کر دو بکریاں لا کر اپنی ماں کو دیں۔ (14 آیت) ربقہ نے اُنہیں تیار کر کے، عیسو کا اچھا سا لباس یعقوب کو پہنایا۔ (15 آیت) اُس نے اُس کے ہاتھوں کو بھی بکریوں کی کھال سے ڈھانپ دیا۔ تاکہ اگر یعقوب اُسے ہاتھ بھی لگائے تو اُسے یہی معلوم ہو کہ وہ عیسو ہی ہے۔ اُس نے اُس کی گردن پر بھی بکریوں کے بال اور کھال لگادی۔ (16 آیت) ربقہ نے تیار شدہ کھانا یعقوب کو دیا تو وہ اپنے باپ سے ملاقات کے لئے چلا گیا۔(17-18 آیت)

جب یعقوب اپنے باپ کے خیمہ میں پہنچا تو اُس نے اُسے پکارا۔ جب اُس کے باپ نے اُسے

پوچھا کہ وہ کون ہے تو اُس نے جواب دیا۔

"میں تیرا پہلوٹھا بیٹا عیسو ہوں۔ میں نے تیرے کہنے کے مطابق کیا ہے۔ سو ذرا اُٹھ اور بیٹھ کر میرے شکار کا گوشت کھا تا کہ تو دل سے مجھے دُعا دے۔" (پیدائش 19:27)

اضحاق کو بڑی حیرت ہوئی کہ اُس کا بیٹا عیسو شکار بھی مار لایا اور اُس نے اُس کے لئے اتنی جلدی کھانا بھی تیار کر لیا۔ اِس سے اُسے کچھ شک گزرا۔ یعقوب نے یہ ظاہر کرتے ہوئے کہ وہ عیسو ہے، اپنے باپ کو جواب دیا۔ " اِس لئے کہ خداوند تیرے خدا نے میرا کام بنا دیا۔ " (20 آیت)

اضحاق کو ابھی بھی شک ہی تھا۔ اُس نے اپنے بیٹے سے کہا کہ وہ اُس کے نزدیک آئے تا کہ وہ اُسے چھو سکے۔ (21 آیت)

یعقوب اضحاق کے پاس گیا، اضحاق نے ہاتھ لگا کر اُس کی جلد کو چھوا تو کہنے لگا۔ "آواز تو یعقوب کی ہے پر ہاتھ عیسو کے ہیں۔ " (22 آیت)

وہ ابھی بھی شک و شبہ اور شش و پنج کی حالت میں تھا۔ اُس نے اُس سے دوٹوک الفاظ میں پوچھا۔ "کیا تو میرا بیٹا عیسو ہی ہے؟" 24 آیت۔ یعقوب نے دھوکہ دیتے ہوئے کہا" میں یعقوب ہی ہوں۔

یعقوب کی باتوں سے مطمئن اور پُر یقین ہو کر اضحاق نے اپنے بیٹے سے کہا کہ وہ اپنے شکار سے تیار شدہ کھانا اُس کے پاس لے کر آئے تا کہ وہ اُسے کھا کر اُس کے لئے برکت چاہے۔

(25 آیت) جب اضحاق تناول فرما چکا تو اُس نے اپنے بیٹے سے کہا کہ وہ اُسے چومے۔

(26 آیت) جب یعقوب نے اُسے چوما، تو اضحاق نے اُس کے لباس کی خوشبو پائی، یہ وہ

آخری پرکھ تھی جس سے اضحاق کو یقین دہانی ہوگئی کہ وہ اُس کا بیٹا عیسو ہی ہے۔ عیسو کے لباس کی خوشبو نے اضحاق کو قائل کر لیا۔ اُس نے 27 آیت میں کہا۔ "دیکھو میرے بیٹے کی مہک اُس کھیت کی مہک کی مانند ہے جسے خداوند نے برکت دی ہو۔"

اس بات کا یقین کرتے ہوئے کہ اُس کے سامنے عیسو ہی ہے، وہ اُسے برکت دینے کے لئے آگے بڑھا۔ 28 آیت میں اُس نے اُسے آسمان کی شبنم، زمین کی دولت، کثرت کے اناج اور مے کی برکت دی۔ بالفاظ دیگر، اُس نے اُسے دولت اور خوشحالی کی برکت دی۔ 29 آیت میں، اُس نے اُسے قوموں پر غلبے اور قوت کے ساتھ ساتھ اَمن اور شانتی کی برکت بھی تھی۔ "قومیں تیری خدمت کریں اور قبیلے تیرے سامنے جھکیں! تو اپنے بھائیوں کا سردار ہو اور تیری ماں کے بیٹے تیرے آگے جھکیں۔ جو تجھ پر لعنت کرے وہ خود لعنتی ہو اور جو تجھے دعا دے وہ برکت پائے۔"

29 آیت پر غور کریں کہ اضحاق نے یعقوب کو یہ برکت بھی دی کہ وہ اپنے بھائیوں کا سردار ہو اور وہ اُس کے سامنے جھکیں۔ پھر اضحاق نے ہر اُس شخص پر لعنت کی جو یعقوب پر لعنت کرے اور ہر اُس شخص کے لئے برکت چاہی جو یعقوب کے لئے برکت چاہے۔ یعقوب اپنے باپ کے پاس سے خوشحالی اور اپنے بھائی پر ممتاز ہونے اور قوموں پر اختیار اور غلبہ رکھنے کی برکت لے کر چلا گیا۔

جب یعقوب کا بھائی شکار مار کر لایا تا کہ اپنے باپ کے لئے کھانا تیار کرے تو یعقوب وہاں سے چُپ کر کے کھسک گیا۔ (30 آیت) کھانا تیار کرنے کے بعد، عیسو اپنے باپ سے ملنے کے لئے گیا۔ (31 آیت)

اپنے بیٹے کی آواز سُن کر، اضحاق نے پوچھا کہ وہ کون ہے۔ اُس نے جواب دیا، " میں تیرا بیٹا عیسو ہوں۔ "جب اضحاق نے اپنے بیٹے کی آواز سُنی تو اُس کے شک و شبہات اُس کے ذہن میں آنا شروع ہو گئے اور پھر اُسے احساس ہوا کہ اصل میں کیا ہو گیا ہے۔ (33 آیت) اُس نے عیسو کو بتایا کہ اُس نے اُس کی برکت اُس کے بھائی یعقوب کو دے دہی ہے اور وہ اُس سے واپس نہیں لے سکتا۔

جب اضحاق کو علم ہوا کہ اُس نے عیسو کی برکت یعقوب کو دے دی ہے تو اُس کا ردِ عمل 33 آیت میں دیکھیں۔ " تب تو اضحاق بشدت کانپنے لگا اور اُس سے کہا پھر وہ کون تھا جو شکار مار کر میرے پاس لے آیا، اور اُسے دُعا دی اور مبارک بھی وہی ہو گا۔ "

اضحاق یعقوب کی دھوکہ دہی پر غضبناک ہوا ہو گا۔ یعقوب نے اپنے باپ کے لئے انتہائی غیر مؤدب روّیہ اختیار کیا اور اُس کی عزت اور احترام کا ذرہ بھر بھی خیال نہ رکھا۔ ہم تصور کر سکتے ہیں کہ اِس واقعہ سے باپ بیٹے کے درمیان حالات اور تعلقات کس قدر کشیدہ ہو گئے ہوں۔ یقینی بات ہے کہ اُن کے درمیان ایک دیوار کھڑی ہو گئی۔

اِس خبر پر عیسو کے ردِ عمل کو دیکھیں۔ "عیسو اپنے باپ کی باتیں سنتے ہی بڑی بلند اور حسرت ناک آواز سے چلا اُٹھا اور اپنے باپ سے کہا مجھ کو بھی دُعا دے۔ اَے میرے باپ! مجھ کو بھی" (34 آیت)

عیسو کو یقیناً بہت دُکھ ہوا۔ اُس کی برکت دھوکے سے اُس کا بھائی یعقوب لے گیا تھا۔ 35 آیت میں وہ پکار اُٹھا۔ " تیرا بھائی دغا سے آیا اور تیری برکت لے گیا۔ "

36 آیت میں عیسو کی تلخی کو اُس کے بیان سے محسوس کیا جا سکتا ہے۔ "تب اُس نے کہا کیا

اُس کا نام یعقوب ٹھیک نہیں رکھا گیا؟ کیونکہ اُس نے دوبارہ مجھے اڑنگا مارا۔ اُس نے میرا پہلوٹھے کا حق تو لے ہی لیا تھا اور دیکھ! اب وہ میری برکت بھی لے گیا۔"

یعقوب نام کا معنی ہے "دھوکہ باز" یعقوب کے طرزِ عمل سے اُس کے بھائی اور اُس کے درمیان ایک رکاوٹ کھڑی ہوگئی۔ عیسو نے اپنے باپ سے منت کی کہ وہ اُسے بھی برکت دے۔ (36 آیت) اضحاق نے عیسو کو بتایا کہ اُس نے اُس کے بھائی یعقوب کو اُس پر سردار مقرر کیا اور بڑی خوشحالی اور سلامتی کی برکت دی ہے۔(37 آیت)

جب اُس کے بیٹے نے رونا اور منتیں کرنا جاری رکھا کہ اُسے بھی برکت دے تو اضحاق نے اُسے بھی ایک برکت دی۔ اُس نے عیسو کو بتایا کہ اُس کا مسکن زمین کی دولت اور آسمان کی شبنم سے دُور ہوگا۔ بالفاظ دیگر، اُس کی زندگی مشکل اور دشوار ہوگی اور اُسے اپنی ضروریات کی فراہمی کے لئے تگ و دَو کرنا پڑے گی۔(39 آیت) اُس کی زندگی جنگ و جدل میں گزرے گی اور وہ اپنے بھائی کی خدمت کرے گا۔(40 آیت) وہ دن آئے گا جب اپنا جُوا اُتار پھینکے گا اور اپنے ظلم و جبر سے رہائی پائے گا۔

عیسو کی زندگی مشکلات میں گزرے گی۔ ساری برکت یعقوب کے حصے میں چلی گئی۔ یہ سب کچھ عیسو کی برداشت سے باہر تھا۔ 4 آیت میں، اُس نے اپنے آپ سے وعدہ کیا کہ جب اُس کا باپ جہانِ فانی سے کوچ کر جائے گا تو وہ اپنے بھائی کو ہلاک کر ڈالے گا۔ عیسو کو اپنے باپ کی فکر تھی، لیکن اُسے اپنی ماں کا کچھ خیال نہ تھا۔ اُس نے یہ نہ کہا کہ جب اُس کی والدہ رحلت فرما جائے گی تو پھر وہ اپنے بھائی کو مار ڈالے گا۔ اُسے اِس بات کی بالکل فکر نہ تھی کہ اُس کی ماں اپنے چہیتے بیٹے کی ہلاکت دیکھے گی۔ عیسو کا یہ روّیہ اِس بات کی طرف

اشارہ بھی ہے کہ اِس واقعہ میں ربقہ اپنے بیٹے کی نظر میں اپنی عزت کھو بیٹھی تھی۔

جب ربقہ کو اپنے بیٹے عیسو کے ارادے کا علم ہوا کہ وہ اپنے بھائی کو مار ڈالنے کی سوچ رکھتا ہے تو پھر وہ جان گئی کہ اِب یعقوب کا یہاں پر رہنا خطرے سے خالی نہیں ہے۔ اُس نے اُسے کہا کہ وہ حاران میں اُس کے بھائی لابن کے پاس بھاگ جائے اور اُس وقت تک وہیں پر رہے جب تک اُس کے بھائی کا غصہ دھیمانہ ہو جائے (43-44 آیت) اُس نے اُسے اپنے بھائی لابن کے پاس بھیج دیا، اور کہا کہ جب مناسب ہو گا وہ اُسے واپس بلوا بھیجے گی۔ (45 آیت)

45 آیت میں ربقہ کی باتوں پر غور کریں۔ جب تیرے بھائی کا قہر تیری طرف سے ٹھنڈا نہ ہو اور وہ اس بات کو جو تو نے اُس سے کی ہے بھول نہ جائے۔ تب میں تجھے وہاں سے بلوا بھیجوں گی۔ میں ایک ہی دن میں تم دونوں کو کیوں کر کھو بیٹھوں "

اِس سے ظاہر ہوتا ہے کہ وہ پہلے ہی سمجھتی تھی کہ اب وہ عیسو کو کھو چکی ہے۔ اِس سے یہ بھی ظاہر ہوتا ہے کہ اِس واقعہ کے بعد عیسو نے اپنی ماں سے منہ موڑ لیا تھا۔ جو کچھ ربقہ نے کیا اور جس طرح یعقوب نے دھوکے سے برکت لی، اِس سے خاندان کا شیرازہ بکھر گیا۔

یعقوب کو بھیجنے کے لئے اضحاق کی اجازت لینے کے لئے، ربقہ نے اُسے بتایا کہ اگر وہ اِرد گرد آباد بسی ہوئی بُت پرست حتی قوم سے اپنے لئے بیوی لے گا تو اُس کی زندگی اجیرن ہو جائے گی۔ اُس نے اضحاق سے اجازت چاہی کہ وہ اپنے بیٹے یعقوب کو اُس کے بھائی کے پاس جانے دے کہ وہ اپنے لئے بیوی لے۔ در حقیقت، وہ اپنے چہیتے بیٹے یعقوب کو اُس کے بھائی عیسو سے بچانا چاہتی تھی۔ وہ اپنا کیا کرایا بھی چھپانا چاہتی تھی۔ اضحاق کو بھی اپنے بیٹے

یعقوب پر غصہ ہو گا لیکن اُس نے یعقوب اور عیسو کے درمیان پیدا ہونے والے کھچاؤ، تناؤ اور تلخی و کڑواہٹ کو مد نظر رکھتے ہوئے یعقوب کو گھر سے جانے کی اجازت دے دی۔

آپ اس باب میں دیکھ سکتے ہیں کہ کس طرح ربقہ کے دھوکے اور فریب نے سارے گھرانے کو تباہ کر دیا۔ اپنے شوہر کے لئے احترام اور اپنے بیٹے کے لئے محبت نہ ہونے کے گہرے اثرات اور نتائج مرتب ہوئے۔ بلکہ آنے والی نسلوں پر کو بھی اِس کشیدگی اور تلخی کا خمیازہ بھگتنا پڑا۔ ربقہ کو اپنے کسی بھی کرتوت کے نتائج پر کوئی شرمندگی اور احساس نہ ہوا۔ اُسے تو بس یہی علم تھا کہ وہ کیا چاہتی ہے اور اُس کے حصول کے لئے جو کچھ بھی وہ کر سکی، اُس نے کیا۔ اُس نے اِس لالچ میں کسی بھی نتیجہ اور خمیازہ کو مدِ نظر نہ رکھا۔

اگرچہ اس کہانی کے کرداروں نے دھوکہ دہی اور فریب سے کام لیا، تو بھی خدا قوّی اور قادر تھا کہ جو ابتری پیدا ہو گئی ہے اُسے اپنے مقصد کی تکمیل کے لئے استعمال کرے۔ اُس نے یعقوب کو بیوی عطا کر کے اُسے برکت دی اور وہ دیارِ غیر میں باعثِ برکت ہوا۔ اِس شکستہ خاندان کے وسیلہ سے، خدا نے اِس دُنیا کے لئے اپنے عظیم مقصد کو پورا کیا۔

چند غور طلب باتیں

☆۔عہدِ عتیق میں سے ہم برکت اور لعنت کی اہمیت کے تعلق سے کیا سیکھتے ہیں؟ کیا آپ ایمان رکھتے ہیں کہ آج برکات اور لعنتیں بولی جاتیں ہیں تو اُن کے ہماری زندگیوں پر اثرات مرتب ہوتے ہیں۔

☆۔یعقوب کی کمزوری اور معذوری کی حالت میں ربقہ نے کس طرح اپنے شوہر کے لئے غیر مؤدبانہ روّیہ اختیار کیا؟ کیا آپ اپنے شوہر/بیوی کے لئے غیر مؤدبانہ روّیہ اختیار کرتے ہیں؟ کیا ممکن ہے کہ ہم اپنے ازدواج میں ایک دوسرے کی عزت کرنا چھوڑ دیں؟

☆۔یعقوب نے کس طرح اپنے باپ اور بھائی کے لئے عزت اور احترام کو مدِ نظر نہ رکھا؟ کیا آپ نے اپنی زندگی میں کسی کے لئے احترام کو مدِ نظر نہ رکھا؟ خدا اِس کے تعلق سے کون سا قدم آپ کو اُٹھانے کے لئے کہہ رہا ہے؟

☆۔ربقہ اور یعقوب نے جو کچھ بھی کیا نتائج اور خمیازہ نظر انداز کرتے ہوئے کیا، اُن کی اِس لاپرواہی سے خاندان پر کیا اثرات مرتب ہوئے؟

☆۔خدا نے شکستہ خاندان کو دُنیا کے لئے اپنے عظیم مقصد کی تکمیل کے لئے استعمال کیا۔ اِس سے آپ کو آج کیسی تسلی ملتی ہے؟ اِس سے ہمیں اِس تعلق سے کیا معلومات ملتی ہے کہ خدا کس طرح کے لوگوں کو بھی استعمال کرنے کی قدرت رکھتا ہے؟

چند اہم دُعائیہ نکات

☆۔خداوند سے کسی بھی اس وقت کے لئے معافی چاہیں جب آپ نے اپنے جیون ساتھی کے ساتھ غیر مؤدبانہ روّیہ اختیار کیا اور عزت اور احترام کی بجائے دھوکہ دہی سے کام لیا۔

☆۔ظاہری بات ہے کہ یعقوب نے اپنی ماں کی صلاح سے ہی اپنے باپ اور بھائی کو دھوکہ دیا تھا۔کیا آپ نے کسی شخص کو گناہ کرنے پر اُکسایا ہے؟ خداوند سے کسی بھی ایسے کام کے لئے معذرت کریں جب آپ اِس طرح سے کسی کی بربادی اور تباہی کا باعث بنے۔

☆۔کیا آپ کی زندگی میں ایسے لوگ ہیں جن کو آپ نے دھوکہ دیا یا اُن کے لئے عزت اور احترام کا مظاہرہ نہ کر سکے؟ خداوند کے سامنے اُس گناہ کا اقرار کریں اور اُس سے درخواست کریں کہ آپ اِس صورتحال کو ٹھیک کر سکیں۔

☆۔خداوند کی شکر گزاری کریں کہ وہ آپ کی ناکامیوں میں بھی آپ کو استعمال کرنے کی قدرت رکھتا ہے۔ خداوند سے ایسے وقتوں کے لئے بھی معافی مانگیں جب آپ ایسے لوگوں سے پیچھے ہٹ گئے جنہیں خدا استعمال کرنا چاہتا ہے۔

باب 26

خُدا یعقُوبؔ سے کلام کرتا ہے

پیدائش 28:1-22 کا مطالعہ کریں

یعقوؔب کو یہ بتاتے ہوئے کہ اُسے اِس علاقہ کی عورتوں سے کراہیت ہے، ربقہ نے اپنے بیٹے کو دُعا دے کر فدان ارام میں اپنے بھائی کے رشتہ داروں میں بیاہ کرنے کے لئے بھیجا۔ یعقوؔب کو اپنے پاس بلا کر اضحاقؔ نے بھی اُس کے روانہ ہونے سے پہلے اُسے برکت دی۔

1 آیت میں ہم پڑھتے ہیں کہ اضحاق نے یعقوؔب کو حکم دیا کہ وہ کسی کنعانی عورت سے بیاہ نہ کرے بلکہ اپنے ماموں لابنؔ کے گھر سے اپنے لئے بیوی لے۔ خدا نے کنعانی لوگوں کو تباہ و برباد کر کے اُن کا مُلک اپنے لوگوں کو دینا تھا۔ یاد رہے کہ کنعانی لوگوں کا مذہب خدا کے لوگوں کے لئے اکثر و بیشتر آزمائش کا سبب ہوتا تھا۔ کنعانی عورتیں خدا کے لوگوں کو اُبھارتی اور اُکساتی تھیں کہ وہ زندہ خدا سے منہ موڑ کر اُن کے معبُودوں کی پرستش اور عبادت کریں۔ اضحاق نے اپنے بیٹے سے کہا کہ وہ اُن اجنبی عورتوں سے خود کو الگ ہی رکھے اور خدا کے ساتھ ساتھ چلتا رہے۔

اضحاق نے یہ دُعا بھی کی کہ خدا یعقوب کو بہت سی اَولاد بخشے اور یہ دُعا کہ جو برکت خدا نے ابرہام کو دی تھی اُس کی زندگی پر آ ٹھہرے۔ (3-4 آیت)

غور کریں کہ اضحاق نے یعقوب کی برکت کو ابرہام سے منسلک کیا۔ اضحاق کو احساس تھا کہ اگرچہ یعقوب نے برکت پانے کے لئے اُسے دھوکہ دیا ہے، تو بھی یہ خدا کی مرضی تھی کہ عیسو کے نسل کے وسیلہ سے نہیں بلکہ یعقوب کے گھرانے کے وسیلہ سے خدا کا ابرہام سے کیا گیا وعدہ پورا ہو۔ اپنے باپ سے برکت پانے کے بعد، یعقوب فدان ارام کی طرف روانہ ہو گیا۔ (5 آیت)

جب عیسو نے سنا کہ کنعانی عورتیں اُس کے والدین کو بہت ناپسند ہیں، تو اُس نے ابرہام کے بیٹے اسماعیل کی بیٹی مہلت سے شادی کا فیصلہ کیا۔ بعض لوگ اُس کے اِس فیصلے کو باغیانہ روّیہ یا بغاوت کے تحت کیا گیا کام کہتے ہیں لیکن ضرُوری نہیں کہ ایسا ہی ہو۔ اضحاق نے یعقوب سے کہا تھا کہ وہ اپنی ماں کے بھائی یعنی اپنے ماموں کی بیٹیوں میں سے کسی لڑکی سے شادی کرے۔ عیسو نے بھی اپنے رشتہ داروں میں سے ہی ایک لڑکی سے بیاہ کرنے کا چناؤ کیا تھا۔ جو کہ اُس کے انکل کی بیٹی تھی۔ ہو سکتا ہے کہ اُس نے اُس مشکل گھڑی میں اپنے والدین کا منظورِ نظر ہونے کے لئے یہ فیصلہ کیا ہو۔

یعقوب بیر سبع میں اپنے گھر سے روانہ ہو کر حاران میں اپنے ماموں کے گھر آیا، (10) کچھ دیر سفر کرنے کے بعد اُس نے کسی جگہ پر قیام کا فیصلہ کیا۔ اُس نے ایک پتھر کو تکیہ کے طور پر لیتے ہوئے سر کے نیچے رکھا اور سو گیا۔ (11 آیت)

یعقوب نے سوتے میں، ایک سیڑھی دیکھی جو زمین سے آسمان تک جا رہی تھی۔ اُس نے دیکھا کہ اُس سیڑھی سے خدا کے فرشتے اُوپر نیچے آ جا رہے ہیں۔ اُس سیڑھی کے اُوپر اُس نے خدا کو دیکھا، خدا آسمان سے یعقوب سے مخاطب ہوا۔

خدا نے یعقوب کو اپنا تعارف، اُس کے باپ دادا ابرہام اور اضحاق کے خدا کے طور پر کرایا۔ 13 آیت میں، خدا نے یعقوب سے وعدہ کیا کہ جس جگہ پر وہ لیٹا ہوا ہے وہ اُسے دے گا۔ خدا نے اُس کی نسل بڑھانے کا بھی وعدہ کیا۔ وہ مشرق، مغرب، شمال اور جنوب میں پھیل جائیں گی۔ وہ زمین کے ذروں کی مانند ہو گی۔ (14 آیت) یعقوب کی نسل روئے زمین کے لوگوں کے لئے باعثِ برکت ہو گی۔ اِس ناقص آدمی سے خدا نے قوم بنی اسرائیل کو کھڑا کیا۔ اُسی قوم سے مسیح اس جہان کو اُس کے گناہ سے آزاد کرانے کے لئے پیدا ہوا۔ دُنیا کے لئے خدا کے مقصد میں یعقوب ایک اہم رابطہ تھا۔

آخر میں، خدا نے اُس سے وعدہ کیا کہ وہ جہاں کہیں جائیں، خدا یعقوب اور اُس کی نسل کی حفاظت کرے گا۔ اُس وقت وہ اپنے ملک سے جا رہا تھا۔ خدا نے وعدہ کیا کہ یعقوب اپنے باپ دادا کے گھر واپس لوٹ آئے گا۔ (15 آیت)

تصور کریں، خدا کی یہ باتیں یعقوب کے لئے کس قدر حوصلہ افزا ہوئی ہوں گی۔ جن حالات و واقعات میں یعقوب اپنا گھر چھوڑ کر جا رہا تھا، وہ بہت ہی مشکل، کٹھن اور ناخوشگوار تھے۔ اُس نے اپنے باپ کو دھوکہ دے کر اپنے باپ سے برکت چرا لی تھی۔ اُس کا بھائی بھی اُسے مار ڈالنے کے درپے تھا۔ جب یعقوب فدان ارام کی طرف روانہ ہوا تو کیسے کیسے سوالات اُس کے ذہن میں اُٹھ رہے ہوں گے؟ کیا اُس وقت وہ بے دل ہو چکا تھا؟ کیا اُسے اپنے کئے پر شرمندگی محسوس ہو رہی تھی؟ کیا وہ اِن سوچوں میں گم تھا کہ دیارِ غیر میں وہ کس طرح زندگی بسر کرے گا اور کیسے حالات و واقعات اُسے پیش آ سکتے ہیں؟

اِسی پریشانی اور ذہنی ابتری کی حالت میں ابرہام اور اضحاق کے خدا نے اُس سے مخاطب ہو

کر اُسے برکت دینے کا وعدہ کیا۔ وہ ایک دھوکہ باز تھا اور اُس نے بہت ہی غلط کام کیا تھا۔ لیکن خدا اُس سے دستبردار نہیں ہوا تھا۔ جو خواب اُس نے دیکھا تھا، اُس میں صرف یعقوب نے خدا کی آواز ہی نہیں سنی تھی بلکہ آسمان سے فرشتوں کو بھی اُس سیڑھی کے ذریعہ سے اُترتے اور اُوپر آسمان کی طرف جاتے دیکھا تھا۔ جو اُس کے لئے برکت اور تقویت کا باعث تھے۔

اگرچہ وہ قابلِ نفرت ہو چکا تھا لیکن پھر بھی خدا اُس سے دستبردار نہ ہوا بلکہ اُسے برکت دینے کا ارادہ رکھتا تھا۔ خدا اب بھی اُس سے خوشنود تھا۔ خدا نے اپنے فرشتوں کو حکم دیا کہ وہ اُس کی نگہبانی کریں۔ وہ آسمان پر سے اُترتے اور چڑھتے ہوئے اُس کی نگہبانی کر رہے اور اُس کی ضروریات کا خیال رکھ رہے تھے۔ یہی فرشتے ہمارے بھی نگہبان ہیں۔ خدا ہماری ابتری، ذہنی اُلجھنوں اور پریشانیوں سے واقف ہے۔ اُسے معلوم ہے کہ ہم کس قدر نکمے اور قابلِ نفرت ہیں، اگرچہ کئی دفعہ ہم خدا کو ہماری زندگی کے تعلق سے منصوبوں میں کامیاب نہیں ہونے دیتے، ہم اُس کی راہوں سے بھٹک جاتے ہیں، وہ ہمارا تعاقب کرتا، ہمیں معاف کرتا اور اپنے مقاصد کی تکمیل کے لئے ہمیں استعمال کرتا ہے۔

جب یعقوب نیند سے بیدار ہوا تو اُس نے محسوس کیا کہ خدا اُس سے ملا ہے۔ جب اُسے یہ محسوس ہوا کہ خدا اُس جگہ پر آموجود ہوا تھا تو اُس کا دل خوف اور دبدبے کی کیفیت سے بھر گیا۔ اُس نے 17 آیت میں کہا۔ "یہ کیسی بھیانک جگہ ہے! تو یہ خدا کے گھر اور آسمان کے آستانہ کے سوا اور کچھ نہ ہو گا۔"

اگلی صبح، یعقوب نے وہی پتھر لیا جسے اُس نے بطور تکیہ استعمال کیا تھا، اُس کی تقدیس

کے لئے اُس پر تیل انڈیلا۔(18 آیت) اِس سے یعقوب کو اُس جگہ پر خدا کی حضوری کی یاد آتے رہنا تھی۔ گویا یہ ایک یادگاری پتھر کے طور پر وہاں رکھ دیا گیا۔

یعقوب نے اُس جگہ کا نام بیت ایل رکھ دیا جس کا لفظی مطلب ہے " خدا کا گھر "۔ اُس روز یعقوب نے عہد کیا کہ اگر خدا اپنے وعدہ کے مطابق اُس کی نگہبانی کرتا رہے اور اُسے اپنے باپ دادا کے گھر لوٹالائے، تو یہ جگہ خدا کا گھر ہو گی۔ اُس نے جو کچھ اُس کے پاس تھا، اُس کا دسواں حصہ بھی خدا کو دیا۔ یعقوب نے 3:35 میں اپنا عہد پورا کیا۔

خدا کے ساتھ ملاقات کو ہم کم قدر نہیں سمجھ سکتے۔ یہاں بیت ایل کے مقام پر، یعقوب کی ملاقات ابرہام کے خدا سے ہوئی۔ اگر خدا اُسے اپنی مرضی اور ارادے کے مطابق قائد اور رہنما بنانا چاہتا تھا تو خدا کے ساتھ ملاقات انتہائی اہم، ضروری بلکہ ناگزیر تھی۔ یہ پہلا موقع تھا کہ اُس نے خدا کی آواز سُنی، از خود خدا اُس سے ہم کلام ہوا۔ یہ اُس کی زندگی بدل دینے والا تجربہ ہوا۔ یعقوب نے اپنے دل میں ایک عہد اور تہیہ کے ساتھ اُس جگہ سے روانگی کی۔ ہر ایک مسیحی قائد کو ایسے ہی زبردست، عظیم و مہیب خدا کے ساتھ شخصی تجربے کی ضرورت ہے۔

چند غور طلب باتیں

☆۔یعقوب کی دھوکہ دہی کے باوجود، خدا نے اپنے منصوبہ کو پایہ تکمیل تک پہنچایا۔ یعقوب کی ناکامیوں میں بھی خدا اُس سے دستبردار نہ ہوا۔ آپ کو اِس حقیقت سے کیا تسلی ملتی ہے کہ خدا ہماری ناکامیوں اور خامیوں کو بھی ہماری بھلائی اور بہتری میں بدل دینے کی قدرت رکھتا ہے؟

☆۔خدا کیوں یہ چاہتا تھا کہ اُس کے لوگ کنعانی عورتوں سے شادی نہ کریں؟ یہ کس قدر اہم ہے کہ ہم اپنے لئے ایسا جیون ساتھی تلاش کریں جو خدا سے محبت رکھتا ہو۔

☆۔یعقوب نے خواب میں فرشتوں کو اپنی نگہبانی کے لئے آسمان سے اُترتے اور اُوپر جاتے دیکھا، کیا آپ ایمان رکھتے ہیں کہ خدا کے فرشتے آج ہماری بھی اسی طرح سے نگہبانی کرتے ہیں؟

☆۔خدا اُس وقت یعقوب سے ملا جب وہ اپنی جان بچانے کے لئے اپنے ماموں کے گھر جا رہا تھا۔ کیونکہ اُس نے دھوکہ دہی سے کام لیا اور اپنے باپ اور بھائی کی عزت کا بھی کچھ خیال نہ کیا تھا؟ جب خدا کے فرزند ناکام اور بدحال ہو جاتے ہیں تو کیا وہ اپنے لوگوں سے دستبردار ہو جاتا ہے؟

چند اہم دُعائیہ نکات

☆۔خداوند کی شکر گزاری کریں کہ جب ہم اُس کی برکت اور مہربانی کے لائق بھی نہیں ہوتے، خدا اُس وقت بھی ہمیں برکت دینے کے لئے تیار اور رضامند ہوتا ہے۔

☆۔خداوند کی شکر گزاری کریں کہ اُس کے حکم پر اُس کے فرشتے ہماری حفاظت اور نگہبانی کرتے ہیں۔

☆۔خداوند کی شکر گزاری کریں کہ وہ ہماری ناکامیوں میں بھی ہم سے دستبردار نہیں ہوتا۔

☆۔خداوند کی شکر گزاری کریں کہ وہ ہماری ناکامیوں کو بھی اپنے ارادے اور مقصد کی تکمیل کے لئے ہماری زندگی میں استعمال کرنے پر قوی اور قادر ہے۔

باب 27

یعؔقوب شادی کرتا ہے

پیدائش 29:1-35 کا مطالعہ کریں

یعقوب حاران کی طرف محوِ سفر تھا جہاں اُس کا ماموں لابن رہتا تھا۔ خدا اُسے راستے میں ملا اور اُس سے وعدہ کیا کہ وہ اُسے اور اُس کی نسل کو برکت دے گا۔ یعقوب ایک ایسی جگہ پر پہنچا جہاں پر کھیتوں میں ایک کنواں تھا جہاں پر بھیڑوں کے تین گلے چر رہے تھے۔ کُنویں کے مُنہ پر ایک بہت بڑا پتھر رکھا ہوا تھا۔

پانی بہت کمیاب تھا اور اُس علاقہ میں یہی ایک کُنواں تھا۔ کئی طرح کے مال مویشی رکھنے والے چرواہے اُس کُنویں کا پانی اپنے جانوروں کو یہاں سے ہی پلاتے تھے۔ اُس کُنویں کے منہ پر بڑا سا پتھر شاید اِس تھوڑے سے پانی کو ایسے لوگوں سے بچانے کے لئے رکھا ہوا ہو جو وہاں سے پانی چُرا کر لے جاتے ہوں۔ 3 آیت ہمیں بتاتی ہے کہ جب سارے گلے یہاں پر جمع ہو جاتے تھے تو پھر وہ چرواہے مل کر اُس کُنویں کے منہ سے پتھر کو لڑھکاتے تھے۔ جونہی بھیڑیں پانی پی لیتی تھیں، تو پھر اِس بھاری بھر کم پتھر کو دوبارہ سے اُس کُنویں کے منہ پر لڑھکا دیا جاتا تھا۔

جب یعقوب اُس کُنویں پر پہنچا، تو اُس کی ملاقات چراہوں سے ہوئی، جو پانی کے لئے اپنے گلے وہاں پر جمع کر رہے تھے۔ یعقوب نے چرواہوں سے پوچھا کہ وہ کہاں سے آئے ہیں۔

اور کیا وہ لابن کو جانتے ہیں۔ (4 آیت) چرواہوں نے اُسے بتایا کہ وہ حاران سے آئے ہیں اور اُس کے ماموں لابن سے واقف ہیں۔

جب یعقوب نے چرواہوں سے لابن کی خیر و عافیت دریافت کی تو چرواہوں نے اُسے بتایا کہ وہ خیریت سے ہے اور اُس کی بیٹی راخل اُس روز بھیڑوں کو لے کر اُس کُنویں پر آئی۔ (6 آیت) یعقوب کو معلوم نہیں تھا کہ بھیڑوں کو پانی پلانے کے لئے تمام چرواہوں کا انتظار کیا جاتا ہے۔ جب وہ چرواہوں سے باتیں کر رہا تھا تو اُس وقت دوپہر کا وقت تھا۔ اُس نے اُنہیں پوچھا کہ وہ اپنی بھیڑوں کو پانی پلا کر واپس چراگاہوں میں کیوں نہیں لے جا رہے ۔(7 آیت) چرواہوں نے یعقوب کو بتایا کہ دستور کے مطابق وہ سب چرواہوں کا انتظار کرتے ہیں اور پھر تمام جانوروں کو ایک ہی مرتبہ پانی پلایا جاتا ہے۔ (8 آیت) جب وہ باتیں کر رہے تھے تو راخل بھی وہاں پر اپنے باپ کی بھیڑوں کے ساتھ آ پہنچی۔

(9 آیت)

جب یعقوب نے راخل کو دیکھا، تو وہ کُنویں پر گیا اور پتھر لڑھکا کر اُس کی بھیڑوں کو پانی پلایا۔ یہاں پر ایسا کوئی اشارہ نہیں ملتا کہ دوسرے چرواہوں نے پتھر لڑھکانے میں اُس کی مدد کی یا نہیں۔ یہ پتھر بہت بھاری تھا اور اگر یعقوب نے اکیلے ہی اُس پتھر کو لڑھکایا ہو گا تو پھر دوسرے چرواہوں نے اُسے غور سے دیکھا ہو گا۔ راخل کی بھیڑوں کو پانی پلانے سے یعقوب راخل کو اپنایت کا احساس دے رہا تھا۔ وہ ایک طرح سے اپنا تعارف اُسے کروا رہا تھا۔

11 آیت ہمیں بتاتی ہے کہ جب یعقوب نے راخل کی بھیڑوں کو پانی پلایا تو پھر وہ زار زار

رونے لگا۔ راخل سے ملاقات اور اپنی ماں کے رشتے داروں کے ہاں آنے کا تجربہ یعقوب کے لئے بڑا جذباتی قسم کا تھا۔ اُس نے آگے بڑھ کر راخل کو چُوما اور اُسے بتایا کہ وہ اُس کا رشتہ دار ہے۔(12 آیت) یہ سُن کر راخل اپنے باپ لابن کے پاس دَوڑی گئی اور اُسے بتایا کہ اُس کی بہن کا بیٹا یہاں ہمارے ہاں آیا ہے۔

جب لابن نے یہ سُنا تو بلا تاخیر یعقوب سے ملنے کے لئے دَوڑا چلا آیا۔ اُس نے یعقوب کو گلے لگا کر چُوما۔ اُس نے اُسے اپنے گھر قیام کی دعوت دی۔ (13-14 آیت) جب یعقوب وہاں مہینہ بھر رہا، لابن نے اُسے ایک ملازمت کی پیش کش کی۔ یعقوب اِس شرط پر لابن کے ہاں کام کرنے کے لئے تیار ہو گیا کہ اگر وہ راخل کو اُس سے بیاہ دے گا تو وہ سات برس تک اُس کے لئے کام کرتا رہے گا۔ (18 آیت) لابن اِس شرط پر متفق ہو گیا۔ (19 آیت)

16-17 آیات سے علم ہوتا ہے کہ راخل لابن کی چھوٹی بیٹی تھی۔ اُس کی بڑی بیٹی لیاہ تھی۔ 17 آیت بتاتی ہے کہ لیاہ کی آنکھیں کمزور تھیں۔ لیاہ کی آنکھوں کے تعلق سے بیان کرنے کے لئے جو لفظ استعمال کیا گیا ہے وہ " خوبصورت " ہے۔ بعض لوگ اِس لفظ کو اِس حقیقت کی طرف اشارہ سمجھتے ہیں کہ اُس کی آنکھیں بہت خوبصورت تھیں۔ راخل ہر لحاظ سے خوبصورت تھی۔ یعقوب راخل کی خوبصورتی کا گرویدہ ہو گیا تھا۔

یعقوب نے راخل کو پانے کے لئے سات برس تک محنت مشقت کی۔ راخل کے لئے اُس کی محبت اس قدر شدید تھی کہ اُسے وہ سات برس سات دنوں کے برابر لگے۔ اُس نے محسوس کیا کہ وہ اُسے پانے کے لئے ہر لمحہ اُس کے لئے کام کر سکتا ہے۔

سات برس پورے ہوئے تو یعقوب نے لابن سے کہا کہ اب راخل اُس سے بیاہ دی جائے۔ (21 آیت) لابن نے ایک بڑی ضیافت کا اہتمام کیا۔ اور لوگوں کو اِس شادی کی تقریب میں مدعو کیا۔ (22 آیت)

جب شام ہوئی، لابن نے راخل کی بجائے لیاہ اور اُس کی لونڈی یعقوب کے حوالہ کر دی۔ صبح کے وقت لابن کا دھوکہ بے نقاب ہو گیا۔ یعقوب لابن پر برّہم ہوا اور اُس سے پوچھا کہ اُس نے اُسے یہ دھوکہ کیوں کر دیا ہے۔ (25 آیت) لابن نے اُسے بتایا کہ اُن کے ہاں یہ رواج نہیں کہ چھوٹی بیٹی کی شادی بڑی سے پہلے کر دی جائے۔ (26 آیت) اُس نے یعقوب کو تجویز پیش کی کہ وہ ایک ہفتہ اور پورا کر دے تو وہ راخل بھی اُس سے بیاہ دے گا۔ لابن کا یہ تقاضا تھا کہ یعقوب راخل کو پانے کے لئے سات سال مزید کام کرے۔ (27 آیت) جب یہ سات سال بھی گزر گئے۔ تو راخل بھی یعقوب سے بیاہ دی گئی۔ (28-29 آیت) یعقوب نے راخل سے بیاہ کرنے کے لئے مزید سات برس محنت مشقت کی۔ (30 آیت)

یعقوب لیاہ سے بڑھ کر راخل سے پیار کرتا تھا۔ (30 آیت) اگرچہ لیاہ دھوکے سے اُس کی بیوی بنادی گئی تھی۔ تو بھی خدا یعقوب سے توقع کرتا تھا کہ وہ لیاہ سے بھی پیار کرے۔ اُس کی ضروریات کا خیال رکھے۔ درحقیقت 31 آیت ہمیں بتاتی ہے کہ خدا نے اِس بات کا نوٹس لیا کہ لیاہ سے محبت نہیں کی جا رہی۔ خدا نے لیاہ کے رحم کو کھولا اور راخل کا رحم بند کر دیا تا کہ اُس کے اولاد نہ ہو۔ یہاں پر ہمارے سیکھنے کے لئے دو اسباق ہیں۔

خدا دُھتکارے اور رد کئے ہوئے لوگوں کے لئے بڑا نرم گوشہ رکھتا ہے۔ خدا ایسے لوگوں

کے دُکھ درد کو محسوس کرتا ہے اور اُس کی یہ خواہش ہے کہ وہ ایسے لوگوں کی ضرورت کے وقت اُن سے ملاقات کرے۔ خدا نے لیاہ کو برکت دی اور اُسے بار آور کیا۔ اُس دَور میں کسی عورت کے بچے پیدا کرنے کی صلاحیت اس بات کی واضح نشانی سمجھی جاتی تھی کہ خدا کی برکت اور مہربانی اُس کی زندگی پر موجود ہے۔ خدا لیاہ کو دکھا رہا تھا کہ اُس نے اُس کی فکر مندی اور ضرورت کو دیکھتے ہوئے اُسے بار آور کیا ہے تاکہ اُس کا شوہر اُسے محبت کرے۔

دوسرا اہم سبق یہ ہے کہ خدا ہم سے یہ توقع کرتا ہے کہ ہم کسی بھی صورتحال میں ہوں، وہاں پر اپنی اچھی خوبیاں ظاہر کریں۔ یہ سچ ہے کہ یعقوب سے دھوکہ ہو گیا تھا۔ لیکن اِس سے لیاہ کے تعلق سے اُس کی ذمہ داریاں ختم تو نہیں ہو گئیں تھیں۔ ہو سکتا ہے کہ آپ کہیں کہ " جب میری شادی ہو گی تو مجھے معلوم نہیں کہ میری بیوی کیسی ہو گی۔ " اگرچہ لیاہ دھوکے سے یعقوب کے ساتھ بیاہ دی گئی تھی، تو بھی خدا چاہتا تھا کہ یعقوب لیاہ سے پیار کرے۔ زندگی میں بہت دفعہ ایسی صورتحال کا سامنا ہوتا ہے جسے ہم پسند نہیں کرتے، کئی دفعہ بغیر کسی منصوبہ سازی کے ہمارے ساتھ کئی ایک واقعات رونما ہو جاتے ہیں، جب ایسا ہو تو خدا ہم سے کس چیز کی توقع کرتا ہے؟ خدا چاہتا ہے کہ ہم کسی بھی اچانک سے ہو جانے والی صورتحال میں اپنے جذبات پر قابو رکھتے ہوئے، اپنا بہترین طرزِ عمل ظاہر کرتے ہوئے خدا پر توکل کریں۔

غور کریں، 32 آیت بتاتی ہے کہ لیاہ حاملہ ہو گئی اور اُس کے ہاں ایک بیٹے کی پیدائش ہوئی، اُس نے اُس کا نام روبن رکھا۔ یہ نام رکھنے کی بڑی خاص وجہ تھی۔ روبن نام عبرانی لفظ لگتا ہے جس کا معنی ہے۔ " اُس نے میری مصیبت کو دیکھا " 32 آیت بتاتی ہے کہ لیاہ

نے اپنے بیٹے کا نام روبن رکھا کیونکہ اُس کا یہ ایمان تھا کہ خدا نے اُس کی مصیبت پر نگاہ کی ہے کہ اُس سے محبت نہیں کی جا رہی۔ اُس کی سب سے بڑی آرزو یہی تھی کہ اُس کا شوہر اُس بیٹے کے سبب سے اُس سے محبت کرے۔ (32 آیت) یہاں پر ہم لیاہ کے درد کو محسوس کر سکتے ہیں۔ وہ محبت کی کمی کے سبب سے بڑی مصیبت میں سے گزر رہی تھی۔

لیاہ کے ہاں ایک اور بیٹے کی پیدائش ہوئی، اُس نے اُس کا نام شمعون رکھا۔ شمعون نام کا معنی ہے۔ " سننے والا" اُس نے اُس کا نام شمعون اِس لئے رکھا کیونکہ اُس کا یہ ایمان تھا کہ خدا نے سُنا کہ اُس سے محبت نہیں کی جا رہی، اور خدا نے اُس کی تسلی کے لئے اُسے دوسرے بیٹے سے نوازا ہے۔ ظاہری بات ہے کہ رُوبن کی پیدائش سے یعقوب کے دل میں لیاہ کے لئے محبت پیدا نہیں ہوئی تھی۔ خدا نے دیکھا کہ اُسے چاہا نہیں جا رہا تو خدا نے اُسے تسلی کے طور پر دوسرا فرزند عطا کیا۔

34 آیت میں لیاہ کے ہاں یعقوب سے تیسرا بیٹا پیدا ہوا۔ اُس نے اُس کا نام لاوی رکھا۔ یہ نام عبرانی زبان کا ہے جس کا معنی ہے،"سے جُڑا ہوا ہونا۔ "لیاہ نے یہ کہتے ہوئے اپنے تیسرے بیٹے کا نام لاوی رکھا۔ "اِس بار میرے شوہر کو مجھ سے لگن ہو گی کیونکہ اس سے میرے تین بیٹے ہوئے۔ "ایک بار پھر ہمیں لیاہ کی آرزُو اور بڑی حسرت یہاں پر دیکھنے کو ملتی ہے۔ اُس کی یہ دلی آرزُو تھی کہ اُس کا شوہر اُس سے جُڑا رہے۔ وہ اُمید کر رہی تھی کہ تیسرا بیٹا پیدا کرنے کے سبب سے وہ اُس کے دل کو جیت لے گی۔

لیاہ کے ہاں چوتھا بیٹا پیدا ہوا تو اُس نے اُس کا نام یہوداہ رکھا۔ یہوداہ نام کا معنی ہے۔ " تعریف، ستائش" خواہ یعقوب لیاہ سے محبت نہیں کرتا تھا تو بھی لیاہ نے محسوس کیا کہ خدا

اُس سے دستبردار نہیں ہوا۔ اُس کا بابرکت ہاتھ اُس کی زندگی پر ہے۔ اس وجہ سے وہ اُس کی شکرگزاری اور ستائش کرے گی۔

یہی وہ مقام ہے جہاں پر ہم سب کو آنے کی ضرورت ہے۔ لیاہ کا شوہر یعقوب اُس کے لئے بڑی مایوسی اور پریشانی کا باعث تھا۔ اُسے نہ تو اُس کی طرف سے محبت اور نہ ہی عزت ملی۔ برسوں وہ اُس کی توجہ کی منتظر اور مشتاق رہی لیکن بے سود۔ اُس کی آنکھیں کسی اور طرف لگی ہوئی تھیں۔ اُس دُکھ بھرے وقت کے وسیلہ سے، لیاہ نے خدا کی برکت حاصل کی۔ اُس نے دیکھا کہ خدا نے اُسے چار بیٹوں سے نوازا۔ اُس نے دیکھا کہ خدا نے اُس کے دُکھ درد کو محسوس کیا ہے۔ اگرچہ اُس کے شوہر کا روّیہ اور طرزِ عمل تبدیل نہ ہوا۔ تو بھی وہ خدا کی طرف سے اُس کی مہربانی، نظرِ عنایت اور برکت کے لئے اُس کی شکرگزار ہو کر اُس کی تعریف کرنے لگی۔

یہ دُنیا مایوسیوں اور تنہائیوں سے بھری ہوئی ہے۔ لوگ ہمیں دھوکہ دیتے ہیں تو ہم مایوس ہو جاتے ہیں، ایسی صورتحال میں، خدا کا ہاتھ بڑے زوردار طریقہ سے ہم پر ظاہر ہوتا ہے۔ وہ چاہتا ہے کہ ہم اُس پر بھروسہ کریں۔ اور ایسے مشکل وقت میں اُس کی طرف نظریں لگائیں۔ وہی ہمیں ایسی صورتحال اور حالات کو قبول کرنے کی شکتی دے گا جنہیں ہم تبدیل نہیں کر سکتے۔ اگر ہم اپنی آنکھیں کھولیں، تو ہمیں آزمائشوں، دُکھوں اور مسائل ومشکلات میں بھی خدا کی بڑی بڑی برکات نظر آنا شروع ہو جائیں گی۔ یہی لیاہ کا تجربہ تھا۔

چند غور طلب باتیں

☆۔کیا کبھی لوگوں سے مایوس ہونے کا تجربہ ہوا ہے؟ آپ کو اِس حقیقت سے کیا تسلی ملتی ہے کہ خدا نے لیاہ کے دُکھ درد کو دیکھا؟

☆۔لیاہ نے اپنے دُکھ درد کی حالت میں بھی خدا کی بڑی برکات کو دیکھا۔ خدا نے اُسے چار بیٹوں سے نوازا۔ آپ کے دُکھ درد میں خدا آپ کو کیسی برکات سے نواز رہا ہے؟

☆۔اس باب میں ہم نے دیکھا ہے کہ خدا چاہتا ہے کہ ہم جیسی بھی مشکل صورتحال میں پھنس جائیں، اُس کی طرف نظریں لگائے رہیں، اُمید کا دامن ہاتھ سے نہ چھوڑیں اور اچھا طرزِ عمل اختیار کریں۔

چند اہم دُعائیہ نکات

☆۔خداوند سے دُعا کریں کہ مسائل و مشکلات میں بھی اُس کی بڑی برکات دیکھنے کے لئے آپ کی آنکھیں کھول دے۔

☆۔خداوند سے فضل اور تعلیم پانے کے لئے دُعا کریں تاکہ آپ خراب ترین صورتحال میں بھی اچھا طرزِ عمل اختیار کر سکیں۔

☆۔خداوند کی شکرگزاری کریں کہ وہ آپ کے دُکھ درد کو بھی جانتا اور دیکھتا ہے اور اُسے سب کچھ علم ہے۔

☆۔خداوند سے اپنی مشکلات میں فضل مانگیں تاکہ آپ اُس پر توکل اور بھروسہ کر سکیں۔

باب 28

خُدا کی بخشش

پیدائش 30:1-24 کا مطالعہ کریں

خدا کے تعلق سے ایک بات بڑی حیرت انگیز ہے کہ وہ اپنے جلالی مقاصد کی تکمیل کے لئے عام لوگوں کو استعمال کرتا ہے۔ جن لوگوں کو خدا استعمال کرتا ہے وہ کاملیت سے بہت دُور ہوتے ہیں، بڑے سے بڑے مقدسین بھی خطا کے پتلے ہی تھے۔ یعقوب اور اُس کے گھرانے کی کہانی میں اس بات کو واضح طور پر دیکھا جاسکتا ہے۔

ہم نے دیکھا کہ شادی کے دن یعقوب سے دھوکہ ہوگیا۔ اُس کے سُسر نے راؔخل کی جگہ بڑی بیٹی کی شادی یعقوب سے کر دی۔ یعقوب لیاہ سے بڑھ کر راخل سے پیار کرتا تھا۔ خدا نے دیکھا کہ لیاہ سے محبت نہیں کی جاتی اور خدا نے اُسے چار بیٹوں سے نوازا۔

جب راخل نے دیکھا کہ اُس کے ہاں اولاد نہیں ہوتی تو اُسے اپنی بہن لیاہ سے حسد ہونے لگا۔ اُس کی بہن تو پہلے ہی چار بچوں کو جنم دے چکی تھی، اِس لئے یہ صورتحال اور بھی زیادہ تکلیف اور حسد کا باعث تھی۔ 1 آیت پر غور کریں، اُس نے اِس مسئلے کا ذمہ دار یعقوب کو ٹھہرایا۔ " مجھے بھی اولاد دے، نہیں تو میں مر جاؤں گی۔ "

سچ تو یہ ہے کہ مسئلہ یعقوب کے ساتھ نہیں تھا۔ اُس کے ہاں تو پہلے ہی لیاہ سے چار بچے پیدا ہو چکے تھے۔ اپنے دُکھ درد اور تکلیف کی حالت میں کسی دوسرے کو موّرد الزام ٹھہرا دینا

کس قدر آسان ہوتا ہے۔ راخل نہیں جانتی تھی کہ وہ اس صورتحال میں کیا کرے۔ اس صورتحال میں وہ اپنے شوہر پر ہی برس پڑی۔ یہاں پر یہ بات حیران کن ہے کہ راخل اس ضرورت اور مصیبت کی گھڑی میں خدا کی طرف رجوع نہ لائی۔ اُس نے اپنے شوہر پر الزام لگاتے ہوئے کہا کہ وہ اُسے اولاد دے۔ 2 آیت پر غور کریں کہ یعقوب اُس پر برہم ہوا اور کہا۔

" کیا میں خدا کی جگہ ہوں جس نے تجھ کو اولاد سے محروم رکھا ہے ؟" غور کریں کہ یعقوب نے راخل کی توجہ خدا کی طرف مبذول کرائی۔ اُس نے اُسے یاد کرایا کہ صرف خدا ہی اُسے اولاد سے نوازنے کی قدرت رکھتا ہے۔

معلوم ہوتا ہے کہ راخل یعقوب کی اس بات پر توجہ نہیں دے رہی تھی۔ راخل نے یہ معاملہ اپنے ہاتھ میں لے لیا، اُس نے اپنی لونڈی بلہاہ اُس کے ہاتھوں میں دینے کا فیصلہ کیا۔ تاکہ اُس کے وسیلہ سے اولاد پیدا ہو سکے۔ جو راخل کی اولاد سمجھی جائے گی۔ یعقوب راخل کی اس تجویز پر متفق ہو گیا۔ ہو سکتا ہے وہ اُس کی خوشنودی کے لئے یہ سب کچھ کرنے پر متفق ہو گیا ہو۔ ہو سکتا ہے کہ اُس نے اُس کا دکھ اور غم محسوس کیا ہو۔ اور یہی بہتر سمجھا ہو کہ اس طرح سے اُن کے درمیان کھچاؤ اور تناؤ ختم ہو جائے گا۔

بلہاہ کے ہاں یعقوب اور راخل کے لئے ایک بیٹے کو جنم دیا۔ راخل نے اُس کا نام دان رکھا۔ دان کا معنی ہے۔ " اُس نے انصاف کیا ہے۔" انصاف کرنا ایک زبردست لفظ ہے۔ درحقیقت، راخل یہ کہہ رہی تھی کہ خدا نے اُس کے مقدمہ کو لے کر اُس کا انصاف کیا ہے۔ اُس نے خود کو اپنی بہن کے ساتھ حالتِ جنگ میں دیکھا۔ اُس نے اپنے بیٹے کا نام اپنی

بہن کے ساتھ کھچاؤ اور تناؤ کے نتیجہ میں ہی رکھا تھا۔ وہ اپنی بہن کے خلاف حسد سے بھری ہوئی تھی کیونکہ اُس کے ہاں یعقوب سے چار بیٹے پیدا ہو چکے تھے۔

8-7 آیات میں ہم دیکھتے ہیں کہ بلہاہ کے ہاں یعقوب سے ایک اور بیٹا پیدا ہوا جس کا نام نفتالی رکھا گیا۔ نفتالی کا معنی ہے۔ " میری کشمکش " راخل نے اِس لئے اُس کا نام نفتالی رکھا کیونکہ اُس نے کہا کہ " میں اپنی بہن کے ساتھ بڑی کشمش میں مبتلا رہی اور بالاخر میں فتح مند ہوئی۔ " (8 آیت) راخل اور لیاہ کے درمیان تلخی بہت واضح طور پر دکھائی دیتی ہے۔ صرف راخل ہی نہیں بلکہ لیاہ بھی اپنی بہن کے ساتھ اِس جنگ میں شامل تھی۔ کیونکہ اُس کے ہاں اب اولاد پیدا نہیں ہو رہی تھی۔ لیاہ نے یعقوب کو اپنی لونڈی زلفہ دے دی۔ (9 آیت) تاکہ وہ اُس کے لئے یعقوب سے اولاد پیدا کرے۔

یعقوب اپنی بیویوں کے درمیان ہونے والی کھینچا تانی میں پھنسا ہوا تھا۔ نہ تو لیاہ اور نہ ہی راخل اپنی صورتحال خدا کو ہاتھ میں دیتی ہوئی نظر آ رہی تھی۔ بلکہ وہ ایک دوسرے کے خلاف نبرد آزما تھیں اور یعقوب اِس جنگ میں پھنسا ہوا تھا۔

یعقوب اِس جنگ کو ختم کرنے کے لئے کچھ بھی نہیں کرتا۔ اُس نے اپنی بیوی لیاہ کی لونڈی زلفا کو لیا، اُس کے ساتھ ہم بستر ہوا اور اُس نے ایک بیٹے کو جنم دیا، اُس کا نام جدر رکھا گیا۔ (10 آیت) لفظ جد کے معنی پر بحث پائی جاتی ہے۔ یہ ایک عبرانی لفظ سے ماخوذ ہے جس کا معنی ہے۔ " حملہ آور ہونا " یا " غالب آنا " کنگ جیمز ترجمہ بیان کرتا ہے کہ اُس نے اُس کا نام جدر رکھا کیونکہ اُس نے کہا کہ ایک جتھا آ رہا ہے۔ بائبل مقدس کے بعض تراجم اس کا ترجمہ " اچھی قسمت " کرتے ہیں۔ تصور کریں کہ ایک شہر کا معاصرہ کر لیا گیا ہے، شہر کے

باشندوں کو علم نہیں کہ وہ کیا کریں۔ شہر بھر میں یہ خبر پھیل جاتی ہے کہ اُس شہر کے کچھ دوست سپاہی جان بچانے کے لئے آگے بڑھ رہے ہیں۔ یہ خوشخبری ہے۔ کیوں کہ اب حالات بدلنے کو ہیں۔ کچھ ایسے ہی جذبات لیاہ کے دل میں بھی موجود تھے۔ وہ اپنے آپ کو بہن کے حملہ کی زد میں سمجھتی تھی۔ لیکن اب جد کی پیدائش کے وسیلہ سے، حالات معمول پر آرہے تھے۔

12 آیت میں، لیاہ کی خادمہ زُلفہ نے ایک اور بیٹے کو جنم دیا، لیاہ نے اُس کا نام آشر رکھا جس کا معنی ہے۔" خوش باش" اس نام کے تعلق سے ایک بات بہت حیران کُن ہے اور وہ یہ کہ لیاہ کیوں خوش تھی؟ اُس نے کہا۔" میں خوش قسمت ہوں" اب توجہ بچے پر مرکوز نہیں ہے۔ کیونکہ اب تک اُس کے بہت سے بچے ہو چکے تھے۔ اُس کا یہ ایمان اور اعتقاد تھا کہ اب دوسری عورتیں اُسے ایک ایسی عورت کے طور پر دیکھیں گی جس پر خدا کی نظرِ عنائت ہوئی اور جسے خدا نے برکت دی ہے۔

لیاہ اور رَاخل کے درمیان چھڑی جنگ کا دائرہ کار اُن کے بچے تک پھیل گئی۔ گندم کی فصل کی کٹائی کے موسم میں، لیاہ کا بڑا بیٹا روبن کھیتوں میں گیا، اور اُسے کچھ مُردم گیاہ مل گئے۔ وہ اُن پودوں کو اپنی ماں کے پاس گھر لے کر آیا۔ اس دَور میں یہ کہا جاتا تھا کہ اگر کوئی عورت اُس پودے کی جڑیں کھائے تو حاملہ ہونے میں مدد ملتی ہے۔

روبن لیاہ کا بڑا بیٹا تھا۔ ہم یقین سے تو نہیں کہہ سکتے کہ اُس وقت اُس کی عمر کتنی تھی۔ اب لیاہ کے چھ بچے پیدا ہو چکے تھے۔ اس کا یہ مطلب تو ظاہر ہے کہ اگر روبن بہت بڑا نہیں تھا تو کم از کم اب تک رُوبن کی عمر چھ برس کی ہو چکی تھی۔ اب سوال یہ ہے کہ روبن مُردم گیا

ہ کے پودے گھر میں اپنی ماں کے پاس کیوں لے کر آیا۔ کیا اُس کا یہ ایمان تھا کہ اگر اُس کی ماں کو اُن پودوں کی وجہ سے حاملہ ہونے میں مدد ملے گی۔ اگر ایسا ہی ہے، تو کیا اُسے معلوم تھا کہ اُس کی ماں اور ماسوجی کے درمیان ایک جنگ چھڑی ہوئی ہے؟ کیا وہ حاملہ ہونے میں اپنی ماں کی مدد کر رہا تھا۔ اگر ایسا ہی ہے، اگر اِن سوالات کے جوابات ہاں ہیں، تو اس کا مطلب یہ ہوا کہ اب دونوں بہنوں کے درمیان لگی جنگ سے بچے بھی متاثر ہونے لگے تھے۔

جب راخل کو علم ہوا کہ روبن نے اپنی ماں کو مُردم گیاہ دیئے ہیں، تو اُس نے لیاہ سے کچھ پودے مانگ لئے۔ (14 آیت) لیاہ کا جواب یہ تھا۔

"کیا یہ چھوٹی بات ہے کہ تو نے میرے شوہر کو لے لیا اور اب کیا میرے بیٹے کے مُردم گیاہ بھی لینا چاہتی ہے؟" (15 آیت)

لیاہ نے راخل پر الزام عائد کیا کہ اُس نے اُس کا شوہر اُس سے چھین لیا ہے۔ اُس نے اپنی بہن پر الزام لگایا کہ وہ اس کے سبب سے اُس سے کم محبت کرتا ہے۔ راخل نے لیاؔہ سے وعدہ کیا کہ اگر وہ اُسے کچھ مُردم گیاہ دے دے تو اُس رات یعقوب اُس کے ساتھ سوئے گا۔ لیاہ اس بات پر متفق ہو گئی۔ امکانِ غالب ہے کہ لیاہ نے اِس اُمید کے ساتھ مُردم گیاہ کے کچھ پودے لے لئے کہ اُنہیں کھانے سے اُس رات وہ حاملہ ہو جائے گی۔

جب شام کے وقت یعقوب کھیتوں سے آیا، لیاہ اسے ملنے کے لئے باہر گئی۔ اُس نے اُسے سب کچھ بتا دیا۔ اور اُسے یہ بھی بتایا کہ مُردم گیاہ کے بدلے آج رات وہ اُس کے ساتھ سوئے گا۔ (16 آیت) اُس رات واقعی یعقوب لیاہ کے ساتھ سویا۔

17 آیت ہمیں بتاتی ہے کہ "اور خدا نے لیاہ کی سُنی اور وہ حاملہ ہوئی اور یعقوب سے اس کے پانچواں بیٹا ہوا۔" یہ بات لیاہ کی سوچ کے مطابق بہت حیران کُن ہے۔ کیونکہ لیاہ یہی سوچتی تھی کہ مُردم گیاہ کھانے سے وہ حاملہ ہو جائے گی۔ لیکن سچ تو یہ ہے کہ خدا نے حاملہ ہونے میں اُس کی مدد کی۔ خدا نے لیاہ کی سُنی اور اُس کے رحم کو کھولا۔

18 آیت پر غور کریں، لیاہ نے اُس بیٹے کا نام اشکار رکھا جس کا معنی ہے "اجر" لیاہ کا یہ ایمان تھا کہ خدا نے اس لئے اُسے اجر سے نوازا ہے کیونکہ اُس نے اپنی لونڈی زلفہ یعقوب کو دی تھی۔ لیاہ کا یہی ایمان تھا کہ اُس نے کچھ راست کام کیا ہے جس کے باعث خدا نے اُسے برکت دی ہے۔ لیکن ایسا تو بالکل بھی نہیں تھا۔ اُس نے اپنی لونڈی زلفہ یعقوب کو اِس لئے دی کیونکہ وہ راخل سے حسد کرتی تھی۔ وہ خدا پر ایمان اور بھروسہ نہیں رکھتی تھی کہ خدا اُسے اولاد سے نوازے گا۔ لیاہ نے معاملات اپنے ہاتھ میں لے لئے تھے۔

کیا آپ کی ملاقات ایسے لوگوں سے ہوئی ہے جن کی سوچ لیاہ سے ملتی جلتی ہو اور وہ یہ سوچتے ہوں کہ خدا نے اُنہیں اِس لئے برکت دی ہے کیونکہ اُنہوں نے کوئی نیک کام کیا ہے؟ درحقیقت ایسے لوگ یہ کہہ رہے ہوتے ہیں کہ خدا نے اُن کی گناہ آلودہ راہوں سے اتفاق کر لیا ہے اور اُن کی زندگیوں پر خدا کی برکت اُس کا منہ بولتا ثبوت ہے۔ سچ تو یہ ہے کہ خدا ہمیں اِس لئے برکت دیتا ہے کیونکہ وہ ہم سے محبت رکھتا ہے۔ میری زندگی میں کچھ ایسے وقت بھی آئے جب میں اپنے بچوں کے طرزِ عمل سے متفق نہ تھا۔ لیکن اِس صورت میں، میں نے اپنے بچوں کی ضروریات کا خیال رکھنا چھوڑ تو نہ دیا۔ یہ ممکن ہے کہ میرے بچے یہ خیال کرتے ہوں کہ چونکہ میں اُن کی ضروریات کا خیال رکھتا ہوں، اس لئے کہ میں

نے اُن کے طرزِ عمل کو قبول کر لیا ہے۔ لیکن ایسا بالکل بھی نہیں تھا۔ خدا بد ترین گنہگار کو بھی زندگی عطا کرتا ہے۔ جب ہم اُس سے منہ موڑ لیتے ہیں تو اُس وقت بھی وہ ہم سے دستبردار نہیں ہوتا۔ لیکن اِس کا ہرگز یہ مطلب نہیں کہ وہ ہماری سوچوں اور خیالات کو قبول کر لیتا ہے۔ لیاہ کا یہی وہم تھا کہ خدا نے اِس لئے اُسے بیٹے سے نوازا ہے کیونکہ خدا اُس کے حسد بھرے اعمال سے خوشنود ہوا ہے۔ خدا نے اُسے برکت اُس کے اعمال کے ساتھ متفق ہونے کی وجہ سے نہ دی بلکہ اس لئے کہ وہ اُس سے محبت رکھتا تھا۔

19 آیت کے مطابق، لیاہ پھر حاملہ ہوئی اور یعقوب کے اُس سے ایک اور بیٹا پیدا ہوا۔ اُس نے اُس کا نام زبولون رکھا۔ جس کا معنی ہے۔ " عزت کرنا" ایک بار پھر 20 آیت پر غور کریں، لیاہ نے اپنے بیٹے کا نام زبولون رکھا (عزت کرنا) اس لئے نہیں کہ اُس کے بیٹے کی عزت کی جائے گی بلکہ اِس لئے کہ اُس (لیاہ) کی عزت کی جائے گی۔ اس کا یہ ایمان تھا کہ چونکہ اُس سے یعقوب کے چھ بیٹے پیدا ہو چکے ہیں، اس لئے اب وہ اُس کے ساتھ عزت سے پیش آئے گا۔ یہاں پر ایک بار پھر لیاہ مرکزِ نگاہ بننے کی سوچ لئے ہوئے ہے۔

کچھ عرصہ کے بعد لیاہ کے ہاں بیٹی کی پیدائش ہوئی، اُس نے اُس کا نام دینہ رکھا۔ پیدائش 34 باب میں ہم پڑھتے ہیں کہ کس طرح سکم نے دینہ کو بے آبرُو کر دیا تھا۔ سکم ایک حتی مرد تھا جس نے اپنی حرص و ہوس سے دِینہ کے بھائیوں سے شہر بھر کے لوگوں کو قتل کروا ڈالا تھا۔

خدا نے راخل کو بھی یاد کیا، 22-23 آیات میں، اُس نے اُس کا رحم کھولا اور اُس نے ایک اور بیٹے کو جنم دیا۔ اُس نے اُس کا نام یوسف رکھا، جس کا معنی ہے۔ "وہ اور اضافہ

کرے "راخل نے یہ کہہ کر اپنے بیٹے کا نام یوسف رکھا، کہ " خدا اُسے ایک اور بیٹے سے نوازے۔"

یہ بات حیران کُن نہیں کہ راخل نے اپنے بیٹے کا نام یوسف رکھا۔ اپنے اس بیٹے سے مطمئن ہونے کی بجائے جو خدا کی طرف سے اُسے مل چکا تھا، وہ ایک اور بیٹے کی آرزومند تھی۔ لیاہ کی طرح اُس کا دھیان خدا اور اُس کی دی ہوئی نعمت و بخشش پر نہیں تھا بلکہ وہ اپنی بہن کے ساتھ جنگ میں اُلجھی ہوئی تھی۔

کچھ دیر کے لئے یعقوب کے گھرانے پر غور کریں۔ اُس کے بیٹے اسرائیل کے بارہ قبائل کے بزرگ ہوئے، اگرچہ یعقوب اسرائیل میں ایک معزز شخص، تاہم اُس کا خاندان اَبتری اور تلخی سے بھرا ہوا تھا۔ اُس کی بیویاں مسلسل ایک دوسرے کے خلاف نبرد آزما رہیں۔ اِس سے ظاہر ہوتا ہے کہ خدا پر اُن کا توکل اور بھروسہ نہ ہونے کے برابر تھا۔ یعقوب کے بیٹوں کے نام حسد، غصے، تلخی اور اُس کڑواہٹ کی گواہی دیتے ہیں جو یعقوب کی بیویوں کے درمیان موجود تھی۔ یہ صورتحال اِس بات کی بھی شاہد ہے کہ یعقوب اپنی بیویوں کے درمیان چھڑی جنگ کو ختم کرانے میں ناکام رہا۔ اسرائیل اور اُس کے بارہ قبائل نے اختلافات اور اَبتری کی فضا میں ہی پیدا ہوئے۔ اگرچہ یعقوب کا گھرانہ کئی ایک چیزوں میں پیچھے تھا، لیکن ایک بات یقینی ہے کہ خدا نے اُس گھرانے کو برکت دی۔ وہ کبھی بھی اُس کی برکت حاصل کرنے کے لئے خدا کے معیار اور مقام تک پہنچ نہ پائے۔ لیکن اُن کی خامیوں اور ناکامیوں کے باوجود، خدا اُنہیں دل سے چاہتا تھا۔ خدا کی توجہ اُن پر مرکوز تھی۔ خدا کے لوگ ہوتے ہوئے، ہم بھی خدا کی عظیم محبت میں گھرے ہوئے ہیں۔

چند غور طلب باتیں

☆۔یعقوب کی بیویوں کے درمیان تعلقات بیان کریں۔ایسے گھر میں رہنا کیسا تجربہ تھا؟

☆۔غور کریں کس طرح راخل نے یعقوب پر الزام عائد کیا کہ وہ اُسے اولاد نہیں دے رہا۔کیا آپ نے کبھی لوگوں پر اپنی خامیوں اور گناہوں کا ملبہ پھینکا ہے؟وضاحت کریں۔

☆۔یعقوب کی بیویاں، معاملات اپنے ہاتھ میں لیتے ہوئے، اپنی لونڈیوں اور مُردم گیاہ پر بھروسہ کر رہی تھیں کہ اُنہیں اولاد مل جائے۔اُن کی توجہ اور دھیان خدا پر نہیں تھا۔کیا آپ کو بھی خدا پر بھروسہ کرنے میں مشکل پیش آتی ہے؟

☆۔یعقوب کے بیٹوں کے ناموں سے معلوم ہوتا ہے کہ وہ اپنی ماؤں کے درمیان چھڑی جنگ کے نشان اپنی زندگیوں پر لئے ہوئے تھے۔آپ کے بچے کس طرح سے آپ کے گناہوں اور خامیوں کے نشان اپنی زندگی پر لئے ہوئے ہیں۔

چند اہم دُعائیہ نکات

☆۔ کیا آپ کسی ایسے رشتے ناطے میں بندھے ہوئے ہیں جو کھچاؤ اور تناؤ کا شکار ہو چکا ہے؟ خداوند سے دُعا کریں اور توفیق چاہیں تاکہ آپ اُس رشتے میں محبت بھرا روّیہ اختیار کر سکیں۔

☆۔ خداوند سے التماس کریں کہ وہ آپ کے دل کو ٹٹولے اور ایسے وقتوں کے لئے آپ کو معاف کرے جب آپ اپنی مشکلات اور مسائل کا ذمہ دار لوگوں کو ٹھہراتے رہے۔

☆۔ خداوند کی شکرگزاری کریں کہ وہ اُس وقت بھی آپ کو برکت دینے کے لئے تیار رہتا ہے جب ہم اُس کی برکت کے مستحق نہیں ہوتے۔

☆۔ آپ کی ناکامیوں اور خامیوں کے باوجود خدا نے عجیب طور سے آپ کو استعمال کیا، اِس کے لئے خداوند کی شکرگزاری کریں۔

☆۔ کچھ لمحات کے لئے خداوند سے دُعا کریں کہ وہ آپ کے دل پر لگے زخموں کو شفا بخشے اور آپ کے گھرانے میں محبت اور قبولیت کا جذبہ بڑھتا چلا جائے۔

باب 29

یعقوبؑ ایک مالدار شخص

پیدائش 30:25-45 کا مطالعہ کریں

باب 30 کے گزشتہ حصے میں ہم نے یعقوب اور اُس کے گھرانے اور اُس کی بیویوں کے درمیان چھڑی جنگ کا مختصر حال جانا۔ جب ہم اِس باب کے آخری حصہ میں آگے بڑھتے ہیں تو دیکھتے ہیں کہ خدا نے یعقوب اور اُس کے گھرانے کو اُن کی خامیوں اور ناکامیوں کے باوجود برکت دینا جاری رکھا۔

اب یعقوب کا گھرانہ بہت بڑا ہو گیا تھا۔ اُسے حاران میں زندگی بسر کرتے ہوئے کئی برس ہو چکے تھے۔ یوسف کی پیدائش کے بعد یعقوب نے سوچا کہ اب وقت ہے کہ وہ واپس اپنے ماں باپ کے مُلک میں لوٹ جائے۔ یعقوب کو علم تھا کہ خدا نے اُس سے مُلکِ کنعان کا وعدہ کیا ہے۔ اس کا مستقبل حاران میں نہیں گزرنا تھا۔

25 آیت میں، وہ لابن کے پاس گیا اور اپنے گھرانے کے ساتھ اپنے آبائی وطن لوٹ جانے کی اجازت چاہی۔ لابن اپنی بیٹیوں سے جُدا ہونا نہیں چاہتا تھا۔ اِن برسوں میں یعقوب نے لابن کے لئے سخت محنت مشقت کی تھی۔ 27 آیت پر غور کریں۔ لابن نے غیب بینی (جادو ٹونہ) سے معلوم کر لیا تھا کہ اُسے یعقوب کی موجودگی سے برکت ملی ہے۔ اب لابن وہ سب برکات کھونا نہیں چاہتا تھا۔

ہم اپنے ارگرد کے لوگوں کے لئے کس قدر باعثِ برکت ہوتے ہیں؟

چونکہ لابن نہیں چاہتا تھا کہ یعقوب اُسے چھوڑ کر چلا جائے، اِس لئے اُس نے یعقوب کو حاران میں ٹھہرے رہ کر اُس کی خدمت کرنے کے لئے منہ مانگا معاوضہ دینے کی پیش کش کر دی۔(28 آیت) اِس پیش کش پر سوچ وبچار کرتے ہوئے، یعقوب نے ایک منصوبہ بنایا۔

29 آیت میں یعقوب نے لابن کو یاد کرایا کہ کس طرح وہ اُس کے مال ومویشی کی دیکھ بھال اور نگہبانی کرتا رہا۔ جب یعقوب حاران میں آیا تھا تو لابن کے پاس چھوٹا سا گلہ تھا۔ یعقوب کی زیر نگرانی، گلہ بہت زیادہ بڑھ گیا تھا۔ خدا نے یعقوب کے سبب سے لابن کے گلہ کو برکت دی تھی۔ یعقوب نے لابن کو بتایا کہ اب وقت آگیا ہے کہ وہ اپنے اور اپنے گھرانے کے لئے کچھ کرے۔(30 آیت)

یعقوب نے لابن کے گلوں کا جائزہ لینے کی اجازت چاہی، اُس نے گہرے رنگ کے داغدار مینڈھوں کو اپنے لئے لے لیا۔(32 آیت) یعقوب نے لابن سے کہا کہ کوئی بھی بکری یا بھیڑ جو دھاریدار یا گہرے رنگ کی نہ ہو، چُرائی ہوئی سمجھی جائے۔(33 آیت)لابن اس بات پر متفق ہو گیا۔ چونکہ زیادہ تر بھیڑیں اور بکریاں ایک ہی رنگ کی تھیں نہ کہ دھاریدار، اِس لئے یہ بات ماننے میں لابن کو مشکل پیش نہ آئی۔ تاہم اِس تفریق سے یعقوب کا اپنا الگ سے گلہ جمع ہونا شروع ہو گیا۔ اب تک تو وہ لابن کے گلہ کی ہی رکھوالی اور دیکھ بھال کرتا چلا آیا تھا۔ اب اُس کے پاس اپنا بھی گلہ موجود تھا جس کی اُس نے دیکھ بھال کرنی تھی۔ لابن سے آزادی پانے کا یہ پہلا قدم تھا۔

اُس دن یعقوب نے لابن کے گلہ میں جا کر اپنے لئے گہرے رنگ کی اور دھاریدار بھیڑ بکریاں الگ کر لیں۔ اُس نے اپنے بیٹوں کے سپرد اُن بھیڑ بکریوں کو کر دیا۔ اُس نے اپنی دھاریدار اور گہرے رنگ کی بھیڑ بکریوں کو لابن کے گلہ سے تین دن کی مسافت پر رکھا۔ یعقوب کے بیٹے اب اپنے گھرانے کے پاس موجود اُس نئے گلہ کی دیکھ بھال کرنے لگے۔ جبکہ یعقوب لابن کے گلوں کے لئے اپنی خدمات سرانجام دیتا رہا۔

لابن کے گلوں کو چراتے ہوئے، یعقوب نے بادام، سفیدہ اور چنار کے درخت کی نرم ونازک شاخیں کاٹ لیں اور اُنہیں اِس طرح سے چھیلا کہ درمیان سے اُس نے اُنہیں سفید چھوڑ دیا۔ یوں ایک لمبی شاخ دھاریدار بن گئی۔ (37 آیت) اُس نے اُن شاخوں کو اُن جگہوں پر رکھ دیا جہاں پر بھیڑ بکریاں پانی پینے کے لئے آتی تھیں۔ جب جانور اُن شاخوں کے سامنے حاملہ ہوئیں تو اُن بھیڑ بکریوں کے ہاں پیدا ہونے والے بچے دھاریدار تھے۔ (39 آیت) یعقوب اُن بچوں کو اپنے لئے الگ کر لیتا تھا۔ یہ بات تو پورے یقین سے نہیں کہہ سکتے کہ اُن شاخوں نے دھاریدار بچے پیدا کرنے میں کوئی کردار ادا کیا۔ تاہم یہ پیدائش 31:9-13 میں یہ بات دلچسپی کی حامل ہے کہ یعقوب نے ایک خواب دیکھا جس میں خدا نے اُسے دھاریدار بھیڑ بکریاں عطا کیں۔ اور یہ سب کچھ لابن کی طرف سے سختی برداشت کرنے کا اَجر تھا۔

یہ بات بالکل واضح ہے کہ خدا نے یعقوب کو برکت دی اور یہ جانور اُسے عطا کئے۔ یہ ممکن ہے کہ خداوند نے اُسے یہ بھی بتایا ہو کہ وہ دھاریدار شاخیں وہاں پر رکھ دے جہاں پر گلہ پانی پینے کے لئے آتا ہے تاکہ اُن کے وسیلہ سے خدا وہ سب کچھ وعدہ کے مطابق کر سکے جو

اُس نے اُسے خواب میں دکھایا تھا۔

41 آیت پر غور کریں جہاں پر تندرست و توانا بھیڑیں گابھن ہوتی تھیں، تو وہاں یعقوب دھاریدار شاخیں اُن کے سامنے رکھ دیتا تھا۔(41 آیت) جب کمزور بھیڑ بکریاں گابھن ہوتی تھیں تو وہ ایسا نہیں کرتا تھا۔(42 آیت)اِس کے نتیجہ میں تندرُست اور توانا بھیڑ بکریوں نے تندرست بچے پیدا کئے، جو کہ دھاریدار تھے۔ اِس طرح سے یعقوب کا گلہ بڑھتا چلا گیا۔ 43 آیت ہمیں بتاتی ہے کہ یعقوب بہت ہی مالدار اور دولتمند ہو گیا۔ " چنانچہ وہ بہت بڑھتا گیا اور اُس کے پاس بہت سے ریوڑ اور لونڈیاں اور نوکر چاکر اور اُونٹ اور گدھے ہو گئے۔ "

اگرچہ یعقوب لابن کو چھوڑ کر جانا چاہتا تھا تاہم خدا نے ابھی اپنا وہ کام مکمل نہیں کیا تھا جو وہ کرنا چاہتا تھا۔ جب یعقوب درُست وقت کا منتظر تھا۔ تو خدا نے اُسے بڑی دولت، مال و متاع اور بھیڑ بکریاں دے کر وہاں سے جانے کے لئے تیار کیا۔ بعض اوقات جب ہمیں کسی کام میں تاخیر معلوم ہو رہی ہوتی ہے، اصل میں، اُس وقت خدا ہماری حفاظت کر رہا ہوتا ہے یا پھر ہمیں اگلا قدم اُٹھانے کے لئے تیار کر رہا ہوتا ہے۔

چند غور طلب باتیں

☆۔ کیا اس حوالہ میں آپ یعقوب کو ایک دھوکہ باز کے طور پر دیکھتے ہیں؟ کیا خدا کے برکت دینے سے اُس کا گلہ بڑھ گیا یا پھر اُس نے بُرائی کا منصوبہ بنا کر اپنے گلہ میں اضافہ کیا؟

☆۔ ہم خدا کے وقت کے بارے میں یہاں پر کیا سیکھتے ہیں؟ اِس حوالہ میں خدا نے کس طرح یعقوب کے ہاں سے رُخصت ہونے کے لئے تیار کیا؟

☆۔ کیا کبھی آپ نے خدا کے وقت کا انتظار کیا ہے؟ اس وقت کو خدا نے کس طرح آپ کو آنے والے وقت کے لئے بہتر طور پر تیار کرنے کے لئے استعمال کیا؟

چند اہم دُعائیہ نکات

☆۔ خداوند کی شکر گزاری کریں کہ جو بُرائی لوگ ہمارے ساتھ کرتے ہیں، اُسے وہ دیکھتا ہے اور اپنے وقت پر اپنی وفاداری میں وہ ہمیں اُس کا اَجر بھی دے گا۔

☆۔ خداوند سے فضل اور توفیق چاہیں تاکہ آپ اپنی زندگی میں اُس کے وقت کا انتظار کرنا سیکھ جائیں۔

☆۔ خداوند کی شکر گزاری کریں کہ اُس کا وقت بالکل دُرست ہوتا ہے۔ خداوند سے التماس کریں کہ وہ آپ کی مدد کرے تاکہ آپ اُس پر بھروسہ کر کے اُس کے وقت کا انتظار کر سکیں۔ ☆۔ چند لمحات کے لئے خداوند کی شکر گزاری کریں کہ اُس نے آپ کی زندگی کو طرح طرح کی برکات سے نوازہ ہے۔

باب 30

لاؔبن اور یعؔقوب میں اختلاف

پیدائش 31:1-55 آیات کا مطالعہ کریں

وقت گزرنے کے ساتھ ساتھ خدا نے یعقوب کو بڑی دولت سے نوازہ۔ یہ بات خاص طور پر ہماری توجہ کا مرکز بنتی ہے کہ ایک وقت آیا جب لابن کے بیٹے یعقوب کے تعلق سے یہ شکوے اور شکائتیں کرنے لگے کہ وہ اُن کے باپ لاؔبن کی دولت سے مالدار ہو گیا ہے۔ (1 آیت) یعقوب نے بھی غور کیا کہ لاؔبن کا روّیہ اُس کے ساتھ پہلے جیسا نہیں رہا۔ (2 آیت) ہو سکتا ہے کہ یعقوب یہی سوچ رہا ہو کہ یعقوب اُس سے فائدہ پر فائدہ اُٹھاتا چلا جا رہا ہے۔ اِس بڑھتی ہوئی ناچاکی، کھچاؤ اور تناؤ کے باعث یعقوب نے سوچا کہ اب اُس مُلک میں مزید رہنا دشوار ہو گیا ہے۔

اِسی موقع پر خدا یعقوب سے ہم کلام ہوا اور اُسے اپنے باپ دادا کے مُلک میں لوٹ جانے کے لئے کہا۔ (3 آیت) خدا نے یعقوب سے وعدہ کیا کہ وہ اُس کے سفر میں اُس کی مدد اور حفاظت کرے گا۔ غور کریں کہ خدا نے صرف کلام کرنے سے ہی اُس کی راہنمائی نہ کی بلکہ اُن حالات و واقعات میں بھی اُس کے ساتھ رہا جن سے یعقوب وقتاً فوقتاً گزرتا رہا۔ لابن کا بدلتا ہوا روّیہ اور اُس کے بیٹوں کی طرف سے شکوے شکائتیں بھی ایک طریقہ تھا جس سے خدا یعقوب کو بتا رہا تھا کہ اب ٹھہرنے کا نہیں بلکہ اُس علاقہ سے چلے جانے کا

وقت آگیا ہے۔

یعقوب نے اپنے آبائی وطن جانے کے تعلق سے اپنی بیویوں سے بات چیت کی۔ اُس نے اپنی بیویوں کو بتایا کہ اُن کے باپ لابن کا روّیہ اب اُس کے ساتھ پہلے جیسے نہیں رہا۔ اُس کے باپ دادا کا خُدا اُس سے کبھی دستبر دار نہ ہوا۔ یعقوب نے اُن کے باپ کے لئے بڑی محنت سے کام کیا تھا۔ اگرچہ لابن نے اُسے دھوکہ دینا چاہا، خدا یعقوب کو برکت پر برکت دیتا رہا۔ ایسا کہ اُس کے گلے بہت زیادہ بڑھ گئے۔ (8-9 آیات)

یعقوب نے اپنی بیویوں کو اس خواب کے بارے میں بھی بتایا جس میں خدا اُس کے ساتھ ہم کلام ہوا تھا۔ اُس نے اپنے گلوں کو بھی بڑھتے ہوئے دیکھا تھا۔ اُس نے خواب میں دیکھا کہ دھاریدار، چتلے اور چتکبرے بکرے بکریوں پر چڑھ رہے تھے اور وہ گابھن ہو رہی تھیں۔ جس وفاداری سے یعقوب کے ہاں کام کیا تھا، خدا اب اُس کو اُس کا اجر دے رہا تھا۔

خدا نے یعقوب کو وہ عہد بھی یاد کرایا جو اُس نے اُس کے ساتھ بیت آیل کے مقام پر باندھا تھا یعنی اُس وقت جب وہ مُلکِ حاران کی طرف سفر کر رہا تھا۔ بیت آیل میں، یعقوب نے خواب میں ایک سیڑھی دیکھی جس پر خدا کے فرشتے نیچے اُوپر آ جا رہے تھے۔ یعقوب نے خدا سے وعدہ کیا تھا کہ اگر وہ اُس کے ساتھ رہے، اُس کے سفر کو مبارک کرے، تو وہ اُس جگہ پر مذبح تیار کر کے اُسے سجدہ کرے گا۔

(پیدائش 28:11-22) خدا نے اُسے کہا کہ وقت آگیا ہے کہ وہ یہاں سے جا کر اُس عہد کو پورا کرے۔ (13 آیت)

جب راخل اور لیاہ نے معلوم کر لیا کہ جو کچھ یعقوب نے بیان کیا ہے سچ ہے، وہ جانے

کے لئے یعقوب کے ساتھ متفق ہوئیں۔

" تب راخل اور لیاہ نے اُسے جواب دیا کہ اب بھی ہمارے باپ کے گھر میں کچھ ہمارا بخرہ یا میراث ہے؟ کیا وہ ہم کو اجنبی کے برابر نہیں سمجھتا؟ کیونکہ اُس نے ہم کو بھی بیچ ڈالا اور ہمارے روپے بھی کھا بیٹھا۔ اس لئے اب جو دولت خدا نے ہمارے باپ سے لی وہ ہماری اور ہمارے فرزندوں کی ہے۔ پس جو کچھ خدا نے تجھ سے کہا ہے وہی کر۔"

(14-16 آیات)

راخل اور لیاہ نے محسوس کیا کہ اب اُن کے اور اُن کے باپ کے درمیان ایک دُوری پیدا ہو چکی ہے۔ نہ صرف وہ اُن کے ساتھ دھوکہ کرتا رہا، بلکہ اُن کے ساتھ اُس کا روّیہ اور سلوک بھی غیروں جیسا ہی رہا۔ اب اُنہیں لابن کے ساتھ رہنے میں کوئی خاص دلچسپی نہیں رہی تھی۔ وہ یعقوب کے ساتھ روانہ ہونے کے لئے بالکل تیار تھیں۔

غور کریں کس طرح خدا یعقوب کے جانے کی راہ تیار کر رہا تھا۔ اِس سے پہلے، یعقوب اور اُس کا گھرانہ یہاں سے رُخصت ہونے کے لئے تیار نہ تھا۔ اُس کے گھرانے کے پاس اِس طویل سفر پر جانے کے لئے کافی مال و دولت نہ تھا۔ اِس سے پہلے نہ تو اُس کی بیویاں جانے کے لئے تیار تھیں اور نہ ہی لابن اُسے بھیجنے کے لئے تیار اور رضامند۔ جب یعقوب نے خدا کے وقت کا انتظار کیا، خدا نے راہ تیار کی۔ اب ہر ایک چیز ترتیب دی جا چکی تھی۔ یعقوب نے اپنے بچوں اور بیویوں کو اونٹوں پر سوار کرایا۔ وہ اپنے آگے آگے گلہ کو ہانکتے ہوئے وہاں سے روانہ ہو گیا۔ اُس نے اپنا سارا مال و متاع سمیٹا اور ملکِ کنعان کی طرف سفر شروع کر دیا۔ (18 آیت)

19 آیت میں روانہ ہونے سے پہلے، راخل نے اپنے باپ کے دیوتا(بُت) چرالئے۔ اِس سے ظاہر ہوتا ہے کہ لابن اور اُس کا گھرانہ بُت پرست تھا۔ وہ ابرہام کے خدا کی عبادت اور پرستش نہیں کرتے تھے۔ اِس کا یہ مطلب بھی ہے کہ راخل بھی اپنے باپ کے دیوتاؤں کی تعظیم کرتی تھی۔ ظاہری بات ہے کہ اُس نے یہ بُت اسی لئے چرائے تھے تاکہ سفر میں اپنے ساتھ لے جائے اور اپنی منزل پر پہنچ کر اپنے گھر میں رکھے۔

20 آیت بتاتی ہے کہ جب یعقوب اور اُس کا گھرانہ رُخصت ہوا، تو اس قدر خفیہ طور پر روانگی ہوئی کہ لاؔبن کو کانوں کان خبر نہ ہوئی۔ وہ دریائے فرات عبور کر کے جلعاد کے پہاڑی علاقے کی سمت میں آگے بڑھنے لگے۔(21 آیت) تین دن کے بعد لاؔبن کو علم ہوا کہ یعقوب اور اُس کا پری وار اُس علاقہ کو خدا حافظ کہہ چکا ہے۔(22 آیت) سات دن تعاقب کرنے کے بعد، لابن نے جلعاد میں یعقوب کو جا پکڑا۔(23 آیت) اس وقت لابن کا کیا ارادہ تھا؟ لیکن جب لابن یعقوب کے تعاقب میں تھا، خدا اُس پر خواب میں ظاہر ہو کر اُس سے ہم کلام ہوا۔ خدا نے اُسے یعقوب اور اُس کے گھرانے کے ساتھ کسی بھی طرح کا ناروا سلوک اختیار کرنے کے تعلق سے خبر دار کر دیا۔(24 آیت) اِس سے یہ بھی ظاہر ہوتا ہے کہ لابن کو یعقوب اور اپنی بیٹیوں پر بہت ہی غصہ تھا۔

جب لابن یعقوب سے ملا تو اُس سے پوچھا کہ وہ اِس طرح اُس کی بیٹیوں کو لے کر چپکے سے کیوں کر آگیا گویا کہ وہ جنگ میں یرغمال بنالی گئیں ہوں۔(26 آیت) یوں لگتا ہے کہ وہ یعقوب پر الزام لگا رہا تھا کہ وہ زبردستی اُس کی بیٹیوں کو اُس سے چھین کر لے جا رہا ہے۔ اُس نے اُسے کہا کہ اگر وہ اُسے اپنے جانے کی اطلاع دے دیتا تو وہ خوشی خوشی گاتے بجاتے

ہوئے اُسے رخصت کر دیتا۔(27 آیت) اُس نے اُس پر ایک احمقانہ کام کرنے کا الزام لگایا۔(28 آیت)

لابن نے یعقوب کو یاد دہانی کرائی کہ اُس کے پاس اُسے نقصان پہنچانے کی طاقت ہے، لیکن خدا نے اُسے خبر دار کیا ہے کہ یعقوب سے کچھ بُرا یا بھلا نہ کرے۔ یہ بات غیر واضح ہے اور اِس تعلق سے کچھ نہیں کہا جا سکتا، کہ اگر خدا نے لابن سے خواب میں کلام نہ کیا ہوتا تو لابن نے یعقوب کے ساتھ کیسا سلوک اختیار کرنا تھا۔ لابن خدا کی عزت کرتا تھا، اس لئے وہ یعقوب کو کچھ بھی کرنے یا کہنے سے باز رہا۔ اُس نے اُس پر الزام تراشی کی کہ وہ اُس کے بُت چوری کر لایا ہے۔(30 آیت)

یعقوب نے لابن کو جواب دیا کہ وہ اِس لئے چپکے سے آگئے ہیں کیونکہ اُسے ڈر لگا کہ کہیں وہ اپنی بیٹیوں کو زبردستی اُس سے چھین کر وہیں نہ رکھ لے۔ جہاں تک اُس کے گھر کی کسی چیز کا تعلق تھا، یعقوب بالکل بے علم تھا۔ اُس نے لابن سے بڑے اعتماد سے کہا کہ وہ تلاشی لے اور جو کچھ اُسے چرایا ہوا معلوم ہو، واپس لے لے۔ یعقوب کو علم نہیں تھا کہ راخل کے پاس اپنے باپ کے بُت تھے۔(32 آیت)

یعقوب کے خیمہ کی تلاشی کے بعد لیاہ اور اُس کی دونوں لونڈیوں کے خیموں کی تلاشی بھی لابن نے لی۔ لیکن اُسے کچھ بھی نہ ملا۔ (33 آیت) جب وہ راخل کے خیمہ میں داخل ہوا۔ تو اُس نے اُسے اونٹ پر بیٹھے ہوئے دیکھا۔ کسی کے جانے بغیر راخل نے بُت زین کے اندر چھپا دئے تھے۔ جب اس کا باپ ہر جگہ تلاش کر چکا، راخل نے اپنے باپ سے کہا کہ وہ ماہواری سے ہے اور اُٹھ نہیں سکتی۔(35 آیت) اُن دنوں عورتیں ماہواری کی حالت میں

جس جگہ بیٹھ جاتی تھیں، اُس چیز کو ناپاک خیال کیا جاتا تھا۔(احبار 20:15)
جو کچھ راخل نے لابن کو بتا دیا تھا اُس کے سبب سے لابن زین کی تلاشی نہ لے سکا۔ لابن کو گمان بھی نہ تھا کہ راخل اِس طرح سے اُس کے گھرانے کے دیوتاؤں کی بے حرمتی کرے گی۔ پس وہ اُس کے خیمہ سے باہر چلا گیا۔

جب لابن خالی ہاتھ واپس آیا تو یعقوب لابن سے ناراض ہوا۔ اُس نے اپنے رشتہ داروں کی موجودگی میں کہا، اُس نے کیا جُرم کیا تھا جو تو نے اِس طرح اُس کا پیچھا کیا جس طرح کسی مجُرم کا تعاقب کیا جاتا ہے۔(36 آیت) پھر اُس نے لابن سے کہا کہ وہ کوئی ایسا ثبوت فراہم کرے کہ اُس نے اُس کی کوئی چیز چرالی ہے۔(37 آیت)

یعقوب نے لابن کو یاد کرایا کہ وہ اُس کے ساتھ بیس برس رہا۔(38 آیت) اِس عرصہ کے دوران، اُس نے اچھی طرح اُس کی بھیڑ بکریوں اور گلوں کی حفاظت کی۔ یعقوب نے لابن کو یاد کرایا کہ کس طرح اُس نے چودہ برس تک اپنی بیویوں کے حصول اور پھر چھ برس تک گلہ جمع کرنے کے لئے دن رات محنت کی۔(41 آیت) اگر خدا اُس کے ساتھ نہ ہوتا، تو آج یعقوب خالی ہاتھ ہی اپنے وطن اور ناتے داروں کی طرف لوٹ رہا ہوتا۔ (42 آیت)

لابن نے یہ کہتے ہوئے اپنے ہر ایک فعل و عمل کو واجب ٹھہرایا کہ یعقوب کی بیویاں، اُس کی بیٹیاں اور اُن کے بچے اُس کے دوتے ہیں۔، حتیٰ کہ وہ گلہ بھی جو اُس کے پاس ہے، اسی کے سبب سے ہے۔ اُس نے دعویٰ کیا کہ آج جو کچھ بھی یعقوب کے پاس ہے اُسی کے سبب سے ہے۔ ایسا کہنے سے وہ اِس بات کا انکار کر رہا تھا کہ یعقوب اِن سب چیزوں کا مالک ہے۔

وہ گویا یہ کہہ رہا تھا کہ اُس نے کچھ بھی ایسا نہیں کیا کہ اُسے یہ سب کچھ مل جاتا۔
لابن نے یعقوب کو 43 آیت میں بتایا کہ وہ اُن عورتوں، بچوں اور گلّوں کو واپس لینے کے لئے کچھ بھی نہیں کر سکتا۔ شاید وہ اس خواب کا حوالہ دے رہا ہو جو خدا نے اُسے دکھایا اور اُسے تنبیہ کی تھی کہ وہ یعقوب کو نہ چھوئے۔ لابن نے محسوس کیا کہ خدا نے اُس سے سب کچھ لے کر یعقوب کو دے دیا ہے۔
لابن نے تجویز پیش کی کہ وہ دونوں ایک عہد کریں۔ (44 آیت) یعقوب نے ایک پتھر لے کر ستون کے طور پر کھڑا کر دیا۔ اُس نے اپنے رشتہ داروں سے کہا کہ وہ پتھروں کو جمع کر کے اُنہیں ایک ڈھیر لگا دیں۔ جب وہ ایسا کر چکے تو پتھروں کے اِس ڈھیر کے ارد گرد جمع ہو گئے اور پھر وہیں کھانا بھی کھایا۔ (46 آیت) لابن نے اُس جگہ کو یجر شاہدوتھا کہا جس کا ارامی زبان میں ترجمہ ہے۔ "گواہی کا ڈھیر"
یعقوب نے اسے جلعاد کہا جس کا عبرانی زبان میں معنی بھی گواہی کا ڈھیر ہے۔ (47 آیت) وہ جگہ جہاں پر اُنہوں نے ڈھیر لگائے تھے، اُسے مصفا بھی کہا گیا جس کا معنی ہے۔ نگران ٹاور کیونکہ لابن نے اُنہیں بتایا تھا کہ جب وہ ایک دوسرے سے روانہ ہوں تو خدا اُن کی نگرانی کرتا رہا (49 آیت)

اُس دن، لابن نے یعقوب کو بتایا کہ پتھروں کا ڈھیر اُن کے درمیان گواہ ہے۔ (48 آیت) خداوند خدا یعقوب کی عدالت کرے اگر وہ اُس کی بیٹیوں کے ساتھ کسی طرح کی بد سلوکی سے پیش آئے۔ یا پھر اُن کے علاوہ اور بیویاں کرے۔ (50 آیت) لابن نے اِس بات کی توقع کی کہ یعقوب اپنی زندگی اُس کی بیٹیوں کے لئے ہی وقف اور مخصوص رکھے۔

وہ ستون اُن کے درمیان ایک گواہ تھا۔ اُنہوں نے وعدہ کیا کہ وہ ایک دوسرے کو نقصان پہنچانے کی نیت سے اُس ستون سے آگے نہیں بڑھیں گے۔ پھر یعقوب نے خدا کے حضور قربانی گزرانی۔ دوستی اور مراسم کی علامت کے طور پر اُس نے اپنے رشتہ داروں کو کھانے اور اپنے ساتھ قیام کی دعوت دی۔ (54 آیت)

صبح کے وقت لابن اُٹھا، اُس نے اپنے دوتوں اور بیٹیوں کو بوسہ دیا۔ اُن کے لئے برکت چاہی اور اپنے گھر واپس لوٹ آیا۔ (55 آیت) اِس کے ساتھ ہی یعقوب اور اُس کا گھرانہ بھی ملکِ کنعان کی طرف سفر پر روانہ ہو گیا۔ جہاں پر خدا نے اُنہیں استحکام بخشنا اور اُنہیں ایک بڑی قوم بنانا تھا۔

چند غور طلب باتیں

☆۔ اُس حسد پر غور کریں جو لابن کے بیٹوں کے دلوں میں پیدا ہو گیا تھا۔ جب خدا نے کسی اور کو چُن لیا تو کیا آپ کے دل میں حسد پیدا ہوا۔؟

☆۔ ہم خدا کے وقت کے بارے میں سیکھتے ہیں؟ ہمارے پاس اِس بات کا کیا ثبوت ہے کہ اب یہ یعقوب اور اُس کے گھرانے کے لئے وہاں سے رُخصت ہونے کا وقت آ گیا تھا؟ یہ کس قدر اہم ہے کہ ہم اپنی زندگیوں میں خدا کے وقت کا انتظار کریں؟

☆۔ یعقوب کی مثال پر غور کریں جس نے اُس وقت بھی دن رات محنت کی جب کسی نے اُس کی محنت کو نہ سراہا۔ کیا کبھی ایسا ہوا کہ آپ کو کسی نہ سراہا نہیں اور آپ اپنے کام میں سُست پڑ گئے؟ یعقوب کی مثال اور نمونہ آپ کو کیا سکھاتا ہے؟

☆۔ راخل کی زندگی پر غور کریں، اس باب میں ہم اس کے ایمان کے تعلق سے کیا سیکھتے

ہیں؟ہم اُس کی دیانتداری کے تعلق سے کیا سیکھتے ہیں؟بطور ایک شخصیت ہمیں اُس کے بارے کیا جانکاری ملتی ہے؟

☆۔اگرچہ راخل اپنے باپ کے بُت چرالائی تھی، تو بھی خدا کی برکت کا ہاتھ اُس کی زندگی پر تھا۔اِس سے ہمیں خدا کے صبر و تحمل کے بارے سیکھنے میں کیا مدد ملتی ہے؟

چند اہم دُعائیہ نکات

☆۔کیا آپ کو دوسروں کی زندگیوں پر خدا کی برکات دیکھ کر حسد محسوس ہوتا ہے؟خداوند سے اپنے اس روّیہ پر معافی مانگیں، اور خداوند سے التماس کریں اور اُس سے مدد چاہیں تاکہ آپ دوسروں کی زندگیوں پر خدا کی برکات اور فضل ورحمت دیکھ کر شادمان ہوں اور اُس کی شکر گزاری کریں۔

☆۔خداوند سے اُس کا انتظار کرنے اور خدمت اور شخصی زندگی میں اُس کے ساتھ متفق ہونے کے لئے خدا سے مدد اور توفیق چاہیں۔

☆۔خدا سے یعقوب جیسا کردار مانگیں جو اُس وقت بھی کام کرنے کے لئے تیار تھا جب اچھے اور بہترین کاموں پر اُس کی تعریف کرنے والا بھی کوئی شخص موجود نہیں تھا۔ خداوند کی شکر گزاری کریں کہ وہ اُس وقت بھی ہماری وفاداری کو دیکھتا ہے جب کوئی دوسرا نہیں دیکھتا۔ ☆۔خداوند کی شکر گزاری کریں کہ وہ اُس وقت بھی ہماری مالی معاونت کرتا اور برکت دیتا ہے جب کوئی دوسرا ہماری مدد نہیں کرتا اور ہم خدا کے جلال سے معمور اور بے بس اور بے یادو مددگار ہو جاتے ہیں۔

باب 31

یعقوب اپنے وطن پہنچتا ہے

پیدائش 32:1-33:20 آیات کا مطالعہ کریں

یعقوب نے خداوند کی فرمانبرداری کرتے ہوئے لابن سے رُخصت لی اور اپنے وطن روانہ ہو گیا۔ خدا نے وعدہ کیا کہ اُس کے ساتھ رہے گا۔ یاد رہے کہ اِس سے قبل 20 برس پہلے جب یعقوب اپنے آبائی وطن کو چھوڑ کر گیا تھا، اُس کے بھائی عیسَو نے تہیہ کر لیا تھا کہ وہ اُسے ہلاک کر ڈالے گا کیونکہ اُس نے اُس کی برکت چرا لی تھی۔ یہ بات اب بھی یعقوب کے ذہن میں موجود تھی۔

جب یعقوب نے اپنا سفر شروع کیا، 32 باب کی 1 آیت ہمیں بتاتی ہے کہ خدا کے فرشتے اُسے ملے۔ یعقوب اِس ملاقات سے اِس قدر متاثر ہوا کہ اُس نے اُس جگہ کا نام محنائیم رکھنے کا فیصلہ کیا جس کا لفظی معنی ہے۔ " دو خیمے "۔ اُس نے اِس لئے اُس جگہ کا یہ نام رکھا کیونکہ اُس نے کہا کہ " یہ خدا کا خیمہ ہے۔ " بہت سال پہلے بھی یعقوب نے خواب میں فرشتوں کو دیکھا تھا جو اُس کی نگہبانی کر رہے تھے۔ ہم یہاں پر 2 آیت میں خدا کے وعدہ کی تکمیل کو دیکھتے ہیں۔ لابن سے ملاقات کے بعد، فرشتوں کا یہاں پر آنا یعقوب کے لئے واقعی بڑی حوصلہ افزائی تھی۔

یہ جانتے ہوئے کہ خدا کی حضوری اُس کے ساتھ ہے، یعقوب نے اپنے بھائی سے ملنے سے

پہلے اپنے پیامبر اُس کے پاس بھیجے تاکہ وہ اُسے اُس کی ملاقات کے بارے میں بتا سکیں۔ ایک طرف عیسو اُسے مارنے کا ارادہ رکھے ہوئے تھا، دوسری طرف اب یعقوب کی طرف سے یہ بڑی دلیرانہ پیش قدمی تھی۔ (پیدائش 41:27)

یعقوب نے پیدائش 32:4-5 میں اپنے نوکروں کو ہدایت دی کہ وہ عیسو کو بتائیں کہ وہ گزشتہ برسوں سے لابن کے ہاں ٹھہرا ہوا تھا۔ خدا نے اُسے مال مویشی، گدھیاں، بھیڑیں، بکریاں اور نوکر چاکر عطا کئے ہیں۔ اَب یعقوب عیسو کو اِس سوچ اور خیال سے اپنے آنے کی اطلاع دے رہا تھا کہ شاید وہ اپنے بھائی عیسو کا مقبولِ نظر ہو۔ خدا نے یعقوب سے وطن لوٹنے کے لئے کہا تھا۔ اس لئے اب اگر اُسے خدا کی فرمانبرداری کرتے ہوئے، اپنے باپ دادا کے ملک میں رہنا تھا تو پھر ضرور تھا کہ وہ سارے معاملات کو دُرست کرتا۔ سب سے پہلے اُس نے اپنے بھائی عیسو سے کشیدہ تعلقات کو دُرست کرنے کی کوشش کی۔ ملکِ کنعان کی طرف واپس خطرے سے خالی نہ تھی۔ خدا نے یعقوب سے حفاظت کا وعدہ کیا تھا۔ جب وہ اپنے بھائی عیسو سے میل ملاقات بحال کرنے کی کوشش کر رہا تھا تو وہ اُس کا توکل اور بھروسہ خدا پر ہی تھا۔

شاید آپ بھی کبھی اسی طرح کی صورتحال سے دوچار ہوئے ہوں، اِس سے پہلے کہ آپ وہ کریں جو خدا نے آپ کو کرنے کے لئے بلایا ہے۔ آپ کو اپنی زندگی سے گناہوں کا اقرار کر کے اُنہیں ترک کرنا پڑتا ہے۔ یہی کچھ تو خدا یعقوب کو کرنے کے لئے کہہ رہا تھا۔ اُس نے دھوکہ دہی سے اپنے بھائی کی برکت چرا لی تھی۔ اب وہ اُسی شخص کے آمنے سامنے ہونے جا رہا تھا جس کو اُس نے گہری چوٹ پہنچائی تھی اور اَب اُس کے ساتھ صُلح کا طالب تھا۔

جب یعقوب کے پیامبر لوٹ آئے، اُنہوں نے یعقوب کو بتایا، کہ عیسو اُسے ملنے کے لئے چار سو سپاہیوں سمیت آرہا ہے۔(پیدائش 6:32 آیت) یہ خبر سُن کر یعقوب کو پریشانی ہوئی۔ اُسے تو اپنی جان کے لالے پڑ گئے۔ عیسو چار سو سپاہی لے کر اُس سے ملنے کیوں آرہا ہے؟ کیا وہ اپنے ارادے کی تکمیل کرتے ہوئے اُسے مار ڈالنے کی نیت سے آرہا ہے؟ پیدائش 7:32 بیان کرتی ہے کہ یعقوب یہ خبر سُن کر ہراساں ہوا اور اُسے بہت زیادہ پریشانی لاحق ہوئی۔

یہ مانتے ہوئے کہ عیسو بُری نیت اور ارادے کے ساتھ اُس کی طرف آرہا ہے، یعقوب نے اپنے خاندان کو دو گروہوں میں تقسیم کر دیا۔ اُس نے اپنے گلے بھی اسی طرح سے دو حصوں میں بانٹ دئے۔ بھیڑ، بکریاں، اُونٹ سبھی جتھوں میں تقسیم کر دئے گئے۔ یعقوب کی سوچ یہی تھی کہ کسی طرح سے اپنے خاندان کو بچالے۔ اگر عیسو ایک گروپ پر حملہ آور ہو تو دوسرا گروپ اپنی جانیں بچانے کے لئے بھاگ نکلے گا۔(8:32 آیت)

غور کریں، یعقوب نے دُعا بھی کی۔ اِس سے خدا کے ساتھ یعقوب کے رشتے اور تعلق کی بھی نشاندہی ہوتی ہے۔ خدا کا طالب ہوئے بغیر یعقوب معاملات اپنے ہاتھ میں بھی لے سکتا تھا۔ اِس سے پہلے اور بعد میں ہو گزرے بہت سے لوگوں نے ایسا ہی کیا تھا۔ یعقوب کو علم تھا کہ اُسے خدا کی ضرورت ہے۔ پیدائش 32:9-12 میں یعقوب کی دُعا پر غور کریں۔

یعقوب نے خدا کو یاد دلاتے ہوئے دُعا کا آغاز کیا کہ اُسی نے اُسے اس ملک میں آنے کے لئے کہا ہے۔ نہ صرف خدا نے اُسے بلایا تھا بلکہ وعدہ کیا تھا کہ اُسے خوشحالی بھی عطا کرے گا۔ یعقوب نے اِن وعدوں کو خدا کے حضور مانگا اور خدا سے کہا کہ وہ اپنے وعدوں

کے مطابق اُس کی مدد کرے اور اُسے محفوظ رکھے۔

غور کریں کہ یعقوب نے اقرار کیا کہ وہ خدا کی وفاداری اور مہربانی کا مستحق نہیں ہے۔ جب وہ دریائے یردن پار کر کے لابن کے ہاں رہنے کے لئے گیا تھا، اُس کے پاس صرف ایک لاٹھی تھی۔ اب خدا نے اُسے بہت زیادہ برکت دی اور اُس کے پاس بہت سامال و دولت جمع ہو گیا تھا۔ اُس کے پاس مال مویشی، بھیڑ بکریاں، اُونٹ اور نوکر چاکر بھی تھے۔ اُس نے اپنی زندگی میں خدا کے خوبصورت فضل اور رحم و ترس کو پہچان لیا تھا۔ وہ جان گیا کہ وہ خدا کی کسی بھی برکت کا مستحق نہیں ہے۔ اُس نے خدا کو وعدہ دلایا جس میں اُس نے وعدہ کیا تھا کہ وہ اُس کی نسل کو سُمندر کی ریت کے برابر بڑھائے گا۔ (پیدائش 12:32)

یہ دُعا بہت اہم ہے کیونکہ اِس میں بدحال گنہگار کے لئے خدا کے رحم و ترس کو دیکھا جا سکتا ہے۔ یعقوب گنہگار تھا۔ اُس نے اپنے بھائی کو دھوکہ دیا تھا۔ اُس نے اپنے بھائی کو بھی غضبناک کیا تھا۔ اُس نے اپنے بھائی کی برکت دھوکہ سے چرالی تھی۔ اس صورتحال میں بھی یعقوب کو علم تھا کہ اُس کی زندگی میں خدا کی بلاہٹ موجود ہے۔ اس دُعا میں، اپنی بلاہٹ کے لئے خدا کے رحم و ترس کا طالب ہونے کے لئے یعقوب نے دلیری کی ہے۔ ہم میں سے کون سا ایسا شخص ہے جو کبھی اس طرح کی صورتحال سے دوچار نہ ہوا ہو؟ اگرچہ ہم خدا کے رحم و ترس کے مستحق نہیں، تو بھی خدا نے ہمیں اس دُنیا میں اُس کے چنے ہوئے وسیلے ہونے کے لئے بلایا ہے۔ خدا ہمیں توفیق دے تاکہ ہم اس بلاہٹ کی تکمیل کے لئے خدا کی برکت اور تقویت کو خدا سے مانگ سکیں۔

اس رات یعقوب خدا کا طالب ہوا اور اپنے لئے اُس کی مہربانی اور نظرِ کرم مانگی، اگلے روز

اُس نے اپنے بھائی کے لئے ایک تحفے کا چناؤ کیا۔ 200 بکریاں، 20 بکرے، 200 مادہ بھیڑیں، 20 مینڈھے، 30 اونٹنیاں بمع بچے۔ 40 گائیاں، 10 بیل، 20 گدھیاں اور 10 گدھے(پیدائش 32:14-15) اُس کا یہ تحفہ ظاہر کرتا ہے کہ وہ مُجرم تھا اور اب وہ بڑے مخلصانہ انداز سے معاملات دُرست کرنے کی کوشش کر رہا تھا۔

یعقوب نے اپنے آگے اپنے نوکروں کو ہدایت دے کر بھیجا۔ اُس نے اُنہیں بتایا کہ گلوں کے درمیان تھوڑا فاصلہ رکھیں، (32:16) اُس نے نوکروں کے سردار کو بتایا کہ جب اُس کی ملاقات عیسو سے ہو، اور وہ اُس سے ان جانوروں کے بارے پوچھے، تو وہ اُسے بتائے، کہ یہ سب مال یعقوب کی طرف سے عیسو کے لئے بطور تحفہ بھیجا گیا ہے۔

(32:17-18) وہ عیسو کو بتائے کہ یعقوب بھی پیچھے پیچھے آرہا ہے۔

پھر یعقوب نے دوسرے اور تیسرے نوکر کو بھی یہی ہدایت دی۔ اُس کا مقصد یہی تھا کہ اِن تحائف سے عیسو کا غصہ ٹھنڈا کر لے اور اُس کی نظر میں مقبول ٹھہرے۔(32:20)

جب یعقوب کے نوکر تحائف لے کر عیسو سے ملنے گئے، یعقوب نے رات خیمہ میں گزاری ۔(32:21) اُس رات یعقوب اُٹھا، اُس نے اپنی بیویوں اور نوکروں اور گیارہ بیٹوں کو یبوق کے گھاٹ کے پار اُتارا۔ اُس نے اپنا مال و متاع، بھیڑ بکریاں، مال مویشی سبھی کچھ بھیج دیا۔ یعقوب اُس نالے کے اِس طرف ہی اکیلا رہ گیا۔

پیدائش 32:24 میں ہمیں بتایا گیا ہے کہ پَو پھٹنے کے وقت تک یعقوب کے ساتھ ایک آدمی کُشتی کرتا رہا۔ وہ آدمی یعقوب پر غالب نہ آسکا۔ اُس نے کُشتی کرتے ہوئے یعقوب کی ران کو اندر سے چھُوا۔(32:25)

اگرچہ یعقوب زخمی ہو چکا تھا تو بھی اُس نے کُشتی جاری رکھی۔ ایک مقام پر، وہ آدمی پکار اُٹھا، " مجھے جانے دے۔ کیونکہ پو پھٹ چلی "یعقوب نے کہا میں تجھے جانے نہیں دوں گا۔ بلکہ یعقوب نے اصرار کیا کہ وہ جانے سے پہلے اُسے برکت دے۔(26:32)

اُس آدمی نے یعقوب سے پوچھا کہ تیرا نام کیا ہے۔ پھر اُس نے یعقوب سے کہا کہ اب سے تیرا نام اسرائیل ہو گا کیونکہ تو نے آدمیوں اور خدا سے زور آزمائی کی اور غالب رہا۔

(28:32) اسرائیل نام کا معنی ہے۔ " خدا کے ساتھ زور آزمائی کرنا" یہ نام یعقوب سے پیدا ہونے والی نسل میں ثابت ہو گیا۔

جب یعقوب نے اُس آدمی سے اُس کا نام پوچھا، تو اُس نے کہا۔ تو میرا نام کیوں پوچھتا ہے ؟اور اُس نے اُسے وہاں برکت دی اور پھر چلا گیا۔

یعقوب کو احساس ہوا کہ وہ ایک فرشتہ کے ساتھ کُشتی کرتا رہا۔ اُس نے اُس جگہ کا نام فنی ایل رکھا۔ جس کا معنی ہے "خدا کا چہرہ" کیونکہ اُس نے کہا۔ "میں نے خدا کو روبرُو دیکھا۔"

جب سورج طلوع ہوا، یعقوب اپنی ران کے زخمی ہو جانے کے سبب سے لنگڑا رہا تھا۔ (31:32) اُس وقت سے اسرائیلی اُس نس کو جو ران میں اندر کی طرف ہے آج تک نہیں کھاتے۔ کیونکہ اُس شخص نے یعقوب کی ران کی نس کو جو اندر کی طرف سے چڑھ گئ تھی چھُو دیا تھا۔(32:32)

بنیادی سطح پر یعقوب کی خدا کے ساتھ یہ زور آزمائی کی تصویر ہے۔ غور کریں کہ یہاں پر یعقوب اپنے بھائی کو بھیڑوں اور مال مویشی کے تحائف دینے سے اپنا مسئلہ حل کرنے کی

کوشش کر رہا تھا۔ اُس نے اپنے گھرانے کو بھی اس طرح سے ترتیب دیا تاکہ وہ عیسؔو کے حملے سے بچ سکے۔ انسانی نکتہ نظر سے تو یہ بات اپنی جگہ پر دُرست معلوم ہوتی ہے۔ لیکن اصل میں خدا نے یعقوب سے حفاظت کرنے اور اُسے بڑی قوم بنانے کا وعدہ کیا تھا۔ یعقوب ابھی بھی معاملات اپنے ہاتھوں میں لے رہا تھا۔ جو وعدہ خدا نے کیا تھا اُسے ماننے میں اُسے اب بھی دشواری محسوس ہو رہی تھی۔

یہ حوالہ بتاتا ہے کہ یعقوب خدا پر غالب آیا۔ خدا پر غالب آنا کیسے ممکن ہے؟ غور کریں کہ فرشتے نے اُس کی ران کو جو اندر کی طرف سے چڑھ گئی تھی، چُھو دیا تھا۔ ہمیں یہ دکھایا گیا ہے کہ یعقوب کو شکست دینا کس قدر آسان تھا۔ لیکن اُس کا ارادہ یہ نہیں تھا۔ خدا چاہتا تھا کہ یعقوب یہ کُشتی جیت جائے۔ یعقوب کو شکست دینا فرشتے کے ارادے میں شامل نہیں تھا۔ وہ یعقوب کو فتح سے ہمکنار کرنا چاہتا تھا۔ وہ چاہتا تھا کہ یعقوؔب کی زندگی سے ہر ایک رکاوٹ دُور ہو جائے جو اُسے خدا کے منصوبے میں پیش قدمی سے روکے ہوئے ہے۔ اِن باتوں میں خدا کے ساتھ کُشتی کرنے سے، یعقوب کو تقویت ملی، جو کچھ اِس کے بعد ہونے والا تھا وہ اُس کے لئے تیار ہو گیا۔

ایک قطعی اور یقینی بات، یعقوب نے جو حقیقی جنگ لڑی وہ روحانی جنگ تھی۔ اُس کی اصل جنگ اُس کے بھائی کے ساتھ نہیں بلکہ دُعا میں خدا کے ساتھ تھی۔ اُسے انسانی طاقت سے فتح نہ ملی۔ نہ ہی اِس میں انسانی حکمت اور منصوبہ سازی کا کوئی عمل دخل تھا۔ بلکہ یہ فتح اُس وقت یعقوب کے نام ہوئی جب اُس نے اپنے آپ کو خدا اور اُس کے مقصد کے تابع کر دیا۔

33 باب میں ہم اِس کُشتی کا نتیجہ دیکھتے ہیں، یعقوب نے نظر اُٹھا کر دیکھا تو عیسو چار سو سپاہیوں کی فوج لئے چلا آرہا تھا۔(1:33) اُس نے لیاہ، راخل اور تین لونڈیوں کے بچوں کو تقسیم کر دیا۔ اُس نے سب سے پہلی صف میں لونڈیاں اور اُن کے بچوں کو رکھا۔ اِس کے بعد لیاہ اور اُس کے بچوں کو اور پھر آخر میں راخل اور یوسف کو رکھا۔(2:32) اِس سے ہمیں یعقوب کا اپنی بیویوں اور بچوں سے تعلق اور رشتہ بھی دیکھنے کو ملتا ہے۔ راخل کو سب سے محفوظ کیا گیا۔ اگر عیسو حملہ آور ہو بھی جائے تو راخل کے پاس بچ نکلنے کا موقع سب سے زیادہ ہو۔ یعقوب سب سے پہلے اپنے بھائی سے ملنے کو گیا۔ جب وہ عیسو کے قریب پہنچا تو یعقوب سات بار زمین تک جُھکا۔(3:33) یعقوب کا اس طرح جھکنا عیسو کے لئے احترام اور اُس کے سامنے تائب دِلی کو ظاہر کرتا ہے۔

جب عیسو نے یعقوب کو دیکھا تو وہ اُسے ملنے کو دوڑا۔ اُس نے اسے گلے لگالیا۔ اُس کو چوما، اور رونے لگا۔(4:33) اَب یعقوب کے دل میں یہی بات ہو گی کہ خدا نے اُس کی دُعا سُن لی اور یہ کہ وہ خدا کے ساتھ زور آزمائی کرتے ہوئے ملا اور غالب آیا اور اُسے برکت دی گئی تھی۔

جب عیسو نے آنکھ اٹھا کر عورتوں اور بچوں کو دیکھا جو اُس کی طرف قدم بڑھاتے ہوئے آرہے تھے، تو اُس نے یعقوب سے اُن کے بارے پوچھا، یعقوب نے اُسے بتایا کہ یہ وہ بچے ہیں جو خدا نے اُسے دیئے ہیں۔ پیدائش 5:33 پر غور کریں، کہ یعقوب نے اپنے آپ کو عیسو کا خادم ٹھہرایا۔

ہر ایک لونڈی اپنے بچوں کے ساتھ آئی اور وہ سب عیسو کے سامنے عزت کی علامت کے

طور پر جُھکے۔ پھر لیاہ اپنے بچوں کے ساتھ آگے آئی اور اُس نے بھی جھک کر سلام کیا۔ آخر میں راخل نے بھی ایسے ہی کیا۔(7:33) سارے گھرانے نے عیسو کے سامنے جُھک کر اُس کے لئے عزت اور احترام پیش کیا۔

پھر عیسو نے یعقوب سے اُن جانوروں کے بارے پوچھا جو اُسے راہ میں ملے تھے۔ یعقوب نے اُسے بتایا کہ وہ جانور بطور تحفہ اُس کے لئے بھیجے گئے تھے تاکہ وہ اُس کا مقبولِ نظر ہو۔ عیسو نے یعقوب سے کہا کہ اُسے اُن جانوروں کی ضرورت نہیں اور کہا کہ وہ یہ سب واپس لے لے۔(9:33) یعقوب نے واپس لینے سے انکار کیا۔ یعقوب نے کہا کہ اُس کا چہرہ دیکھنا گویا خدا کا چہرہ دیکھنا ہے، اب اگر اُس پر اُس کے کرم کی نظر ہوئی ہے تو وہ اُس کے ساتھ مہر سے پیش آئے، جس طور سے عیسو نے یعقوب سے ملاقات کی، یعقوب کو اس میں خدا کا ہاتھ نظر آیا۔ اب جو جانور اُس نے عیسو کو پیش کئے تھے، اس سب کچھ کے مقابلہ میں وہ بہت کم قیمت معلوم ہوتے تھے۔ یہ سب باتیں سننے کے بعد عیسو نے وہ جانور قبول کر لیے۔(11:33)

عیسو نے یعقوب اور اُس کے گھرانے کے ساتھ ساتھ چلنے کے لئے کہا جب تک کہ وہ گھر نہ پہنچ جائیں، یعقوب نے یہ کہتے ہوئے یہ پیش کش قبول نہ کی کہ بچے چھوٹے ہیں اور سفر طویل، اس لئے اُسے جانوروں کے بچوں کا خیال رکھنا ہوگا کیونکہ کچھ بھیڑ بکریوں کے بچے ابھی اتنے چھوٹے تھے کہ اپنی ماؤں کا دُودھ پیتے تھے۔ وہ اُنہیں بہت زیادہ ہانک نہیں سکتا تھا، اس صورت میں وہ مر سکتے تھے۔ اُس نے عیسو سے کہا کہ وہ اُن کے آگے آگے چلے اور وہ آہستہ آہستہ چلتے ہوئے پہنچ جائیں گے۔ اُس نے عیسو سے کہا کہ وہ شعیر میں ملیں گے۔

(14:33) جب عیسوؔ روانہ ہو گیا تو یعقوب نے سُکات کی طرف اپنا سفر شروع کیا۔ سکات میں یعقوب نے اپنے اور اپنے مال ڈنگر کے لئے پناہ گاہیں بنائیں۔ سُکات کا معنی ہے " پناہ گاہیں " سفر کرتے کرتے وہ سکم شہر کے سامنے آ پہنچے۔ اُس نے وہاں چاندی کے سکوں کے عوض زمین خریدی، وہاں وہ اپنے گھرانے سمیت آباد ہو گیا۔(19:33) وہاں اُس نے ایک مذبح بنایا، جس کا نام اُس نے ایل الُوہی رکھا۔ جس کا معنی ہے۔" اسرائیل کا خدا قوی اور قادر ہے۔" یعقوب نے اُس مذبح کا یہ نام اس بات کو تسلیم کرتے ہوئے رکھا کہ جب وہ ملکِ کنعان واپس لوٹ رہا تھا تو خدا کی محافظت اور اُس کی عظیم برکات اُس کے ساتھ رہیں۔

چند غور طلب باتیں

☆۔جب خدا نے یعقوب سے اپنے وطن واپس لوٹ جانے کے لئے کہا تو یعقوب کو پہلے اپنے بھائی کے ساتھ شکستہ رشتے ناطے کو بحال کرنے کی ضرورت تھی۔کیا آپ کی زندگی میں بھی کچھ ایسے معاملات ہیں جنہیں آپ کو دُرست کرنے کی ضرورت ہے تاکہ آپ اپنی زندگی میں خدا کی مرضی اور منصوبے کو پایہ تکمیل تک پہنچا سکیں؟

☆۔ان ابواب میں دیکھیں کہ کس طرح بوقت ضرورت خدا نے فرشتوں کو یعقوب کی تسلی، تشفی اور تقویت کے لئے استعمال کیا۔ ۔ کیا خدا آج بھی ہماری حفاظت اور نگہبانی کے لئے اپنے فرشتوں کو استعمال کرتا ہے؟

☆۔یعقوب کی لڑائی اصل میں اپنے بھائی کے ساتھ نہیں تھی۔ بلکہ اُسے خدا کے ساتھ دُعا

میں جانفشانی کرنے کی ضرورت تھی۔ آپ کی زندگی اور خدمت میں دُعا کس قدر اہم ہے؟

☆۔ کیا آپ نے کبھی یہ محسوس کیا ہے کہ آپ خدا کی برکت لینے کے مستحق ہی نہیں؟ اور پھر بھی خدا آپ کو برکت دیتا ہے؟ اس سے ہمیں خدا کے رحم و ترس کے بارے میں کیا جانکاری ملتی ہے؟

☆۔ کیا آپ اپنی مسیحی زندگی میں تھوڑے بہت پر ہی اکتفا کر کے بیٹھ گئے ہیں؟ یعقوب کی خدا کے ساتھ کشتی ناممکن پر فتح پانے کے لئے خدا کے طالب ہونے کے بارے میں کیا تعلیم دیتی ہے؟

چند اہم دُعائیہ نکات

☆۔خداوند سے جُرات اور دلیری مانگیں تاکہ آپ اپنی زندگی میں گناہ کا اقرار کر کے اُسے ترک کر سکیں جو آپ کی خدمت میں رکاوٹ بنا ہوا ہے تاکہ آپ خدا کی مرضی اور معیار کے مطابق خدمت کر سکیں۔

☆۔خداوند کی شکر گزاری کریں کہ اگرچہ آپ اُس کی برکت کے مستحق نہیں، تو بھی اُس کی رحمت، شفقت اور ترس کے سبب سے وہ آپ اپنی برکات آپ کی زندگی پر نازل کرنے کے لئے تیار رہتا ہے۔

☆۔خداوند سے ایسے وقتوں کے لئے معافی مانگیں، جب آپ اپنی زندگی اور خدمت میں زیادہ برکات کے حصول کے لئے جانفشانی کرنے سے پیچھے ہٹ گئے۔

☆۔جب یعقوب کا سفر اختتام پذیر ہو گیا، اُس نے خداوند کے لئے مذبح بنا کر اُس کو سجدہ کیا۔ آج آپ کس بات کے لئے خدا کی شکر گزاری کر سکتے ہیں؟ چند لمحات کے لئے خُدا کی اُن برکات پر غور کریں، جو اُس نے آپ کو عطا کی ہیں۔ اُن برکات کے لئے خُدا کی شکر گزاری کرنے کے لئے وقت نکالیں۔

باب 32

دِینہ کی آبرُو ریزی

پیدائش 34:1-31 کا مطالعہ کریں

یعقوب کے ہاں لیاہؔ سے ایک بیٹی پیدا ہوئی، اُس کا نام دِینہؔ تھا۔ (پیدائش 21:3)

1 آیت میں، ہم پڑھتے ہیں کہ دِینہ اُس ملک کی عورتوں سے ملنے کے لئے گئی۔ (1 آیت) ہمیں یہ تو نہیں بتایا گیا کہ دِینہ کیوں اُن عورتوں کو ملنے گئی۔ ہو سکتا ہے کہ وہ ہمارے دَور کے نوجوانوں کی طرح دوستوں کی تلاش میں ہو۔

ایک دن، سکم نام کے ایک نوجوان نے اُسے دیکھا، وہ حوّیوں کے سردار کا بیٹا تھا۔ سکم نے دِینہ کی آبرُو خاک میں ملا دی۔

(2 آیت) سکم کو دِینہ سے پیار ہو گیا اور وہ اُسے دل سے چاہنے لگا۔ اُس نے اُس سے شادی کرنے کا فیصلہ کر لیا اور اپنے باپ سے کہا کہ وہ دِینہ کا بیاہ اُس سے کرا دے۔ (4 آیت)

ہمیں یہ تو نہیں بتایا گیا کہ سکم کے دِینہ کے ساتھ وقت گزارنے اور پھر سکم کے اپنے باپ سے دینہ سے شادی کرنے کی درخواست درمیان کتنا وقت گزر گیا تھا۔ ہم 26 آیت سے یہ سمجھتے ہیں کہ سکم کے ساتھ اِس واقعہ کے بعد دِینہ گھر میں ہی رہی۔ اور وہ اُن کے گھر نہ آیا۔ 3 آیت ہمیں بتاتی ہے کہ سکم نے اُس سے میٹھی میٹھی باتیں کی۔ ظاہری بات ہے کہ

وہ اُس کا دُکھ اور غم مٹانا اور اُس کے دل کو جیت لینا چاہتا تھا۔

سکم کا باپ حمور یعقوب سے ملاقات کے لئے آیا۔ اُس نے اُسے یہ خبر دی کہ اُس کا بیٹا اُس کی بیٹی کو دل سے چاہتا ہے اور وہ اُس کے ہاں اپنے بیٹے کا رشتہ مانگنے آیا ہے۔ جب تک یعقوب کے بیٹے کھیتوں سے کام کاج کر کے واپس نہ آگئے، اُس وقت تک یعقوب نے کوئی فیصلہ نہ کیا۔ (5 آیت) جب وہ واپس لوٹے تو حُمور یعقوب سے باتیں کر رہا تھا۔ جب اُنہوں نے یہ سنا کے اُن کی بہن کے ساتھ کیا واقعہ پیش آیا تو وہ قہر و غضب سے بھر گئے۔(7 آیت)

حمُور اُن کے غصے کو سمجھتا تھا اور اُس نے یہ کہتے ہوئے اُن کا غصہ ٹھنڈا کرنے کی کوشش کی کہ سکم دینہ کو دل سے چاہتا اور اُس سے بیاہ کرنا چاہتا ہے۔(8 آیت) اُس نے تجویز پیش کی کہ ہم آپس میں شادی بیاہ کریں۔ اور اگر وہ چاہیں تو وہ اُن کی عورتوں کو بھی اپنے ساتھ شادی بیاہ کے لئے چُن سکتے ہیں۔ (9 آیت) اُس نے اُنہیں بتایا کہ یہ ملک اُن کے سامنے ہے، وہ زمین خریدیں، اُس میں کاروبار کریں۔(10 آیت)

سکم بھی اس موقع پر موجود تھا، اُس نے یعقوب سے التماس کی کہ وہ دینہ کو اُس سے بیاہ دے۔ اُس نے اُسے کہا کہ وہ جو چاہے اُسے دے گا تا کہ وہ اُس سے بیاہ دی جائے۔

(11-12 آیات)

خداوند خدا نے اسے پہلے ہی بتادیا تھا کہ اُس کی اولاد کبھی بھی کنعانیوں سے شادی بیاہ نہ کرے، کہیں ایسا نہ ہو کہ وہ کسی آزمائش میں پڑ کر خدا سے اور اُس کے مقصد سے دُور چلے جائیں۔ 13 آیت میں، یعقوب کے بیٹوں نے سکم سے اُس کی درخواست کے تعلق سے

بات کی۔ اُنہوں نے اُسے بتایا کہ اُن کے روّاج کے مطابق، کسی غیر مختون شخص سے اپنی اپنی بہن کا بیاہ کرنا اُن کے رواج کے خلاف ہے۔ یہ اُن کے لئے ذلت اور رسوائی کا مقام ہے۔(14 آیت) وہ صرف اسی صورت میں دینہ کی شادی اُس کے ساتھ کر سکتے ہیں جب اُن کے ہاں کے تمام مَردا اُن کی طرف ختنہ کرا لیں۔(15 آیت) اگر وہ اُن کی اِس تجویز سے اتفاق نہ کریں، تو وہ اپنی بہن کو لے کر چلے جائیں گے۔(17 آیت) سکم یعقوب کے بیٹوں کے بُرے ارادے کو سمجھنے اور دیکھنے سے قاصر رہا کہ وہ تو اُسے اور اُس کے لوگوں کو نیست و نابود کرنے کا ارادہ بنائے ہوئے ہیں۔

وہ تجویز سکم کو اچھی لگی۔(18 آیت) وہ فوراً واپس اپنے ملک آیا، جلدی سے اپنے شہر کے مَردوں سے بات چیت کی۔(19 آیت) غور کریں کہ سکم ختنہ کرانے کو بالکل راضی تھا۔ " کیونکہ اُس کا دل یعقوب کی بیٹی سے لگ گیا تھا۔" یہ بہت اہم ہے۔ بہت سے لوگ ہیں جو کئی ایک وجوہات کی بنا پر کلیسیا میں آنا چاہتے اور بپتسمہ لینا چاہتے ہیں۔ سکم نے اسرائیل کے خدا کی عقیدت اور محبت میں ختنہ کرانے کے لئے خود کو پیش نہ کیا تھا۔ وہ تو صرف دینہ کو اپنے لئے بطور بیوی لینا چاہتا تھا۔ یہ بات آج بھی اِسی طرح سے ہے۔ بہت سے لوگ کلیسیا میں آتے اور پانی کا بپتسمہ بھی لیتے ہیں تا کہ اِس سے ہر ممکن فائدہ اُٹھا سکیں۔

20 آیت کے مطابق، حُمور اور اُس کا بیٹا سکم شہر کے پھاٹک پر مَردوں سے ملنے گیا۔ شہر کا پھاٹک ہی ایسا مقام تھا جہاں پر اہم شہری معاملات کو زیرِ بحث لایا جاتا تھا۔ حمور اور سکم نے شہر کے لوگوں کو یاد کرایا کہ دونوں قوموں کے لئے بہت سی زمین پڑی ہوئی ہے۔ اُنہوں نے اُن مَردوں کو بتایا کہ وہ اسرائیل کی بیٹیوں سے شادی بیاہ کر سکتے ہیں، اور یوں اُن کا مال

مویشی اور جائیدادیں سب اُن کی ہو جائیں گی۔ اُنہیں اُن سب چیزوں کے حصول کے لئے صرف ختنہ کرانا ہو گا۔ حُمور کے لوگ اِس طرح سے بہت سے مال و دولت اکٹھا کرنے کے چکر میں تھے، کیونکہ یعقوب اور اُس کے بیٹے بہت مالدار تھے۔ حُمور کے لوگوں نے دیکھا کہ ختنہ کرانے سے اُنہیں کس قدر فائدہ ہو گا، بنی اسرائیل سے رشتہ داری جوڑ کر اُنہیں کے تو وارے نیارے ہو جائیں گے۔ پس وہ سب مرد ختنہ کرانے کے لئے تیار ہو گئے۔ (24 آیت)

تین دن بعد، جب سبھی مَرد ابھی درد میں مبتلا تھے اور اُن کے زخم ابھی اچھے دھوئے تھے۔ شمعون اور لاوی انے اپنی تلواریں لیں اور شہر پر حملہ کر دیا۔ اُنہوں نے وہاں کے ہر مرد کو قتل کر ڈالا۔ سکم اور حُمور بھی اُن کے قہر و غضب کے آگ میں جل گئے۔ وہ دینہ کو اُس گھر سے واپس لے آئے۔ (26 آیت) گھر واپس آنے سے پہلے شمعون اور لاوی ناگہاں شہر پر آپڑے۔ اُنہوں نے شہر کو لوٹ لیا۔ (27 آیت) اُنہوں نے مال، مویشی، گدھے اور وہ سب کچھ جو سکم کا تھا لوٹ لیا اور ان کے بال بچوں کو اسیر کر لیا اور جو کچھ گھر میں تھا سب لوٹ گھسوٹ کر لے گئے۔" (28-29 آیت) یعقوب کے بیٹوں نے بڑے پُر فریب طریقہ سے پورے شہر کو تہ تیغ کر دیا۔

جو کچھ لاوّی اور شمعون نے کیا تھا، یعقوب کو اِس کا علم ہوا تو وہ بہت غصے ہوا۔ اُس نے اُنہیں 30 آیت میں کہا۔

" تم نے مجھے کڑھایا کیونکہ تم نے مجھے اُس مُلک کے باشندوں یعنی کنعانیوں اور فرزّیوں میں نفرت انگیز بنا دیا۔"

جو کچھ یعقوب کے بیٹے وہاں پر کر گُزرے تھے، اِس کے سبب سے یعقوب کو اپنی جان خطرے میں نظر آنے لگی، اُسے خوف تھا کہ ارد گرد کے شہروں کے لوگ جب یہ واقعہ سنیں گے تو وہ سب مل کر اُن پر حملہ آور ہو جائیں گے۔ تاہم یعقوب کے بیٹوں کو اپنے کئے پر کوئی پچھتاوہ نہ تھا۔ وہ یہی کہتے رہے کہ سکم کو اُن کی بہن کے ساتھ کسبی جیسا سلوک کرنے کا کوئی ادھِیکار نہیں تھا۔

اس حوالہ میں ہم یعقوب کے بیٹوں کی دھوکہ دہی کو دیکھتے ہیں۔ غور کریں کہ دینہ کی آبرُو ریزی کے معاملہ میں یعقوب کے بیٹوں نے خدا سے راہنمائی نہ لی۔ اُنہوں نے انتقاماً یہ سب کچھ کیا۔ اُن کے اندر جو غصہ، تلخی اور کڑواہٹ پیدا ہو گئی تھی، اُنہوں نے وہ سب اُگل دیا۔ وہ اپنے اس اعمال و افعال کو یہ کہہ کر واجب اور درست قرار دیتے رہے کہ سکم نے اُس کی بہن سے جو کچھ کیا وہ غیر واجب اور نہایت ہی نامناسب تھا۔ اگر سکم نے غلط کیا تھا تو لاوی اور شمعون نے اُس سے بھی بُرا کیا تھا۔ شمعون اور لاوی نے اُس شہر کے لوگوں کو نیست و نابود کر دیا۔ خدا کے لوگوں نے اُنہیں معاف نہ کیا۔ صرف غصہ، اصولوں کی پاسداری اور درُست اور غلط کی بنیاد پر ہی سارا شہر قتل کر دیا گیا۔

ہم اَس گناہ بھری دُنیا میں رہتے ہیں، ایمانداروں اور اُن کے بچوں کے ساتھ کئی طرح کے ناخوشگوار واقعات ہوتے رہتے ہیں۔ ہمیں اِس حوالہ میں اپنے آپ سے یہ سوال پوچھنا ہے کہ اگر کوئی ناخوشگوار واقعہ ہم سے ہو جائے یا کسی طور پر کوئی ہم سے زیادتی کرے تو ہم کیسا طرزِ عمل اختیار کریں گے؟ کیا ہم خدا کی طرف رجوع لائیں گے، اُس پر توکل اور بھروسہ کرتے ہوئے سارا معاملہ اُسی کے ہاتھوں میں دیں گے تا کہ وہ ہی ہمارا انصاف اور ہماری

طرف سے کام کرے؟ یا کیا ہم نامعاف کرنے والے روّیہ سے تلخی بھرا ردِ عمل ظاہر کریں گے؟ آج بہت سے ایماندار اپنے یا اپنے خاندان کے ساتھ ہونے والے ظلم و جبر کے سبب سے نامعافی اور غصے کی حالت میں زندگی بسر کر رہے ہیں؟ جیسا کہ یعقوب کے بیٹوں کے واقعہ میں ہم نے دیکھا ہے۔ اُن کے روّیہ اور اُن کی باتوں اور اُن کے اعمال و افعال سے تباہی و بربادی ہوئی۔ جو کچھ سکم کے بیٹے نے کیا تھا، اُس سے کہیں افسوسناک واقعہ یعقوب کے بیٹوں کے غصے اور روّیے کے سبب سے پیش آیا۔ اُن کی بہن کی آبرُوریزی کی وجہ سے سارے شہر کو قتل کر دیا گیا۔ ہمارے ذہنوں میں یہ سوال گردش کرتا ہوا رہ جاتا ہے کہ سکم کا گناہ زیادہ بڑا تھا یا پھر یعقوب کے بیٹوں کا۔

اگر ہم اپنے روّیوں کے تعلق سے محتاط نہ ہوں، اپنے آپ کو اپنے روّیوں سمیت خدا کے تابع نہ کریں تو ہم بھی گناہ کے مرتکب ہو سکتے ہیں۔ دُنیا کے سامنے اِس سے بڑی کوئی گواہی نہیں جب ایماندار لوگ ظلم و جبر کے خلاف اپنی برداشت اور تحمل کا اچھا نمونہ پیش کرتے ہیں۔ وہ ناانصافی اور زیادتی کی صورت میں بھی مسیح جیسا روّیہ اختیار کرتے ہیں۔ خدا کرے کہ ہمیں اس باب سے سیکھا ہوا سبق ہمیشہ یاد رہے اور ظلم و زیادتی کی صورت میں خدا ہمیں توفیق دے کہ ہم مسیح جیسا روّیہ اپنا سکیں۔ آمین!!

چند غور طلب باتیں

☆۔ غور کریں کہ کس طرح دِینہ اِرد گرد کی قوموں کی غیر ایماندار عورتوں سے میل ملاپ بڑھانے کے لئے باہر نکلی۔ کیا آپ پر بھی دُنیا کی کشش اسی طرح آزمائش بن کے آجاتی ہے؟

☆۔ غور کریں کہ کس طرح یعقوب کے بیٹوں نے سکم اور حمُور کو فریب دیا۔ دھوکہ دہی یعقوب کے کردار کا خاصہ تھا۔ جو اُس کے بچوں میں منتقل ہو گیا تھا۔ ہم اپنے بچوں میں اپنی شخصیت اور کردار کا کون سا خاصہ منتقل کر رہے ہیں۔ کیا آپ سمجھتے ہیں کہ آپ اپنی شخصیت اور کردار اپنے بچوں اور اردگرد کے لوگوں میں منتقل کر رہے ہیں؟

☆۔ جب یعقوب کے بیٹوں نے اپنی بہن کی آبرو رُیزی کے بارے سنا تو اُن کا ردِ عمل کیسا تھا؟ کیا کوئی شخص آپ کے دُکھ کا کارن ہوا ہے؟ آپ کا طرزِ عمل کیسا تھا؟

☆۔ خدا کے لوگوں کا گناہ اور بدی اُس بدی سے کم نہ تھی جو اُنہوں نے کی، لیکن پھر بھی وہ اپنے اعمال و افعال کو جائز اور واجب قرار دیتے رہے۔ کیا یہ ممکن ہو سکتا ہے کہ ہمارے خلاف کئے گئے قصور یا گناہ کے بدلے میں ہم اِس سے بھی بڑا قصور یا گناہ کر بیٹھیں؟

☆۔ کیا ایسا ہو سکتا ہے کہ ایماندار اپنے گناہ کے لئے یہ عُذر پیش کر دیں کہ یہ کسی اچھے مقصد کے پیشِ نظر کیا گیا؟

☆۔ سکمؔ اور حمُور اپنے لئے مال و دولت حاصل کرنے کے لئے بخوشی و رضا ختنہ کرانے کے لئے تیار ہو گئے۔ آج لوگ " ایماندار " ہونے کا لبادہ کیوں اوڑھ لیتے ہیں؟

چند اہم دُعائیہ نکات

☆۔چند لمحات کے لئے اپنی نوجوان نسل کے لئے دُعا کریں جو دینہ کی طرح غیر ایماندار لوگوں سے رفاقت کی کشش رکھتی ہے۔ خداوند سے اُن کی حفاظت اور نگہبانی کے لئے دُعا کریں۔

☆۔خداوند سے دُعا کریں کہ آپ اپنے بچوں کے لئے ایک مثالی نمونہ بنیں تاکہ وہ آپ کے نقشِ قدم پر چل سکیں۔

☆۔خداوند سے التماس کریں کہ وہ آپ کے دلوں کو ٹٹولے۔ اور ہر وہ بُرا روّیہ اور غلط طرزِ عمل آپ پر ظاہر کرے جو دوسروں کے لئے دُکھ اور پریشانی کا سبب بنتا ہے۔

☆۔اگر آپ شمعون اور لاوی کی طرح اپنے ہر بُرے کام کو راست قرار دیتے رہے۔ خداوند سے معافی کے طلب گار ہوں۔

باب 33

خاندان، جسے خُدا نے استعمال کیا

پیدائش 35:1-29 کا مطالعہ کریں

32 باب میں ہم نے دیکھا کہ کس طرح شمعوؔن اور لاوؔی نے اپنی بہن دِینہ کی آبرُو ریزی کے بعد سکم کے باشندوں کا قتلِ عام کر ڈالا۔ اُن کے اِس خطرناک کام سے یعقوب کو اِس علاقہ میں رہنے سے ڈر لگنے لگا۔ پیدائش 30:34 میں اُس نے اپنے بیٹوں سے مخاطب ہو کر کہا۔

"کیونکہ میرے ساتھ تھوڑے ہی آدمی ہیں۔ وہ مل کر میرے مقابلہ کو آئیں گے اور مجھے قتل کر دیں گے اور میں اپنے گھرانے سمیت برباد ہو جاؤں گا۔"

اسی واقعہ اور صورتحال کے پیشِ نظر خدا نے یعقوب سے کہا کہ وہ اس علاقہ سے روانہ ہو کر بیت ایل میں جا بسے۔ بیت ایل وہ مقام تھا جہاں پر خدا یعقوب سے اُس وقت ملا تھا جب وہ اپنے بھائی عیسو سے جان بچانے کے لئے بھاگا جا رہا تھا۔ (پیدائش 10:28 تا 17 آیت) اسی مقام پر اُس نے خواب میں ایک سیڑھی دیکھی جس پر خدا کے فرشتے اُوپر نیچے آجا رہے تھے۔ یعقوب نے خدا سے وعدہ کیا تھا کہ اگر وہ اُس کے سفر کو مبارک کرے، تو وہ اُس جگہ پر ایک مذبح قائم کرے گا۔

غور کریں، جب وہ بیت ایل کے سفر پر روانہ ہونے کی تیاری کر رہے تھے، یعقوب نے

اپنے گھرانے سے کہا کہ وہ اُن اجنبی دیوتاؤں کو اپنے سے الگ کر کے پاک کر لیں جو اُن کے پاس ہیں۔ (2 آیت) یعقوب کے لئے بیت ایل کا مقام بہت ہی پاک مقام تھا۔ وہاں پر خدا بڑے زبردست طریقہ سے اُس سے ملا تھا۔ وہاں خدا نے اُس سے ملاقات کی، اُسے کثرت کی برکت دی۔ خدا کی تعظیم کے پیش نظر یعقوب نے اپنے گھرانے سے کہا کہ وہ اپنے آپ کو گناہ سے پاک کریں۔

یہ اچھی بات ہے کہ یعقوب نے بیت ایل جانے کی تیاری کے سلسلہ میں اپنے گھرانے کو گناہ سے پاک کیا، لیکن یہ سب کچھ تو بہت پہلے ہو جانا چاہیئے تھا۔ اُس نے اپنے گھرانے سے کہا کہ وہ اجنبی دیوتاؤں سے اپنے آپ کو الگ کر لیں، اِس کا یہی مطلب ہے کہ اُسے یہ سب کچھ پہلے سے علم تھا لیکن اُس نے اِس تعلق سے کچھ بھی نہ کیا تھا، لیکن جب بیت ایل جانے کا وقت آیا تو تب ہی اُس نے اُنہیں اپنے آپ کو پاک کرنے کے لئے کہا۔

یعقوب کی درخواست کے پیشِ نظر، خاندان کے سبھی لوگوں نے وہ بُت اور کانوں کی بالیاں اُس کے حوالہ کر دیں۔ (4 آیت) یہاں پر اُن کے کانوں میں بالیوں کا ذکر بہت ہی اہم ہے۔ یہ کسی مذہبی رسم و رواج کی طرف اشارہ کرتا ہے۔ کیونکہ اُن کے پاس اجنبی دیوتا تھے، ہو سکتا ہے کہ یہ بالیاں بھی بُت پرستی یا کسی توہم پرستی کا حصہ ہوں۔ اِسی لئے تو اُنہوں نے وہ بالیاں اتار کر اُسے دے دیں۔ ایسی حرکت اور وہ بھی یعقوب کے گھرانے میں؟ یہ کس قدر حیرت انگیز اور تکلیف دہ بات لگتی ہے۔ وہ ایک طرف زندہ خدا پر بھی ایمان رکھتے تھے اور دوسری طرف وہ غیر قوموں کے بُتوں کی بھی عبادت اور پرستش کرتے تھے۔ تاہم یعقوب کی اولاد نے اپنے باپ کی آواز پر کان لگاتے ہوئے اپنے بُت اور

کانوں کی بالیاں اُس کے سپُرد کر دیں۔ یعقوب نے وہ سب کچھ لے کر سکم میں بلوط کے درخت کے نیچے دفن کر دیا۔

غور کریں کہ کس طرح اُن اجنبی معبودوں سے الگ ہونے کا نتیجہ سامنے آیا۔ (5 آیت)
جب وہ بیت ایل روانہ ہوئے، سارے شہر پر اُن کی دہشت اور رعب چھا گیا۔ کسی نے اُن کا پیچھا نہ کیا۔ یاد رہے کہ شمعون اور لاوی نے سکم کے باشندوں کو قتل کر دیا تھا۔ اس علاقہ کے لوگ بہت غصے کی حالت میں ہوں گے، اور یقیناً انتقام کی آگ میں جل بھی رہے ہوں گے۔ تاہم خدا نے اُن کی حفاظت کی اور اُنہیں وہاں سے بحفاظت نکال لیا، اُن کا رعب اور دہشت اُن لوگوں کے دل ودماغ پر چھا گیا۔ یعقوب کا گھرانہ خدا کی محافظت اور برکت کے نیچے بیت ایل روانہ ہو گیا۔ (6 آیت)

ان آیات میں خدا کا فضل بڑے پُر زور طریقہ سے کام کرتا ہوا دکھائی دیتا ہے۔ یعقوب ایک دھوکہ باز تھا۔ شمعون اور لاوی نے سکم کے باشندوں کو قتل کر دیا تھا۔ راخل نے اپنے باپ کے بُت چرا لئے تھے۔ اس کا یہ واضح ثبوت ہے کہ وہ گھرانہ بُت پرستی میں پڑا ہوا تھا۔ ان حقائق کے باوجود خدا نے یعقوب اور اُس کے گھرانے کو برکت دینا جاری رکھا۔ اُس نے عیسو کے قہر وغضب سے بھی اُسے محفوظ رکھا۔ اب خدا نے شمعون اور لاوی کی اِس خونریزی کے بعد سکم کے لوگوں کے انتقام سے بھی محفوظ رکھا۔ یعقوب خدا کے اس عظیم فضل کا کسی طور پر بھی مستحق نہ تھا۔ تو بھی خدا نے اُسے برکت دی۔ جب یعقوب اور اُس کا گھرانہ بیت ایل کے مقام پر پہنچا، یعقوب نے خدا سے کیا وعدہ پورا کرتے ہوئے وہاں مذبح کھڑا کیا۔ (7 آیت)

بیت ایل کے علاقہ میں دبورہ، یعقوب کی ماں کی دایہ فوت ہو گئی۔ اُسے بیت ایل میں بلوط کے درخت کے نیچے دفن کر دیا گیا۔ اُنہوں نے اُس درخت کا نام الون بکوت رکھا۔ جس کا معنی ہے "ماتم کا درخت"

9 آیت میں، خداوند خدا یعقوب پر ظاہر ہوا اور اُسے برکت دی۔ 10 تا 12 آیت پر غور کریں، جہاں خدا نے یعقوب کو برکت دینے کا وعدہ کیا۔ 10 آیت میں خدا اُس سے کلام کر کے اُسے بتاتا ہے کہ آئندہ کو اُس کا نام اسرائیل ہو گا۔ یعقوب نام کا معنی ہے۔ " وہ ایڑھی پکڑتا ہے۔" اسرائیل کا معنی ہے" وہ خدا کے ساتھ زور آزمائی کرتا ہے۔"

خدا یعقوب سے وعدہ کرتا ہے کہ وہ اُس کی نسل کو بڑھا کر ایک بڑی قوم بنائے گا۔ (11 آیت) اُس کی نسل سے بادشاہ پیدا ہوں گے۔ خدا اُسے وہ ملک دینے کا بھی وعدہ کرتا ہے جسے دینے کی قسم اُس نے اُس کے دادا ابرہام سے کھائی تھی۔ (12 آیت) اگرچہ خدا پہلے بھی یعقوب (اسرائیل) سے یہ وعدے کر چکا تھا۔ اُس نے ایک دفعہ پھر سے اُسے یہ وعدے یاد دلائے۔

یعقوب نے بیت ایل میں پتھر کھڑا کر کے ستون بنا دیا۔ اُس نے اُس پر تپاون کیا اور تیل ڈالا۔ (14 آیت) وہ جگہ جہاں پر یعقوب سے خدا کی ملاقات ہوئی لُوز کہلاتی تھی۔ (6 آیت) لیکن یعقوب نے اُسے بیت ایل کا نام دیا۔" خدا کا گھر"

یعقوب اور اُس کا گھرانہ بیت ایل کے علاقہ سے روانہ ہوا۔ جب وہ افرات کے علاقہ میں تھے،(بعد ازاں اِس علاقہ کا نام بیت لحم رکھ دیا گیا) راخل اُس وقت وفات پا گئی جب وہ بیٹے کو جنم دے رہی تھی۔ راخل نے مرنے سے پہلے اپنے بیٹے کا نام بنونی رکھا۔ اِس کا معنی

ہے۔" میری مصیبت" یہ اِس بات کی طرف اشارہ ہے کہ راخل کو اُس وقت کس قدر تکلیف سے گزرنا پڑا جب اُس نے اُس بیٹے کو جنم دیا۔ یعقوب نے اُس بیٹے کا نام بنیمین رکھا۔ جس کا معنی ہے۔" میرے دہنے ہاتھ کا فرزند" یہ نام باپ کی اپنے بیٹے کے لئے خاص نظرِ عنایت کو بھی ظاہر کرتا ہے۔ (18 آیت) راخل افرات (بیت لحم) میں وفات پا گئی۔ جہاں یعقوب نے اُس کی قبر پر اُس کی تعظیم کے طور پر ایک ستون کھڑا کر دیا (20-19)

بیت لحم سے یعقوب اور اُس کا گھرانہ عدر کے برج کی طرف روانہ ہوا۔ (21 آیت) اُس علاقہ میں رہتے ہوئے، روبن اپنے باپ کی حرم بلہاہ کے ساتھ ہم بستر ہوا۔(22 آیت)

روبن یعقوب کا پہلوٹھا فرزند تھا جو کہ اُس کی بیوی لیاہ سے پیدا ہوا تھا۔ اپنے باپ کی حرم کے ساتھ یہ گھنونا فعل کرنے کے بعد، یوں لگتا ہے کہ روبن اپنے گھرانے سے باتیں کر رہا ہے۔ وہ پہلوٹھا ہونے کا حق مانگ رہا تھا۔ اُس کے اعمال اُس کے خلاف تھے۔ ہم 1 تواریخ 1:5 میں پڑھتے ہیں۔

" اور اسرائیل کے پہلوٹھے روبن کے بیٹے (کیونکہ وہ اس کا پہلوٹھا تھا لیکن اس لئے کہ اس نے اپنے باپ کے بچھونے کو ناپاک کیا تھا اس کے پہلوٹھے ہونے کا حق اسرائیل کے بیٹے یوسف کی اولاد کو دیا گیا تاکہ نسب نامہ پہلوٹھے پن کے مطابق نہ ہو۔

اپنے باپ کی حرم کے ساتھ ہم بستر ہونے کے سبب سے روبن اپنے پہلوٹھے ہونے کا حق گنوا بیٹھا۔ یہ رُتبہ اور مقام یوسف کے بیٹوں کو دے دیا گیا۔

اگرچہ یعقوب کے بارہ بیٹے تھے، یعقوب کی چہیتی بیوی راخل کے اُس سے دو بیٹے پیدا ہوئے

تھے، باقی بچے لیاہ اور راخل کی لونڈیوں کے ہاں پیدا ہوئے تھے۔ یعقوب نے اپنے بوڑھے باپ اضحاق کو ممرے میں دفن کیا۔ اضحاق کی کل عمر 180 برس تھی۔ یعقوب کا گھرانہ اور اضحاق کی بڑھاپے میں وفات اِس بات کی طرف اشارہ بلکہ واضح اشارہ ہے کہ خدا کی برکت اُس گھرانے پر تھی۔

اس باب میں ہم دیکھتے ہیں کہ کس طرح خدا نے یعقوب کو برکت دے کر اُسے بڑی قوم بنانے کے وعدہ کی تصدیق کی۔ یعقوب کا گھرانہ کامل نہیں تھا۔ یعقوب جھوٹ بولنے والا اور دھوکہ باز بھی تھا۔ اُس کی بیوی راخل چور تھی۔ صرف یہی نہیں وہ بُت پرست بھی تھی۔ لیاہ اور راخل ساری عمر ایک دوسرے کے خلاف عداوت اور حسد سے بھری رہیں۔ شمعون اور لاوی قتل و غارت کر کے بھی خود کو راستباز ٹھہراتے رہے۔ یعقوب نے اپنے باپ کی حرم کے ساتھ ہم بستری کی۔ یہ گھرانہ بُت پرست بھی تھا اور اجنبی دیوتاؤں کی پوجا پاٹ کرتا تھا۔ اِن سب تلخ اور بھیانک حقائق کے باوجود، خدا نے اُن کا چناؤ کرنے اور اُنہیں برکت دینے کا فیصلہ کیا۔ یہ باب خدا کے رحم و ترس اور صبر و تحمل کو پیش کرتا ہے جس سے وہ گنہگار انسان کے ساتھ پیش آتا ہے جو بڑی آسانی سے اُس کی راہوں سے بھٹک جاتا ہے۔

چند غور طلب باتیں

☆۔یعقوب کے گھرانے میں ہم کون کون سے گناہوں کو دیکھتے ہیں؟ ہم اس حقیقت سے کیا سمجھ سکتے ہیں کہ خدا نے اُس گھرانے کو برکت دی؟

☆۔خدا نے بیت ایل کے مقام پر یعقوب کو ملاقات کے لئے بلایا۔ اس طرح یعقوب نے اپنے گھرانے کو پاک کرنے کے لئے قدم اُٹھایا۔ آپ کے خیال میں یعقوب نے اپنے گھرانے کو پہلے بُت پرستی کے اُس گناہ سے کیوں پاک نہ کیا؟ آپ کی زندگی میں اور گھرانے میں کون سے ایسے گناہ ہیں جن سے آپ کو چھٹکارا پانے کی ضرورت ہے؟

☆۔خدا نے اِس باب میں یعقوب کے ساتھ اپنے وعدوں کی تجدیدِ نو کی۔ آج آپ کے نزدیک خدا کے کون سے وعدے بڑی اہمیت کے حامل ہیں؟

☆۔کیا خدا صرف نیک لوگوں کو ہی برکت دیتا ہے؟ کیا خدا ہمیں اس لئے برکت دیتا ہے کیونکہ ہم اس کی برکات کے مستحق ہوتے ہیں؟ خدا ہمیں کیوں کر برکت دیتا ہے؟

چند اہم دُعائیہ نکات

☆۔چند لمحات کے لئے دُعا کریں اور خدا سے کہیں کہ وہ آپ کی زندگی میں ایسی چیزوں کو آشکارہ کرے جو اُس کے جلال اور عزت کا باعث نہیں ہیں۔

☆۔اپنی زندگی میں کسی بھی ایسے گناہ سے رہائی پانے کے لئے دُعا کریں جس نے آپ کی زندگی کو مغلوب کرر کھا ہے۔

خداوند سے اِس گناہ پر فتح چاہیں تاکہ آپ سچائی اور پوری دینداری کے ساتھ اُس کی راہوں پر چل سکیں۔

☆۔خدا کے کون سے وعدے خاص طور پر آپ کے لئے بامعنی اور بڑی اہمیت کے حامل ہیں؟ خداوند کی شکر گزاری کریں کہ اگرچہ ہم اکثر و بیشتر اُس کے منصوبوں کو اپنی زندگی میں ناکام کر دیتے ہیں تو بھی وہ ہمیں برکت دینا جاری رکھتا ہے۔

باب 34

عیسوٰ کا خاندان

پیدائش 36:1-43 کا مطالعہ کریں

گزشتہ چند ابواب سے ہم یہی دیکھتے چلے آئے ہیں کہ خدا نے یعقوب اور اُس کے گھرانے کی خامیوں اور ناکامیوں کے باوجود اُنہیں برکت دینا جاری رکھا۔ 36 باب میں، ہم عیسوٰ کے تعلق سے پڑھتے ہیں، یہاں پر ہمیں اُس کے گھرانے اور اُس مُلک کا حال معلوم ہوتا ہے جو خدا نے اُسے عطا کیا تھا۔

36 باب کا آغاز عیسو کی بیویوں سے ہوتا ہے۔ یہ بات بھی قابلِ غور ہے کہ اس کا ذکر یہاں پر ادوُم کے نام سے کیا گیا ہے۔ پیدائش 30:25 بیان کرتا ہے کہ عیسو کو یہ نام کیوں دیا گیا۔ ایک روز شکار سے واپسی پر عیسو کو بہت زیادہ بھوک لگی ہوئی تھی۔ اپنے بھائی یعقوب کو کھانا پکاتے دیکھ کر اُس سے رہا نہ گیا اور اُس نے اپنے بھائی سے کہا۔

" یہ جو لال لال ہے مجھے کھلا دے۔ کیونکہ میں بے دم ہو رہا ہوں۔ اِس لئے اُس کا نام ادوُم بھی ہو گیا۔"

یعقوب پہلوٹھے کے حق کے عوض اُسے کھانا دینے پر رضامند ہو گیا۔ ادوُم نام کا معنی ہے۔ " سُرخ" جو کھانا یعقوب نے عیسو کو پہلوٹھے کا حق لے کر دیا وہ "سُرخ" تھا۔

جب یعقوب اپنی ماں کے رشتہ داروں کے ہاں مُلکِ حاران میں گیا، تو اُس نے بیاہ کیا۔ عیسو

نے کنعانی عورتوں میں سے ہی بیویاں کی۔ عیسو کی تین بیویاں تھیں۔ اُس کی پہلی بیوی کا نام عدہ تھا۔(2 آیت) دوسری بیوی کا نام اہلیبامہ، عیسو کی تیسری اہلیہ محترمہ کا نام بشامہ تھا، جو کہ اسماعیل کی بیٹی تھی۔ یاد رہے کہ اسماعیل عیسو کا انکل لگتا تھا۔(3 آیت) اُن تین بیویوں سے عیسو کے ہاں پانچ فرزند پیدا ہوئے، (الیفز، رعوایل، یعوس اور یعلام اور قورح۔)

6 آیت میں یہ بات دلچسپی کی حامل ہے کہ عیسو اپنا خاندان لے کر اپنے بھائی یعقوب سے دُور چلا گیا جو کہ اب اُسی علاقہ میں رہائش پذیر ہو گیا تھا جہاں پر عیسو بھی رہتا تھا۔ ہمیں یہاں پر یہ بتایا گیا ہے کہ اُن کا مال و جائیداد اور مال مویشی اِس قدر زیادہ ہو گئے تھے کہ وہ ایک جگہ پر نہیں رہ سکتے تھے۔(7 آیت) اس سے ہمارے علم میں یہ بات آتی ہے کہ عیسو بھی بہت امیر شخص تھا۔ خدا نے عیسو کو بھی برکت دی تھی۔ عیسو ادُومیوں کا باپ ہوا جو شعیر کے علاقہ میں رہتے تھے۔(9 آیت)

10 آیت عیسو کی نسل کو الیفز اور رعوایل کے ذریعہ سے بیان کرتی ہے۔ ہم ناموں کی اِس فہرست سے دیکھتے ہیں کہ خدا نے عیسو کو پانچ بیٹوں سے نوازا تھا۔ اور اُس کے کم از کم دس پوتے ہوئے۔ یہ فرزند خدا کی طرف سے برکت اور بخشش تھے۔ اُن کے وسیلہ سے خدا نے اُس کی نسل کو آگے بڑھایا۔

15-19 آیات میں عیسو کی اَولاد کے نام دئے گئے ہیں جو اپنے لوگوں میں سردار ہوئے۔ ان آیات پر غور کریں کہ عیسو کے فرزند اپنی برادری میں قابلِ عزت رہنما تھے۔ یہ آیات بتاتی ہیں کہ عیسو کی نسل معززین میں شامل ہو گئی جو کہ اپنے لوگوں میں اَثر رسوخ

رکھنے والے قائدین تھے۔

20 آیت میں، ہماری توجہ اُن لوگوں کی طرف جاتی ہے جو اُس مُلک میں رہتے تھے۔ اُس مُلک کا نام شعیر سے پڑا جو کہ اس علاقہ میں رہتا تھا اور حوری قوم سے تعلق رکھتا تھا۔ شعیر کے سات بیٹے تھے جن کے نام 20-21 آیات میں لکھے ہوئے ملتے ہیں۔ شعیر کے سارے فرزند سردار ہوئے۔

شعیر کے بیٹے لوطان کے دو بیٹے تھے۔ (حُوری اور ہیمام) 22 آیت پر غور کریں کہ لوطان کی بہن کا خاص طور پر ذکر کیا گیا ہے۔ اس کا نام تمنع تھا۔ 12 آیت میں یہ قابلِ غور ہے کہ عیسو کے بیٹے الیفرز کی ایک حرم تھی جس کا نام تمنع تھا۔ جس سے اُس کے ہاں اولاد ہوئی۔ یہ ممکن ہے کہ الیفرز نے لوطان کی بہن کو بطور حرم لیا ہو۔ اگر ایسا ہی ہے تو ہم عیسو اور شعیر کے درمیان ایک تعلق دیکھ سکتے ہیں۔

23-28 آیات میں شعیر کی نسل کا تفصیل اُس کے بچوں سوبل اور صبعون سے ملتی ہے۔ اُن میں سے ایک فرزند عنہ جس نے گرم پانی کا چشمہ دریافت کیا قابلِ ذکر ہے۔ جب وہ اپنے باپ کے گدھے چرا رہا تھا۔ (24 آیت) عنہ کی ایک بیٹی تھی جس کا نام اہلیبامہ تھا۔ 2 آیت بتاتی ہے کہ یہی عیسو کی بیوی تھی جو کہ عنہ کی بیٹی تھی۔

اس سے ہم یہ سمجھتے ہیں کہ عیسو اور شعیر کی نسل ایک ہی ملک میں رہتے تھے اور اُنہوں نے آپس میں رشتے داری قائم کرلی تھی۔ عیسو اور یعقوب دونوں نے الگ الگ بلکہ بہت ہی مختلف راہیں اپنالی تھیں۔ عیسو شعیر کے لوگوں کے درمیان رہائش پذیر تھا۔ اُس نے اُن کا طرزِ زندگی اپنا لیا بلکہ اُن کی بیٹیوں کو بھی اپنی بیویاں ہونے کے لئے چن لیا۔ اِس کے

برعکس، یعقوب اپنے باپ دادا کے خدا کی پیروی میں مگن تھا۔

ادوم کے خطے میں کئی ایک بادشاہ حکومت کرتے تھے۔ یہ اُس وقت کی بات ہے جب ابھی خدا نے یہ ملک اسرائیل کو نہیں دیا تھا۔ 32-39 آیات ان بادشاہوں کی تفصیل بیان کرتی ہیں جو یکے بعد دیگرے تختِ سلطنت پر بیٹھتے رہے۔

بادشاہ کا نام	رہائش	اقتدار کے خاتمہ کی وجہ
بالع	دنہابا	موت
یوباب	بصراہی	موت
حشیم	تیمانی	موت
ہدد	عویت	موت
شملہ	مسرقہ	موت
ساؤل	رحوبوت	موت
بعلحنان	رحوبوت	موت
ہدد	پاؤ	موت

حدد کا بیاہ مہطیب ایل نامی عورت سے ہوا جو کہ مطرد کی بیٹی تھی، یہی اپنے دَور میں اہم شخصیت کے طور پر جانا اور پہچانا جاتا تھا۔ (39 آیت)

36 باب عیسو کی نسل کے 11 ناموں کے ساتھ اختتام پذیر ہوتا ہے جو کہ اُس وقت عدوم

میں سردار تھے۔ عیسو کی نسل اَثر ورسوخ رکھنے والی تھی اور اُنہوں نے شعیر کے لوگوں کے ساتھ سمدھیانہ کر لیا(آپس میں بیاہ شادی) اس طرح وہ اپنے باپ دادا کے خدا سے دُور چلے گئے۔

اضحاق کے دو فرزند، ایک ہی باپ کے بیٹے دو مختلف راہیں، ہم نے ایسا اپنے خاندانوں میں بھی دیکھا ہے۔ ایک بچہ خدا کے ساتھ چلنے کا چناؤ کرتا ہے، اُسے خدا کی راہوں کی پیروی من بھاتی ہے جبکہ دوسرا خدا سے الگ تھلگ زندگی گزارنے پر مطمئن ہو جاتا ہے۔ عیسو اگرچہ مال و دولت والا شخص ہوا تو بھی اپنی زندگی میں ایک اہم چیز سے محروم تھا اور وہ تھا خدا کے ساتھ ایک تعلق اور رشتہ۔ اُس کا گھرانہ معمول کی زندگی بسر کر رہا تھا، اُنہیں خوشحالی کا بھی تجربہ ہوا جو خدا نے اُنہیں عطا کی تھی۔ وہ معزز لوگ تھے اور اُن کے گھرانے میں اہم قائدین پیدا ہوئے۔ لیکن وہ خدا سے نا آشنا اور خدا کی راہوں سے دُور تھے۔

یعقوب کے گھرانے کو خدا کی راہنمائی میں ایک غیر معمولی زندگی گزارنے کی بلاہٹ ملی۔ کیا آپ عیسو کی مانند ہیں جو اپنے خالق کے بغیر زندگی بسر کرنے پر ہی مطمئن تھا؟ کیا آپ عیسو کی مانند ہیں جس نے خدا کے ہاتھوں میں اُس کی بادشاہی کو دُنیا میں پھیلانے کا وسیلہ بننے سے انکار کر دیا؟

چند غور طلب باتیں

☆۔عیسو کس طرح ادوُم کے طور پر مشہور ہوا؟ آپ نے اپنی زندگی میں کون سے احمقانہ فیصلہ جات کئے ہیں؟ ☆۔اس حوالہ میں عیسو اور اُس کے گھرانہ میں خدا کی برکت کا کیا ثبوت پایا جاتا تھا؟ کیا خدا اُنہیں کو برکت دیتا ہے جو اُس کی راہوں پر چلتے اور اُس سے محبت رکھتے ہیں؟

☆۔عیسو اور اُس کا گھرانہ دُنیا کے مال و دولت پر ہی مطمئن اور شادمان تھا۔کیا آپ ایسے لوگوں سے واقف ہیں جو عیسو کی نسل جیسے ہیں؟

☆۔غور کریں کہ یہاں پر عیسو کی نسل کو شعیر کی نسل کے ساتھ شامل کیا گیا ہے۔گویا کہ وہ ایک ہی نسل ہوں۔ آپ کس طرح سے اپنے گھرانے سمیت اُن لوگوں اور خاندانوں سے واقف ہیں جو خدا کو نہیں جانتے اور اُس کی راہوں پر نہیں چلتے؟

چند اہم دُعائیہ نکات

☆۔اس بات کے لئے کچھ دیر شکر گزاری کریں کہ اُس کی برکت صرف ایمانداروں پر ہی نہیں بلکہ اُن پر بھی ٹھہرتی ہے جو اُسے نہیں جانتے۔

☆۔خداوند سے ایسے لوگوں کے لئے شفاعت کریں جو خدا کے بغیر زندگی بسر کرنے پر مطمئن اور شادمان ہیں۔ ☆۔خداوند کی شکر گزاری کریں کہ اُس نے روحانی چیزوں کے لئے آپ کی آنکھیں کھول دی ہیں۔خداوند سے اور گہرے طور پر اُس کی قربت میں چلنے کے لئے فضل اور توفیق چاہیں۔

باب 35

یُوسف۔ غلامی میں بیچ دیا جاتا ہے

پیدائش 37:1- 36 کا مطالعہ کریں

ہم پہلے ہی یعقوب کی بیویوں اور دونوں بہنوں ، لیاؔہ اور راخلؔ کے درمیان پائے جانے والے حسد کا جائزہ لے چکے ہیں۔ یہ خلش اُن کے بچوں کے درمیان بھی پائی جاتی تھی۔ راخل کے بیٹے یوسف اور بنیمین کی طرف نظرِ عنایت کرنے سے یعقوب اُس خلش اور حسد کی آگ کو ہوا دیتا ہوا نظر آرہا ہے۔ اِس سے دوسرے بھائی یوسف کے تعلق سے کڑواہٹ سے بھر گئے۔

جب ہم یوسف کی کہانی کی شرُوعات کرتے ہیں تو وہ ہمیں سترہ برس کا نو عمر جوان دکھائی دیتا ہے۔ ایک موقع پر، وہ اپنے باپ کی بھیڑیں اپنے بھائیوں کے ساتھ مل کر چرا رہا تھا۔ 2 آیت سے ہم اس بات پر ایمان رکھ سکتے ہیں کہ جب وہ اپنے گلے چرا رہے تھے تو کچھ نہ کچھ واقع ہوا۔ یوسف اپنے باپ کے پاس گھر گیا تو اُس نے اپنے بھائیوں کے تعلق سے کوئی ناخوشگوار خبر اپنے باپ کو دی۔ ظاہری بات ہے کہ اُس کے بھائیوں کو یہ شکایت بازی اچھی نہ لگی۔ اُنہوں نے اپنے دل میں یہ بات رکھ لی۔ پھر وہ دن آیا جب اُنہوں نے اُس سے بدلہ لے لیا۔

3 آیت سے ہم دیکھتے ہیں کہ یعقوب اپنے دوسرے بیٹوں کی بہ نسبت یوسف سے زیادہ پیار

کرتا تھا۔ یوسف سے خصوصی محبت کے طور پر اُس نے اُس کے لئے ایک بوقلمون قبا (ایک خاص ویسٹ کوٹ) سلوادی جس پر موتی بھی لگے ہوئے تھے۔

اس سے یوسف کے بھائیوں کے دل میں حسد کی آگ اور بھی زیادہ بھڑکنے لگی۔ وہ اُس سے شائستہ طریقے سے بات نہیں کرتے تھے۔ (4 آیت)

یعقوب نے اپنے بیٹوں کے ساتھ اپنے تعلق اور رشتے میں عقل مندی کا مظاہرہ نہ کیا۔ اُس نے کھلم کھلا اپنے بیٹے سے اپنی محبت اور شفقت کا اظہار کر کے اپنے بیٹوں کے دل میں یوسف کے خلاف حسد پیدا کر دیا۔ یوسف کو بھی اپنے بھائیوں کے بُرے کاموں کی شکایت لگانا اچھا لگتا تھا۔

5 آیت میں، یوسف نے ایک خواب دیکھا، جب اُس نے وہ خواب اپنے بھائیوں کو بتایا تو وہ اور بھی زیادہ اُس سے نفرت کرنے لگے۔ یوسف نے اپنے بھائیوں کو بتایا کہ اُس نے خواب میں دیکھا کہ کھیت میں اناج کے پولے باندھ رہے تھے۔ یوسف کا پولا کھڑا ہو گیا، جبکہ اُس کے بھائیوں کے پولوں نے اُسے جھک کر سجدہ کیا۔

اس خواب کو سن کر ہم یوسف کے بھائیوں کے ردِ عمل کو محسوس کر سکتے ہیں۔ اُنہوں نے 8 آیت میں کہا، " کیا تو سچ مچ ہم پر سلطنت کرے گا یا ہم پر تیرا تسلط ہو گا۔ "
وہ اُس کے سامنے جھکنے کا تصور بھی نہیں کر سکتے تھے۔

جب تک کوئی بات دل ہی میں رہتی ہے تو وہ اچھی ہوتی ہے۔ یہ سچ ہے کہ خداوند نے یوسف کو ایک خواب دیا تھا اور یہ خواب ایک دن پورا بھی ہونا تھا۔ اپنے بھائیوں کو یہ خواب بتانے سے اُن کے اندر لگی آگ اور بھی زیادہ شدت اختیار کر گئی۔ ممکن ہے کہ ہم

سچائی بیان کریں لیکن ہمیں اتنی عقل نہ ہو کہ ہم نے وہ بات کب اور کس کے سامنے بیان کرنی ہے۔ یوسف کو یہاں پر بڑے فہم و امتیاز کی ضرورت تھی۔

9 آیت میں یوسف نے ایک اور خواب دیکھا۔ ایک بار پھر اس نے اپنے بھائیوں کو وہ خواب بتایا، یقیناً اُس نے پہلا خواب بتانے کے بعد ان کا ردِ عمل دیکھا ہو گا۔ تاہم اُن کا روّیہ دیکھنے کے باوجود پھر اُس نے اُنہیں دوسرا خواب بھی بتا دیا۔

دوسرے خواب میں، یوسف نے ایک سورج اور چاند اور گیارہ ستاروں کو دیکھا۔ جو جُھک کر اُسے سجدہ کر رہے تھے۔

جب یوسف نے اپنے باپ کو وہ خواب بتایا، اُس نے اُسے کہہ کر ڈانٹا۔ " اور کہا یہ خواب کیا ہے جو تو نے دیکھا؟ کیا میں اور تیری ماں اور تیرے بھائی سچ مچ تیرے آگے زمین پر جھک کر تجھے سجدہ کریں گے؟"

یعقوب نے سورج اور چاند سے مراد خود کو اور اپنی بیوی کو لیا۔ جبکہ گیارہ ستاروں سے مُراد اُس کے بھائی تھے۔ اگرچہ یوسف کے بھائی حسد کی آگ میں جل رہے تھے۔ یوسف نے اُس خواب کو اپنے ذہن میں رکھا۔ (11 آیت) ظاہری بات ہے کہ وہ تعجب بھی کر رہا ہو گا کہ خدا یوسف کو کیا بتا رہا ہے اور یہ سب کچھ کیسے واقع ہو گا۔

یعقوب نے یوسف کو اپنے بھائیوں کے پاس اُن کا جائزہ لینے کے لئے بھیجا جو سکِم کے قریب بھیڑ بکریاں چرا رہے تھے۔ (12-13 آیات) یعقوب جاننا چاہتا تھا کہ اُس کے بیٹے میں کس طرح سے بھیڑیں چرا رہے ہیں اور اُن کا وہاں پر طرزِ عمل کیسا ہے۔ اُس نے یوسف کو اسی لئے بھیجا تھا کہ جا کر دیکھے کہ وہاں پر کیا ہو رہا ہے اور واپس آکر اُسے رپورٹ پیش

کرے۔

سب سے پہلے یوسف سکم کو گیا، پھر وہاں سے دوتین کو گیا جہاں پر اُس کے بھائی بھیڑیں چرا رہے تھے۔ جب اُس کے بھائیوں نے اُسے دُور سے دیکھا، تو اُنہیں اُس کو دیکھ کر بالکل بھی خوشی نہ ہوئی۔ اُن کا پہلا ردِ عمل یہی تھا کہ اُسے قتل کر دیا جائے۔ (18 آیت) 19 آیت میں اُن کی باتوں پر غور کریں۔ اُنہوں نے ایک دوسرے سے کہا، " دیکھو خوابوں کا دیکھنے والا آرہا ہے۔"

ظاہری بات ہے کہ اُنہیں اُس کے خواب یاد آئے ہوں گے۔ یہ خواب اُن کے لئے بڑی تلخی کا باعث تھے۔ اُنہوں نے اُسے ایک کُنویں میں پھینکنے کا فیصلہ کر لیا او کہنے لگے کہ یہ کہہ دیں گے اُسے کوئی جانور کھا گیا ہے۔ (20 آیت) پھر دیکھیں گے کہ اُس کے خوابوں کا کیا بنتا ہے۔

اُنہوں نے کہا، " آؤ اب ہم اسے مار ڈالیں اور کسی گڑھے میں ڈال دیں اور یہ کہہ دیں گے کہ کوئی خونخوار درندہ اُسے کھا گیا پھر دیکھیں گے کہ اُس کے خوابوں کا انجام کیا ہوتا ہے؟

یوسف کے بھائیوں کا یہ ماننا تھا کہ وہ اُس کی زندگی کی ڈگر کو بدل کر رکھ دیں گے، اُن کا یہ ایمان تھا کہ جو مقصد خدا نے خوابوں کے ذریعہ اُس پر ظاہر کیا ہے اُسے وہ ختم کرکے رکھ دیں گے۔

جب رُوبن، یعنی بڑے بھائی نے سنا کہ وہ کیا منصوبہ سازی کر رہے ہیں تو یوسف کو بچانے کی کوشش کرنے لگا۔ اُس نے اُنہیں قائل کر لیا کہ یوسف کو قتل نہ کریں۔ (21 آیت) رُوبن کی یہی نیت تھی کہ اُسے بچا کر اُس کے باپ کے پاس واپس لے جائے۔

(22 آیت) جب یوسف وہاں پہنچا تو اپنے بھائیوں سے سلام دُعا لی، اُنہوں نے اُس جبہ کو اُس پر سے اُتار پھینکا جو اُس کے باپ نے خاص طور پر اُس کے لئے سلوایا تھا۔ اِس کے بعد اُنہوں نے اُسے کُنویں میں پھینک دیا۔ (24 آیت) اُس کُنویں میں پانی بالکل بھی نہیں تھا بلکہ یہ خشک ہو چکا تھا۔

یوسف کی زندگی پر خدا کے ہاتھ کو دیکھیں، خدا نے روُبن کو استعمال کیا کہ وہ اُس کے بھائیوں کو اِس بات کے لئے قائل کرے کہ وہ اُسے قتل نہ کریں۔ یوسف نے تو یہاں پر خدا کی محافظت کا ہاتھ اپنے اُوپر بالکل بھی نہ دیکھا ہو گا۔ اُسے تو ہر طرف نفرت اور عداوت کی آگ ہی جلتی ہوئی بلکہ بھڑکتی ہوئی دکھائی دے رہی تھی۔ اُس کی اُمیدیں ختم ہو گئیں اور اب وہ یہی سمجھ رہا تھا کہ قریب ہے کہ اُسے مار دیا جائے گا۔ اُسے کیا پتہ کہ جو کچھ اُس کے ساتھ ہو رہا ہے وہ اُن خوابوں کی تعبیر کا باعث ہو گا جو خدا نے اُسے دکھائے تھے۔ خدا کی راہیں ہماری آنکھوں سے اوجھل ہوتی ہیں۔

جب یوسف کے بھائی وہاں بیٹھ کر اپنا کھانا تناول فرما رہے تھے، اُنہوں نے آنکھ اُٹھا کر دیکھا کہ اسماعیلیوں کا ایک قافلہ جلعاد سے آرہا اور ملکِ مصر کی طرف جا رہا ہے تا کہ وہاں جا کر اپنا مال فروخت کر سکیں۔ (25 آیت) جب یہوداہ نے وہ قافلہ دیکھا، اُسے ایک خیال سوجھا، اُس نے تجویز پیش کی کہ یوسف کو بطور غلام فروخت کر دیا جائے۔ (26 آیت) اُس نے اُنہیں کہا کہ یوسف کو مار ڈالنے سے اُنہیں کیا ملے گا۔ اگر وہ اُسے فروخت ڈالیں تو یوں وہ قتل جیسے گھنونے جُرم کے مُرتکب بھی نہیں ہوں گے اور اُنہیں کچھ روپیہ پیسہ بھی مل جائے گا۔ (27 آیت) اُس کے بھائیوں نے سوچا کہ یہ تجویز بُری نہیں ہے۔ اور وہ

چاندی کے بیس سکوں کے عوض اُسے اسماعیلی تاجروں کے ہاتھوں فروخت کرنے کے لئے تیار ہو گئے۔(28 آیت) سودا ہو گیا اور پھر اسماعیلی تاجر اُسے ملکِ مصر لے کر چلے گئے۔

ایک بار پھر، یہ اہم ہے کہ اس بات پر غور کیا جائے کہ اُس دن جو کچھ بھی ہوا اُس میں خدا کا ہاتھ شامل تھا۔ یہ خدا کا مقصد اور انتظام تھا کہ یوسف ملکِ مصر کو جائے۔ نہ تو یوسف اور نہ ہی اُس کے بھائیوں کے وہم و گمان میں یہ بات تھی کہ اِس صورتحال میں بھی خدا اپنے مقصد کی تکمیل کے لئے کام کر رہا ہے۔ ایک بار پھر ہم دیکھتے ہیں کہ خدا کی راہیں ہماری سمجھ سے بالا تر ہوتی ہیں۔ خدا نے یوسف کے بھائیوں کے غصے اور کڑواہٹ کو استعمال کرتے ہوئے یوسف کو اُس مقام تک پہنچا دیا جہاں وہ یوسف کو پہنچانا چاہتا تھا۔

جب اُنہوں نے اُسے بطور غلام بیچ دینے کا منصوبہ بنایا تھا تو بڑا بھائی رُوبن وہاں موجود نہیں تھا۔ جب وہ واپس لوٹا تو دیکھا کہ اُس کا بھائی وہاں پر نہیں ہے۔ اُس پر غم کا بادل چھا گیا۔ 29 آیت ہمیں بتاتی ہے کہ اُس نے ماتم کی علامت کے طور پر اپنے کپڑے پھاڑ ڈالے اور جو کچھ ہوا تھا اُس پر نوحہ کناں ہوتے ہوئے اپنے بھائیوں کے پاس گیا۔

یوسف کے بھائیوں کو ایک کہانی گھڑنے کی ضرورت تھی جو وہ جا کر باپ کو سنانا چاہتے تھے۔ اُنہوں نے ایک بکری ذبح کر کے اُس کی بو قلمون اُس میں بھگو دی۔(31 آیت) وہ یوسف کی خون آلودہ بو قلمون لے کر باپ کے پاس پہنچے اور کہا کہ ہمیں یہ ملی ہے۔ (32 آیت) جب یوسف نے وہ جُبہ پہچانا، تو یہی سمجھا کہ کوئی خونخوار جانور یوسف پر حملہ آور ہو کر اُسے کھا گیا ہے۔(33 آیت) اُس نے شدتِ غم سے اپنے کپڑے پھاڑ ڈالے اور اپنے بیٹے یوسف کے ماتم میں ٹاٹ اوڑھ لیا۔ وہ کئی دنوں تک ماتم کرتا رہا۔(34 آیت)

اُس کے بیٹے اور اُس کی بیٹیاں اُسے تسلی دیتے تھے، پر وہ تسلی قبول نہ کرتا تھا۔ بس وہ یہی کہتا تھا کہ میں بھی اب ماتم کرتا ہوا، اپنے بیٹے کے ساتھ جاملوں گا۔ (35 آیت) ہمیں معلوم نہیں کہ یوسف کے بھائیوں کو اپنے باپ کو اِس قدر گہری چوٹ لگا کر کیسا محسوس ہوتا ہو گا۔

جب یوسف ملکِ مصر پہنچا تو فوطیفار نام کے ایک آدمی کے ہاتھ فروخت کر دیا گیا جو فرعون کا ایک حاکم اور جلو داروں کا سردار تھا۔ (36 آیت) اِس وقت تک یوسف کو علم نہیں تھا کہ اِس دیارِ غیر میں خدا اُس کے وسیلہ سے کیا کرنے والا ہے۔

چند غور طلب باتیں

☆۔ یعقوب اور یوسف نے کس طرح خاندان کے دوسرے افراد میں حسد اور نفرت کو ہوا دی؟ کیا وہ یہ سب کچھ مختلف طریقہ سے بھی کر سکتے تھے؟ لوگوں سے برتاؤ کرتے ہوئے عقل و دانش کی ضرورت کے تعلق سے ہم یہاں پر کیا سیکھتے ہیں؟

☆۔ کیا ہمیشہ ہی خدا کی بتائی ہوئی سچائی دوسروں کو بتا دینا دُرست ہوتا ہے؟ کیا کچھ ایسے وقت بھی ہوتے ہیں جب ہمیں صرف خاموش ہی رہنا چاہیئے؟

☆۔ اس حوالہ میں ہم حسد کے تعلق سے کیا سیکھتے ہیں؟ یوسف کے بھائیوں کا حسد اُنہیں کہاں لے گیا؟

☆۔ اس باب میں یوسف کے لئے خدا کی محافظت اور راہنمائی کس طرح عیاں طور پر دیکھنے کو ملتی ہے؟

☆۔ خدا کے کام کرنے کے تعلق سے ہم یہاں پر کیا سیکھتے ہیں۔ ؟اپنے مقصد کی تکمیل کے لئے خدا کون سے حالات وواقعات کو استعمال کرتا ہے ؟

چند اہم دُعائیہ نکات

☆۔ خداوند سے دُعا کریں اور حکمت مانگیں تاکہ آپ جان سکیں کہ کب آپ نے کچھ کہنا اور کب خاموش رہنا ہے۔

☆۔ خداوند سے راہنمائی مانگیں اور معلوم کریں کہ آیا آپ کچھ ایسے کام تو نہیں کر رہے جن سے آپ کی زندگی میں موجود لوگوں کے لئے مسائل اور مشکلات کھڑی ہو سکتی ہیں ۔اہم اور ضروری تبدیلیوں کے لئے خداوند سے حکمت اور طاقت مانگیں۔

☆۔ اپنی زندگی میں خدا کی حکمت اور راہنمائی کے لئے دُعا کریں۔

☆۔ خداوند کی شکر گزاری کریں کہ وہ آپ کی زندگی میں آنے والے اچھے بُرے حالات و واقعات کو بھی آپ کی بہتری کے لئے استعمال کرنے کی قدرت رکھتا ہے۔ خداوند سے پوچھیں کہ کس طرح آپ اور زیادہ اُس میں آرام اور اپنی کسی بھی ناخوشگوار صورتحال میں اُس پر توکل اور بھروسہ کر سکتے ہیں۔

باب 36

یہُوداہ اور تمر

پیدائش 38:1-30 کا مطالعہ کریں

جب یوسف کو غلام کے طور پر بیچ دیا گیا تو یہوداہ اپنے بھائیوں کو چھوڑ کر عدلامی آدمی کے پاس جس کا نام حیرا تھا گیا۔ ((1 آیت) جب وہ وہاں پر تھا تو اُس کی ملاقات اُس مرد کی بیٹی سے ہوئی جس کا نام سُوع تھا، اُس نے اُس کے ساتھ بیاہ کر لیا۔ (2 آیت) 3-5 آیات ہمیں بتاتی ہے کہ یہوداہ کے ہاں سُوع سے تین بیٹے پیدا ہوئے (عیر، اونان، سیلہ اور یہوداہ کزیب)

اسی اثناء میں، یہوداہ نے اپنے پہلوٹھے بیٹے عیر کے لئے ایک بیوی تلاش کی۔ اُس کا نام تمر تھا۔ (6 آیت) عیر ایک شریر فرزند تھا اور 7 آیت ہمیں بتاتی ہے کہ خداوند نے اُسے مارا اور وہ مر گیا۔

جب یہوداہ نے دیکھا کہ اُس کا بیٹا عیرؔ بے اولاد مر گیا تو اُس نے عیر کی بیوی کو اپنے دوسرے بیٹے اونان کو دے دیا۔

(8 آیت) عہدِ عتیق میں یہ ایک عام رواج تھا۔ دراصل موسیٰ کی معرفت دی گئی شریعت اس بات کا تقاضا کرتی تھی کہ خاندان میں موجود بھائی اپنے مرحوم اور بے اولاد مر جانے والے بھائی کے لئے اولاد پیدا کرے۔

" اگر کئی بھائی مل کر ساتھ رہتے ہوں اور ایک اُن میں سے بے اولاد مر جائے تو اس مرحوم کی بیوی کسی اجنبی سے بیاہ نہ کرے بلکہ اُس کے شوہر کا بھائی اُس کے پاس جا کر اُسے اپنی بیوی بنالے اور شوہر کے بھائی کا جو حق ہے وہ اُس کے ساتھ ادا کرے۔ "

(استثنا25:5 -6)

مقصد یہ تھا کہ مرحوم کا بھائی بیوہ سے اولاد پیدا کرے جو اُس کے مُردہ بھائی کے نام سے منسوب ہو۔ اُن کے ازدواج سے پیدا ہونے والی اولاد اپنے بھائی کے نام کو زندہ رکھے گی جو بے اولاد مر گیا۔ اور وہ اولاد اُس کی میراث کی وارث بھی ہوگی۔ یہ شریعت یا قانون اس لئے تھا تاکہ مرحوم کے گھرانے کا نام ہمیشہ زندہ رہے۔

اونانؔ کو علم تھا کہ پیدا ہونے والا بچہ اُس کے نام سے نہ کہلائے گا۔ جب وہ اپنی بیوی کے پاس جاتا، تو وہ نطفہ کو زمین پر گرا دیتا تاکہ تمر اُس سے حاملہ نہ ہو۔ ایسا کرنے سے اونان نے اپنے بھائی اور خدا کے کلام کی واضح تعلیم کو حقیر جانا۔ اُس کی اِس حرکت سے خدا اُس سے ناراض ہوا اور اُس نے اُسے بھی مار ڈالا۔ (10 آیت)

یہوداہ کے پہلے دو بیٹے بے اولاد مر گئے۔ یقیناً یہوداہ اِس بات پر غمزدہ اور پریشان تھا۔ اس طرح تو خاندان کا نام ہی مٹ جانا تھا۔ اب ایک چھوٹا بیٹا رہ گیا تھا۔

اب سیلہ ہی رہ گیا تھا جس نے تمر سے اپنے بھائی کے لئے اولاد پیدا کرنا تھی۔ تاہم یہوداہ کو اپنا بیٹا تمر سے بیاہتے ہوئے ڈر لگا کہ کہیں وہ بھی نہ مارا جائے۔ (11 آیت) تمر کا اپنے بیٹے سے بیاہ کرنے کی بجائے یہوداہ نے فیصلہ کیا کہ وہ تمر کو اُس کے میکے بھیج دے۔ اُس نے اُسے کہا کہ اس کا بیٹا سیلہ ابھی چھوٹا ہے، ابھی اُس کی شادی اُس سے نہیں کی جاسکتی، اِس

لئے وہ اپنے میکے جاکر اُس کے بڑے ہونے کا انتظار کرے۔ 11 آیت ہمیں بتاتی ہے کہ یہوداہ کی نیت ہی نہیں تھی کہ وہ سیلہ کی شادی تمر سے کرے۔ 14 آیت ہمیں بتاتی ہے کہ تمر کو بھی یہ بات سمجھ آگئی۔ کیونکہ سیلہ بڑا ہو گیا پر اُس کی شادی اُس سے نہ کی گئی۔
ایک عرصہ گذر گیا اور پھر یہوداہ کی اپنی بیوی بھی جہان فانی سے کوچ کر گئی۔ (12 آیت) اپنے غم سے تسلی پانے کے بعد، یہوداہ بھیڑوں کے بال کترنے والوں کے پاس تمنت میں گیا۔ اُس نے اپنے دوست حیرا کو بھی اپنے ساتھ لے لیا۔
تمر نے سنا کا اُس کا سُسر یہوداہ اپنی بھیڑوں کے بال کتروانے کے لئے تمنت میں آیا ہے۔ (13 آیت) جب اُس نے یہ سنا تو اُس نے اپنا بھیس بدلا اور تمنت کی شاہراہ پر کے مقام پر بیٹھ گئی۔ (14 آیت) جب یہوداہ وہاں سے گزرا تو اُس نے تمر کو وہاں بیٹھے دیکھ کر سمجھا کہ کوئی کسبی بیٹھی ہوئی ہے کیونکہ وہ اپنا منہ ڈھانپے ہوئے تھی، اُس نے اُسے بالکل نہ پہچانا۔
وہ اُسے کسبی سمجھتے ہوئے اُس کے پاس گیا اور اُس سے ہم بستر ہونے کے لئے کہا، تمر نے اُس سے کہا کہ وہ اُسے اِس کے بدلہ میں کیا دے گا۔ یہوداہ نے وعدہ کیا کہ وہ اپنے گلہ میں سے بکری کا ایک بچہ اُس کے پاس بھیجوا دے گا۔ (17 آیت) تمر نے یہوداہ سے کہا کہ وہ اپنی لاٹھی اور مہر بند رہن کے طور پر رکھ دے جو اس بات کی ضمانت ہو گی کہ وہ اپنے گلہ میں سے بکری کا بچہ اُسے بھیجے گا۔ (18 آیت) یہ مہر بند ایک ڈوری کے ذریعہ گردن پر باندھا جاتا تھا اور دفتری دستاویز کی حیثیت رکھتا تھا۔ یہوداہ یہ چیزیں دینے کے لئے رضامند ہو گیا کہ وہ بکری کا بچہ بھیج کر یہ چیزیں واپس لے لے گا۔ جب یہ معاہدہ طے پا گیا۔ یہوداہ نے تمر سے زنا کیا۔ اور یوں وہ اپنے سُسر سے حاملہ ہو گئی۔ (18 آیت)

اپنا وعدہ وفا کرتے ہوئے یہوداہ نے بکری کا بچہ اپنے دوست کے ہاتھ تمر کو بھیجا تا کہ وہ اپنی لاٹھی اور مہر بند واپس لے لے۔ جب اُس کا دوست اُس جگہ پر پہنچا تو وہ اُسے نہ ملی۔ (20 آیت) اُس نے وہاں کے آدمیوں سے پوچھا کہ یہاں جو کسبی بیٹھی ہوئی تھی کہاں گئی۔ اُنہوں نے اُسے کہا کہ یہاں پر تو کوئی کسبی نہیں تھی۔ (21 آیت)

یہوداہ کے دوست نے واپس آکر اُسے بتایا کہ اُسے وہ کسبی نہیں ملی۔ (22 آیت) یہوداہ نے کہا کہ چلو ٹھیک ہے وہ لاٹھی اور مہر بند وہی رکھ لے۔ وہ مزید چھان بین کرتے ہوئے اپنے لئے کوئی پریشانی مول نہیں لینا چاہتا تھا۔ اُس نے یہ کہتے ہوئے خود کو تسلی دی کہ اُس نے تو بکری کا بچہ دے کر بھیجا پر وہ نہ مل سکی۔ (23 آیت)

تین ماہ گزر گئے، پھر یہوداہ کو علم ہوا کہ اُس کی بہو تمر نے کسی کے ساتھ زنا کیا اور اب وہ حاملہ ہو گئی ہے۔ (24 آیت) غصے میں آکر یہوداہ نے فیصلہ کیا کہ اِس جُرم پر وہ اُسے جلا کر مار ڈالے گا۔

تمر کو سزا دینے کے لئے باہر لایا گیا۔ اُس نے یہوداہ کی وہ لاٹھی اور مہر بند دکھاتے ہوئے کہا کہ وہ اِس شخص سے حاملہ ہے جس کی یہ لاٹھی اور مہر بند ہے۔ (25 آیت) یہوداہ نے فی الفور وہ چیزیں پہچان لیں۔ اب اُسے علم ہو گیا کہ جو بچہ اُس کی کوکھ میں ہے، وہ اُس کا کیا دھرا ہے۔ اُس نے کہا، "وہ مجھ سے زیادہ صادق ہے کیونکہ میں نے اُسے اپنے بیٹے سیلہ سے نہیں بیاہا۔" (26 آیت) اُس نے پھر اُسے کوئی سزا نہ دی۔

تمر کے ہاں جڑواں بچے پیدا ہوئے۔ جب وہ بچوں کو جنم دے رہی تھی تو ایک بچے نے اپنا ہاتھ باہر نکال لیا۔ دایہ نے اُس کی کلائی پر سرخ رنگ کی ایک ڈوری نشانی کے طور پر باندھ

دی کہ وہ پہلے پیدا ہوا۔ پھر اُس بچے نے اپنا ہاتھ اندر کھینچ لیا۔ اور پھر اُس کا بھائی پہلے باہر آگیا۔ جب دایہ نے یہ دیکھا تو کہا۔ " کہ تو کیسے زبردستی نکل پڑا۔ " (29 آیت) یہی وجہ ہے کہ اُس کا نام فارص رکھا گیا جس کا معنی ہے۔ "رکاوٹ توڑ کر نکل جانا۔ "اُس کے بھائی کا نام زارح رکھا گیا جس کا معنی ہے۔ "سُرخ" کیونکہ اُس کی کلائی پر وہ سرخ ڈوری باندھی گئی تھی۔ یاد رہے کہ متی رسول خداوند یسوع مسیح کے نسب نامہ میں فارص کا ذکر کرتا ہے۔

یہاں پر یہ بات قابلِ غور اور حیران کُن بھی ہے کہ کس طرح خدا کے لوگ اُس کی شریعت کو نظر انداز کر رہے تھے۔ یہوداہ کے دونوں بیٹے خدا کے حضور مُجرم تھے۔ یہوداہ نے از خود بھی تمر کے معاملہ میں خدا کی شریعت کو مدِ نظر نہ رکھا۔ پھر یہوداہ کا تمر کو کسبی سمجھتے ہوئے اُس کے ساتھ ہم بستر ہونا، چھپی چھپی۔ خدا کے کسی برگزیدہ سے اس طرح کے طرزِ عمل کی توقع نہیں کی جاسکتی۔ ایک بار پھر ہم دیکھتے ہیں کہ خدا کس طرح کے لوگوں کو استعمال کرتا رہا۔ وہ کامل نہیں تھے۔ لیکن خدا نے اُنہیں چن لیا تھا۔ یاد رہے کہ یہوداہ کے بیٹے خدا کے ہاتھوں اپنے گناہ کے سبب مارے گئے تھے۔ خدا نے اپنے فضل اور رحم سے یہوداہ پر ہاتھ نہ بڑھایا اگرچہ یہوداہ بھی اپنے بیٹوں کی طرح گناہ کا مُرتکب ہوا۔

چند غور طلب باتیں

☆۔ غور کریں، خدا نے عیر اور اونان کی عدالت کی ، لیکن یہوداہ اور تمر پر رحم کیا۔ بعضوں پر خدا کی رحمت اور بعضوں پر خدا کی عدالت، کیا یہ بے انصافی نہیں ہے ؟

☆۔ اس باب میں موجود لوگوں کی خود غرضی، دھوکہ اور بے راہ روی پر غور کریں۔ یہوداہ اور اُس کی بہو پر بھی غور کریں۔ تمر خداوند یسوع کے آباؤ اجداد میں سے ہوئی۔ اِس سے ہم خدا کے گنہگاروں کے ساتھ منسلک ہونے پر رضامند ہو جانے کے تعلق سے کیا سیکھتے ہیں؟

☆۔ جب یہوداہ کو علم ہو گیا کہ تمر حاملہ ہے تو اُس کا ردِ عمل یہی تھا کہ وہ اُسے جلا کر مار ڈالے، حالانکہ اُس کا جُرم اُس سے بھی زیادہ گھنونہ تھا۔ یہ کس قدر آسان ہوتا ہے کہ ہم دوسروں کے گناہوں پر اُنگلی اُٹھاتے ہیں اور اپنے کالے کرتوتوں کو دیکھنے سے قاصر رہتے ہیں؟

چند اہم دُعائیہ نکات

☆۔خداوند کی شکر گزاری کریں کہ وہ نالائق لوگوں پر بھی اپنا رحم وترس ظاہر کرتا ہے۔ اپنی زندگی پر اُس کے رحم وترس کے لئے اُس کی شکر گزاری کریں۔

☆۔کیا آپ کی زندگی میں کوئی پوشیدہ گناہ ہے؟ اپنے اُن پوشیدہ گناہوں کا خدا کے حضور اقرار کر کے اُنہیں ترک کریں اور خداوند سے فضل مانگیں تاکہ آپ اُن پر غالب زندگی بسر کر سکیں۔

☆۔خداوند سے دوسروں کی عدالت نہ کرنے کی توفیق مانگیں۔

☆۔خداوند کی شکر گزاری کریں کہ وہ ہم گنہگاروں کو معاف کرنے کے لئے تیار رہتا ہے۔ خداوند کی شکر گزاری کریں کہ وہ ہماری خامیوں کے باوجود ہمیں استعمال کرتا ہے۔

باب 37

یُوسف پر جُھوٹا الزام

پیدائش 39:1-23 کا مطالعہ کریں

اکثر و بیشتر خدا کی راہیں ہماری راہوں سے مختلف ہوتی ہیں۔ بعض اوقات جس بات کو ہم انتہائی بے انصافی یا اَلمیہ سمجھ رہے ہوتے ہیں، اُسی کو خدا ہماری بھلائی کے لئے استعمال کرتا ہے۔ خدا ضرورت کے وقت ہم سے دستبردار نہیں ہوتا۔ حتیٰ کہ جب سب کچھ خراب ہوتا ہوا نظر آئے، خدا اُس وقت بھی راہنمائی کرنے اور برکت کے لئے آ موجود ہوتا ہے۔ ہم پیدائش 39 باب میں یُوسف کی کہانی میں اس بات کو واضح طور پر دیکھ سکتے ہیں۔

یوسف کو اُس کے حاسد بھائیوں نے غلام کے طور پر فروخت کر دیا تھا۔ اُسے اسماعیلی تاجر ملکِ مصر لے گئے تھے، جہاں پر اُنہوں نے اُسے فوطیفار کے ہاں بیچ ڈالا جو کہ فرعون کا ایک حاکم اور جلوداروں کا سردار تھا۔ (1 آیت)

غور کریں، ان دنوں یوسف کے دل کی کیفیت اور اُس کے دل اور ذہن میں کیسی سوچیں اور خیالات گردش کر رہے ہوں گے۔ یقیناً اُس کے ذہن میں کئی ایک سوالات ہوں گے۔ کیوں خدا نے اُس کے بھائیوں کو اجازت دی کہ وہ اُسے غلامی کے جوئے کے نیچے دھکیل دیں؟

کیوں وہ اپنے ملک سے یہاں پر پہنچا دیا گیا؟ اس دیارِ غیر میں اُس کا مستقبل کیسا ہو گا؟ کیا وہ دوبارہ کبھی اپنے گھرانے کو مل سکے گا؟ 2 آیت اس بات کو واضح کرتی ہے کہ خدا یوسف کے ساتھ تھا۔ یہ بہت اہم ہے۔

2 آیت پر غور کریں کہ نہ صرف خدا یوسف کے ساتھ تھا بلکہ یوسف نے جو کچھ بھی کیا، اس میں خوشحالی اور برکت آئی۔ مصیبت کی اس گھڑی میں، یوسف خدا کے فضل اور اُس کی برکت کا زبردست گواہ بن گیا۔ جب یوسف فوطیفار کے گھرانے میں بطور غلام خدمات سر انجام دے رہا تھا، اُس کی زندگی میں خدا کی حضوری نمایاں طور پر دیکھی جا سکتی ہے۔ اُس کے مالک نے یہ سب کچھ دیکھا، فوطیفار کو یوسف پر بڑا اعتماد ہو گیا۔ اُس نے اپنا سب کچھ یوسف کے ہاتھوں میں سونپ دیا۔ اُسے علم تھا کہ وہ قابلِ اعتماد شخص ہے۔ اُسے معلوم تھا کہ یوسف کے ہاتھوں میں ہر چیز محفوظ رہے گی۔

جب آپ کسی بُری صورتحال میں پھنس جاتے ہیں تو آپ کی گواہی کیسی ہوتی ہے؟ جب آپ کی زندگی میں حالات و واقعات اُلٹ پلٹ ہونا شروع ہو جاتے ہیں تو کیا آپ کے اِرد گرد لوگ آپ کی زندگی میں وہ سب کچھ دیکھتے ہیں جو اُنہیں یوسف کی زندگی میں نظر آیا؟ کیا اُنہیں آپ کی زندگی میں خدا کی حضوری دکھائی دیتی ہے؟

کیا وہ آپ کو ایک ایسے شخص کے طور پر دیکھتے ہیں جو اپنے حالات و واقعات میں خدا پر توکل اور بھروسہ کرتا ہو؟

کیا لوگ آپ کو ایک ایسے شخص کے طور پر دیکھتے ہیں جو اپنی مصیبتوں اور آزمائشوں کے باوجود اپنے خدا سے وفادار رہتا ہے؟

5 آیت بیان کرتی ہے کہ جب سے فوطیفار نے یوسف کو اپنے گھرانے کا انچارج بنایا، خدا نے اُسے برکت دی۔ ہمیں یہ تو معلوم نہیں کہ کس طرح خدا کی برکت فوطیفار کے گھرانے پر آئی، لیکن ایک بات واضح ہے کہ یوسف وفاداری اور دیانتداری سے اپنے مالک کی خدمت کرتا رہا اور خداوند خدا نے اُس کی کاوشوں اور کام کاج کو برکت دی۔

یوسف فوطیفار کے گھرانے میں ایک غلام تھا۔ اُس کے بھائیوں نے حسد میں آکر اُسے غلام کے طور پر بیچ دیا تھا۔ اُس نے از خود فوطیفار کے ہاں کام کرنے کا چناؤ نہیں کیا تھا۔ فوطیفار تو اُسے خرید کر اپنے گھر لایا تھا۔ اب وہ فوطیفار کی ملکیت تھا۔ ہم دیکھتے ہیں کہ خواہ کیسی بھی صورتحال تھی، یوسف کے روّیہ میں کوئی تبدیلی پیدا نہ ہوئی۔ اگرچہ یوسف کے حالات و واقعات نہایت ہی ناخوشگوار اور صورتحال بُری تھی، یوسف نے اِس صورتحال میں بھی بہترین کارکردگی دکھانے کی بھرپور کوشش کی۔ وہ بدل و جان اپنے مالک کی خدمت کرتا رہا، وہ اپنے مالک کی خوشحالی اور برکت کے لئے جو کچھ بھی کر سکتا تھا، اُس نے کیا۔ وہ اُس کے گھرانے کے لئے باعثِ برکت ہوا۔ آپ اپنے کام کاج کی جگہ پر کیسی مثال اور دوسروں کے لئے کیسا نمونہ ہیں؟ ہو سکتا ہے کہ آپ کا مالک آپ کے لئے اچھا روّیہ نہ رکھتا ہو۔ ہو سکتا ہے کہ آپ کے کام کاج کی جگہ پر حالات اور صورتحال بھی اچھی نہ ہو۔ ہمارے لئے یوسف ایک اچھی مثال اور نمونہ ہے کہ ہم نے نامساعد حالات اور ناخوشگوار صورتحال میں کیسا روّیہ اپنانا اور کس طرح سے کام کرنا ہے۔ یوسف نے پورے دل سے کام کیا۔ اُس نے اپنی صورتحال میں خدا پر توکل کیا اور اس بات کا طالب ہوا کہ فوطیفر کے لئے کام کرتے ہوئے وہ خدا کو عزت اور جلال دے گا۔

غور کریں کہ کس طرح فوطیفار یوسف پر اعتماد اور بھروسہ کرتا تھا۔ 6 آیت میں ہم پڑھتے ہیں کہ اُسے کسی چیز کی فکر نہ تھی، ماسوائے اُس کھانے کے جو وہ کھالیتا تھا۔ یوسف کو اُس کے گھرانے کا مکمل اختیار دے دیا گیا۔ فوطیفار نے یوسف کو مکمل طور پر ایک کامل اعتماد شخص کے طور پر دیکھا۔ ایک بار پھر ہم دیکھتے ہیں کہ یوسف کس طرح خداوند اپنے خدا کے لئے ایک زبردست گواہ تھا

6،7 آیت میں، یوسف کا کردار آزمایا جاتا ہے، یوسف خوبصورت اور اُس کا ڈیل ڈول بھی پُرکشش تھا۔ یہ سب کچھ دیکھتے ہوئے فوطیفار کی اہلیہ کی نظر یوسف پر لگ گئی۔ وقت گزرنے کے ساتھ اُس کے دل میں یوسف کے ساتھ وقت گزارنے کی خواہش پیدا ہونے لگی۔ ایک موقع پر، اُس نے اُسے اپنے ساتھ ہم بستر ہونے کی دعوت دے دی۔ (7 آیت) یوسف نے ایسا کرنے سے انکار کیا۔ (8 آیت)

9 آیت پر غور کریں کہ یوسف نے اپنے مالک کی اہلیہ محترمہ کے ساتھ سونے سے انکار کر دیا۔ اِس کے پیچھے دو وجوہات تھیں۔ اوّل۔ اُس نے اپنے مالک کی عزت کو پیشِ نظر رکھتے ہوئے ایسا کیا۔ اُس نے فوطیفار کی بیوی سے کہا۔ " اور اُس (فوطیفار، مالک) نے تیرے سوا کوئی چیز مجھ سے باز نہیں رکھی کیونکہ تو اس کی بیوی ہے۔ "

یوسف نے یہ کہتے اور گناہ سے انکار کرتے ہوئے اپنے مالک کی تعظیم کی۔ دوئم۔ یوسف نے خداوند اپنے خدا کی عزت اور تعظیم کو مدِ نظر رکھتے ہوئے اُس عورت کے ساتھ ہم بستر ہونے سے انکار کیا۔ اُس نے اُسے کہا۔ "سو بھلا میں کیوں ایسی بڑی بدی کروں اور خدا کا گنہگار بنوں۔ "

یوسف کو علم تھا کہ وہ نہ صرف زمینی مالک کی نظروں سے گر جائے گا بلکہ خداوند خدا کے خلاف گناہ کا مرتکب ہو گا۔

فوطیفار کی بیوی روز بروز اُس کے سر ہوتی رہی لیکن یوسف مسلسل اِس آزمائش کے خلاف مزاحم ہوتا رہا۔ اس سے ہمیں یوسف کے کردار کے بارے میں بھی نظر آتا ہے کہ وہ کس قدر باکردار شخص تھا۔ کئی لوگ گناہ میں گر گئے لیکن یوسف خداوند اپنے خدا کا وفادار رہا، اُس نے اپنے زمینی مالک کے اعتماد کو بھی ٹھیس نہ پہنچایا۔

ایک دن یوسف گھر میں اپنا کام کاج کر رہا تھا۔ 11 آیت ہمیں بتاتی ہے کہ کوئی اور خادم اُس وقت گھر میں موجود نہ تھا۔ ہمیں یہ تو نہیں بتایا گیا کہ اُس وقت گھر میں دوسرے ملازم یا غلام کہاں پر گئے ہوئے تھے۔ شاید یہ سوچ سمجھے منصوبے کے تحت ہو۔ فوطیفر کی بیوی اُس کے پاس آئی اور اُس کا دامن پکڑ کر اُس سے ہم بستر ہونے کے لئے اصرار کرنے لگی۔ یوسف نے اپنا کپڑا وہیں اُس کے ہاتھ میں چھوڑا اور وہاں سے بھاگ گیا۔ وہ اُس گھر سے ہی باہر نکل گیا۔ (12 آیت)

غور کریں کہ یوسف وہاں پر اُسے نصیحت اور تعلیم دینے کے لئے نہ رُکا کہ یہ اچھی بات نہیں ہے۔ یہ خدا کے خلاف ہے، وغیرہ وغیرہ۔ 12 آیت ہمیں بتاتی ہے کہ وہ اُس گھر سے باہر چلا گیا بلکہ بھاگ کر چلا باہر نکلا۔ بطور مرد اُسے اپنی کمزوری کا علم تھا۔ اُسے علم تھا کہ وہ آزمائش میں گر سکتا ہے۔

اُس نے فیصلہ کیا کہ یہی بہتر ہے کہ اس صورتحال سے جس قدر جلد ممکن ہو باہر نکلا جائے۔ اگر وہ زیادہ دیر وہاں پر رُکا رہتا تو اُس کے آزمائش میں گرنے کے امکانات بڑھ سکتے

تھے۔ اُس نے اپنا کام کاج اور کوٹ وہی چھوڑا اور وہاں سے بھاگ نکلا۔

جب فوطیفار کی بیوی نے یہ دیکھا کہ وہ اُسے جیت نہ سکی تو اُس کا غصہ بھڑکا۔ اُس نے اپنے گھر میں ملازموں کو بلایا۔ اور اُنہیں کہا کہ یوسف نے اُس کے ساتھ زیادتی کرنے کی کوشش کی۔ (14 آیت) اُس نے اپنے شوہر کے آنے تک یوسف کے کوٹ کو ایک طرف اپنے پاس ہی رکھا۔ (16 آیت) جب اُس کا شوہر گھر آیا تو اُس نے اُسے بھی یہ من گھڑت کہانی سنادی۔ (17-18 آیت)

فوطیفار کو اپنی بیوی کی باتیں سُن کر بہت غصہ آیا۔ (19 آیت) اُس نے قہر و غضب میں آکر یوسف کو قید خانہ میں ڈال دیا۔ غور کریں کہ جہاں یوسف کو قید کیا گیا، وہاں پر بادشاہ کے دو اور قیدی بھی سلاخوں کے پیچھے پہلے سے موجود تھے۔ (20 آیت) یہ قیدی سخت ترین جرائم کے مرتکب ہوئے تھے۔ ہو سکتا ہے کہ اُس قید خانہ کے اردگرد انتہائی سخت سکیورٹی انتظامات ہوں۔

یوسف قید میں بھی تھا تو خدا کی حضوری اُس کی زندگی پر موجود رہی۔ خدا نے اُس پر مہربانی کرتے ہوئے قید خانہ کے دراوغہ کی نظر میں اُسے عزت بخشی۔ پھر اُس دروغہ نے یوسف کو اِس قید خانہ کا انچارج بنا دیا۔ یعنی جو اُس قید خانہ میں پڑے ہوئے تھے یوسف اُن سب پر صاحبِ اختیار تھا۔ جو کچھ بھی اُس قید خانہ میں ہوتا تھا، یوسف کو اُس پر مکمل اختیار تھا۔ (22 آیت) دروغہ کو یوسف پر مکمل اعتماد اور بھروسہ تھا۔ فوطیفار کی طرح اُسے بھی کسی چیز کی فکر نہ تھی۔ جو کچھ بھی وہ یوسف کو کرنے کے لئے کہتا، یوسف اچھے طریقہ سے وہ کام سرانجام دیتا تھا۔

غور کریں، تمام حالات، و واقعات یوسف کے لئے تکلیف دہ، ناخوشگوار اور نامساعد تھے، لیکن اُس نے خداوند پر توکل اور بھروسہ کرنا جاری رکھا۔ اُس نے اپنی بُری صورتحال میں بھی بہتر کارکردگی، دیانتداری، وفاداری اور مثالی طرزِ عمل اختیار کیا۔ اُس نے کسی قسم کی کڑواہٹ اور تلخی کو اپنی زندگی میں پیدا نہ ہونے دیا۔ وہ جہاں بھی گیا، دوسروں کے لئے باعثِ برکت ہوا۔ خدا نے اُس کے کام کاج کو برکت دی اور جو کچھ وہ کرتا تھا اُس پر خدا کی برکت آ ٹھہرتی تھی۔

چند غور طلب باتیں

☆۔ کیا آپ کے ساتھ کبھی کوئی ظلم و زیادتی ہوئی ہے؟ آپ کا ردِ عمل کیسا تھا؟ آپ یوسف کی زندگی، اُس کے طرزِ عمل اور روّیے سے کیا سیکھتے ہیں؟

☆۔ اپنے موجودہ کام کاج کی جگہ پر آپ دوسروں کے لئے کیسی مثال اور نمونہ ہیں؟

☆۔ جب آپ مشکل حالات و واقعات میں سے گزرتے ہیں تو لوگ آپ کی زندگی میں کیا کچھ دیکھتے ہیں؟ یوسف کو ایک ایسے جُرم کی پاداش میں سلاخوں کے پیچھے دھکیل دیا گیا جو اُس نے کیا بھی نہیں تھا۔ اُس کے بھائیوں نے حسد میں آ کر اُسے غلام کے طور پر بیچ دیا۔ اُس کا روّیہ اِن حالات و واقعات میں کیسا رہا؟ کیا مشکل صورتحال اور ناخوشگوار حالات میں آپ کا روّیہ بھی اسی طرح کا ہوتا ہے؟

☆۔ کیا آپ خدا کی طرف سے سونپے گئے کام کو بہ دل و جان سرانجام دے رہے ہیں؟ کیا کچھ ایسے روّیے ہیں جنہیں آپ کی زندگی میں تبدیل ہونے کی ضرورت ہے؟

☆۔اس حوالہ میں ہم یوسف کے آزمائش پر غالب آنے سے کیا سیکھتے ہیں؟

چند اہم دُعائیہ نکات

☆۔خداوند سے ایسے وقتوں کے لئے معافی مانگیں جب آپ کسی بھی اس صورتحال کو قبول کرنے میں ناکام رہے جو خدا نے آپ کی زندگی میں آنے دی تھی۔خداوند سے توفیق چاہیں تاکہ آپ خداوند کی طرف سے آنے والی ہر ایک ناخوشگوار صورتحال میں درست روّیہ،اپناتے ہوئے خداوند کو جلال دے سکیں۔

☆۔خداوند سے دُعا کریں کہ وہ آپ کو زندگی کی مشکل صورتحال میں مسیح جیسا روّیہ اپنانے کی توفیق عطا کرے۔

☆۔آزمائشوں پر غالب آنے کے لئے یوسف جیسی شکتی اور توفیق مانگیں۔

☆۔خداوند سے التماس کریں اور توفیق چاہیں کہ آپ اپنی زندگی میں آنے والی آزمائشوں میں اُس کی حضوری اور برکت کو دیکھ سکیں۔

خداوند کی شکرگزاری کریں کہ وہ کبھی بھی ہم سے دستبردار نہیں ہوتا۔

باب 38

یُوسف۔۔ خوابوں کی تعبیر کرنے والا

پیدائش 40:1-41:57 کا مطالعہ کریں

یوسف کو ایک ایسے جُرم کی پاداش میں قید خانہ میں ڈال دیا گیا تھا جو اُس نے کیا بھی نہیں تھا۔ تاہم قید خانہ میں یوسف کو ایک اعلیٰ مقام اور بڑی ذمہ داری دی گئی اور یوسف کے ہر کام کو خدا نے برکت دی۔ اگرچہ اُس کے حالات و واقعات ناخوشگوار اور نامساعد تھے تو بھی یوسف نے بہترین منتظم کی ذمہ داریاں نبھائیں۔ فوطیفار کے گھر میں بطور ایک غلام اُس نے کام کرنا شروع کیا تھا لیکن اب قید خانہ میں وہ بطور ایک منتظم اپنی خدمت سرانجام دے رہا تھا۔ یہاں پر قابلِ غور بات یہ ہے کہ یوسف جہاں بھی گیا، اُس نے وہ صلاحیتیں اور لیاقتیں استعمال کیں جو خدا نے اُسے عطا کی تھیں۔ ناخوشگوار حالات و واقعات میں بھی اُس نے خداداد صلاحیتوں اور نعمتوں کو خدا کے جلال کے لئے استعمال کیا۔ یوسف کو علم نہیں تھا تو بھی خدا اُسے ایک بڑی ذمہ داری اور بڑے بڑے کاموں کے لئے تیار کر رہا تھا۔

متی 25 باب میں خداوند یسوع نے ایک شخص کے تعلق سے تمثیل بیان کی جو اپنے نوکروں کے ہاتھوں میں اپنا مال و متاع چھوڑ کر سفر پر روانہ ہو گیا۔ جب وہ واپس لوٹا تو اُس نے ایک نوکر سے کہا۔

" اَے اچھے اور دیانتدار نوکر شاباش! تو تھوڑے میں دیانتدار رہا۔ میں تجھے بہت سی

چیزوں کا مختار بناؤں گا۔ اپنے مالک کی خوشی میں شریک ہو۔"

یوسف کی زندگی میں بھی ایسا ہی تھا۔ اگرچہ فوطیفار کی بیوی نے اُسے آزمائش میں گرانے کی بھرپور کوشش کی تو بھی وہ اپنے مالک کی نظر میں بے داغ اور وفادار رہا۔ قید خانہ میں بھی اُس نے خود کو وفادار اور دیانت دار ثابت کیا۔ اگرچہ اُس پر بے جا الزام لگایا گیا تھا۔ اب وقت آگیا تھا کہ خدا اُس کی وفاداری، دیانتداری اور صداقت کے عوض بڑی ذمہ داری عطا کرے۔

40باب کے آغاز میں ہم دیکھتے ہیں کہ بادشاہ کے ساقی اور نانبائی اُس کے قصوروار ہوئے ہیں۔ (1 آیت) ہمیں یہ تو نہیں بتایا گیا کہ اُن کا جُرم کیا تھا۔ لیکن ہم اندازہ لگا سکتے ہیں کہ جُرم کوئی بڑا ہی تھا، اسی لئے تو فرعون نے غضبناک ہو کر اُنہیں قید خانہ میں ڈال دیا تھا۔ (2-3آیت)

جیل کے داروغہ نے اُن دو قیدیوں کو بھی یوسف کے حوالہ کر دیا۔ (4آیت) یہ بات دلچسپی کی حامل ہے۔ پیدائش 36:37 کے مطابق فوطیفار جلوداروں کا سردار تھا۔ کیا ممکن ہے کہ فوطیفار اب بھی یوسف کی صلاحیتوں کا اقرار اور اُن پر اعتماد کرتا تھا؟

وقت گزرتا گیا، ایک دن ایسا ہوا کہ یوسف کے سُپرد کیئے گئے اُن سرکاری مجرموں نے ایک ایک خواب دیکھا۔ (5:40) جب اگلے روز یوسف اُنہیں ملنے کے لئے آیا، اُس نے دیکھا کہ وہ پریشان دکھائی دے رہے ہیں۔ (6:40) جب یوسف نے پوچھا کہ کیا پریشانی ہے تو اُنہوں نے اُسے بتایا کہ اُنہوں نے ایک ایک خواب دیکھا ہے۔ اُن کا یہ ایمان تھا کہ یہ خواب اُن کے لئے کوئی پیغام لے کر آئے ہیں۔ اسی لئے تو وہ اُس کی تعبیر اور مطلب

جاننے کے لئے پریشان اور فکر مند تھے۔ لیکن کوئی ایسا شخص کہاں جو اُن کے خوابوں کی تعبیر کر سکے۔ یوسف نے اُنہیں کہا کہ خوابوں کی تعبیر کی قدرت خدا کو حاصل ہے۔ اُس نے اُنہیں کہا کہ وہ اپنا اپنا خواب بیان کریں۔ (9:40)

سب سے پہلے ساقی نے اپنا خواب بیان کیا۔ اُس نے خواب میں انگوروں کی ایک بیل دیکھی۔ اُس بیل میں تین شاخیں تھیں، اُس پر پھول لگے۔ اور پھر اُس نے اُن شاخوں پر انگوروں کا ایک پکا ہوا گچھا بھی دیکھا۔ ساقی نے خواب میں دیکھا کہ وہ بادشاہ کے ہاتھوں میں مے کا پیالہ دے رہا ہے۔ اُس نے بادشاہ کے پیالہ میں انگوروں کو نچوڑا اور اُسے بادشاہ کے ہاتھوں میں دے دیا۔

خدا نے اُس خواب کی تعبیر یوسف پر ظاہر کی، پیدائش 40:12-13 میں، اُس نے وضاحت کی کہ وہ تین شاخیں، تین دن ہیں۔ اُس نے ساقی کو بتایا کہ تین دن کے اندر اندر وہ اپنے عہدے پر بحال کر دیا جائے گا۔ وہ پھر سے بادشاہ کی خدمت میں مے پیش کرے گا۔

یوسف کو خواب کی تعبیر پر بہت یقین تھا، اِس لئے تو اُس نے کہا کہ جب وہ رہا ہو جائے تو فرعون سے اُس کے تعلق سے بات کرے۔ (14:40) اُس نے ساقی کو بتایا کہ اُس نے ایسا کچھ بھی نہیں کیا کہ اُس قید خانہ کی سزا بھگتے۔ اُسے اُس کے مُلک سے زبردستی لایا گیا ہے۔ اور یہاں ایک ایسے جُرم کی پاداش میں وہ قید خانہ کی ہوا کھا رہا ہے جو اُس نے کیا بھی نہیں۔ (15:40)

جب نانبائی نے سنا کہ خواب کی تعبیر جو یوسف نے کی ہے بہت اچھی ہے۔ تو اُس نے بھی اپنا

خواب یوسف کو بتایا۔ یوسف پر خدا نے اُس خواب کی تعبیر بھی ظاہر کی۔ یوسف نے نانبائی کو بتایا کہ تین ٹوکریاں تین دن ہیں۔ تین دن کے اندر اندر بادشاہ تیرا سر تیرے تن سے جدا کر دے گا اور اُسے ایک درخت پر ٹانگ دے گا جہاں پرندے اُس کا گوشت نوچ نوچ کر کھائیں گے۔

تین دن کے بعد فرعون کی سالگرہ ہوئی، فرعون نے اپنے ملازموں کے لئے بڑی ضیافت کا اہتمام کیا، اُس نے ساقی کو اُس کے عہدے پر بحال کر دیا اور جیسا یوسف نے کہہ دیا تھا نانبائی کو پھانسی دی۔ پیدائش 23:40 سے ہمیں علم ہوتا ہے کہ ساقی یوسف کو بھول گیا۔

دو برس گزر گئے، اب فرعون نے بھی ایک خواب دیکھا۔ خواب میں وہ دریائے نیل کے کنارے کھڑا ہے، اُس کے دیکھتے ہی دیکھتے سات موٹی تازی گائیں دریا سے نکلیں اور نیستان میں چرنے لگیں۔ اِس کے بعد سات اور گائیں دریا سے نکلیں، یہ گائیں نہایت دُبلی پتلی اور بد صورت تھیں۔ اُنہوں نیستان میں چرتی ہوئی گایوں کو نگل لیا۔ فرعون اپنی نیند سے بیدار ہو گیا۔

فرعون کو پھر نیند آگئی۔ اُس نے پھر ایک خواب دیکھا۔ اُس خواب میں فرعون نے اناج کی سات بالیں دیکھیں یہ بالیں بہت صحت مند اور اچھی تھیں۔ اناج کی سات اور بالیں زمین سے پُھوٹیں، لیکن یہ گرم ہوا کی ماری ہوئی اور کمزور سی تھیں۔ پھر اُن کمزور بالیوں نے صحت مند بالوں کو نگل لیا۔ ایک بار پھر فرعون نیند سے بیدار ہو گیا۔

یہ خواب فرعون کے لئے حیرت اور پریشانی کا باعث ہوئے، صبح ہوئی تو اُس نے جادوگروں اور دانشوروں کو اپنے حضور طلب کیا تاکہ اُس کے خوابوں کی تعبیر کریں۔ لیکن کوئی اُن

خوابوں کی تعبیر نہ کر سکا۔(8:41)

ساقی جو فرعون کے حضور جایا کرتا تھا، جب اُسے فرعون کے خوابوں کا علم ہوا اور پتہ چلا کہ کوئی اُس کے خوابوں کی تعبیر نہیں کر پایا تو اُسے یاد آیا کہ یوسف نے اُس کے خواب کی تعبیر بتائی تھی۔ اُس نے فرعون کو یوسف اور اُس کے خوابوں کی تعبیر کرنے کی صلاحیت کے بارے میں بتایا۔(13-9:41)

فرعون نے یوسف کو اپنے حضور طلب کرنے کا فیصلہ کیا۔ یوسف اپنی داڑھی بنوائی اور کپڑے تبدیل کروا کر اُسے فرعون کے حضور پیش کیا گیا۔

14:41)فرعون نے یوسف کو اپنے خواب بتائے، اور کہا کہ اُس نے سنا ہے کہ وہ خوابوں کی تعبیر کرتا ہے۔ یوسف نے فرعون کی اصلاح کرتے ہوئے بتایا کہ صرف خدا ہی ہے جو خوابوں کی تعبیر کر سکتا ہے۔ وہ از خود کسی خواب کی تعبیر بیان نہیں کر سکتا۔ یوسف نے فرعون کو یقین دہانی کرائی کہ جو خواب اُس نے دیکھے ہیں، خدا ان کی تعبیر فرعون پر ظاہر کرے گا۔(16:41)

ہمارے لئے یہ نکتہ بہت اہم ہے کہ یوسف کو اپنی زندگی میں خدا کی ضرورت کا واضح فہم و ادراک حاصل تھا۔ یہ کس قدر آسان ہوتا ہے کہ ہم خداداد صلاحیتوں کے لئے اپنے آپ کو جلال دینا شروع کر دیں۔ ہم یہ سمجھنا شروع کر دیتے ہیں کہ ہمیں نہیں بلکہ خدا کو ہماری ضرورت ہے۔ یوسف کسی بھی ایسے فریب میں مبتلا نہیں تھا۔ اُسے علم تھا کہ خدا ہی اُس کی حکمت اور دانائی کا منبع ہے، اس لئے اُس نے فرعون کے سامنے خدا کو جلال دیا۔

پیدائش 24-17:41 میں فرعون نے اپنے خواب فرعون کے سامنے بیان کئے، اُس نے

اُسے یہ بھی بتایا کہ اُس کا کوئی جادوگر اور دانشور اُن خواب کی تعبیر نہیں کر سکا۔ خدا نے فرعون کے خوابوں کی تعبیر اُسے بتائی۔ یوسف نے فرعون کو بتایا کہ دونوں خواب کی تعبیر اصل میں ایک ہی ہے۔ خدا فرعون کو بتا رہا ہے کہ وہ اس زمین پر کیا کرنے والا ہے۔ (25:41)

یوسف نے فرعون کو بتایا کہ سات گائیاں اور سات اچھی اچھی اناج کی بالیں سات اچھے سال ہیں۔ سات بد صورت اور دُبلی پتلی گائیاں اور سات اناج کی کمزور بالیں بھی سات سال ہیں لیکن قحط کے سال۔ (27-26:41) خدا فرعون کو بتا رہا ہے کہ ملک مصر میں سات برس بڑی خوشحالی اور کثرت کے ہوں گے اور اِس کے بعد سات سال سخت کال کے ہوں گے، ایسا کہ ملک تباہ حال ہو جائے گا۔ (30:41) ان سات سالوں میں قحط اِس قدر شدید ہو گا کہ خوشحالی کے پہلے سات سال کسی کو یاد بھی نہیں رہیں گے۔ یوسف نے فرعون کو بتایا کہ خدا نے فرعون کو یہ خواب دو مرتبہ اس لئے دکھایا ہے کیونکہ یہ سب کچھ خدا کی طرف سے طے ہو چکا ہے کہ ملکِ مصر میں ایسا ہو کر ہی رہے گا۔ (32:41)

33 آیت میں دیکھیں کہ یوسف فرعون کو تجویز پیش کر رہا ہے کہ اُسے اس صورتحال سے نپٹنے کے لئے کیا کرنا چاہئے۔ اُس نے اُسے تجویز پیش کی کہ وہ کوئی دانشور آدمی تلاش کرے اور اُسے ملکِ مصر پر مختار بنائے۔ وہ ناظر بھی مقرر کرے جو کثرت کے اِن سات سالوں میں ملکِ مصر کے اناج کا پانچواں حصہ لے کر اُسے قحط کے سات سالوں کے لئے محفوظ کرتے چلے جائیں۔ (36-33:41)

فرعون نے یوسف کی یہ تجویز سُنی اور اُسے بہت اچھی لگی۔ اُس نے فیصلہ کیا کہ وہ یوسف

کے ہاتھوں میں ہی یہ سارے معاملات دے دے گا۔ اُس نے خدا کے پاک روح کو اُس کی زندگی میں دیکھ لیا۔ (38:41) فرعون کو یوسف جیسا کوئی ایسا قابل شخص دکھائی نہ دیا جو پیدا ہونے والی صورتحال سے نبرد آزما ہو سکے۔ (39:41) اُس نے اُسے اپنے محل کا اختیار دے دیا اور اِس بات کا حکم جاری کر دیا کہ ہر کوئی اپنے آپ کو یوسف کے احکامات کے تابع کر دے۔ فرعون کو اختیار اور اقتدار میں فرعون سے دوسرے درجہ پر مامور کر دیا گیا۔ (41:40) پھر فرعون نے یوسف کو اپنی انگوٹھی دی۔ اُسے مہین کتانی لباس بھی زیب تن کروایا۔ اُس کے گلے میں سونے کا طوق بھی پہنایا گیا۔ (42:41) یوسف کو رتھ پر سوار کرا کے اس کے آگے آگے یہ منادی کروادی کہ گھٹنے ٹیکو اور اُس نے اُسے سارے مُلکِ مصر کا حاکم بنا دیا۔ فرعون نے یوسف کو بتایا کہ کوئی بھی اُس کے حکم کے بغیر کچھ نہ کر پائے گا۔ (44:41) یوسف نے اس دن یوسف کا نام، صفنات فعنیخ، رکھ دیا یوسف نے اسے کے ساتھ بیاہ دی۔

وقت آ گیا تھا کہ اب یوسف کی عزت افزائی کی جاتی۔ وہ دیکھتے ہی دیکھتے قید خانہ سے نکل کر بادشاہ کے محل میں پہنچا دیا گیا۔ وہ مشکل وقتوں میں خدا سے وفادار رہا۔ اب خدا نے اُس ملک میں اُسے واقعی ایک با اختیار مقام پر بٹھا دیا تھا۔ جب یوسف فرعون کے ہاں خدمت کے لئے گیا تو اس وقت اُس کی عمر تیس سال ہو چکی تھی۔ (46:41) بائبل مقدس بیان کرتی ہے کہ کثرت کے سالوں میں یوسف نے اناج جمع کر لیا۔ (41:47-48)

خدا نے کثرت کے سالوں میں، یوسف کو اُس کی بیوی آسناتھ سے دو بیٹے عطا کئے۔ یوسف نے پہلوٹھے کا نام منسی رکھا جس کا معنی ہے "بھول جانا" یہ عبرانی لفظ ہے۔ یوسف نے یہ

کہہ کر اپنے بیٹے کا نام منسی رکھا کہ خدا نے اُس کے سارے غم بھلا دئے۔ اِس سے ظاہر ہوتا ہے کہ اُن سالوں میں یوسف کے ذہن میں کیسی سوچیں گردش کر رہی تھیں۔ اس سے ظاہر ہوتا ہے کہ یوسف دُکھ درد کے برسوں کو کبھی بھی بھول نہ پایا تھا اور اُسے احساس ہوتا رہا کہ وہ ایک اجنبی ملک میں ہے۔ اگرچہ غلام ہوتے ہوئے بھی اُس نے خداوند خدا کی وفاداری سے خدمت کی۔ قید خانہ میں بھی وہ خداوند اپنے خدا سے لپٹا رہا۔ وہ اپنا ماضی کبھی بھول نہ پایا۔ اُسے وہ بے انصافی یاد آتی رہی جو اُس کے ساتھ فوطیفر کے گھر میں ہوئی اور اُسے بے جا الزام کے باعث قید خانہ میں ڈال دیا گیا تھا۔ تاہم اُس نے یہ ساری چیزیں رکاوٹ نہ بننے دیں اور خداوند سے لپٹا رہا اور اُس کی خدمت کرتا رہا۔ اگرچہ اُسے ساری صورتحال میں خدا کا مقصد سمجھ تو نہ آیا لیکن وہ پھر بھی خدا سے وفادار رہا۔ اُسے اپنے گھرانے اور اپنے وطن سے دُوری کا دُکھ محسوس ہوتا رہا۔ یوسف نے اپنے دوسرے بیٹے کا نام افرائیم رکھا جس کا معنی ہے۔ "دوگنا پھلدار" پیدائش 52:41

اُس نے اِس لئے اپنے بیٹے کا نام افرائیم رکھا کیونکہ خدا نے اُسے اُس کے دُکھ کے ایام اور ایک اجنبی ملک میں بار آور کیا۔ ایک مرتبہ پھر یہ ظاہر ہوتا ہے کہ ملکِ مصر کی ساری خوشحالی یوسف کے دُکھوں کو کم نہ کر سکی۔ مصر کو یوسف کے دُکھوں کی سرزمین کہا گیا ہے۔ اُس کا دل ملکِ کنعان میں اُس کے گھرانے میں تھا۔ اُس نے اپنے خاندان کو یاد کیا، وہ رویا بھی ہو گا۔ وہ اُن سے ملنے کے لئے تڑپ رہا تھا۔ لیکن اُس وقت خدا کا اُس کے لئے مقصد وطن واپسی نہیں تھا۔

ہمارے لئے اس بات کو یہاں پر سیکھنا اہم ہے کہ ہم وفادار ہوتے ہوئے بھی دُکھ اور دلی

صدمے سے دوچار ہوسکتے ہیں۔ یوسف کو اُس کا گھرانہ اور وطن یاد آتا تھا۔ لیکن یہ دُکھ بھی اُسے خدا سے دُور نہ لے جاسکا، اور وہ وفادار ہی رہا۔ وہ دیارِ غیر، دُکھ بھری زندگی اور وطن اور گھر سے دُور ہو کر ناخوشگوار صورتحال اور نامساعد حالات میں بھی خدا سے وفادار رہا۔ بعض اوقات بڑی قیمت ادا کر کے خدا سے وفادار رہا جاتا ہے۔ ہو سکتا ہے کہ ہمارے عزیز ہم سے بچھڑ جائیں۔ ہو سکتا ہے کہ ہمارے ذہن میں سوال پیدا ہو، کیوں خدا نے مجھے اس صورتحال میں رکھا ہے۔ یوسف کے ذہن میں سوال اور دل میں دُکھ درد بھرا تھا لیکن اِس کے باوجود وہ خدا سے وفادار رہا۔ خدا نے اُسے اُس کی وفاداری کا اَجر دیا۔

یوسف نے پیش گوئی کر کے بتایا تھا کہ ملکِ مصر میں سات سال قحط کا دِور ہو گا۔ (54-53:41) ملکِ مصر کے اِرد گرد قومیں دُکھ اور پریشانی سے گزر رہیں تھیں کیونکہ اُنہوں نے قحط کے لئے کچھ ذخیرہ نہ کیا تھا۔ لیکن ملکِ مصر میں اُس حکمت کے باعث خورش موجود تھی جو خدا نے یوسف کو عطا کی تھی۔

جب ملک میں قحط کا اَثر ہونے لگا، وہ فرعون کے پاس آکر اناج مانگنے لگے۔ فرعون نے اُنہیں کہا کہ یوسف سے بات کرو اور جو کچھ وہ تم سے کہے، وہی کرو۔ اُسے اس مشکل گھڑی میں یوسف کی ذہانت، قابلیت اور صلاحیت پر پورا اعتماد تھا۔ یوسف نے گودام کھول کر مصریوں کے ہاتھوں غلہ بیچنا شروع کر دیا۔ دوسرے ملکوں کے لوگ بھی غلہ خریدنے ملکِ مصر میں یوسف کے پاس آئے۔ وہ حکمت جو خدا نے یوسف کو دی، اُس نے نہ ملکِ مصر کو بچالیا بلکہ کئی دوسرے ملک بھی بھوک سے مرنے سے بچ گئے۔

چند غور طلب باتیں

☆۔یوسف کے ناخوشگوار حالات اور واقعات میں خدا سے وفادار رہنے سے ہمیں کیا سبق ملتا ہے ؟کیا آپ اُس جگہ وفادار رہے جہاں پر خدا نے آپ کو رکھا تھا؟

☆۔یاد کریں کہ خوابوں کی تعبیر کا سارا جلال یوسف نے خدا ہی کو دیا۔کیا آپ بھی اپنی ہر ایک نعمت اور لیاقت کے لئے خدا ہی کو سربلند کرتے ہیں؟

☆۔ساقی کے خواب کی تعبیر کے بعد بھی یوسف دو سال تک قید خانہ میں ہی رہا۔خدا کا وقت ہمارے وقت کے مطابق نہیں ہوتا۔یہاں پر ہمیں صبر اور بھروسہ کرنے کے تعلق سے کیا سیکھنے کو ملتا ہے؟کیا آپ مشکل وقت میں صبر سے کام لیتے ہیں؟کیا خدا پر بھروسہ اور انتظار کرتے ہوئے آپ بے اعتقادی کا شکار ہو جاتے ہیں؟

☆۔پیدائش 41:38- 39 کے مطابق یوسف کی حکمت اور طاقت کا منبع کیا تھا؟کیا آپ بھی یہ سب کچھ لوگوں کو آپ کی زندگی میں دیکھنے کو ملتا ہے؟

☆۔اگرچہ یوسف قید اور غلامی کی حالت میں بھی خدا سے وفادار رہا۔اُسے اپنا گھر بار یاد آتا رہا۔کیا خدا سے وفاداری کا مطلب ہے کہ ہم اپنی زندگی کی ہر ایک صورتحال میں خوشحال اور شادمان رہیں گے؟

چند اہم دُعائیہ نکات

☆۔خدا سے ہر ایک صورتحال میں یوسف کی طرح وفادار رہنے کے لئے دُعا کریں۔ خداوند سے دُعا کریں کہ وہ آپ کی موجودہ حالت میں آپ کو سرفرازی اور عزت بخشے۔

☆۔خداوند سے ایسے وقتوں کے لئے معافی مانگیں جب آپ اپنی زندگی اور خدمت میں اُسے جلال دینے میں ناکام رہے۔

☆۔خداوند سے ایسے وقتوں کے لئے معافی مانگیں جب آپ خداداد نعمتوں اور لیاقتوں کے لئے اپنے آپ کو جلال دیتے رہے۔

☆۔اپنی زندگی میں خدا کے وقت کا انتظار کرنے کے لئے اُس سے صبر اور توفیق چاہیں۔

☆۔خداوند سے دُعا کریں کہ آپ کو ہمیشہ یاد رہے کہ آپ کی حکمت، طاقت اور ہر طرح کی لیاقت کا منبع خداوند خدا ہی ہے۔اور آپ محض مٹی کے برتن ہیں۔خداوند کے وقت کا انتظار کرنے کے لئے صابر رہنے کی توفیق مانگ لیں۔خداوند سے دُعا کریں کہ آپ نامساعد حالات میں بھی، صابر، وفادار اور اُس پر بھروسہ کرنے والے ہوں۔

☆۔خداوند کی شکرگزاری کریں کہ خواہ حالات و واقعات سازگار نہ بھی ہوں، اُس نے ہمیشہ ہمارے ساتھ رہنے کا وعدہ کیا ہے۔

باب 39

یُوسف اپنے بھائیوں سے ملتا ہے

پیدائش 42:1-38 کا مطالعہ کریں

یوسف کے دَور میں مُلکِ مصر میں آنے والے قحط نے اِردگرد کی قوموں کو بھی متاثر کیا۔ جب اردگرد کی قوموں کو علم ہوا کہ مُلکِ مصر میں اناج ہے تو وہ یوسف کے پاس اناج خریدنے کے لئے آنے لگیں۔ مُلکِ کنعان میں، یوسف کا گھرانہ بھی قحط سالی سے متاثر ہوا۔ جب یوسف کے باپ یعقوب نے سُنا کہ مُلکِ مصر میں اناج ہے تو اُس نے اپنے بیٹوں کو وہاں سے اناج خرید کر لانے کو کہا۔ (1-2 آیات) تاہم یعقوب نے اپنے بیٹے بنیمین کو اُن کے ہاں نہ بھیجا۔ کیونکہ اُسے ڈر تھا کہ کہیں اُس کے ساتھ کوئی حادثہ پیش نہ آجائے۔
(4 آیت)

جب یوسف کے بھائی مُلک مصر پہنچے، اُنہوں نے یوسف کے سامنے سر جھکائے کیونکہ وہ اُس وقت ملک کا گورنر تھا۔ اُنہوں نے اُسے نہ پہچانا، کیونکہ وہ توقع بھی نہیں کرسکتے تھے کہ وہ ایسے بڑے عہدے پر فائز ہو سکتا ہے۔ یاد رہے کہ اُس کے بھائیوں کا اُس کے سامنے سر جھکانا اُس خواب کی تعبیر تھی جو یوسف نے پیدائش 7:37 میں دیکھا تھا۔

اگرچہ یوسف کے بھائیوں نے اُسے نہ پہچانا۔ یوسف نے اُنہیں پہچان لیا۔ 7 آیت ہمیں بتاتی ہے کہ یوسف نے خود کو اجنبی ظاہر کرتے ہوئے، اُن کے ساتھ سختی سے بات چیت

کی۔

یوسف کے روّیہ اور طرزِ عمل کو دیکھ کر حیرت ہوتی ہے۔ اُس نے کیوں فی الفور اپنے بھائیوں کو نہ بتایا کہ وہ یوسف ہے۔؟اُس نے کیوں اُن سے سختی سے بات چیت کی؟ ہمیں بائبل مقدس میں اِن سوالات کے جوابات نہیں ملتے۔

اس سٹڈی کے دوران، ہمیں یوسف ایک باکردار شخص دکھائی دیتا ہے، جس نے ہر مشکل گھڑی، نامساعد حالات اور واقعات میں بھی بہترین کارکردگی دکھائی۔ جب اُسے غلام کے طور پر بیچا گیا، اُس نے پورے دل اور دیانتداری سے فوطیفر کے گھرانے میں اپنی خدمات پیش کیں۔ جب اُس پر جھوٹا الزام لگایا گیا، اُس نے قید خانہ میں بھی خدمت کی اور اچھے طریقہ سے دی گئی ذمہ داریوں کو نبھایا۔ وہ سرکاری افسران کے ہاں مقبولِ نظر ہوا۔ کہیں نظر نہیں آتا کہ یوسف کے دل میں کسی کے لئے کوئی کینہ، عداوت یا انتقام تھا۔ ہر طرح کی صورتحال میں وہ خدا سے وفادار رہا۔ یوسف کے تعلق سے یہ جانتے ہوئے، ہم یہ سمجھ سکتے ہیں کہ یوسف کسی غصے اور خفگی کے باعث اپنے بھائیوں سے سخت کلامی نہیں کر رہا تھا۔ اُس نے تو ملکِ مصر میں خدا کے ہاتھ کو اپنی زندگی پر دیکھ لیا تھا۔ اُسے وہ خواب یاد آیا ہو گا جو خدا نے اُسے دکھایا تھا کہ ایک دن اُس کے بھائی اُس کے سامنے سرنگوں ہوں گے۔ یوسف کو علم تھا کہ وہ خدا کی مرضی اور اُس کے ہاتھوں میں ہے۔ اپنے بھائیوں سے سخت کلامی کسی اور وجہ سے ہو سکتی ہے۔

یوسف اپنے بھائیوں کو خود پر ظاہر کرنے کے لئے تیار نہیں تھا۔ ہو سکتا ہے کہ اُس کے ذہن میں کئی ایک سوالات ہوں جن کے جوابات اُسے نہ ملے، کیوں اُس کے بھائیوں نے

اُسے غلام کے طور پر بیچ ڈالا۔ اُس کے ساتھ یہ سب کچھ کیوں کیا گیا؟ اُسے علم نہیں تھا کہ اُس وقت اُس کے بھائی اس کے تعلق سے کیسے جذبات رکھتے تھے؟ کیا ابھی تک اُن کے دلوں میں اُس کے لئے نفرت تھی؟ کیا اُنہیں اپنے کئے پر پچھتاوہ تھا؟ کیا اُن کی سوچ پہلے جیسی نہیں رہی تھی؟ یقیناً اس طرح کے سوالات تو اُس کے ذہن میں آئے ہوں گے۔ ہو سکتا ہے کہ اگر یوسف فوری طور پر اپنے بھائیوں کو اپنے بارے میں بتا دیتا تو اُسے اِن سوالات کے جوابات کبھی نہ مل پاتے۔

9 آیت پر غور کریں کہ یوسف نے اپنے بھائیوں پر الزام لگایا کہ وہ جاسوس ہیں۔ یوسف کے اس طرح الزام لگانے سے ایک راہ پیدا ہو گئی کہ وہ اُن سے اُن کے گھرانے کے بارے پوچھ سکے اور یوں اُنہیں اُن کے دلی محرکات معلوم ہو جائیں۔ جب اُن پر جاسوس ہونے کا الزام لگایا گیا، تو اُنہوں نے فوراً کہا کہ وہ ایماندار لوگ ہیں۔ اور ملکِ مصر میں اناج خریدنے کے لئے آئے ہیں۔(10-11 آیات) جب یوسف نے اصرار کیا کہ وہ جاسوس ہیں، اُس کے بھائیوں نے اور بھی کھل کر اُسے بتایا کہ وہ بارہ بھائیوں کا ایک گھرانہ ہیں۔ اور اُن کا ایک ہی باپ ہے، اُنہوں نے اُسے بتایا کہ اُن کا سب سے چھوٹا بھائی ملکِ کنعان میں اپنے باپ کے پاس ہے۔ اُنہوں نے انہیں بتایا کہ اُن کا ایک اور بھائی بھی تھا جو اب اس دُنیا میں نہیں رہا۔(وہ یوسف کی بات کر رہے تھے)

اُن کی باتوں سے یوسف کو بہت زیادہ معلومات مل گئی۔ اُسے علم ہو گیا کہ اُس کا باپ ابھی تک زندہ اور اُس کا بھائی بنیمین بھی ٹھیک ہے۔ اُس کا خاندان ابھی تک ملکِ کنعان میں ہی بسیرا کئے ہوئے تھا۔

یوسف اِس بات پر اصرار کرتا رہا کہ اُس کے بھائی جاسوس ہیں، اُس نے اُنہیں کہا کہ اگر وہ اپنے چھوٹے بھائی بنیمین کو لے کر آئیں تو اُن کی تصدیق ہو جائے گی کہ وہ جاسوس نہیں ہیں۔ (15 آیت) وہ اُن میں سے ایک کو ملکِ کنعان واپس جا کر اپنے بھائی کو لانے کی اجازت دے گا۔ جب کہ باقی سب لوگ زیرِ حراست رہیں گے۔ (15-16 آیت) یوسف نے اپنے بھائیوں کو تین دن تک زیر حراست رکھا۔

یوسف کے بھائیوں نے اُسے غلام کے طور پر بیچ دیا تھا۔ زبردستی اُس کے ملک سے لے آئے تھے، اُس کے دل میں پریشانی، غم اور گہرا دُکھ تھا کہ اُس کے اِس طرح سے غائب ہو جانے پر اُس کا باپ کس حالت میں ہو گا۔ تین دن حراست میں رہتے ہوئے یوسف کے بھائی یہ سوچنے پر مجبور ہو گئے کہ آیا وہ کبھی اپنے ملک واپس لوٹ پائیں گے یا نہیں۔ شاید وہ اب کبھی اپنے بچوں، بیویوں اور باپ سے دوبارہ نہ مل پائیں گے۔ اُنہیں یہ سوچ بھی کھائے جا رہی تھی کہ اس طرح غائب ہو جانے پر اُن کے باپ پر کیا بیتے گی۔

بہت دفعہ ہم یہ سوچنے میں ناکام رہتے ہیں کہ ہمارا گناہ دوسروں پر کیا اثرات مرتب کرے گا۔ گاہے بگاہے، خدا ہماری آنکھیں کھولتا ہے تا کہ ہم اپنے اعمال و افعال کو دیکھ سکیں۔ یہی کچھ تو اِس حوالہ میں ہو رہا ہے۔ یوسف نے اپنے بھائیوں کو ایک ایسی صورتحال میں ڈال دیا جہاں پر وہ یہ سوچنے لگے کہ اُنہوں نے یوسف کے ساتھ اچھا نہیں کیا تھا۔

جب تین دن گزر گئے، یوسف اپنے بھائیوں کے پاس واپس آیا، اُس نے اُنہیں بتایا کہ سبھی کو قید میں رکھنے کی بجائے، وہ صرف ایک شخص کو ہی قید میں رکھے گا۔ باقی سب اناج لے کر اپنے گھرانے کے پاس لوٹ جائیں۔ (19 آیت) تاہم اُس نے اُنہیں بتا دیا کہ اگر وہ

اپنے چھوٹے بھائی کو نہ لائے تو مارے جائیں گے۔(20 آیت) ایسا کہنے سے، یوسف نے دو کام کئے، اوّل، اُس نے اُس قید میں رہنے والے بھائی کی زندگی اُن کے ہاتھوں میں دے دی۔ اُن بھائیوں نے یوسف کو غلام کے طور پر بیچ دیا تھا۔ کیا وہ قید کئے جانے والے بھائی کو بھی اپنے حال پر چھوڑ دیں گے یا پھر اپنے بھائی بنیمین کو لانے کی ہر ممکن کوشش کریں گے ؟ دوئم، یوسف نے ایک بھائی کو قید میں رکھنے سے اس بات کو یقینی بنالیا کہ وہ بہر صورت واپس لوٹ آئیں گے۔

جب اُنہوں نے یوسف کی یہ تجویز سنی، وہ آپس میں باتیں کرنے لگے، 21 آیت میں ان کی گفتگو سنیں۔" اور وہ آپس میں کہنے لگے کہ ہم در اصل اپنے بھائی کے سبب سے مجرم ٹھہرے ہیں۔" کیونکہ جب اُس نے ہم سے منت کی تو ہم نے یہ دیکھ کر بھی کہ اُس کی جان کیسی مصیبت میں ہے اُس کی نہ سُنی ؟"

یوسف کے بھائیوں نے اپنی موجودہ صورتحال کو اِس ناروا سلوک سے مُنسلک کیا جو اُنہوں نے یوسف کے ساتھ اختیار کیا تھا۔ یعنی جب اُنہوں نے بے رحمی سے اُسے تاجروں کے ہاتھ بطور غلام فروخت کر دیا تھا۔ اُن کا یہ ایمان تھا کہ اُن کی بُرائی پر خدا کی طرف سے اُن کی عدالت ہو رہی ہے۔ تین دن زیرِ حراست رہنے سے اُنہیں سوچ وبچار کرنے کا کافی وقت ملا اور خدا نے اُنہیں اُن کے گناہ پر قائل کر لیا تھا۔

22 آیت میں، رُوبن نے اُنہیں کہا تھا کہ وہ یہ گناہ نہ کریں لیکن اُنہوں نے اُس کی ایک نہ سُنی تھی۔ اُس نے اُنہیں کہا تھا کہ اُنہیں خدا کے سامنے اپنے کئے دھرے کے لئے جوابدہ ہونا پڑے گا۔ برسوں یہ گناہ پوشیدہ ہی رہا۔ اب یہ منظرِ عام پر آگیا، لازم تھا کہ اُس کا

اعتراف کیا جاتا۔ وہ اُس وقت تک اپنی صورتحال سے نکل نہیں سکتے تھے جب تک وہ اُس گناہ کا اقرار نہ کر لیتے۔

ہو سکتا ہے کہ آپ بھی ایسی ہی صورتحال کا شکار ہوں۔ ہو سکتا ہے کہ آپ کی زندگی میں بھی پوشیدہ گناہ موجود ہوں، وقت آئے گا جب خدا اُن گناہوں کی یاد آپ کے ذہن میں تازہ کرتے ہوئے ایسے حالات پیدا کر دے گا کہ آپ اُن گناہوں کی قائلیت محسوس کرنا شروع ہو جائیں۔ خدا یہ سب کچھ اس لئے کرتا ہے تاکہ آپ اپنے گناہوں پر فتح پا سکیں۔ اگرچہ یہ کہانی یوسف کے تعلق سے ہے، اگر ہم یہ دیکھنے سے قاصر رہ گئے کہ خدا یوسف کے بھائیوں کی زندگی میں کیا کام کر رہا تھا تو بہت سی باتیں سیکھے بغیر ہم آگے بڑھ جائیں گے۔

خدا پوری قوم کو اُن کی تاریخ میں اگلا قدم اٹھانے کے لئے تیار کر رہا ہے۔ اس سے پیشتر کہ وہ کوئی قدم اُٹھائیں، اُنہیں اپنی زندگیوں میں پوشیدہ گناہوں کا اقرار کر کے اُنہیں ترک کرنا ہو گا۔

یُوسف کا بھائی اس وقت موجود تھا جب اُس کے بھائی آپس میں باتیں کر رہے تھے۔ اب تک یُوسف نے اُن کے ساتھ اپنی زبان میں بات نہ کی تھی۔ اُس نے اُن کے ساتھ گفتگو کرتے ہوئے مترجم کو استعمال کیا تھا۔ اُنہیں یہ احساس ہی نہ ہوا کہ حاکم وقت اُن کی ساری باتیں سمجھ رہا ہے۔ (23 آیت)

جب یوسف نے اپنے بھائیوں کی باتیں سُنیں تو اُس کا دل بھر آیا، اُسے علم تھا کہ اَب وہ روئے بغیر نہ رہ سکے گا۔ اُس نے اپنی شناخت چھپانے کی غرض سے، وہاں سے چلا گیا اور

کسی تنہائی کی جگہ پر جا کر رونے لگا۔ اُسے اپنے بھائیوں کا دُکھ محسوس ہو رہا تھا۔ اُسے علم تھا کہ وہ کیسی کیفیت سے گزر رہے ہیں۔ جب یوسف واپس آیا، شمعون کو اُن کی آنکھوں کے سامنے باندھ دیا گیا۔ اس بھائی کو اُس وقت تک ملکِ مصر میں زیرِ حراست رہنا تھا جب تک اُس کا بھائی بنیمین ملکِ کنعان سے اُس کے پاس نہ آجاتا۔

25 آیت میں، یوسف نے اپنے نوکروں کو حکم دیا کہ وہ اُس کے بھائیوں کے بورے اناج سے بھر دیں۔ اُس نے اُنہیں یہ بھی کہا کہ ہر ایک کا روپیہ پیسہ بھی اُسی کے بورے میں ڈال دیں اور اُن کے سفر کے لئے رسد بھی مہیا کریں۔ ہمیں یہاں پر یہ نہیں دیکھنا چاہئے کہ یوسف اُنہیں کوئی دھوکہ دے رہا تھا۔ یوسف اُن سے روپیہ پیسہ لے کر اپنے گھرانے کی کفالت کرنے کا کوئی ارادہ نہ رکھتا تھا۔ اُن کے وطن واپس کے آرام وضروریات کے لئے جو کچھ بھی وہ کر سکتا تھا اُس نے کیا۔ اپنے بھائیوں کے لئے یہ اُس کی طرف سے ایک مہربانی کا طرزِ عمل تھا جنہوں نے اُسے غلام کے طور پر بیچ ڈالا تھا۔

واپسی سفر پر، یوسف کے بھائی کسی جگہ رات بھر کے لئے رُکے۔ اُن میں سے ایک نے اپنے گدھے کو چارہ ڈالنے کے لئے اپنا توڑا کھولا تو اُس نے دیکھا کہ اُس کے پیسے تو واپس کر دئے گئے ہیں۔ (27 آیت) پیسے واپس؟ یہ خبر اُس کے بھائیوں کے لئے پریشانی کا باعث ہوئی۔ اُنہوں نے کہا" خدا نے ہم سے یہ کیا کیا ہے؟" وہ یہ سمجھے کہ اگر یوسف کو علم ہو گیا کہ وہ اناج کے ساتھ ساتھ اُس کا دام بھی واپس لے گئے ہیں تو اُن کے بھائی شمعون کی زندگی خطرے میں پڑ جائے گی۔ اور پھر تو وہ پکے جاسوس ہی سمجھے جائیں گے۔

جب وہ گھر لوٹے، تو اُنہوں نے ساری روئے داد اپنے باپ کو کہہ سنائی۔ (29 آیت)

اُنہوں نے اُسے بتایا کہ کس طرح مصر کا حاکمِ وقت اُن کے ساتھ سختی سے پیش آیا اور سخت گفتگو کرتے ہوئے اُنہیں جاسوس قرار دیا۔(30 آیت) جب اُنہوں نے وضاحت کی کہ وہ بارہ بھائی ہیں ایک ہی گھر میں اپنے باپ کے ساتھ رہائش پذیر ہیں، تو اُس آدمی نے کیا کہ وہ اپنے جھوٹے بھائی کو لا کر اپنی باتوں کا ثبوت دیں۔اُس نے اِس بات کو یقینی بنانے کے لئے شمعون کو زیرِ حراست رکھ لیا ہے۔ جب تک وہ واپس لوٹ نہ جائیں ، شمعون زیرِ حراست رہے گا۔ جب وہ اپنی باتوں کو سچ ثابت کر دیں گے تو پھر ہی وہ اُس سے اناج خرید سکیں گے۔(34 آیت) اگرچہ خدا یوسف کے بھائیوں کو اُن کے گناہ پر قائل کر رہا تھا،، لیکن اُنہوں نے اپنے اِس گناہ کا اپنے باپ سے کوئی ذکر نہ کیا کہ اُنہوں نے یوسف کو غلام کے طور پر بیچ ڈالا تھا۔اُن کا گناہ ابھی تک پوشیدہ تھا۔

جب سبھی نے اپنے اپنے بورے اناج کے لئے کھولے تو ہر ایک کو اناج کے ساتھ دام بھی واپس ملا۔ جب اُنہوں نے یہ سب دیکھا تو ڈر گئے۔(35 آیت) یعقوب کا یہی کہنا تھا کہ وہ اب کبھی بھی اپنے بیٹے شمعون کو نہ دیکھ سکے گا۔اُس نے اپنے بیٹوں سے کہا کہ وہ اُسے اُس کے بچوں سے محروم کر رہے ہیں۔36 آیت میں اُس نے کہا، "تم نے مجھے بے اولاد کر دیا۔یوسف نہیں رہا اور شمعون بھی نہیں ہے۔اور اب بنیمین کو بھی لے جانا چاہتے ہو۔"
رُوبن نے بھانپ لیا کہ اَب اُن کا باپ بنیمین کو اُن کے ساتھ بھیجنے کے لئے راضی نہیں ہے۔ اُسے اِس بات کا بھی احساس تھا کہ اگر وہ مصر لوٹ کر اناج لے آئیں تو پھر وہ اپنے گھرانے کو زندہ رکھ سکیں گے۔اُس نے اپنے باپ سے کہا کہ وہ اُس کے دونوں بیٹوں کو قتل کر ڈالے اگر وہ اُس کے بیٹے بنیمین کو واپس نہ لے آئے۔(37 آیت) یعقوب کو

اس بات سے کیا تسلی ملنا تھی۔ وہ بنیمین کو کھونے کا غم برداشت نہیں کر سکتا تھا۔ اُسے تو اُس کے بغیر قبر میں ہی جانا تھا۔ (38 آیت) یعقوب یہ سمجھنے سے قاصر رہا کہ بنیمین دینے سے یوسف بھی اُسے مل جائے گا۔ اس باب کی سب سے اہم بات یوسف، اُس کے کاموں اور اُس کی صورتحال سے آگے یہ دیکھنا ہے کہ خدا یہاں پر کیا کر رہا ہے۔ خدا اپنے لوگوں کو کسی اچھے اور بہتر کام کے لئے تیار کر رہا تھا۔ وہ گناہ کے تعلق سے آگاہی اور شعور پیدا کرتے ہوئے اُنہیں گناہ پر قائل کر رہا تھا۔ تاکہ یعقوب اور اُس کے بیٹوں کو گناہ پر فتح مل سکے اور وہ خدا کی فراہم کر دینے والی قدرت کو جان سکیں اور وہ بطور قوم اگلے مرحلہ میں خدا کی برکت کو پا سکیں۔

چند غور طلب باتیں

☆۔ یہاں پر یوسف کا خواب کس طرح پورا ہوتا ہوا دکھائی دیتا ہے؟ اپنے بھائیوں کے لئے یوسف کے کی ہمدردی اور مہربانی کے کا کیا ثبوت دیکھنے کو ملتا ہے؟

☆۔ کس طرح یوسف کے طرزِ عمل کو خدا نے اُس کے بھائیوں کے دلوں کو مائل کرنے کے لئے استعمال کیا؟

☆۔ کیا خدا نے کبھی آپ کی آنکھیں کھولی ہیں تاکہ آپ اپنے گناہ کے اثرات کو دیکھ سکیں۔ وضاحت کریں۔

☆۔ کیا آپ کی زندگی میں ایسے گناہ ہیں جن کے تعلق سے خدا نے آپ سے کلام کیا ہے؟ وہ کون سے گناہ ہیں؟

☆۔ خدا نے یوسف کے بھائیوں سے اُن کے گناہ کے تعلق سے کلام کیا۔ جب تک وہ

یوسف کے خلاف کئے گناہ کو مان نہ لیتے اس وقت تک وہ آگے نہیں بڑھ سکتے تھے۔ کیا ہمارے گناہ ہماری روحانی زندگی میں ہمیں آگے بڑھنے سے روکتے ہیں۔؟

☆۔ غور کریں، کس طرح یعقوب نے بنیمین کو اُن کے ساتھ بھیجنے سے انکار کیا کیا آپ کی زندگی میں کچھ ایسی چیزیں ہیں جس کے تعلق سے آج آپ خدا پر بھروسہ اور اعتماد کرنے کے لئے تیار نہیں ہیں؟

چند اہم دُعائیہ نکات

☆۔ خداوند سے ایسے لوگوں کے لئے اپنے دل میں محبت مانگ لیں جو آپ کے ساتھ نارواں سلوک رکھتے ہیں۔

☆۔ خداوند کی شکر گزاری کریں کہ وہ ہمیں ہمارے گناہوں پر قائل کرتا ہے۔ خداوند سے ایسے گناہوں کے لئے معافی مانگیں جو خدا آپ کے ذہن میں لایا ہے۔

☆۔ خداوند سے کچھ دیر دُعا کریں کہ خدا اُن لوگوں کو شفا بخشے جو آپ کے گناہوں کے سبب سے دُکھی اور پریشان حال ہوئے ہیں۔

☆۔ خداوند سے دُعا کریں کہ وہ آپ کی زندگی میں کسی بھی ایسے گناہ کو منکشف کرے جو آپ کو اپنی زندگی کے لئے خدا کے مقصد میں آگے بڑھنے سے روکے ہوئے ہے۔

☆۔ ہر چیز اُس کے حضور تابع کر دینے کے لئے خدا سے فضل مانگیں، اپنی سب سے قیمتی چیزوں کو بھی اُس کے ہاتھوں میں دے دیں۔ خداوند کی شکر گزاری کریں کہ وہ ہماری سب چیزوں کی محافظت کرے گا۔

باب 40

یوسف کے خاندان کی مِصر واپسی

پیدائش 43:1-44:34 کا مطالعہ کریں

یوسف کا گھرانہ مُلکِ مصر سے اَناج لے کر واپس آچکا تھا۔ جب مُلک میں قحط بڑھتا اور تباہی مچاتا چلا گیا۔ ایک بار پھر اُن کا اَناج ختم ہو گیا۔

جب وہ سارا اناج کھا چکے ، یعقوب (اسرائیل) نے اپنے بیٹوں سے کہا کہ وہ اَناج لینے کے لئے دوبارہ مُلکِ مصر روانہ ہو۔ (2:439)

یہ بات دلچسپی کی حامل ہے کہ بھائی مُلکِ مصر کو فوری طور پر لوٹ کر نہ گئے تاکہ اپنے قیدی بھائی کو رہا کرواسکیں۔ جب تک اُن کا غلہ ختم نہ ہو گیا، وہ انتظار کرتے رہے۔ شائد اِس لئے بھی وہ جلدی واپس لوٹ نہ سکے، کیونکہ اُن کے باپ نے بنیمین کو اُن کے ساتھ بھیجنے سے انکار کر دیا تھا۔ شاید طویل سفر کے سبب سے وہ جلدی واپس لوٹ نہ سکے۔ خواہ کچھ بھی وجہ کیوں نہ ہو، شمعون اِس دوران زیرِ حراست قید خانہ میں ہی رہا۔ وہ اپنے بھائیوں کے لَوٹنے کا انتظار کرتا رہا۔ یہوداہ نے اپنے باپ کو یاد کرایا کہ یوسف نے اُنہیں کہا تھا کہ اگر وہ اپنے چھوٹے بھائی کو اُس کے پاس نہیں لے کر آئیں گے تو وہ جاسوس ہی سمجھے جائیں گے۔ یہوداہ نے کہا کہ وہ اسی صورت میں ملکِ مصر واپس جا سکتے ہیں اگر وہ بنیمین کو اُن کے ساتھ بھیج دے۔ اُنہیں علم تھا کہ اگر وہ اپنے چھوٹے بھائی کو لے کر نہ گئے تو ملکِ مصر میں

اُن کی جانوں کو خطرہ ہو گا۔

یہوداہ کی باتیں سن کر یعقوب کو بڑی پریشانی ہوئی۔ 6 آیت میں اُس نے اُن سے کہا "تم نے مجھ سے کیوں یہ بدسلوکی کہ اُس شخص کو بتادیا کہ ہمارا ایک بھائی اور بھی ہے"

اُنہوں نے اپنے باپ سے کہا کہ ملکِ مصر میں حاکمِ وقت نے بہت اصرار کر کے اُن کے گھرانے کے تعلق سے بڑی تفصیل سے پوچھا تھا۔ اس لئے اُنہوں نے صاف صاف اُس سے سب کچھ کہہ دیا۔(7:43)

یہوداہ نے کہا کہ اگر وہ بنیمین کو اُن کے ساتھ بھیج دے تو وہ شخصی طور پر اُس کا ضامن ہوتا ہے۔ اگر اُس کے ساتھ کوئی مسئلہ ہو گا تو وہ ساری زندگی اُس کا ذمہ دار ٹھہرے گا۔ (39 آیت) اُس نے اپنے باپ سے کہا کہ اگر وہ بنیمین کو جانے دیتا تو اب تک وہ دو مرتبہ ملکِ مصر سے غلہ لے کر واپس آجاتے۔ (10:43) یوں لگتا ہے کہ یہوداہ کو اِس معاملہ میں اپنے باپ سے کافی مایوسی ہوئی تھی۔

جب اسرائیل (یعقوب) نے محسوس کیا کہ اب اُس کے پاس کوئی اور چناؤ نہیں رہ گیا، تو اُس نے اُنہیں بنیمین کو لے جانے کی اجازت دے دی۔ اُس نے اپنے ملک کی کچھ بہترین سوغات بھی اُس شخص کے لئے بھیجیں جس نے یعقوب کے فرزندوں سے اُن کے گھرانے کے بارے پوچھا تھا۔ اُنہوں نے شہد، پستہ، اخروٹ اور بادام اور مصالحہ جات بطور تحفہ اُس شخص کے لئے ملکِ مصر کے سفر میں اپنے ساتھ رکھ لئے۔ اسرائیل نے اپنے بیٹوں سے کہا کہ وہ پہلے سے دوگنی رقم اپنے ساتھ لے کر جائیں کیونکہ پہلی دفعہ اُن کی رقم لوٹا دی گئی تھی۔ کیونکہ جو غلہ وہ پہلے لے کر آئے ہیں، اُنہیں اُن کی بھی ادائیگی کرنی چاہیۓ۔

(12:43 آیت) اُس نے اُنہیں نصیحت کی کہ وہ جلد از جلد واپس لوٹ جائیں۔ اُس کی یہی دُعا تھی کہ خدا اپنے

کہ خداوند خدا اُس شخص کو اُن پر مہربان کرے جس سے اُن کی ملاقات ہوئی ہے اور بنیمین کو اُن کے ساتھ واپس بھیج دے۔ یوسف کے بھائیوں نے اپنے باپ کے کہنے کے مطابق ہی کیا، وہ بلا تاخیر ملکِ مصر روانہ ہو گئے۔ (15:43)

جب یوسف نے بنیمین کو اُن کے ساتھ دیکھا تو اپنے نوکروں سے کہا کہ وہ دوپہر کا کھانا تیار کریں کیونکہ اُس کے بھائیوں نے اُن کے ساتھ دوپہر کا کھانا کھانا تھا۔ (16:43) پھر اُس کے بھائیوں کو یوسف کے گھر میں لے جایا گیا۔

جب اُنہیں یوسف کے گھر میں آنے کے لئے کہا گیا تو وہ خوفزدہ ہو گئے۔ وہ یہی سمجھے کہ وہ اُنہیں اپنے غلام بنانا چاہتا ہے کیونکہ وہ بغیر ادائیگی کے غلہ لے کر چلے گئے تھے۔ (18:43) جب وہ گھر میں گئے، تو اُس نے استقبالیہ خادم کو اپنے بوروں میں موجود ملنے والی اپنی اپنی رقم کے بارے میں بتایا۔ اُنہوں نے کہا کہ اب وہ اُس رقم کو واپس کرنے کے لئے آئے ہیں۔ (43:21-22) یوسف کے خادم نے یہ کہتے ہوئے اُنہیں تسلی دی کہ وہ اپنی اپنی رقم کے تعلق سے پریشان نہ ہوں۔ " تمہاری سلامتی ہو، مت ڈرو۔ مجھے تو تمہاری نقدی مل چکی "(23:43) ہم تصور کر سکتے ہیں کہ یوسف کے بھائی اُس وقت کیسی مشکل کیفیت اور ذہنی تذبذب سے گزر رہے تھے۔ جب وہ ابھی یہ خبر سن ہی رہے تھے کہ یوسف کو اُن کے غلہ کی رقم موصول ہو چکی ہے تو اُس وقت یوسف کا ایک خادم شمعون کو قید خانہ سے نکال کر لایا۔

یوسف کے خادم نے اُنہیں پاؤں دھونے کے لئے پانی اور اُن کے گدھوں کے لئے چارہ دیا۔(24:43)

اُس نے اُنہیں یہ بھی بتایا کہ وہ دوپہر کو یوسف کے ساتھ کھانا کھائیں گے۔ ایک مرتبہ پھر وہ بڑے ذہنی تذبذب کا شکار ہو گئے ہوں گے۔ جب وہ کھانا تیار کر رہے تھے تو یوسف کے بھائی اپنے ساتھ لائے تحائف پیش کرنے کی تیاری کرنے لگے۔(25:43) جب یوسف دوپہر کے کھانے کے لئے پہنچا، تو اُس کے بھائیوں نے اُس کے سامنے سر نگوں ہوتے ہوئے اپنے تحائف اُس کو پیش کئے۔ ایک مرتبہ پھر یوسف کے خواب کی تعبیر یہاں پر دیکھنے کو ملتی ہے۔

یوسف نے اپنے بھائیوں سے اُن کی خیر و عافیت پوچھی۔ اُس نے اُن سے اُن کے باپ کے بارے میں بھی دریافت کیا اور پوچھا کہ آیا ابھی تک وہ زندہ ہے۔(27:43) اُنہوں نے اُس کے سوالات کے جوابات دئے اور سر جھکائے۔ جو کچھ اُنہوں نے اپنے گھرانے کے تعلق سے یوسف کو بتایا ہوگا، اس سے یوسف کے دل میں اپنے خاندان کو دیکھنے کی حسرت اور گہرے جذبات اُمڈ آئے ہوں گے۔ یوسف نے اُنہیں اپنے گھر کھانے کی دعوت دی، یہ سب کچھ اُن کی سمجھ سے بالاتر اور اُن کے لئے پریشان کُن بھی تھا۔

جب یوسف نے بنیمین کو دیکھا تو پوچھا کہ یہ اُن کا چھوٹا بھائی ہے؟ جب اُنہوں نے اُسے بتایا کہ جی یہی ہمارا چھوٹا بھائی ہے۔ تو یوسف نے کہا۔ "اَے میرے بیٹے، خدا تجھ پر مہربان رہے۔" (29:43)اپنے بھائی کو دیکھ کر یوسف کا دل بھر آیا۔ قریب تھا کہ وہ رو پڑتا، تو بھی وہ اپنے بھائیوں کے سامنے ایسا کچھ نہیں کرنا چاہتا تھا، وہ جلدی سے باہر چلا گیا تا کہ الگ

سے تنہائی میں روئے۔(30:43)

جب یُوسف اپنا چہرہ دھو کر واپس آیا اور تو کہا کہ کھانا دستر خوان پر لگا دیا جائے۔ (32:43) یوسف نے الگ اور اُس کے بھائیوں نے الگ ایک دستر خوان پر کھانا کھایا۔ یہ اُس وقت کا رواج تھا کہ مصری لوگ عبرانیوں کے ساتھ کھانا نہیں کھاتے تھے۔ اور یوسف کے بھائی اس کے سامنے ترتیب وار اپنی عمر کی بڑائی اور چھوٹائی کے مطابق بیٹھے اور آپس میں حیران تھے۔

یُوسف کے بھائیوں کو یہ دیکھ کر بھی پریشانی ہوئی ہو گی کہ اُسے اُن کی عمروں کا کیسے علم ہے۔

جب کھانا تقسیم ہوا تو بنیمین کو اُس کے بھائیوں کی بہ نسبت پانچ گنا دیا گیا۔ تاہم سب نے خوب ضیافت اُڑائی۔(34:43) یہ بات غیر واضح ہے کہ یوسف نے بنیمین کو اپنے دیگر بھائیوں کی بہ نسبت پانچ گنا کھانا کیوں کر دیا۔ شاید وہ اُن کا ردِ عمل دیکھنا چاہتا تھا۔ اُنہوں نے اِس لئے اُس سے عداوت رکھی کیونکہ اُس کا باپ اُس کے ساتھ خاص لگاؤ رکھتا تھا۔ یوسف کو یہ بھی علم تھا کہ اُس کا باپ بنیمین کو بھی دل سے چاہتا ہے اور اُس کے ساتھ بھی اُس کا حسنِ سلوک دوسرے بیٹوں سے قطعی مختلف ہو گا۔

کیا وہ یہ دیکھنا چاہتا تھا کہ آیا اُس کے بھائی بنیمین سے خاص سلوک دیکھ کر منفی ردِ عمل ظاہر کرتے ہیں یا نہیں؟ یاد رہے کہ یوسف ایک مترجم کے ذریعہ اُن سے بات چیت کر رہا تھا۔ اُنہیں علم نہیں تھا کہ یوسف اُن کی باتیں سمجھتا ہے۔ جب وہ دستر خوان پر بیٹھے آپس میں بات چیت کرتے تھے تو یوسف اُن کی سب باتیں سن بھی رہا تھا اور سمجھ بھی رہا تھا۔

ظاہری بات ہے کہ وہ بہت کُھل کھلا کر بات چیت کر رہے ہوں گے، کیونکہ اُن کے ذہنوں میں یہی تھا کہ وہ اُن کی زبان نہیں جانتا۔ اس طرح سے یوسف اس بات کو پرکھ رہا تھا کہ آیا اُن کے روّیوں میں کوئی تبدیلی آئی ہے یا پھر وہ ویسے کے ویسے ہی ہیں۔

جب وہ کھانا کھا چکے، یوسف نے حکم دیا کہ اُس کے بھائیوں کے بورے اناج سے بھر دیئے جائیں۔ اُن کے بوروں میں اس قدر اناج بھرا جائے جس قدر وہ لے جاسکتے ہیں۔(1:44) یُوسف نے یہ ہدایت بھی کی کہ ہر ایک کے بورے میں اناج کا دام بھی واپس کر دیا جائے۔ یُوسف نے اپنے خادم کو یہ ہدایت بھی دی کہ سب سے چھوٹے کے بورے میں چاندی کا وہ پیالہ ڈال دیا جو اُس کے شخصی استعمال میں ہے۔(2:44) خادموں نے یُوسف کے کہنے کے مطابق ہی کیا۔ صبح کے وقت وہ اپنے آبائی وطن کو روانہ ہو گئے۔

یوسف کے بھائی ابھی بہت زیادہ دُور نہیں گئے تھے کہ یُوسف نے اپنے خادم سے کہا کہ اُن کا پیچھا کرو۔ جب وہ اُنہیں جا پکڑے تو اُن سے کہنا کہ تم نے نیکی کا بدلہ اس طرح کیوں دیا۔ کہ یوسف کا وہ پیالہ چوری کر لائے جس سے وہ، فال بھی کھولتا ہے۔(5:44)

یاد رہے کہ یُوسف نے یہ پیالہ کبھی بھی علم غیب کے لئے استعمال نہیں کیا تھا۔ اُس نے جو کچھ بھی کیا اُس میں وہ خدا ہی سے راہنمائی لیا کرتا تھا۔ یُوسف نے اپنی اصل شناخت چھپانے کے لئے چاندی کے اس پیالے کو اس قدر اہمیت دی۔

یوسف نے کہنے کے مطابق اُس کے خادم نے اُنہیں جا پکڑا۔ بھائیوں کو وہم و گمان بھی نہ تھا کہ اُن پر ایسے جُرم کا الزام لگ سکتا ہے۔ اُنہوں نے اُس خادم کو یاد کرایا کہ دیکھیں وہ تو اناج کی رقم بھی واپس لے آئے تھے جو اُنہیں اُن کے بوروں میں ملی تھی۔ جب وہ پہلی بار

اناج خریدنے کے لئے ملکِ مصر میں واپس آئے تھے۔(8:44) اُنہوں نے تجویز پیش کی کہ اُن کے بوروں کی تلاشی لی جائے۔ اگر اُنہیں کسی بھی بورے میں وہ پیالہ مل جائے۔ تو پھر جس کے بورے میں وہ پیالہ ملے۔ وہ مارا جائے اور باقی یوسف کے غلام ہو جائیں گے۔ (9:44) یُوسف کا خادم اس تجویز پر متفق ہو گیا کہ باقی سب اپنے وطن واپس لوٹ جائیں، ماسوائے اُس شخص کے جس کے بورے میں وہ پیالہ ملے۔ صرف وہی شخص یوسف کا غلام بنے گا۔(10:44)

جب اُنہوں نے اپنے گدھوں سے بوروں کو نیچے اُتارا تو بڑے سے چھوٹے تک سب کے بوروں کی تلاشی لی گئی۔ یوسف کا پیالہ بنیمین کے بورے میں ملا۔ (12:44) جب بھائیوں نے یہ دیکھا تو اپنے کپڑے پھاڑے۔ اُنہوں نے اپنا سامان پھر سے بوروں پر لادا اور شہر کی طرف واپس مُڑے۔(13:44)

جب یوسف کے بھائی لوٹ کر آئے تو اُس وقت وہ ابھی گھر ہی میں تھا۔ اُنہوں نے اُس کے قریب آکر خود کو اُس کے قدموں میں گرا دیا۔(14:44) یوسف نے اُن سے پوچھا کہ اُنہوں نے یہ کیا کیا۔ اُس نے اُنہیں کہا" تم نے یہ کیسا کام کیا؟ کیا تُم کو معلوم نہیں کہ مجھ سا آدمی ٹھیک فال کھولتا ہے۔(15:44) اُنہوں نے اُسے کہا کہ وہ بے گناہ تو ہیں لیکن کسی طور پر بھی یہ ثابت نہیں کر سکتے کہ وہ بے گناہ ہیں۔ اُنہوں نے خود کو اُس کے رحم و کرم پر چھوڑ دیا۔(16:44)

یوسف نے کہا کہ وہ صرف اُسی کو اپنے پاس رکھے گا جس کے بورے میں سے اُس کا پیالہ بر آمد ہوا ہے۔ وہی اُس کا غلام بنے گا۔ باقی سب اپنے وطن کو لوٹ جائیں۔(17:44)

یوسف کے بھائیوں کے لئے بڑی فکر انگیز اور پریشان کن صورتحال پیدا ہو گئی۔ ایک بار پھر، اُنہیں اپنے باپ کا ایک چہیتا بیٹا غلام کے طور پر نظر آنے لگا۔ اس وقت وہ کیا کریں؟ کیا وہ بنیمین سے بھی ویسا ہی سلوک کریں جو اُنہوں نے یوسف کے ساتھ کیا تھا؟ کیا وہ اُسے اُس کے حال پر چھوڑ کر چلیں جائیں یا پھر اُسے یوسف جیسے انجام سے بچانے کی ہر ممکن کوشش کریں؟ یوسف بھی متجسس تھا کہ دیکھے اُن کا ردِ عمل کیسا ہو گا۔

پھر یہوداہ بول اُٹھا، اُس نے یوسف کو یاد کرایا کہ کس طرح اسرائیل یعنی اُن کے باپ کو بنیمین سے بڑی محبت ہے۔ (20:44) یہوداہ نے یوسف کو بتایا کہ اُس کے باپ کے لئے یہ آسان نہیں ہو گا کہ ہم بنیمین کو اِدھر ہی چھوڑ کر چلے جائیں۔ اگر یہ لڑکا ہمارے ساتھ نہ گیا تو اِس کا باپ مر جائے گا۔ (22:44) یہوداہ نے یوسف کو بتایا کہ اِس کے باپ نے بنیمین کو اِسی شرط پر اُن کے ساتھ بھیجا ہے کہ کیونکہ یوسف نے یہ شرط رکھی تھی کہ وہ اپنے بھائی کو لے کر آئیں گے تو اس کا چہرہ دیکھ سکیں گے۔ (26-23:44) یہوداہ نے یہ کہتے ہوئے سفارش کی کہ وہ بنیمین کو جانے دے کیونکہ وہ شخصی طور پر بنیمین کا ضامن ہوا ہے کہ اُسے واپس لائے گا۔ اُس نے تجویز پیش کی کہ اگر یوسف چاہے تو بنیمین کی جگہ پر اُسے اپنا غلام بنا لے۔ (33:44)

یوسف کے بھائیوں کو پرکھا جا رہا تھا۔ ہم یقینی طور پر کہہ سکتے ہیں کہ یوسف بڑے غور سے اُن کا ردِ عمل، احساسات اور جذبات دیکھ رہا تھا۔ بہت ضروری ہے کہ ہم اپنی توجہ بہت زیادہ یوسف پر مرکوز نہ کریں۔ یوسف تو خدا کے ہاتھوں میں محض ایک وسیلہ تھا۔ دیکھنا تو یہ ہے کہ خدا اُس کے بھائیوں کی زندگیوں میں کیا کام کر رہا تھا۔

خدا یوسف کے بھائیوں کو آزما رہا تھا۔ اپنے بھائی کو بطور غلام بیچنے کے گناہ پر خدا اُنہیں قائل کر رہا تھا۔ وہ اب ایسی صورتحال میں تھے کہ پھر سے وہی گناہ کر ڈالیں۔ وہ بنیمین کو غلام کی حیثیت سے چھوڑ کر اپنی جانیں بچا کر بھاگ سکتے تھے، یا پھر وہ درُست طرزِ عمل اختیار کر کے اُس کی جان بچا سکتے تھے۔ اُنہوں نے درُست روّیہ اور طرزِ عمل اختیار کرنے کا چناؤ کیا۔

چند غور طلب باتیں

☆۔ غور کریں کہ کس طرح اسرائیل نے بقیہ خاندان کو بچانے کے لئے بنیمین کو بھیجنے کا چناؤ کرنے میں مشکل اٹھائی کیا کچھ ایسی چیزیں ہیں جنہیں آپ اپنے ہاتھ سے جانے نہیں دینا چاہتے؟

☆۔ آپ کے خیال میں یوسف کی مہمان نوازی پر اُس کے بھائیوں کا ردِ عمل اور احساسات کیسے تھے؟

اگرچہ اُنہوں نے اُسے غلام بنا کر فروخت کر دیا تو بھی ان کے لئے اُس کی محبت، اچھا روّیہ اور مہمان نوازی ہمیں کیا سبق دیتی ہے۔

کیا آپ ان لوگوں سے مہربانی اور شفقت سے پیش آتے ہیں جو آپ کو دُکھ دیتے ہیں؟

☆۔ کیا آپ محسوس کرتے ہیں کہ یوسف کے بھائیوں نے اپنے حسد پر فتح پائی؟ کیا اس حوالہ میں کوئی ایسا ثبوت ملتا ہے کہ اُنہوں نے اپنا روّیہ تبدیل کر لیا؟

چند اہم دُعائیہ نکات

☆۔خداوند سے توفیق چاہیں کہ آپ کسی ایسی چیز کو ہاتھ سے جانے دیں جسے آپ نے بڑی طاقت سے تھام رکھا ہے۔

☆۔خداوند کی شکر گزاری کریں کہ وہ ہمیں اس وقت بھی برکت دیتا ہے جب ہم اُس کی برکات کے مستحق نہیں ہوتے۔

☆۔جو کچھ ہو رہا تھا، اِس پر یوسف کے بھائی پریشان اور ذہنی اُلجھاؤ کا شکار ہو گئے۔ لیکن خدا اپنے مقصد کی تکمیل کے لئے بڑے خاص طریقہ سے کام کر رہا تھا۔ خداوند کی شکر گزاری کریں کہ وہ ہر طرح کے حالات و واقعات پر اختیار اور قدرت رکھتا ہے۔ اُس کی شکر گزاری کریں کہ وہ سب چیزوں کو ہماری بھلائی اور اپنے جلال کے لئے استعمال کرے گا۔

☆۔کیا آپ اپنی زندگی میں کسی مشکل امتحان سے گزر رہے ہیں؟ خداوند سے درست فیصلے کی توفیق چاہیں تاکہ آپ اُس مشکل وقت سے گزر کر مضبوط ہو جائیں۔

باب 41

یُوسف اپنی شناخت ظاہر کرتا ہے

پیدائش 45:1-28 کا مطالعہ کریں

جب اُس کے بھائی مُلکِ کنعان سفر پر روانہ ہوئے۔ یُوسف نے اپنے خادم کو اُن کے پیچھے یہ دریافت کرنے کے لئے بھیجا کہ اُنہوں نے اُس کا چاندی کا خاص پیالہ کیوں چُرا لیا ہے۔ جب بوروں کی تلاشی لی گئی تو پیالہ بنیمین کے بورے سے نکلا۔ بھائی مُلکِ مصر واپس لوٹ آئے۔ وہ اس معاملہ پر بڑے پریشان تھے۔ خاص طور پر جب اُنہیں علم ہوا کہ اَب سزا کے طور پر بنیمین کو غلام کے طور پر یہیں رکھ لیا جائے گا۔ یہوداہ نے بنیمین کا دفاع کرتے ہوئے کہا کہ وہ اُس چھوٹے بھائی کی بجائے اُسے اپنا غلام بنا لے تاکہ اُس کا باپ غم کے ساتھ قبر میں نہ اُترے۔

یہ سب باتیں سُن کر یوسف کا دِل بھر آیا۔ 1 آیت ہمیں بتاتی ہے کہ یوسف اپنے جذبات پر قابو نہ رکھ سکا۔ 2 آیت بیان کرتی ہے کہ یوسف اِس قدر اُونچی آواز میں رونے لگا، یہاں تک کہ فرعون کے خاندان نے بھی سن لیا۔ یوسف نے اپنا آپ اپنے بھائیوں پر ظاہر کر دیا۔ 3 آیت میں اُس نے کہا "کیا میرا باپ اب تک جیتا ہے؟"

اگرچہ یوسف کو ملکِ مصر میں بہت سرفرازی ملی تھی تو بھی اُسے اپنے گھرانے سے جُدائی کا غم تھا۔ جب وہ اُس دن اپنے بھائیوں کے سامنے رو پڑا۔ تو برسوں کا غم اور دُکھ سامنے

آگیا۔ یہ خوشی کے آنسو بھی تھے۔ یُوسف دوبارہ اپنے بھائیوں سے مل چکا تھا۔ وہ جانتا تھا کہ خدا نے اُسے اسی لمحہ کے لئے تیار کیا تھا۔ وہ جانتا تھا کہ خدا کا ہاتھ اُن سارے واقعات میں اُس کے ساتھ رہا۔ وہ جانتا تھا کہ خدا نے اُسے اپنے مقصد کی تکمیل کے لئے استعمال کیا۔

یوسف کے بھائی اُس کے سامنے ساکت کھڑے تھے، وہ کچھ بول نہ پائے۔ جب یُوسف نے اپنی شناخت اُن پر ظاہر کی تو وہ خوف سے بھر گئے کہ اب اُن کا کیا انجام ہو گا۔ اُنہیں یاد تھا کہ کس طرح اُنہوں نے اُسے غلام کے طور پر بیچ دیا تھا۔ اُنہیں یہ بھی یاد تھا کہ جب وہ اُن کے ساتھ رہتا تھا وہ تو اُس کے ساتھ ٹھیک طرح سے بات بھی نہیں کرتے تھے۔ (پیدائش 37:4) اب اُنہیں یہ بھی پتہ چل گیا تھا کہ مُلکِ مصر میں یوسف کو کیسا اختیار حاصل ہے۔ اُس کے پاس اختیار تھا کہ اُن کے ساتھ سختی سے پیش آئے اور جو کچھ اُنہوں نے اُس کے ساتھ کیا تھا، اُس کا بدلہ لے لے۔ 3 آیت ہمیں بتاتی ہے کہ وہ اُس کے سامنے خوفزدہ کھڑے تھے۔

یوسف اُن کے خوف کو سمجھ گیا اور اُنہیں کہا کہ وہ اُس کے قریب آجائیں۔ (4 آیت) جب وہ اُس کے سامنے آئے تو اُس نے اُنہیں بتایا کہ اُسے یاد ہے کہ اُنہوں نے اُسے غلام کے طور پر بیچ ڈالا۔ یوسف نے اُنہیں بتایا کہ اُسے اِس بات کی کوئی پریشانی اور رنج نہیں کہ اُنہوں نے اُس کے ساتھ ایسا سلوک کیا۔ خدا نے یہ سب کچھ ہونے دیا تاکہ مجھے جانوں کے بچانے کے لئے مُلکِ مصر بھیجے۔

یوسف نے اُنہیں بتایا کہ یہ قحط مزید پانچ سال جاری رہے گا۔ (6 آیت) خدا نے اُنہیں اُن کے آگے بھیجا تاکہ وہ زندگیوں کو بچالے۔ (7 آیت) اُس نے واضح طور پر اپنے بھائیوں کو

بتایا کہ خدا ہی نے اُسے ملک مصر بھیجا۔ خدا نے اُسے برکت دے کر اُس مُلک میں یہ عزت اور اختیار کا مقام بخشا ہے۔ تاکہ وہ اپنی قوم کو ضرورت اور مشکل کی اِس گھڑی میں رہائی دے سکے۔(8 آیت)

ان آیات میں ہمیں کئی ایک چیزیں دیکھنے کو ملتی ہیں۔ غور کریں، یوسف کو اپنے بھائیوں کے خلاف نہ تو کوئی رنج اور نہ ہی اُس کے دل میں اُن کے لئے کوئی کڑواہٹ تھی۔ یہ تو سچ ہے کہ اُنہوں نے اُس کے خلاف جو بھی کیا وہ نہایت ہی بُرا کیا تھا۔ اُنہوں نے نفرت اور حسد کے سبب ہی اُس پر ظلم کیا تھا لیکن جب خدا نے نہایت خراب صورتحال کو اُس کی زندگی میں اِس قدر عظیم مقصد کی تکمیل کے لئے استعمال کیا تھا تو وہ کیسے اپنے اندر خفگی، ناراضگی اور کڑواہٹ کو جگہ دے سکتا تھا؟

شاید آپ دوسرے لوگوں کے ہاتھوں دُکھ اٹھا چکے ہیں۔ شاید اُن کے اعمال و افعال سے آپ کو بہت دُکھ ملا ہے۔ تاہم جو کچھ بھی ہو اخدا اُسے کسی بھلائی کے لئے استعمال کرنے کی قدرت رکھتا ہے۔ جب آپ کو اپنے حالات و واقعات کے سبب سے اپنے اندر تلخی محسوس ہونے لگے تو پھر خدا سے پوچھیں کہ اُس نے اُن ناسازگار حالات، ناخوشگوار واقعات سے اُس کی زندگی میں کون سا منصوبہ پورا کیا ہے۔ تلخ اور خفا ہونے کی بجائے، آپ کا دل اُن کاموں کے لئے جو خدا آپ کی زندگی میں اور آپ کی زندگی کے وسیلہ سے سرانجام دے رہا ہے شکر گزاری سے بھرا رہے۔

قابلِ غور بات یہ ہے کہ خدا یوسف سے پہلے ملکِ مصر گیا۔ اُس نے لوگوں کو تیار کیا کہ وہ یوسف سے ملیں اور اُسے یہ عزت اور اختیار کا مقام دیں۔ خدا نے یوسف کو وہ سب کچھ دیا

جو اُسے لوگوں کی جانوں کو بچانے اور اُنہیں رہائی دینے کے لئے درکار تھا۔ کیونکہ اُس نے اُسے مخلصی بخشنے والے کے طور پر ہی مُلکِ مصر بلایا تھا۔ جب خدا کسی کام کے لئے بلاتا ہے، تو تیار بھی کرتا ہے۔ بعض اوقات اُس کا طریقہ کار ہماری سمجھ سے بالاتر اور بڑا عجیب دکھائی دیتا ہے۔ لیکن اُسے معلوم ہوتا ہے کہ وہ کیا کر رہا ہے۔ جب ہم اُس کے کام کرنے کے طریقہ کار کے تابع ہو جاتے ہیں، تو پھر ہم اپنی زندگیوں میں اُس کے مقصد کو پورا ہوتا ہوا دیکھیں گے۔

9 آیت میں، یوسف نے اپنے بھائیوں سے کہا کہ وہ جلدی سے اُس کے باپ کو یہاں واپس لے آئیں اور اُسے بتائیں کہ یوسف زندہ ہے۔ اور خدا نے اُسے ملکِ مصر میں آقا کی حیثیت دی ہے۔ وہ اُسے ملکِ مصر آنے کی دعوت دیں۔ اُس نے اپنے بھائیوں سے کہا کہ وہ جشن کے علاقہ میں اپنے بال بچوں، مال مویشی اور بھیڑ بکریوں کے ساتھ رہائش پذیر ہو سکتے ہیں۔ اُس نے اُنہیں بتادیا کہ مزید پانچ سال قحط جاری رہے گا۔ اگر وہ ملکِ کنعان ہی میں ٹھہرے رہے تو تباہ حال، اور نہایت محتاجی اور کسمپرسی کی زندگی بسر کرتے رہیں گے۔ (11 آیت) یوسف نے اُنہیں جلدی کرنے کے لئے کہا۔ (13 آیت) جب یوسف اُن سے باتیں کر چکا تو بنیمین کو گلے لگا کر رونے لگا۔ (14 آیت) اُس نے اپنے تمام بھائیوں کا بوسہ لیا۔ (15 آیت) پھر وہ بڑی آزادی سے ایک دوسرے سے باتیں کرنے لگے۔

فرعون کو یوسف کے بھائیوں کے آنے کا علم ہوا۔ (16 آیت) تو اُس نے یوسف سے کہا کہ وہ اپنے جانوروں پر اناج لاد کر اُنہیں ملکِ کنعان بھیجے تاکہ وہ اُس کے باپ اور اپنے سارے کنبے کو ملکِ مصر لے کر آجائیں۔ اُس نے وعدہ کیا کہ وہ مُلکِ مصر کی اچھی سے اچھی

زمین اُنہیں آباد ہونے کے لئے دے گا۔ اِس سے ہمیں یہ بھی نظر آتا ہے کہ فرعون یوسف کی کتنی عزت اور قدر کرتا تھا۔ اگرچہ باقی دُنیا قحط کے سبب دُکھ میں مبتلا تھی، فرعون یوسف کے انتظام وانصرام کے سبب سے خوشحال اور آباد تھا۔

فرعون نے یوسف کے کُنبے کو ملکِ کنعان سے ملکِ مصر میں لانے کے لئے اپنی گاڑیاں بھی فراہم کیں تاکہ وہ ملکِ مصر کی اچھی اچھی چیزوں سے آسودہ ہو سکیں۔ (20 آیت) اس خبر پر یوسف کے بھائیوں کا ردِ عمل، اُن کے جذبات، اور اُن کی خوشی کا کوئی ٹھکانہ نہیں رہا ہو گا۔ وہ اپنے آپ کو کس قدر نالائق، اور خراب لوگ سمجھ رہے ہوں گے۔ اُنہوں نے یوسف کو غلام کے طور پر فروخت کر کے کس قدر گھنونا کام کیا تھا، اُنہوں نے یوسف کے تعلق سے اپنے باپ کو بھی دھوکہ دیا تھا۔ اب خدا اُنہیں مُلکِ مصر کی اچھی زمین بطور برکت دے رہا تھا۔ یہ ہے خدا کے فضل کی خوبصورت تصویر۔ خدا کو اُس وقت بھی ہمیں برکت دینا اچھا لگتا ہے جب ہم اُس کی برکت لینے کے مستحق نہیں ہوتے۔

یوسف نے اپنے بھائیوں کو فرعون کی کچھ گاڑیاں بھی دیں اور اُن کے سفر کے لئے زادِ راہ اور رسد بھی فراہم کی۔ (21 آیت) اُس نے اُن میں سے ہر ایک کو نئے کپڑے بھی دئے۔ بنیمین کو اُس نے چاندی کے سو سکے بھی دئے۔ (ساڑھے تین کلو گرام) اُس کے ساتھ اُس نے اُنہیں پانچ جوڑے کپڑوں کے بھی دئے۔ (22 آیت) 23 آیت کے مطابق یوسف نے دس گدھے مصر کی اچھی چیزوں سے لاد کر بھیجے۔ دس گدھیاں اناج اور اپنے باپ کے لئے خورش کا سامان بھیجا۔

24 آیت پر غور کریں کہ یوسف نے اپنے بھائیوں کو یہ کہہ کر سفر پر روانہ کیا کہ راستے میں

جھگڑا مت کرنا۔ اِس سے یہ ظاہر ہوتا ہے کہ جو کچھ اُس کے ساتھ ہوا تھا آج بھی اُس کی یاد یوسف کے ذہن میں تازہ تھی۔

کیونکہ ممکن تھا کہ وہ ایک دوسرے پر الزام لگانا شروع کر دیتے کہ یوسف کے ساتھ بدسلوکی اور نارواں کا سلوک وہ نہیں بلکہ دوسرا ذمہ دار ہے۔ یوسف کو علم تھا کہ یہ سب کچھ ہو گا۔ اُس نے اُنہیں تلقین کی کہ وہ ماضی کو بھلا کر آگے بڑھیں۔ جو کچھ ہو گیا تھا اُسے تو وہ بدل نہیں سکتے تھے۔ اگر وہ ماضی میں زندگی بسر کرتے رہے، ایک دوسرے پر الزام تراشی کرتے رہتے تو وہ کبھی بھی شفا نہیں پا سکتے تھے۔ آئیں میکاہ کی زبانی سُنیں کہ خدا ہمارے گناہوں اور خطاؤں کے تعلق سے کیسا روّیہ اختیار کرتا ہے۔

" وہ پھر ہم پر رحم فرمائے گا۔ وہی ہماری بدکرداری کو پائمال کرے گا اور اُن کے سب گناہ سُمندر کی تہہ میں ڈال دے گا۔" (میکاہ19:7)

جب آپ کوئی چیز سُمندر میں پھینک دیتے ہیں تو پھر آپ اُسے دوبارہ سے دیکھنے کی توقع نہیں کرتے۔ جی ہاں، یہی کچھ تو خدا ہمارے گناہوں کے ساتھ کرتا ہے۔ وہ اُنہیں دُور پھینک دیتا ہے اور کبھی دوبارہ اُنہیں یاد بھی نہیں کرتا۔ یرمیاہ یہ بیان کرتے ہوئے اُس کی تصدیق کرتا ہے۔

"اور وہ پھر اپنے اپنے پڑوسی اور اپنے اپنے بھائی کو یہ کہہ کر تعلیم نہیں دیں گے کہ خداوند کو پہچانو، کیونکہ چھوٹے سے بڑے تک وہ سب مجھے جانیں گے۔ خداوند فرماتا ہے۔ اِس لئے کہ میں اُن کی بدکرداری کو بخش دوں گا۔ اور اُن کے گناہ کو یاد نہ کروں گا۔"

(34:31)

اگر خدا ہمارا گناہ معاف کر دیتا ہے تو پھر ہمیں بھی دُوسروں کے قصور جو وہ ہمارے خلاف کرتے ہیں معاف کرنے کے لئے تیار رہنا چاہئے۔ جب خدا ہمارا گناہ ہمارے ذمہ نہیں لگاتا بلکہ بھول جاتا ہے تو ہمیں خود کو بھی معاف کرنا چاہئے اور ماضی میں زندگی بسر کرتے نہیں رہنا چاہئے۔ یُوسف نے تو اپنے بھائیوں کو معاف کر دیا تھا، اب ضرورت تھی کہ وہ ایک دوسرے کو معاف کرنے کے ساتھ خود کو بھی معاف کر دیتے۔ یُوسف کے بھائیوں کو اپنے گناہ کا سامنا کرنا پڑا۔ اگر اُنہیں ملکِ مصر میں یُوسف کے ساتھ ہم آہنگی میں زندگی بسر کرنا تھی تو پھر ضرور تھا کہ وہ اُن کا گناہ بے نقاب ہوتا، وہ اُس کا اقرار کرتے اور یوسف کے ساتھ اپنے تعلقات اور دل صاف کرتے۔ جب گناہ بے نقاب ہو گیا تو پھر ضرور تھا کہ وہ معافی کو بھی قبول کر لیتے۔ اگر وہ ایک دوسرے پر الزام لگاتے رہتے، ایک دوسرے کے خلاف اُس گناہ کو قائم رکھتے تو پھر وہ اُس معافی اور شفا کا تجربہ نہیں کر سکتے تھے جس کی اُنہیں ضرورت تھی۔ جب ہم گناہ کا اقرار کر کے اُسے ترک کر دیں، ضرور ہے کہ ہم اُس سے دُور چلے جائیں اور دوبارہ کسی بھی ایسی آزمائش کا مقابلہ کریں جو دوبارہ ہمیں اُس گناہ میں گرا سکتی ہے۔ اگر خدا ہمارے گناہ سمندر کی تہہ میں پھینک دیتا ہے تو ہم بھی اُنہیں وہیں رہنے دیں۔

یُوسف کے بھائیوں نے ملکِ کنعان آکر اپنے باپ کو بتایا کہ یُوسف ابھی زندہ ہے۔ اُنہوں نے اُسے یہ بھی بتایا کہ وہی ملکِ مصر کا ناظم ہے۔ یعقوب کو اُن کی باتوں کا یقین نہ آیا۔ (26 آیت) جب اُنہوں نے وہ سب باتیں اُسے بتائیں جو یُوسف نے اُن سے کی تھیں، اُس کی گاڑیاں اور تحائف جو اُس کے لئے بھیجے گئے تھے اُسے دکھائے تو پھر یعقوب کو تسلی

ہوئی۔(27آیت) اُسے یقین ہو گیا کہ یُوسف زندہ ہے اور پھر اُس نے فیصلہ کیا کہ وہ اپنے مرنے سے پہلے اپنے بیٹے کو ملنے ملکِ مصر ضرور جائے گا۔(28آیت)

چند غور طلب باتیں

☆۔جب یوسف کے بھائیوں کی ملاقات اُس شخص سے ہوئی جس کے وہ قصوروار تھے تو اُنہوں نے کیسا محسوس کیا؟ کیا اپنے قصورواروں کا سامنا کرنا آسان لگتا ہے؟

☆۔کیا آپ سمجھتے ہیں کہ یوسف نے پورے دل سے اپنے بھائیوں کا وہ قصور معاف کر دیا تھا جو اُنہوں نے اُس کے خلاف کیا تھا۔؟ کیا آپ کی زندگی میں کچھ ایسے لوگ پائے جاتے ہیں جنہیں آپ کو دل سے معاف کرنے کی ضرورت ہے؟

☆۔یوسف نے دیکھا کہ خدا نے کس طرح اُس کے بھائیوں کی طرف سے کی جانے والی بد سلوکی اور نارواں سلوک کو اپنے مقصد کی تکمیل کے لئے استعمال کیا۔کیا خدا نے آپ کی زندگی کے ناخوشگوار واقعات اور مسائل کو کس طرح آپ کی بہتری اور بھلائی کے لئے استعمال کیا ہے؟

☆۔جب یوسف کے بھائیوں نے دیکھا کہ یوسف نے اُنہیں سفر کے لئے زادِ راہ بکثرت فراہم کیا ہے تو اُنہوں نے کیسا محسوس کیا ہو گا۔ آپ اپنے قصورواروں کے ساتھ کیسا سلوک کرتے ہیں؟

☆۔کیا آپ پر کبھی اس طرح کی آزمائش آئی کہ آپ اپنے کسی بھائی یا بہن کے خلاف اُس کے ماضی کے گناہوں کو کریدنا شروع کر دیں؟

چند اہم دُعائیہ نکات

☆۔خداوند سے دُعا کریں اور توفیق چاہیں کہ آپ اُن لوگوں سے مل کر اپنے تعلقات دُرست کر سکیں جن کے آپ قصوروار ہوئے ہیں۔

☆۔اپنے قصورواروں کو معاف کرنے کے لئے خدا سے توفیق چاہیں۔ عہد کریں کہ آپ کبھی بھی اُن کے ماضی کے گناہوں کو نہیں کریدیں گے۔

☆۔خداوند کی شکرگزاری کریں کہ اگرچہ آپ اُس کی معافی کے مستحق نہیں ہوتے تو بھی وہ آپ کو اپنی برکات سے نوازتا رہتا ہے۔

باب 42

اسرائیل کی مِصر میں آباد کاری

پیدائش 46:1-34 کا مطالعہ کریں

یُوسف کے بھائی مُلکِ مِصر سے یوسف کی خَیر خبر لے کر مُلکِ کنعان پہنچے۔ جب یُوسف کے باپ کو علم ہوا کہ یُوسف ابھی تک زندہ ہے تو اُس نے اپنے مرنے سے قبل اپنے بیٹے کو ملنے کے لئے ملکِ مصر جانے کا فیصلہ کیا۔ اسرائیل نے اپنا سامان باندھ کر ملکِ مصر کی طرف سفر شروع کر دیا۔ بیر سبع میں اُس نے خداوند کے لئے قربانی گزرانی۔ یہ تو علم نہیں کہ اُس نے خداوند کی عبادت کے لئے اِس جگہ کا انتخاب کیوں کیا۔ ہمیں یہ بھی علم ہے کہ ابرہام نے بھی بیر سبع میں خداوند کے حضور قربانی گزرانی تھی۔ (پیدائش 21:33) اِس طرح یعقوب کے باپ اضحاق نے بھی ایسا ہی کیا تھا۔ (دیکھیں پیدائش 26:23-25) اگرچہ ہم یہ نہیں جانتے کہ اُس نے عبادت کے لئے بیر سبع کا چناؤ کیوں کیا، تاہم شُکر گزاری اور خداوند کی عبادت میں سر جھکانے کے لئے یعقوب کے پاس ایک ٹھوس وجہ موجود تھی۔ اُس کا بیٹا یوسف جس کے تعلق سے اُس نے برسوں پہلے یہ سمجھ لیا تھا کہ وہ مر چکا ہے، ابھی تک زندہ تھا۔

بیر سبع میں خدا نے یعقوب سے کلام کیا۔ 3 آیت میں خدا نے اُسے یاد کرایا کہ وہ اُس کے باپ اضحاق کا خدا ہے۔ اُس نے کا سرائیل سے کہا کہ وہ مُلکِ مصر جانے سے نہ ڈرے کیونکہ

وہ اُسے ایک بڑی قوم بنائے گا۔ خدا نے وعدہ کیا تھا کہ اُس کا اپنا بیٹا یوسف اُس کے مرتے وقت اُس کے قریب ہو گا۔ (4 آیت) یہاں پر ہمیں تین اہم تفصیلات سمجھنے کی ضرورت ہے۔

اوّل۔ خدا نے اسرائیل پر ظاہر نہ کیا کہ اُس کا بیٹا یوسف ابھی تک زندہ ہے۔ یہاں پر پہلی دفعہ خدا اسرائیل سے اُس کے بیٹے کے تعلق سے بات کرتا ہوا دکھائی دیتا ہے۔ اُس نے اُسے بتایا کہ جب وہ مرے گا تو اُس کا بیٹا اُس کے قریب ہو گا۔ خدا نے اِس سے پہلے یعقوب پر کیونکر آشکارہ نہ کیا کہ اُس کا بیٹا زندہ ہے؟ کیونکہ یعقوب نے اپنے بیٹے کے تعلق سے بہت غم کیا اور یہی سمجھا کہ وہ مر چکا ہے۔ بعض چیزیں خدا ہم پر منکشف نہیں کرتا۔ خدا نے اُسے دُکھ اور ماتم کے اُس دَور سے گزرنے دیا۔ صرف یوسف ہی کی آزمائش نہ ہوئی تھی۔ خدا اُس کے باپ اسرائیل کی زندگی میں بھی کام کر رہا تھا۔

کیا اسرائیل بخوشی و رضا اپنے بیٹے کو ملکِ مصر جانے دیتا؟ اسرائیل اُس کا چہیتا بیٹا تھا۔ وہ تو کبھی بھی یہ نہ چاہتا تھا کہ اُس کا بیٹا اُس سے جُدا ہو۔ خدا نے از خود اُس کے بیٹے کو ایک عظیم مقصد کی تکمیل کے لئے اُس سے لے لیا۔ اُس کا اسرائیل کو بہت دُکھ بھی ہوا۔ ایک قوم کو بچانے کی خاطر اسرائیل کے بیٹے یوسف کو قربانی دینا پڑی۔ اُس نے بخوشی و رضا ایسا نہ کیا۔ خدا نے اسرائیل کی اجازت کے بغیر اُس کے بیٹے کو لے لیا۔ بعض اوقات ہمیں بھی اسی طرح سے قربانیاں دینا پڑتی ہیں۔

دوسرا نکتہ یہاں پر یہ ہے کہ اسرائیل کا دل اُس سر زمین کے لئے بھی فکر مند تھا جسے وہ ملکِ مصر جاتے وقت چھوڑ رہا تھا۔ خداوند خدا نے اُس ملک کا وعدہ اُس کے باپ دادا سے کیا

تھا۔ اِس سے پہلے کہ اسرائیل وعدہ کی سرزمین کو حاصل کر پاتا، اُسے بخوشی ورضا اُس ملک کو چھوڑنا پڑا۔

اگر اُسے اس مُلک پر قابض ہونا تھا تو پھر اُسے اُس مُلک سے دستبردار ہونا تھا جس کا وعدہ خدا نے اُس کے باپ دادا سے کیا تھا۔ بعض اوقات لگتا ہے کہ ہم پیچھے کی طرف جارہے ہیں، اور اپنا سب کچھ کھو رہے ہیں لیکن خدا کی راہیں اور اُس کے طریقہ کار ہم سے مختلف ہوتے ہیں۔ اہم بات یہی ہے کہ ہم اُس پر بھروسہ کریں اور اُس کی تابعداری میں زندگی بسر کریں۔

آخری بات، غور کریں کہ خدا نے اسرائیل سے وعدہ کیا تھا کہ وہ اُس کے گھرانے کو ملکِ مصر میں ایک بڑی قوم بنا کر اُس ملک میں واپس پہنچائے گا جس کا وعدہ اُس نے اُس کے باپ دادا سے کیا تھا۔ ہمیں معلوم ہے کہ ملکِ مصر خدا کے لوگوں کے لئے پھولوں کی سیج نہیں تھا۔ تاہم اُس کٹھن دَور کے وسیلہ سے خدا نے ایک زبردست کام کیا۔ خدا نے اپنے لوگوں کی مشکلات کو اُنہیں مضبوط اور شمار میں زیادہ کرنے کے لئے استعمال کیا۔ جب اُنہوں نے ملکِ مصر چھوڑنا تھا تو پھر اُنہیں وہی قوم بن جانا تھا جس کی خدا اُن سے توقع کرتا تھا۔ ہم میں سے بہت سے لوگ توقع کرتے ہیں کہ خدا اُن کی تربیت کرے پر وہ کسی مشکل ،دُکھ اور آزمائش سے نہ گزریں۔ اِنہی آزمائشوں اور امتحانوں کے وسیلہ سے ہی تو خدا ہمیں اپنے عظیم مقاصد کے لئے تیار کرتا ہے۔ خدا نے وعدہ کیا کہ وہ مُلکِ مصر میں اسرائیل کے ساتھ ہوگا۔ اُس نے وعدہ کیا کہ وہ اسرائیل میں اُنہیں ایک عظیم قوم بنائے گا۔ ضرورت ہے کہ ہم اپنی مشکلات، کشمکش اور آزمائش کی گھڑی میں خدا پر بھروسہ کریں۔ کیونکہ خدا

اُنہیں ہماری بہتری، بھلائی اور اپنے جلال کے لئے استعمال کرے گا۔

جب اسرائیل کے کانوں میں خدا کے حوصلہ افزا وعدے اور باتیں گونج رہیں تھیں تو اُس نے اپنے گھرانے سمیت بیر سبع کو بائے بائے کیا۔ وہ اپنا سارا مال و متاع بھی اپنے ساتھ ہی لے گیا۔ اُس کے مال مویشی، بھیڑ بکریاں، اُونٹ، گدھے اور قیمتی سامان سبھی کچھ اپنے ساتھ لے کر گیا۔ (5-7 آیات)

8 تا 27 آیات میں اُن لوگوں کے نام درج ہیں جو اسرائیل کے ساتھ مُلکِ مصر کو گئے۔ اسرائیل کے ساتھ ملکِ مصر جانے والوں کے نام اُن کی ماؤں کی ترتیب کے ساتھ لکھے گئے ہیں۔ ان آیات میں، ستر لوگوں کا ذکر کیا گیا ہے۔ 66 کا عدد حاصل کرنے کے لئے ہمیں یہ جاننا ہو گا کہ ناموں کی فہرست جس کا یہاں پر بیان کیا گیا ہے اُس میں وہ دو بیٹے بھی شامل ہیں جو ملکِ کنعان میں وفات پا گئے تھے۔ (12 آیت) جبکہ یوسف کے دو بیٹے پہلے ہی ملکِ مصر میں تھے۔ (20 آیت)

جب وہ مُلکِ مصر کے قریب پہنچے تو اسرائیل نے اپنے آگے یہوداہ کو جشن کے علاقہ کے تعلق سے رہنمائی حاصل کرنے کے لئے بھیجا۔ یوسف نے اپنا رَتھ تیار کروایا اور اپنے باپ سے ملنے کے لئے گیا۔ (29 آیت) اسرائیل یوسف کے گلے لگ کر بہت دیر تک روتا رہا۔ یہ ملاقات بہت ہی جذباتی قسم کی تھی۔ 30 آیت میں، اسرائیل نے یوسف کو بتایا کہ اب وہ مرنے کے لئے تیار ہے کیونکہ اُس نے اب دیکھ لیا کہ اُس کا بیٹا جیتا ہے۔ یہاں سے یہ خیال ملتا ہے کہ اسرائیل نہایت دُکھ، کرب اور غم کی حالت میں زندگی بسر کر رہا تھا کیونکہ اُس کا بیٹا اُس سے ناگہانی طور پر بچھڑ گیا تھا۔ اب یوسف کو دیکھنے کے بعد اُسے سکون۔

اطمینان اور تسلی مل گئی اور اب وہ نہایت اطمینان سے مر سکتا تھا۔

یوسف نے اپنے بھائیوں سے کہا کہ وہ جا کر فرعون کو اُن کی آمد کے بارے میں بتائے گا۔ (31 آیت) اور یہ بھی کہ وہ اپنا مال مویشی اپنے ساتھ لے کر آئے ہیں۔ اُس نے اُنہیں بتایا جب وہ فرعون سے ملیں گے تو وہ اُن سے اُن کے پیشہ کے تعلق سے پوچھے گا۔ وہ اُسے بتائیں کہ وہ مال مویشی پالتے ہیں۔ پھر فرعون اُنہیں جشن کے علاقہ میں رہنے کی اجازت دے گا۔ یوسف اَب ملکِ مصر کی تہذیت و ثقافت سے اچھی طرح واقف ہو گیا تھا۔ اُسے معلوم تھا کہ چرواہے مصریوں کی نظر میں قابلِ نفرت اور غیر اہم لوگ ہوتے ہیں۔ یوسف کو علم تھا کہ جب فرعون کو علم ہو گا کہ وہ چرواہے ہیں تو پھر وہ اُنہیں جشن کے دیہاتی علاقہ میں آباد ہونے کی اجازت دے گا تاکہ وہ شہر سے دُور ہی رہیں۔

جب خدا کے لوگ ملکِ مصر میں آئے تو اُنہیں مصری آبادی سے الگ کر دیا گیا۔ اُنہیں معاشرے کے کم تر ذات کے لوگ سمجھا گیا اور لوگ اُن سے کوئی میل جول رکھنا نہیں چاہتے تھے۔ یہ سب کچھ خدا کے منصوبہ میں تھا۔ وہ نہیں چاہتا تھا کہ اُس کے لوگ مصری لوگوں کے ساتھ گھُل مل جائیں۔ اگر وہ اکثریت کے ساتھ گھُل مل جاتے، تو پھر اُن کے لئے یہ آزمائش ہونی تھی کہ وہ اُن کے ساتھ میل ملاپ بڑھاتے ہوئے آپس میں شادی بیاہ کرنے لگ جاتے۔ خدا نے وعدہ کیا تھا کہ وہ بنی اسرائیل کو ایک بڑی قوم بنائے گا۔ اگر ایسا ہونا تھا تو اُنہیں مصریوں لوگوں کے ساتھ بیاہ شادی کرتے ہوئے خود کو کمزور نہیں کرنا تھا۔ نہ ہی اُنہیں مصریوں کا طرزِ زندگی، مذہب اور نہ ہی اُن کے معبودوں کی پوجا پاٹ کو اپنانا تھا۔ وہ اِس لئے مصری معاشرے سے الگ تھلگ کر دئے گئے کیونکہ وہ ایسی قوم بن سکیں

جیسی قوم خدا اُنہیں بنانا چاہتا تھا۔

چند غور طلب باتیں

☆۔اسرائیل (یعقوب) کے لئے اپنے بیٹے یوسف کو کھو دینا کیسا تھا؟ کیا آپ سمجھتے ہیں کہ اُس نے بخوشی و رضا اپنے بیٹے کو خدا کے ہاتھوں میں دے دینا تھا کہ وہ ملکِ مصر چلا جائے؟ خدا نے آپ کو کیسی قربانیاں گزراننے کے لئے بلایا ہے؟

☆۔آپ کے خیال میں اسرائیل کے لئے اُس ملک کو چھوڑنا کیسا تھا جس کا وعدہ خدا نے اُس کے باپ دادا سے کیا تھا؟ کیا آپ نے کبھی خدا پر اُس وقت بھروسہ اور اعتماد کیا ہے جب آپ کو کئی ایک چیزوں کی سمجھ بھی نہیں آرہی ہوتی؟ وضاحت کریں۔

☆۔اسرائیل اور اُس کا گھرانہ جب ملکِ مصر پہنچا تو اُنہیں باقی مصری معاشرے سے الگ تھلگ کر گیا تھا کیونکہ مصری لوگ چرواہوں سے کوئی میل جول نہ رکھتے تھے۔اِس سے کیا بھلائی پیدا ہوئی؟ خدا نے اِس صورتحال کو اپنے لوگوں کی مضبوطی اور تعداد میں اضافے کے لئے کس طرح استعمال کیا؟

چند اہم دُعائیہ نکات

☆۔خداوند سے توفیق چاہیں تاکہ آپ سب کچھ اُس کے تابع اور سُپرد کر دیں تاکہ وہ اُسے اپنے جلال اور آپ کی بہتری اور بھلائی کے لئے استعمال کر سکے۔ خداوند کی شکر گزاری کریں کہ اگرچہ اُس کی راہیں ہماری راہوں سے الگ تھلگ ہوتی ہیں، اُسے معلوم ہوتا ہے کہ وہ کیا کر رہا ہے، اِس لئے وہ سب چیزوں کو ہماری بھلائی اور اپنے مقصد کی تکمیل کے لئے استعمال کرتا ہے۔

☆۔اپنی زندگی میں جاری چند ایک مشکلات اور مسائل کو دیکھیں جن کا آپ کو سامنا ہے۔ خداوند کی شکر گزاری کریں کہ وہ آپ کی مشکلات اور کٹھن وقت کو بھی اپنے منصوبہ کی تکمیل کے لئے استعمال کرنے کی قدرت رکھتا ہے۔

باب 43

مُلکِ مِصر میں خُوشحالی

پیدائش 1:47- 31 کا مطالعہ کریں

یُوسف کا گھرانہ اُس کی دعوت پر ملکِ مِصر پہنچ گیا تھا۔ ابتدائی سلام دُعا کے بعد، یُوسف نے فرعون کو اپنے گھرانے کے آجانے کے لئے اطلاع دینے کا فیصلہ کیا۔ یوسف نے اپنے پانچ بھائیوں کو اپنے ساتھ لیا تاکہ اُنہیں فرعون کے سامنے پیش کرے۔ (2 آیت)

فرعون نے یُوسف کے بھائیوں سے اُن کے کام کاج کے بارے میں پوچھا۔ اُنہوں نے بالکل اسی طرح جواب دیا جس طرح یُوسف نے اُنہیں سمجھادیا تھا۔ (پیدائش 33:46-34) اُنہوں نے فرعون کو بتایا کہ وہ اپنے باپ دادا کی طرح چرواہے ہیں۔ (3 آیت) اُنہوں نے وضاحت کرتے ہوئے بتایا کہ ملکِ کنعان میں قحط زوروں پر ہے اِس لئے وہ اِس ملک میں اپنے خاندان اور مال مویشی لے کر رہنے کے لئے آئے ہیں۔ اُنہوں نے جشن کے علاقہ میں رہنے کے لئے فرعون سے اجازت چاہی۔ (4 آیت)

فرعون نے یوسف کے گھرانے کو جشن کے علاقہ میں رہنے کی اجازت دے دی۔ اُس نے یوسف سے یہ بھی کہا کہ اگر اُس کے بھائیوں میں سے ہوشیار آدمی ہوں تو اُنہیں میرے چوپاؤں پر مقرر کر دے۔ (6 آیت) یوسف فرعون کی اِس قدر عزت کرتا تھا کہ وہ اُس کے گھرانے کو اپنے مُلک کی بہترین زمین دینے کے لئے تیار تھا، حتیٰ کہ وہ اپنا مال مویشی

پالنے کے لئے بھی اُس کے بھائیوں پر اعتماد کر رہا تھا۔

پھر یوسف اپنے باپ کو فرعون کے حضور لے کر گیا۔ 7 آیت پر غور کریں کہ یعقوب نے فرعون کے لئے برکت چاہی۔ یاد رہے کہ ایسے بزرگوں کی برکت کو بہت سنجیدگی سے لیا جاتا تھا۔ یہ محض سلام دُعا نہیں تھی اور نہ ہی یعقوب سے یہ کہنے کے لئے گیا تھا کہ آپ کا بہت بہت شکریہ۔ یعقوب واقعی خداوند خدا کی برکت اس زبردست سلطنت کے لئے مانگ رہا تھا۔

جب فرعون نے یعقوب سے پوچھا کہ اُس کی عمر کتنی ہے تو یعقوب نے جواب دیا کہ اُس کی عمر ایک سو تیس برس ہے۔ آیت پر غور کریں کہ اُس نے فرعون کو بتایا کہ اُس کا عرصہ حیات مختصر اور اُس کے باپ دادا جیسا نہیں ہے۔ پیدائش 3:6 میں، خدا اپنے لوگوں سے خفا ہوا اور اُس نے اُنہیں بتادیا کہ اب سے اُن کا عرصہ حیات کم ہو کر ایک سو بیس برس تک ہو جائے گا۔

"تب خداوند نے کہا کہ میری روح انسان کے ساتھ ہمیشہ مزاحمت نہ کرتی رہے گی کیونکہ وہ بھی تو بشر ہے تو بھی اُس کی عمر ایک سو بیس برس کی ہو گی۔"

یعقوب کی عمر ایک سو تیس برس ہو چکی تھی، تو بھی وہ ملکِ مصر کی طرف طویل سفر کرنے کے قابل تھا۔ یعقوب کا کل عرصہ حیات ایک سو ستر برس ہوا۔ ہو سکتا ہے کہ فرعون نے یعقوب کے طویل عرصہ حیات کو خدا کی طرف سے برکت کی علامت کے طور پر دیکھا ہو۔ یوسف نے اپنے کنبے کو ملکِ مصر میں جشن کے علاقہ میں آباد کر دیا اور اُن کے لئے رسد مقرر کر دی۔ (12 آیت) خدا نے اپنے لوگوں کو ملکِ مصر میں کثرت سے برکت دی اور

اُن کی ہر ایک ضرورت کو پورا کیا۔

ملکِ کنعان اور ملکِ مصر قحط کے سبب سے تباہ حال ہو گئے، اس دوران یوسف اناج فروخت کرتا رہا۔ اناج کی فروخت سے حاصل شدہ آمدنی وہ فرعون کے خزانہ میں جمع کراتا رہا۔ (14 آیت) فرعون روز بروز دولتمند ہوتا گیا۔

ایک وقت ایسا آیا کہ مصریوں کے پاس کوئی روپیہ پیسہ نہ رہا، جب یہ صورتحال پیدا ہو گئی تو وہ یوسف سے کہنے لگے کہ وہ اناج کے بدلے اپنا مال مویشی اُس کے ہاتھ بیچ ڈالیں گے۔ 16 آیت) وہ اپنے گھوڑے، بھیڑیں، بکریاں اور گدھوں کے عوض اناج خریدنے لگے۔ آنے والے سال، اُن کا مال مویشی بھی ختم ہو گیا، اُن کے پاس اپنے تن کے سوا کچھ نہ بچا۔ اب یہی تھا کہ وہ اپنی زمین بیچ کر اناج حاصل کر لیتے۔ (18 آیت) ایک بار پھر اُنہوں نے التماس کی کہ وہ اناج کے بدلے اُن کی زمین لے لے۔ (19 آیت) یوسف اِس بات پر متفق ہو گیا اور اُس نے فرعون کے لئے اُس کی زمین بھی خرید لی۔ سارا ملکِ مصر ایک سرے سے دوسرے سرے تک بدحال اور محتاج ہو گیا۔ سبھی کچھ فرعون کا ہو گیا۔ وہ اناج کی خاطر اُس کی خدمت کرنے لگے۔ (21 آیت) صرف کاہنوں کی ملکیت زمین فرعون کی نہ ہوئی۔ (22 آیت)

جب لوگوں کے پاس کچھ نہ بچا، پھر یوسف نے اُنہیں بونے کے لئے بیج دیا تاکہ وہ زمین میں بوئیں۔ اُنہیں وہ بیج بو کر فصل کی پیداوار کا پانچواں حصہ فرعون کو دینا تھا۔ وہ اپنی ضرورت کے لئے چار گنا اپنے استعمال کے لئے رکھ سکتے تھے۔ (23-24)

لوگ فی الفور اس تجویز اور معاہدے پر متفق ہو گئے اور یوسف کا شکریہ ادا کرنے لگے کہ

اُس نے اُن کی جانیں بچالی ہیں۔(25آیت) ملکِ مصر میں یہ قانون پاس ہو گیا کہ زمین کی پیداوار کا پانچواں حصہ فرعون کا ہو گا۔(26آیت)

اگرچہ ملکِ مصر کے لوگ بہت دُکھ اٹھا رہے تھے، 27آیت ہمیں بتاتی ہے کہ اسرائیلی بارآور ہوئے اور شمار میں بڑھتے چلے گئے۔ خدا نے اپنے لوگوں کو سخت قحط میں بھی بڑی برکت دی۔ اردگرد کی قومیں غلامی اور غربت کی چکی میں پسنے لگیں، لیکن خدا کے لوگ بابرکت ہوئے۔ وہ مال و دولت اور شمار میں زیادہ ہوتے چلے گئے۔ خدا کی نظرِ عنایت اُن پر تھی۔ یعقوب ملکِ مصر میں سترہ برس رہا۔ اُس کی کل عمر ایک سو سنتالیس برس ہوئی۔

29آیت پر غور کریں۔ جب یعقوب کے مرنے کا وقت آیا، اُس نے یوسف کو بلایا۔ اُس نے وعدہ لیا کہ وہ اُسے ملکِ مصر میں دفن نہیں کرے گا۔ اِس کی بجائے وہ اُس کی تدفین اُس کے باپ دادا کے ملک یعنی کنعان میں کرے گا۔(29-30) یوسف نے ایسا ہی کرنے کا وعدہ کر لیا۔

اُس سے ظاہر ہوتا ہے کہ اگرچہ یعقوب مُلکِ مصر میں خوشحال اور آباد ہو گیا تھا تو بھی اُس کا یہ ایمان تھا کہ خدا نے اُس کے باپ دادا سے وعدہ کیا ہے کہ ملکِ کنعان اُن کا ہو گا۔ وہ جانتا تھا کہ وہ دن آئے گا جب اُس کے لوگ مُلکِ مصر سے روانہ ہو کر ملکِ کنعان میں آباد ہوں گے۔

یعقوب اور اُس کی نسل نے اپنی زندگیوں پر خدا کی برکت کا ثبوت دیکھا۔ اُن کے لئے بہت آسان تھا کہ وہ ملکِ مصر میں ہی آباد رہتے اور اپنی قوم کے لئے خدا کے وعدہ یعنی ملکِ کنعان کو فراموش کر دیتے۔ ہم اپنی برکت میں اس قدر مگن اور مسرور ہو سکتے ہیں کہ اپنی

زندگی کے لئے خدا کی بلاہٹ اور مقصد ہی کو بھلا دیں۔ لیکن یعقوب اپنے گھرانے کے لئے خدا کے وعدہ اور منصوبہ کو کبھی نہ بھولا۔ اُس نے ملکِ مصر میں دفن ہونے سے انکار کر دیا۔ کیونکہ اُسے علم تھا کہ خدا نے ملکِ کنعان دینے کا وعدہ اُس کے باپ دادا سے کیا تھا اور ایمان سے اَب یہ سرزمین اُس کی نسل کی ہوگی۔ اگرچہ اُس نے اپنی حیات میں اس وعدہ کی تکمیل کو نہ دیکھا، پھر بھی اُس کا ایمان تھا کہ خدا اپنے وعدہ کے مطابق کرے گا۔

جب یوسف نے وعدہ کیا کہ وہ اپنے باپ کو ملکِ مصر میں دفن نہیں کرے گا تو اُس نے اپنے عصا کا سہارہ لیا اور سرنگوں ہو کر خدا کو سجدہ کیا۔ اس سے ظاہر ہوتا ہے کہ اُس کی جسمانی قوت اب کم ہوتی جارہی تھی۔

کاش میں یعقوب کو سجدہ کرتے اور خدا کی شکر گزاری کرتے سننے اور دیکھنے کے لئے وہاں موجود ہوتا! اُس نے اُس وقت کس موضوع پر خدا کی شکر گزاری اور اُس کو سجدہ کیا ہوگا؟ ہم قیاس آرائی ہی کرسکتے ہیں کہ شاید اُس نے ملکِ مصر میں ہر ایک ضرورت کی فراہمی کے لئے خدا کا شکر ادا کیا ہوگا۔ کیا اُس نے ملکِ کنعان کے وعدہ کا شکر کیا کہ ایک روز وہ سرزمین اُس کی نسل کو مل جائے گی؟ کیا اُس نے اپنی لمبی عمر اور خوشحالی کے لئے دُعا اور شکر گزاری کی ہوگی؟ لیکن ہم یقین سے کچھ نہیں کہہ سکتے۔ لیکن ایک بات ہم یقینی طور پر جانتے ہیں کہ جب یعقوب کی زمینی زندگی اختتام پذیر ہورہی تھی تو اُس کا دل شکر گزاری سے بھرا ہوا تھا۔ خدا کرے کہ ہم زندہ رہیں یا مریں، ہمارا روّیہ یعقوب جیسا ہی ہو۔ آمین!!!۔

چند غور طلب باتیں

☆۔فرعون نے یوسف کے گھرانے کو ملکِ مصر میں خوش آمدید کہا، اِس سے ہمیں یوسف کے لئے فرعون کے جذبات اور اعتماد کے تعلق سے کیا سیکھنے کو ملتا ہے؟

☆۔جو کچھ جشن کے علاوہ میں ہو رہا تھا جہاں پر خدا کے لوگ تھے اور اِس کے برعکس جو کچھ ملکِ مصر میں ہو رہا تھا، اُس کا موازنہ کریں۔ خدا کے لوگوں کی زندگیوں پر خدا کی برکت کا کیا ثبوت دیکھنے کو ملتا ہے؟

☆۔یوسف ملکِ مصر میں خوشحال ہو گیا، خوشحالی کے پیچھے کون سا خطرہ چھپا ہوتا ہے؟خوشحالی کس طرح ہماری سوچ اور فکر کو خدا کی بلاہٹ سے دُور لے جاتی ہے؟

چند اہم دُعائیہ نکات

☆۔خداوند سے دُعا کریں کہ وہ آپ کو ایسا شخص بنائے جس پر دوسرے اعتماد کر سکیں۔

☆۔اپنی زندگی میں خدا کی کثرت کی برکت کے لئے اُس کی شکرگزاری کریں۔ چند ایک خاص برکات کا ذکر کریں۔

☆۔خداوند سے دُعا کریں اور مدد چاہیں تاکہ آپ دُنیا کی چیزوں سے محبت کے دھارے میں بہہ کر اُس سے دُور نہ چلے جائیں۔ خداوند سے کہیں کہ وہ آپ کی زندگی کے لئے اپنے منصوبہ کو ظاہر کرے اور آپ کی مدد کرے تاکہ آپ تابعداری کرتے ہوئے اُس منصوبہ میں چل سکیں۔

باب 44

یعقوب اپنے بیٹوں کو برکت دیتا ہے

پیدائش 48:1-49:33 کا مطالعہ کریں

یعقوب اَب عُمر رسیدہ ہو چکا تھا، اُس کی صحت بھی اُس کا ساتھ نہیں دے رہی تھی۔ جب یوسف کو خبر ملی کہ اُس کا باپ بیمار ہے تو وہ اپنے دونوں بیٹوں کو لے کر اُسے ملنے گیا۔ (1:48) یعقوب نے اپنے آپ کو سنبھالا اور اور اپنے بستر پر سیدھا ہو کر بیٹھ گیا تاکہ اپنے بیٹے یُوسف اور اپنے پوتوں سے بات چیت کر سکے۔

یہ جانتے ہوئے کہ اُس کی وفات کا وقت بہت جلد آنے والا ہے۔، اُس نے یُوسف کو یاد دلایا کہ کس طرح خداوند خدا نے اُس پر ملکِ کنعان میں ظاہر ہو کر اُسے برکت دی تھی۔ اُس نے اُسے بتایا کہ کس طرح خدا نے اُس سے وعدہ کیا تھا کہ وہ اُسے بار آور کرے گا اور مُلکِ کنعان اُسے اور اُس کی آنے والی نسلوں کو ابدی میراث کے طور پر دے گا۔ یُوسف کو یہ سب بتاتے ہوئے، یعقوب اُسے یاد دلا رہا تھا کہ ملکِ مصر اُن کا مستقل گھر نہیں ہے اور خدا کا وعدہ ملکِ کنعان میں پورا ہو گا۔ یعقوب کے لئے یہ اہم تھا کہ یُوسف اِن باتوں کو اپنے ذہن میں رکھے۔ ہم جہاں کہیں ہوتے ہیں، وہیں پر آرام و سکون محسوس کرنا شروع کر دیتے ہیں۔ یعقوب نہیں چاہتا تھا کہ اُس کی اولاد مُلکِ مصر ہی میں رہ جائے۔ خدا کا منصوبہ یہی تھا کہ وہ اُنہیں اُن کا اپنا ملک عطا کرے۔

پیدائش 4:48 میں یعقوب نے یُوسف کو بتایا کہ اُس کے دونوں بیٹے جو ملکِ مصر میں پیدا ہوئے ہیں اُس کے بیٹے ہوں گے۔ اِس کا معنی یہ تھا کہ منسی اور افرائیم، یوسف کے دونوں بیٹوں کو یعقوب کے بیٹوں کی حیثیت سے میراث اور حقوق حاصل ہوں گے۔ اس لئے، ہم یوسف کا کوئی قبیلہ نہیں دیکھتے۔ اُس کے دونوں بیٹوں نے یُوسف کی جگہ لی۔

ایسا کرنے سے، یعقوب نے یہ بتادیا کہ اُس کے گھرانے میں کوئی تفریق نہیں ہوگی۔ کیونکہ یعقوب کے مرتے ہی یعقوب کے بیٹوں نے یُوسف اور اُس کے بیٹوں کو کونے میں لگادینا تھا۔ منسی اور افرائیم کو اپنے بیٹے قرار دیتے ہوئے یعقوب باقاعدہ طور پر اُنہیں اپنے خاندان میں قبول کر رہا تھا۔ وہ مصری نہیں تھے اور اُنہیں اسرائیل کے فرزندوں کے طور پر جانا اور پہچانا جانا تھا۔

یعقوب نے یُوسف سے کہا کہ وہ اُس کے بیٹوں کو آگے لائے تاکہ وہ اُنہیں برکت دے۔ (9:48) یُوسف اپنے دونوں بیٹوں کو آگے لایا، یعقوب نے اُنہیں بوسہ دے کر گلے لگالیا۔ (10:48) یعقوب کے لئے یہ نہایت ہی جذباتی لمحات تھے۔ پیدائش 11:48 پر غور کریں، یعقوب نے یُوسف سے کہا کہ اُسے تو کبھی گمان بھی نہ تھا کہ وہ کبھی اُس کا چہرہ دیکھ سکے گا لیکن خدا نے اُسے اُس کے بیٹوں سے بھی ملادیا۔ یُوسف اپنے باپ کے سامنے زمین تک جھکا، یہ عزت اور تعظیم کے طور پر تھا۔ (12:48)

13:48 میں ہم دیکھتے ہیں کہ یوسف نے اپنے دونوں بیٹوں کو اپنے باپ یعقوب کے آگے کیا تاکہ وہ اُن پر ہاتھ رکھ کر اُنہیں برکت دے۔ چونکہ افرائیم چھوٹا تھا، اُسے بائیں جانب اور اُس کے بڑے بھائی منسی کو دائیں جانب کھڑا کیا گیا۔

جب یعقوب اپنے ہاتھ بڑھا کر یوسف کو برکت دینے لگا تو اُس نے اپنا دایاں ہاتھ افرائیم پر رکھا، حالانکہ وہ چھوٹا تھا۔(14:48) پھر اُس نے اپنا بایاں ہاتھ منسی پر رکھا۔ پھر یعقوب نے یوسف کو برکت دی اور خداوند اپنے خدا سے دُعا کی جو کہ اُس کا چوپان رہا اور خدا کے فرشتوں نے اُسے کئی ایک موقعوں پر اُسے چھڑایا۔ اُس نے یہ بھی کہا کہ وہ اپنے باپ دادا کے نام سے کہلائیں گے۔ اور خدا اُنہیں اِس زمین پر بہت زیادہ بڑھائے گا۔(14:48-16)

جب یوسف نے دیکھا کہ اُس کے باپ نے اپنا دایاں ہاتھ افرائیم پر رکھا ہے تو اُس نے اپنے باپ کا ہاتھ پکڑ کر منسی یعنی بڑے بیٹے پر رکھنا چاہا۔ اُس نے اپنے باپ کو بتایا کہ منسی پہلوٹھا بیٹا ہے۔ اور اُس سے درخواست کی کہ وہ اپنا دایاں ہاتھ افرائیم کی بجائے منسی پر رکھے۔ (18:48)

یعقوب نے اپنے بیٹے یوسف کو بتایا کہ اُسے معلوم ہے کہ منسی پہلوٹھا ہے۔ اُس کی نسل عظیم اور بے شمار ہو گی۔ تاہم اُس کا چھوٹا بھائی افرائیم اِس سے زیادہ عظیم اور زور آور ہو گا۔ یعقوب نے یوسف کو بتایا کہ اِن دونوں بھائیوں کی برکات اس قدر عظیم اور اعلیٰ ہوں گی کہ اُن کے بھائی یہ کہہ کر برکت دیا کریں گے۔ خدا تجھ کو افرائیم اور منسی کی مانند اقبال مند کرے۔"(پیدائش 20:48)

جب وہ یوسف کے بیٹوں کو برکت دے چکا تو یعقوب نے زمین کا وہ خطہ یوسف کو دیا جو اُس نے تلوار اور کمان سے اموریوں سے لیا تھا۔(22:48) یہاں پر یعقوب نے عبرانی لفظ استعمال کیا ہے . shekem کندھا یا کنارا۔ اس سے مفسرین یہ تفسیر کرتے ہیں کہ یہ وہ

خطہ زمین ہے جو جس کا معنی ہے۔ "کندھا" یا "کنارہ"
یعقوب کے بیٹوں نے اپنی بہن دینہ کی آبرو ریزی کے بعد سکم کے لوگوں سے چھین لیا تھا۔ (پیدائش 34 باب)

یوسف سے شخصی طور پر بات چیت اور اُس کے بیٹوں کو برکت دینے کے بعد، یعقوب نے اپنے باقی بیٹوں کو بھی اپنے پاس بلایا۔ وہ اُن سے آنے والے وقت کے تعلق سے بات چیت کرنا چاہتا تھا کہ اُن کے ساتھ آئندہ کیا کیا واقع ہو سکتا ہے۔ (1:49)

پہلا بیٹا جس سے یعقوب مخاطب ہوا وہ روبن تھا۔ (4:49) کیونکہ پہلوٹھا بیٹا ایک خاص مقام رکھتا تھا۔ یعقوب کی زندگی میں خدا کی برکت کا یہ پہلا نشان تھا۔ یہ اُس کی قوت، عزت اور طاقت کی علامت بھی تھا۔ اُس دَور میں بچے کی پیدائش والدین پر خدا کی برکت کی علامت ہوتی تھی۔

غور کریں، یعقوب نے روبن کو پانی ک طرح بے ثبات قرار دیا۔ اُس نے اسے بتادیا کہ وہ فضیلت نہ پائے گا کیونکہ اُس نے اپنے باپ کے بستر کو ناپاک کیا تھا۔ (4:49) ہم پیدائش 2:35 میں اس واقعہ کا بیان دیکھ سکتے ہیں۔ جہاں روبن اپنے باپ کی حرم بلہاہ کے ساتھ ہم بستر ہوا تھا۔ اُسے اپنی باقی زندگی اِس گناہ کا خمیازہ بھگتنا تھا۔

اس کے بعد یعقوب شمعون اور لاوی سے مخاطب ہوا۔ (5:49-7) اُس نے ایسے مردوں کے طور پر بیان کیا جن کی تلواریں ظلم کے ہتھیار ہیں۔ اُس نے کسی کو مشورہ نہ دیا کہ اُن کی صلاح پر چلیں کیونکہ اُنہوں نے اپنے قہر و غضب میں خونریزی کی اور گھوڑوں کی کونچیں کاٹ ڈالی تھیں۔ جب اُن کی بہن کی آبرو ریزی سکم کے مقام پر ہوئی تھی تو اس کے

بعد اُنہوں نے وہاں پر متعلقہ شخص، اُس کے گھرانے اور اُس شہر کے لوگوں کو تلوار سے تہ تیغ کیا تھا۔(پیدائش 34باب) یعقوب نے اُن کے قہر و غضب پر لعنت کی۔ وہ قوموں میں پراگندہ لوگوں کی مانند ہوں گے۔

یہوداہ کے لئے یعقوب کے الفاظ زیادہ مثبت تھے۔(49:8-12) یہوداہ کے بھائی اُس کی تعریف کریں گے۔ اُس کا ہاتھ اپنے دشمنوں کی گردنوں پر ہو گا۔ بالفاظ دیگر، خدا اُسے اپنے دشمنوں پر فتح بخشے گا۔ اُسے اپنے بھائیوں کے درمیان ایک خاص مقام حاصل ہو گا اور اُس کے بھائی اُس کی تعظیم اور احترام میں اُس کے سامنے جھکیں گے۔ (8آیت) یعقوب نے یہوداہ کو ایک عظیم شیر کے طور پر بیان کیا۔ یہوداہ اپنے بھائیوں کے درمیان ایک راہنما ہو گا۔ 10آیت ہمیں بتاتی ہے کہ اس کی نسل سے حکومت کا عصا موقوف نہ ہو گا۔

یہوداہ کو دی گئی برکت بہت اہم تھی۔ ہمیں یہ بتایا گیا ہے کہ یہوداہ اپنے لوگوں کے درمیان ایک حکمران ہو گا جب تک کہ وہ اقتدار اُس شخص کو نہ مل جائے جس کی نسل سے یہوداہ میں سے داؤد بادشاہ پیدا ہوا۔ جو کہ عظیم قوم کا ایک عظیم بادشاہ ہوا۔ تاہم اس قبیلہ سے ایک ایسی ہستی پیدا ہوئی جو داؤد سے بھی عظیم ترین تھی۔ خداوند یسوع اس نسل میں سے ابدی بادشاہ ہونے کے لئے پیدا ہوا۔ نبوت یہ ہے کہ مسیح یہوداہ کے قبیلہ سے ہو گا۔ یہ ایک عظیم ترین عزت اور مقام تھا جو یہوداہ کے حصے میں آیا۔

یعقوب نے یہوداہ کو بتایا کہ وہ امیر اور خوشحال ہو گا۔ مے اور پھل یہوداہ کے لئے بکثرت ہوں گے۔ حتیٰ کہ وہ اپنے گدھے اور اُس کے بچوں کو بھی انگور کے درخت سے باندھے

گا۔ یعنی وہ آزادی سے پھل کھائیں گے۔ وہ اپنی پوشاک آب انگور میں دھوئے گا۔

(11 آیت) یہوداہ کی آنکھیں مے کے سبب سے لال اور اُس کے دانت دودھ کی وجہ سے سفید رہا کریں گے۔ (12 آیت)

یعقوب نے اپنے بیٹے زبُولُون کو بتایا کہ ساحل سمندر پر اُس کا ٹھکانہ ہو گا۔،، اُس کی سرحد صیدا تک ہو گی۔ (13:49)

اشکار کو ایک مضبوط گدھے کے طور پر بیان کیا گیا۔ جو بھیڑ سالوں کے درمیان بیٹھا ہے۔ غور کریں اگرچہ اشکار مضبوط تھا، اُسے بوجھ اٹھانا تھا۔ اور بیگار میں غلام کی طرح کام کرنا تھا۔ 15 آیت بیان کرتی ہے کہ جب اُس نے دیکھا کہ اُس کا ٹھکانہ کس قدر خوبصورت اور آرام دہ ہے ،،، یہ سب اشکار کے لئے آسان نہیں ہونا تھا۔ بلکہ اُس نے اِس مشکل صورتحال میں بھی بہترین کارکردگی دکھانا اور اچھا طرزِ عمل اختیار کرنا تھا۔

یعقوب نے اپنے بیٹے دان کو بتایا کہ وہ اپنی قوم کا انصاف کرے گا۔ اُسے شاہراہ کے سانپ سے تشبیہ دی گئی ہے۔ جو گھوڑے کے عقب کو ڈستا ہے۔ (17 آیت)

دان چھوٹا لیکن زبردست اور قوی ہو گا۔ یعقوب 18 آیت میں رہائی کے لئے خدا کے حضور پکار اُٹھتا ہے۔ ایسا کرنے سے وہ دان کو بتاتا ہے کہ اُس کی قوت اُس سے نہیں بلکہ اُس کے باپ دادا کا خدا ہی اُسے قوی بنائے گا۔

یعقوب نے پیش گوئی کر دی کہ ایک دن ایسا بھی آئے گا جب ایک فوج جد پر حملہ کرے گی لیکن وہ اُس کے دنبالہ پر چھاپا مارے گا۔ خدا فاتح ہو گا۔

آشر نفیس اناج پیدا کیا کرے گا۔ (20:49) وہ دوسروں کے لئے بھی شاہی خوراک

فراہم کرے گا۔ وہ خوشحال ہو گا اور صرف اُس کے لئے ہی بکثرت خوراک نہ ہو گی بلکہ وہ دوسروں کے ساتھ بھی اپنی برکت بانٹے گا۔

نفتالی ایسے ہے جیسے چھوٹی ہوئی ہرنی۔ اُسے میٹھی میٹھی باتیں کرنے والے کے طور پر بیان کیا گیا ہے۔(12:49) اِس سے یہ اشارہ ملتا ہے کہ وہ امن و شانتی سے زندگی بسر کریں گے اور ایک قبیلہ کی صورت میں بڑھتے چلے جائیں گے۔

یعقوب پیدائش 49:22-26 میں یوسف سے مخاطب ہوا۔ تیرے باپ کی برکتیں میرے باپ دادا کی برکتوں سے کہیں زیادہ ہیں اور قدیم پہاڑوں کی انتہا تک پہنچتی ہیں۔ تیر انداز اُس پر حملہ آور ہوئے اور اُنہوں نے مخالفت میں اُس پر تیر برسائے لیکن وہ ثابت قدم اور بے ضرر رہا۔ یہ اُس مخالفت، حسد اور عداوت کی طرف اشارہ ہے جو اُس کے بھائی اُس کے خلاف رکھتے تھے اور اُنہوں نے اُسے غلام کے طور پر بیچ ڈالا تھا۔ یوسف کو کوئی نقصان نہ پہنچا کیونکہ خداوند خدا اُس کے ساتھ تھا تاکہ وہ اُسے اوپر سے آسمان اور نیچے سے گہرے سمندر کی برکات سے نوازے(24 -25)یوسف اپنے بھائیوں کے درمیان ایک شہزادہ تھا۔ یعقوب نے اُسے بتایا کہ اس کے باپ دادا کی عظیم برکات اس کی زندگی میں نازل ہوں گی۔(26آیت)

پھر یعقوب اپنے سب سے چھوٹے بیٹے بنیمین سے مخاطب ہوا۔ بنیمین ایک بھیڑیئے کی مانند تھا جو صبح سویرے شکار مارنے کے لئے نکل جاتا ہے۔ وہ لوٹ کا مال بانٹ لینے کے لئے واپس آئے گا۔ بنیمین زبردست اور قوی ہو گا اور اُس کا قبیلہ خدا کی برکات سے مالا مال ہو گا۔

اپنے بیٹوں سے باتیں کرنے کے بعد، یعقوب نے اُنہیں بتایا کہ جب وہ وفات پاجائے، وہ اُسے ملکِ مصر میں دفن نہ کریں بلکہ وہ چاہتا ہے کہ وہ اُسے اس غار میں دفن کریں جو ابرہام نے عفرون حتی سے قبرستان کے طور پر خریدی تھی۔ جہاں اُس نے سارہ کو بھی دفن کیا تھا۔ یعقوب کے والدین اضحاق اور ربقہ بھی وہیں دفن تھے، لیاہ کو بھی وہیں پردہ پوش کیا گیا تھا۔(31:49) اپنے بیٹوں کو برکت دیتے اور اپنی آخری خواہش کا اظہار کرنے کے بعد، یعقوب اپنے بستر پر سیدھا لیٹ گیا اور اپنے خالقِ حقیقی سے جاملا۔

چند غور طلب باتیں

☆۔ دو مختلف موقعوں پر ہم یعقوب کو ملکِ کنعان کے تعلق سے اس طرح بات کرتے ہوئے دیکھتے ہیں کہ یہ وہ سرزمین ہے جس کا وعدہ خدا نے اُس کے ساتھ اور اُس کی نسل سے کیا ہے۔ ملکِ مصر اسرائیل کے لئے ایک عارضی قیام کی جگہ تھی۔ ہمارے لئے یہ کس قدر آسان ہوتا ہے کہ ہم دُنیا کی چیزوں پر دل لگا کر عالمِ بالا کی چیزوں کو نظرانداز کر دیں؟

☆۔ یعقوب نے یوسف کے دو بیٹوں افرائیم اور منسّی کو اپنے بیٹوں کے طور پر قبول کر لیا۔ یہ کیوں کر اہم تھا؟ یہ کس طرح سے اس بات کی ضمانت تھا کہ یوسف کے بیٹے اگرچہ ملکِ مصر میں پیدا ہوئے بنی اسرائیل کا حصہ سمجھے جائیں گے؟

☆۔ اس باب میں ہم یعقوب کی نبوتی صلاحیت کے بارے میں کیا سیکھتے ہیں؟ اُس نے کس طرح خداداد لیاقت، کو اپنے بیٹوں کی تسلی، حوصلہ افزائی اور تقویت کے لئے استعمال کیا؟ کیا آج بھی اِس نعمت کی ضرورت ہے؟

☆۔ غور کریں کہ کس طرح روبن ، شمعون اور لاوی نے اپنے مجرمانہ اعمال کا خمیازہ بھگتا؟ کیا معافی کا یہ مطلب ہوتا ہے کہ ہم گناہ کے نتائج واثرات سے بچ جائیں گے ؟

چند اہم دُعائیہ نکات

☆۔ خداوند سے توفیق چاہیں تا کہ آپ اس دُنیا کو اپنا عارضی گھر سمجھ سکیں۔ خداوند سے عالمِ بالا کی چیزوں پر دھیان لگانے کی توفیق چاہیں اور آسمان کو ہی اپنی حقیقی منزل جانتے ہوئے اِس زمین پر زندگی گزاریں۔

☆۔ خداوند سے ایسی دلچسپیوں، کششوں اور محبتوں سے چھٹکارا پانے کے لئے دُعا کریں جو آپ کو اصل مقصد سے دُور لے جاتی ہیں۔

☆۔ خداوند کی شکر گزاری کریں کہ وہ آپ کے مستقبل سے واقف ہے اور اُس کے لئے کچھ بھی اچانک سے نہیں ہوتا۔

☆۔ خداوند سے اپنے ماضی کے گناہوں کے لئے معافی چاہیں۔ خداوند سے ایسے لوگوں کے لئے شفا چاہیں جنہیں آپ نے اپنے گناہوں سے آزُردہ، زخمی اور دُکھی کیا ہے۔ خداوند سے اپنے اعمال کا خمیازہ بھگتنے کی توفیق چاہیں۔

باب 45

یُوسف کی وفات

پیدائش 50:1-26 کا مطالعہ کریں

جب یُوسف نے سنا کہ اُس کا باپ جہانِ فانی سے کُوچ کر گیا ہے تو وہ اُس کے مُنہ سے لپٹ کر رویا اور اُس کو چوما۔ (1 آیت) پھر اُس نے طبیبوں کو حکم دیا کہ وہ اُس کی لاش میں خوشبو بھریں۔ جیسا کہ مِصر میں دستُور اور رواج تھا۔ یاد رہے کہ یُوسف نے وعدہ کیا تھا کہ وہ اپنے باپ کو مُلکِ کنعان میں دفن کرے گا۔ فرعون سے اجازت لینے کے لئے وقت درکار تھا اور پھر سفر کر کے وہاں پہنچنے میں بھی وقت لگنا تھا۔ اس لئے ضروری تھا کہ لاش کو محفوظ کر لیا جاتا۔ 3 آیت بتاتی ہے کہ خوشبو لگانے میں پورے چالیس دن لگتے تھے لیکن مصری یوسف کے باپ کے لئے ستر دن تک ماتم کرتے رہے۔ اِس سے ظاہر ہوتا ہے کہ وہ ملکِ مصر میں یوسف کو ایک زبردست اور طاقتور قائد کے طور پر لیتے تھے۔

جب ماتم کے ستر دن گزر گئے تو پھر یوسف نے فرعون کے حضور جا کر اپنے باپ کو دفن کرنے کے لئے مُلکِ کنعان جانے کی اجازت مانگی۔ اُس نے فرعون کو بتایا کہ اُس کے باپ نے اُس سے وعدہ لیا تھا کہ وہ اُسے مُلکِ کنعان میں دفن کرے۔ (5 آیت) یوسف نے فرعون سے وعدہ کیا کہ وہ اپنے باپ کو دفن کر کے واپس مُلکِ مصر لوٹ آئے گا۔ فرعون نے اُسے اجازت دے دی۔

یہ بات دلچسپی کی حامل ہے کہ یُوسف کا وقت ابھی مُلکِ مصر میں اختتام پذیر نہ ہوا تھا۔ اُسے اپنے گھرانے کے ہمراہ مُلکِ کنعان واپس اپنے باپ کی تدفین کے لئے جانا تھا اور پھر واپس مُلکِ مصر لوٹ آنا تھا۔ جبکہ خدا کی یہ مرضی تھی کہ اُس کا گھرانہ ملکِ کنعان کو لوٹ جائے اور وہیں قیام کرے۔ لیکن ابھی واپس لوٹنے کا وقت نہیں تھا۔ خدا کے ساتھ چلتے ہوئے وقت کی بڑی اہمیت ہوتی ہے۔ یہ ممکن ہے کہ کوئی شخص دُرست جگہ پر تو ہو لیکن غلط وقت پر ہو۔ ہم غلط وقت پر دُرست بات کر سکتے ہیں۔ یوسف کو علم تھا کہ خدا کی یہ مرضی ہے کہ اُس کا گھرانہ ملکِ کنعان واپس لوٹ جائے۔ لیکن اُسے یہ بھی علم تھا کہ ابھی واپس لوٹنے کا درست وقت نہیں ہے۔ یوسف نے ابھی تک وہ کام پورا نہیں کیا تھا جو خدا نے اُس کے سُپرد کیا تھا۔

یعقوب کی وفات کے اڑھائی ماہ بعد، یوسف ملکِ مصر سے فرعون کے افسران کے ہمراہ اپنے بھائیوں کے ساتھ ملکِ کنعان گیا۔ اُنہوں نے اپنے بال بچے، مال مویشی سبھی کچھ جشن کے علاہ میں ہی رہنے دیئے۔ (8 آیت) 9 آیت ہمیں بتاتی ہے کہ لوگوں کی ایک بہت بڑی بھیڑ، رَتھ اور گھوڑے بھی اُن کے ساتھ گئے۔ یعقوب کو بڑے اعزاز کے ساتھ دفن کیا گیا۔

جب وہ یردن کے قریب اتد کے کھلیہان پر پہنچے، اُنہوں نے وہاں پر یعقوب پر ماتم کرتے ہوئے سات دن گزارے۔ (10 آیت) جب وہ کنعانی جو اُس علاقہ میں رہتے تھے، اُنہوں نے دیکھا اور سُنا کہ تو کہنے لگے۔ " مصریوں کا یہ بڑا دردناک ماتم ہے۔ "یعقوب کو ممرے کے قریب مکفیلہ کے غار میں دفن کر دیا گیا جو ابرہام نے عفرُون حتی سے اپنی ملکیت

کے طور پر خریدہ تھا۔ یعقوب کو دفن کرنے کے بعد وہ سب لوگ جو یوسف کے ہمراہ گئے تھے واپس ملکِ مصر لوٹ آئے۔(14 آیت)

اپنے باپ کی وفات کے بعد یوسف کے بھائی یوسف سے خوفزدہ ہونے لگے کہ پتہ نہیں اَب وہ اُن کے ساتھ کیسا سلوک کرے۔

جب تک اُن کا باپ زندہ تھا، اُنہیں پورا یقین اور بھروسہ تھا کہ یوسف اُن کے ساتھ کوئی نارواں سلوک اختیار نہیں کرے گا۔ لیکن اب یعقوب وفات پا چکا تھا۔ اُنہیں ڈر تھا کہ یعقوب اُن سے بدلہ لے گا، کیونکہ اُنہوں نے اُسے غلام کے طور پر فروخت کر ڈالا تھا۔ (15 آیت) اُنہوں نے فیصلہ کیا کہ وہ یوسف کو بتائیں کے اُن کے باپ نے مرتے وقت نصیحت کی تھی کہ یوسف سے کہیں کہ وہ اپنے بھائیوں کا قصور معاف کر دے۔ یہ پہلا موقع تھا جب یوسف کے بھائیوں نے واقعی میں اُس سے معافی مانگی تھی۔

کئی برس یوسف کے بھائیوں کا گناہ پوشیدہ رہا، نہ تو اُنہوں نے اُس کا اقرار کیا، نہ ہی معافی مانگی۔ جب تک اُن کا باپ زندہ رہا، وہ اپنے آپ کو محفوظ سمجھتے رہے۔ لیکن یوسف کے ساتھ اُن کا تعلق اور رشتہ داغدار ہو چکا تھا۔ وہ اُس سے ڈرتے تھے، کیونکہ اُس کے پاس اُنہیں کوئی بھی دُکھ اور نقصان پہنچانے کا اختیار تھا۔ جب خدا نے اُن کے باپ کو اپنے پاس بلا لیا اور اُن کی محافظت اُن پر سے جاتی رہی، پھر وہ یوسف کے رُوبرو کھڑے ہوئے تو اُنہیں ڈر لگنے لگا۔ اُنہیں علم نہیں تھا کہ وہ اُس کے سامنے کیوں کر کھڑے ہیں۔ ہو سکتا ہے کہ آپ بھی کسی ایسی ہی صورتحال سے دوچار ہوں۔ یہ بہت ہی آسان ہوتا ہے کہ ہم اپنی مصروفیت، لوگوں یا پھر بیویوں کو عُذر اور بہانہ بنالیں کہ وقت ہی نہیں ملا، مصروفیت ہی

اِس قدر زیادہ تھی۔ مسیحی کارکنان اپنی خدمت میں مصروف ہو سکتے ہیں۔ ایسی مصروفیت کہ اُنہیں اپنے مسائل، مشکلات، دوسروں کے ساتھ اپنے تعلقات، اپنے قصوروں کا اقرار واعتراف کرنے اور اُن کے لئے معذرت کرنے کا موقع نہیں ملتا، بلکہ یہ کہنا درست اور واجب ہو گا کہ اُنہیں اِس بات کا کبھی خیال ہی نہیں آتا۔ تاہم یہ کس قدر ضروری ہے کہ ہم ایسے معاملات کو زیرِ غور لائیں جو تفرقے، جدائیاں اور اختلافات پیدا کرتے ہیں۔ خدا یوسف کے بھائیوں کی زندگی میں گہرا کام کر رہا تھا۔ اُس نے اُن کی محافظت کو اُن سے دُور کر دیا تاکہ وہ اپنے گناہ کا اقرار واعتراف کر سکیں۔

جب یوسف نے اپنے بھائیوں کی باتیں سُنیں تو اُس کا دل ٹوٹ گیا۔ وہ اُن کے سامنے رو پڑا۔ غور کریں 18 آیت میں، یوسف کے بھائیوں نے یہ کہتے ہوئے خود کو اُس کے قدموں میں ڈال دیا کہ وہ اُس کے غلام ہیں۔ اُنہیں احساس ہو گیا کہ اُنہوں نے اُسے بہت دُکھ دیا تھا۔ وہ اپنے کئے کی سزا کو حق بجانب سمجھتے تھے۔

یوسف کو اپنے بھائیوں کے خلاف کوئی غصہ اور کینہ نہیں تھا۔ اُس نے انہیں کہا کہ وہ خوفزدہ نہ ہوں، (19 آیت) اُسے علم تھا کہ اُنہوں نے تو اُسے نقصان پہنچانا چاہا، اسی لئے تو اُنہوں نے اُسے غلام کے طور پر ملکِ مصر میں بیچ دیا تھا۔ اُس نے اُن کے گناہ کو گناہ ہی ٹھہرایا۔ یوسف یہ بھی پہچانتا تھا کہ اُسی بدی سے خدا نے اپنے منصوبہ کو پایہ تکمیل تک پہنچایا۔ جو کچھ یوسف کے ساتھ ہوا تھا، اُس سے بہت سی جانیں بچ گئیں۔ یوسف نے اُنہیں یقین دہانی کرائی کہ وہ اُن کی اور اُن کے گھرانوں کی ضروریات فراہم کرتا رہے گا۔ (21 آیت)

ہمارے ساتھ ہونے والی بدی اور زیادتی کو بھی خدا لے کر ہماری بھلائی کے لئے استعمال کرنے کی قدرت رکھتا ہے۔ اِس کا ہر گز یہ مطلب نہیں کہ خدا ہر طرح کی بدی کے پیچھے ہوتا ہے۔ اِس کا ہر گز یہ مطلب بھی نہیں کہ خدا ہمارے خلاف کسی سے گناہ کرواتا ہے۔ ہمیں اپنے اعمال و افعال کے لئے جوابدہ ہونا پڑے گا۔ بطور والدین ہم سے یہ تقاضا کیا جاتا ہے کہ ہم اُن چیزوں کو درُست کریں جو ہمارے بچوں نے خراب کر دی ہیں۔ ہم اپنے بچوں کی ناکامیوں اور خامیوں کو اُنہیں اچھا سبق سکھانے کے لئے بھی استعمال کر سکتے ہیں۔ یہی کچھ خدا بھی ہمارے ساتھ کرتا ہے۔ وہ ہمیں سبق دینے کے لئے ہماری خامیوں اور ناکامیوں کو استعمال کرتا ہے۔ ہماری پیدا کردہ ابتری کو درُست کرتا ہے۔ اِس کا ہر گز یہ مطلب نہیں کہ کوئی بات نہیں اگر کچھ بُرا یا غلط ہو بھی جائے۔ تسلی کی بات یہ ہے کہ خدا ہماری ناکامیوں اور گناہوں سے بڑا ہے۔

یوسف ایک سو دس برس تک جیتا رہا۔ (22 آیت) اس نے افرائیم کی نسل تیسری پشت تک دیکھی۔ اُس نے اپنے پوتے کو یعنی منسی کے بیٹے کو بھی اپنے گھٹنوں پر کھلایا۔ (23 آیت) وہ دن قریب آ گیا جب یوسف کو علم ہو گیا کہ دُنیا چھوڑنے کا وقت آ پہنچا ہے۔ اُس نے اپنے بھائیوں کو بتایا کہ اگرچہ وہ تو اِس دُنیا سے واپس اپنے خالق کے پاس جاتا ہے لیکن خدا اُن کی مدد کے لئے آئے گا۔ اُس نے اُنہیں یہ بھی کہا کہ وہ خدا اپنے وعدہ کے مطابق اُنہیں ملکِ کنعان واپس لے جائے گا۔ (24 آیت) اُس نے اپنے گھرانے سے کہا کہ وہ اُس سے قسم کھائیں کہ وہ ملکِ مصر سے اُس کی ہڈیاں ملکِ کنعان جاتے وقت لے جائیں گے۔ (25 آیت) یوسف کی لاش میں خوشبو بھری گئی۔ اور پھر اُس کی لاش کو کفن

میں لپیٹ کر رکھ دیا گیا تاکہ جب اُس کے بھائی ملکِ مصر سے روانہ ہوں تو اُس کی ہڈیاں ضرور وہاں سے لے جاکر مُلکِ کنعان میں دفن کریں۔

چند غور طلب باتیں

☆۔ہم یوسف کے جنازے کے تعلق سے کیا جانتے ہیں؟ اِس سے ہمیں کس قدر اندازہ ہوتا ہے کہ مصری لوگ یُوسف کی کس قدر عزت اور احترام اُس کی اِن خدمات کے سبب سے کرتے تھے جو اُس نے اُن کے لئے سرانجام دیں تھیں۔

☆۔یہ حوالہ خدا کے وقت کا انتظار کرنے کے تعلق سے کیا سکھاتا ہے؟ کیا آپ پر کبھی ایسی آزمائش آئی کہ آپ خدا سے آگے بھاگنا شروع ہو جائیں؟

☆۔یوسف کے بھائی اپنے باپ کے پیچھے چھپ گئے اور اپنے اور اپنے بھائی کے درمیان کھڑی دیورا کو دُور نہ کر پائے۔ کیا کبھی ایسا ہوتا ہے کہ آپ کئی ایک چیزوں کے چھپنے کی کوشش کرتے ہوئے اصل مسئلہ کو سامنے لاتے ہوئے اس کا اقرار کرنے سے قاصر رہتے ہیں؟

☆۔اس حوالہ میں ہم اس تعلق سے کیا سیکھتے ہیں کہ جو کچھ بھی ہمارے ساتھ ہوتا ہے اسے خدا اپنے مقصد کی تکمیل کے لئے استعمال کر سکتا ہے۔جو کچھ بھی آپ کی زندگی میں ہو رہا ہے، کیا آپ اُن حالات وواقعات کے لئے خدا پر بھروسہ اور اعتماد کرتے ہیں؟

چند اہم دُعائیہ نکات

☆۔خداوند سے یوسف کی مانند بننے کے لئے توفیق چاہیں، یعنی ایک ایسا خدا پرست اور خوف خدا رکھنے والا شخص جو دُکھوں، گھاٹے اور مسائل و مشکلات میں بھی دوسرے کے لئے ایک مثال اور باکردار شخص ہو۔

☆۔اگر آپ گزرے وقت میں خدا سے آگے بھاگتے رہے تو خداوند سے معافی مانگیں۔ اپنی زندگی میں خدا کے وقت کا انتظار کرنے کے لئے اس سے مزید توفیق چاہیں۔

☆۔خداوند سے دُعا کریں کہ وہ آپ کی آنکھیں کھول دے تاکہ آپ دیکھ سکیں کہ جو کچھ بھی آپ کے ساتھ ماضی میں ہوا اُسے اُس نے آپ کی بہتری اور بھلائی اور اِس کے ساتھ ساتھ اپنے جلال کے لئے استعمال کیا۔

☆۔چند لمحات کے لئے دُوسروں کے ساتھ اپنے رشتے اور تعلق کا جائزہ لیں۔ خداوند سے کسی بھی ایسے رشتے ناطے کے تعلق سے دریافت کریں جسے بحال ہونے کی ضرورت ہے۔ خداوند سے حکمت اور دانائی مانگیں تاکہ آپ شکستہ رشتوں کو بحال کر کے دُوسروں کے ساتھ محبت سے رہ سکیں۔

☆۔خداوند کی شکرگزاری کریں کہ جو کچھ بھی ہمارے ساتھ واقع ہوتا ہے، وہ اُسے ہماری بھلائی اور اپنے جلال کے لئے استعمال کرنے کی قدرت رکھتا ہے۔

لائٹ ٹومائے پاتھ بک ڈسٹری بیوشن۔ کینیڈا